# 臺灣歷史與文化 研究輯刊

十五編

## 第 6 冊

### 清代臺灣的軍事與社會
### ——以武力控制爲核心的討論（第四冊）

許 毓 良 著

花木蘭文化事業有限公司

國家圖書館出版品預行編目資料

清代臺灣的軍事與社會——以武力控制為核心的討論（第四冊）
／許毓良 著 — 初版 — 新北市：花木蘭文化事業有限公司，
2019〔民108〕
目 2+280 面；19×26 公分
（臺灣歷史與文化研究輯刊十五編；第 6 冊）
ISBN 978-986-485-608-4（精裝）
1. 軍事社會學 2. 清領時期
733.08                                        108000358

ISBN-978-986-485-608-4

9 789864 856084

臺灣歷史與文化研究輯刊
十五編　第 六 冊　　　　　ISBN：978-986-485-608-4

# 清代臺灣的軍事與社會
## ——以武力控制爲核心的討論（第四冊）

作　　者　許毓良
總 編 輯　杜潔祥
副總編輯　楊嘉樂
編　　輯　許郁翎、王筑　美術編輯　陳逸婷
出　　版　花木蘭文化事業有限公司
發 行 人　高小娟
聯絡地址　235 新北市中和區中安街七二號十三樓
　　　　　電話：02-2923-1455／傳眞：02-2923-1452
網　　址　http://www.huamulan.tw 信箱 hml810518@gmail.com
印　　刷　普羅文化出版廣告事業
初　　版　2019 年 3 月
全書字數　787723 字
定　　價　十五編 25 冊（精裝）台幣 60,000 元

# 清代臺灣的軍事與社會
## ——以武力控制爲核心的討論（第四冊）

許毓良　著

# 目

# 次

# 附　表

## 第一章　武力配置的基礎──人口估量

### 第一節　康雍時期的人口

#### 表一　康熙 28 年（1689）臺灣府屬民口數

| 編號 | 行政區別 | 民口數 | 備　　　　註 | | 資料來源 |
|---|---|---|---|---|---|
| 1. | 臺灣府（扣除澎湖） | 30229 | 男子 16274 | 婦女 13955 | 蔣毓英，《臺灣府志》（北京：中華書局，1985 年 5 月），頁 139～142。 |
| 2. | 臺灣縣（扣除澎湖） | 15465 | 男子　8579 | 婦女　6886 | |
| 3. | 鳳山縣 | 6910 | 男子　3496 | 婦女　3414 | |
| 4. | 諸羅縣 | 7853 | 男子　4199 | 婦女　3650 | |

#### 表二　康熙 28～50 年（1689～1711）臺灣府屬戶口數

| | | 臺灣府（扣除澎湖） | 臺灣縣（扣除澎湖） | 鳳山縣 | 諸羅縣 |
|---|---|---|---|---|---|
| 1. | 康熙 28 年（1689） | 戶：12727<br>口：16820 | 戶：7836<br>口：8579 | 戶：2455<br>口：3496 | 戶：2436<br>口：4199 |
| 2. | 康熙 30 年（1691） | 戶：12727<br>口：17450 | 戶：7836<br>口：9020 | 戶：2455<br>口：3614 | 戶：2436<br>口：4270 |
| 3. | 康熙 35 年（1696） | 戶：12727<br>口：17773 | 戶：7836<br>口：9200 | 戶：2455<br>口：3712 | 戶：2436<br>口：4315 |
| 4. | 康熙 40 年（1701） | 戶：12727<br>口：18072 | 戶：7836<br>口：9339 | 戶：2455<br>口：3831 | 戶：2436<br>口：4356 |

| 5. | 康熙 45 年<br>（1706） | 戶：12727<br>口：18562 | 戶：7836<br>口：9641 | 戶：2455<br>口：3954 | 戶：2436<br>口：4421 |
|---|---|---|---|---|---|
| 6. | 康熙 50 年<br>（1711） | 戶：12727<br>口：18827 | 戶：7836<br>口：9744 | 戶：2455<br>口：4078 | 戶：2436<br>口：4459 |

資料來源：
1. 蔣毓英，《臺灣府志》（北京：中華書局，1985 年 5 月），頁 139～142。
2. 高拱乾，《臺灣府志》，臺灣銀行文獻叢刊第六五種，1960 年 2 月，頁 113～114。
3. 周元文，《重修臺灣府志》，臺灣銀行文獻叢刊第六六種，1960 年 7 月，頁 153～155。

## 表三　康熙 37、58 年（1698、1719）臺灣府屬人丁兵餉銀數

| | | 康熙 37 年（1698） | 康熙 58 年（1719） |
|---|---|---|---|
| 1. | 臺灣府 | 人丁兵餉銀　14965 兩 4 錢<br>（分計：丁銀 8459 兩 9 錢、丁米 4645<br>石 3 斗） | 人丁兵餉銀總數無載<br>（分計：丁銀 8961 兩 6 錢、丁米 4645<br>石 3 斗） |
| 2. | 臺灣縣 | 人丁兵餉銀　　5265 兩 1 錢 | ─ |
| 3. | 鳳山縣 | 人丁兵餉銀　　764 兩 1 錢 | ─ |
| 4. | 諸羅縣 | 人丁兵餉銀　　8392 兩 4 錢 | ─ |

資料來源：
1. 不著編人，《康熙三十七年通省額派地丁錢糧完欠數目文冊》，內閣大庫現存清代漢文黃冊
　　編號：712，中國第一歷史檔案館藏。
2. 不著編人，《康熙五十八年通省額派地丁錢糧完欠數目文冊》，內閣大庫現存清代漢文黃冊
　　編號：713，中國第一歷史檔案館藏。

## 表四　康熙朝臺灣府正供數額

| 編號 | 年　　　代 | 正供穀數 | 二穀一米<br>折換的米數 | 可能養活的<br>人口 | 資料來源 |
|---|---|---|---|---|---|
| 1. | 康熙 28 年（1689） | 92128 石 | 46064 石 | 12620 | （1） |
| 2. | 康熙 34 年（1695） | 120098 石 | 60049 石 | 16451 | （2） |
| 3. | 康熙 37 年（1698） | 123073 石 | 61536 石 | 16859 | （3） |
| 4. | 康熙 51 年（1712） | 129162 石 | 64581 石 | 17693 | （4） |
| 5. | 康熙 52 年（1713） | 138000 石 | 69000 石 | 18904 | （5） |
| 6. | 康熙 58 年（1719） | 130116 石 | 65058 石 | 17824 | （6） |
| 7. | 康熙 61 年（1722） | 138952 石 | 69476 石 | 19034 | （7） |

（1）蔣毓英，《臺灣府志》（北京：中華書局，1985 年 5 月），頁 150。
（2）高拱乾，《臺灣府志》，臺灣銀行文獻叢刊第六五種，1960 年 2 月，頁 127。

(3) 不著編人，《康熙三十七年通省額派地丁錢糧完欠數目文冊》，內閣大庫現存清代漢文黃冊
　　編號：712，中國第一歷史檔案館藏。
(4) 周元文，《重修臺灣府志》，臺灣銀行文獻叢刊第六六種，1960 年 7 月，頁 174。
(5) 李桓編，《國朝耆獻類徵（141）》（臺北：明文書局，1985 年 5 月），頁 699～706。
(6) 不著編人，《康熙五十八年通省額派地丁錢糧完欠數目文冊》，內閣大庫現存清代漢文黃冊
　　編號：713，中國第一歷史檔案館藏。
(7) 黃叔璥，《臺海使槎錄》，臺灣銀行文獻叢刊第四種，1957 年 11 月，頁 89。
*一人一天食米一升，一年食米 365 升。
**十升等於一斗，十斗等於一石；一百升等於一石。

## 表五　康熙朝臺灣府開墾面積數額

| 編號 | 年　　　代 | 田園開墾甲數 | 田園甲數換算成畝數 | 可能養活的人口 | 資料來源 |
|---|---|---|---|---|---|
| 1. | 康熙 28 年（1689） | 21019.4 甲 | 237519.22 畝 | 59379 | （1） |
| 2. | 康熙 34 年（1695） | 26460.0 甲 | 298998.00 畝 | 74749 | （2） |
| 3. | 康熙 37 年（1698） | 27357.1 甲 | 309135.23 畝 | 77283 | （3） |
| 4. | 康熙 51 年（1712） | 30109.7 甲 | 340239.61 畝 | 85059 | （4） |
| 5. | 康熙 58 年（1719） | 30342.8 甲 | 342873.64 畝 | 85718 | （5） |

(1) 蔣毓英，《臺灣府志》（北京：中華書局，1985 年 5 月），頁 143～144。
(2) 高拱乾，《臺灣府志》，臺灣銀行文獻叢刊第六五種，1960 年 2 月，頁 117。
(3) 不著編人，《康熙三十七年通省額派地丁錢糧完欠數目文冊》，內閣大庫現存清代漢文黃冊
　　編號：712，中國第一歷史檔案館藏。
(4) 周元文，《重修臺灣府志》，臺灣銀行文獻叢刊第六六種，1960 年 7 月，頁 160。
(5) 不著編人，《康熙五十八年通省額派地丁錢糧完欠數目文冊》，內閣大庫現存清代漢文黃冊
　　編號：713，中國第一歷史檔案館藏。
*一甲＝11.3 畝。
**4 畝地能養活一個人。

## 表六　康熙朝臺、鳳、諸三縣開墾面積數額

| | | 臺灣縣 | 鳳山縣 | 諸羅縣 | 三縣總人口 |
|---|---|---|---|---|---|
| 1. | 康熙 28 年（1689） | 8561.8 甲＝96748.34 畝 | 5048.6 甲＝57049.18 畝 | 4843.7 甲＝54733.81 畝 | |
| | | 可能養活：24187 人 | 可能養活：14262 人 | 可能養活：13683 人 | 52132 |
| 2. | 康熙 34 年（1695） | 10074.9 甲＝113846.37 畝 | 7401.2 甲＝83633.56 畝 | 8366.9 甲＝94545.97 畝 | |
| | | 可能養活：28461 人 | 可能養活：20908 人 | 可能養活：23636 人 | 73005 |

| 3. | 康熙 37 年<br>（1698） | 11179.0 甲<br>＝126322.7 畝 | 7966.6 甲<br>＝90022.58 畝 | 8483.4 甲<br>＝95862.42 畝 | |
|---|---|---|---|---|---|
| | | 可能養活：31580 人 | 可能養活：22505 人 | 可能養活：23965 人 | 78050 |
| 4. | 康熙 51 年<br>（1712） | 11256.2 甲<br>＝127195.06 畝 | | 10317.1 甲<br>＝116583.23 畝 | |
| | | 可能養活：31798 人 | — | 可能養活：29145 人 | — |

資料來源：
1. 不著編人，《康熙三十七年通省額派地丁錢糧完欠數目文冊》，內閣大庫現存清代漢文黃冊
　編號：712，中國第一歷史檔案館藏。
2. 陳文達，《臺灣縣志》，臺灣銀行文獻叢刊第一〇三種，1961 年 6 月，頁 178～181。
3. 陳文達，《鳳山縣志》，臺灣銀行文獻叢刊第一二四種，1961 年 11 月，頁 66～69。
4. 周鍾瑄，《諸羅縣志》，臺灣銀行文獻叢刊第一四一種，1962 年 12 月，頁 90～95。
* 一甲＝11.3 畝。
** 4 畝地能養活一個人。

## 表七　康熙朝臺灣府縣倉貯養活人口計算

康熙四十一年（1702）臺灣縣：　20000（石）穀＝10000（石）米＝1000000（升）米
　　　　　　　　　　　　　　　　30×9＝270（天）　1000000÷270＝3703（人）

康熙四十三年（1704）臺灣府：　118600（石）穀＝59300（石）米＝5930000（升）米
　　　　　　　　　　　　　　　　30×9＝270（天）　5930000÷270＝21962（人）

康熙五十二年（1713）臺灣府：　663000（石）穀＝331500（石）米＝33150000（升）米
　　　　　　　　　　　　　　　　30×9＝270（天）　33150000÷270＝122777（人）

康熙六十一年（1722）臺灣府：　400000（石）穀＝200000（石）米＝20000000（升）米
　　　　　　　　　　　　　　　　30×9＝270（天）　20000000÷270＝74074（人）

* 一人一天食米一升，三個月共 270 天食米 270 升。
** 十升等於一斗，十斗等於一石；一百升等於一石。
*** 二穀等於一米。

## 表八　康熙朝方志與官書所載臺灣府可能人口

| | | 蔣編《府志》 | | 《文冊》 | | 周編《府志》 | | 正供 | | 開墾面積 | | 倉貯 | |
|---|---|---|---|---|---|---|---|---|---|---|---|---|---|
| | | 臺灣府 | | 臺灣府 | | 臺灣府 | | 臺灣府 | | 臺灣府 | | 臺灣府 | |
| | | 總人口 | 男丁數 | 總人口 | 男丁數 | 總人口 | 男丁數 | 總人口 | 男丁數 | 總人口 | 男丁數 | 總人口 | 男丁數 |
| 1. | 康熙 28 年 | 30299 | 16274 | | | | 16820 | 12620 | | 59379 | | | |
| 2. | 康熙 30 年 | | | | | | 17450 | | | | | | |
| 3. | 康熙 34 年 | | | | | | | 16451 | | 74749 | | | |

| 4. | 康熙 35 年 | | | 17773 | | | |
|---|---|---|---|---|---|---|---|
| 5. | 康熙 37 年 | | 21449 | | 16859 | 77283 | |
| 6. | 康熙 40 年 | | | 18072 | | | |
| 7. | 康熙 43 年 | | | | | | 21962 |
| 8. | 康熙 45 年 | | | 18562 | | | |
| 9. | 康熙 50 年 | | | 18827 | | | |
| 10. | 康熙 51 年 | | | | 17693 | 85089 | |
| 11. | 康熙 52 年 | | | | 18904 | | 122777 |
| 12. | 康熙 58 年 | | 22402 | | 17824 | 85718 | |
| 13. | 康熙 61 年 | | | | 19034 | | 74074 |
| 資料來源 | 表一 | 表三 | 表二 | 表四 | 表五 | 表七 | |

## 表九　雍正朝臺灣府正供數額

| 編號 | 年　　　代 | 正供穀數 | 二穀一米折換的米數 | 可能養活的人口 | 資料來源 |
|---|---|---|---|---|---|
| 1. | 雍正 2 年（1724） | 139400 石 | 69700 石 | 19095 | （1） |
| 2. | 雍正 3 年（1725） | 140000 石 | 70000 石 | 19178 | （2） |
| 3. | 雍正 5 年（1727） | 140261 石 | 70130 石 | 19213 | （3） |
| 4. | 雍正 11 年（1733） | 166000 石 | 83000 石 | 22739 | （4） |

（1）洪安全主編，《清宮宮中檔奏摺臺灣史料（一）》（臺北：故宮博物院，2001 年 11 月），頁 241。
（2）臺灣銀行經濟研究室選編，《臺案彙錄丙集》，臺灣銀行文獻叢刊第一七六種，1963 年 11 月，頁 173。
（3）洪安全主編，《清宮宮中檔奏摺臺灣史料（二）》（臺北：故宮博物院，2001 年 11 月），頁 1275。
（4）臺灣銀行經濟研究室選編，《臺案彙錄丙集》，臺灣銀行文獻叢刊第一七六種，1963 年 11 月，頁 1。
＊一人一天食米一升，一年食米 365 升。
＊＊十升等於一斗，十斗等於一石；一百升等於一石。

## 表十　雍正朝臺灣府開墾面積數額

| 編號 | 年　　　代 | 田園開墾甲數 | 田園甲數換算成畝數 | 可能養活的人口 | 資料來源 |
|---|---|---|---|---|---|
| 1. | 雍正 5 年（1727） | 30618.9 甲 | 345993.57 畝 | 86498 | （1） |
| 2. | 雍正 7 年（1729） | 47788.9 甲 | 540014.57 畝 | 135003 | （2） |

(1) 不著編人，《雍正五年通省額派地丁錢糧完欠數目文冊》，內閣大庫現存清代漢文黃冊編
　　號：716，中國第一歷史檔案館藏。
(2) 洪安全主編，《清宮宮中檔奏摺臺灣史料（四）》（臺北：故宮博物院，2001 年 11 月），頁
　　2286。
* 一甲＝11.3 畝。
** 4 畝地能養活一個人。

## 表十一　雍正朝臺灣府屬倉貯養活人口計算

| | |
|---|---|
| 300000（石）穀＝150000（石）米＝15000000（升）米<br>30×9＝270（天）　　15000000÷270＝55555（人）<br>700000（石）穀＝350000（石）米＝35000000（升）米<br>30×9＝270（天）　　35000000÷270＝129629（人） | * 一人一天食米一升，三個月共 270<br>　天食米 270 升。<br>** 十升等於一斗，十斗等於一石；<br>　一百升等於一石。<br>*** 二穀等於一米。 |

## 表十二　雍正朝奏摺與官書所載臺灣府可能人口

| | | 正　供<br>臺灣府<br>總人口 | 正　供<br>臺灣府<br>總人口 | 正　供<br>臺灣府<br>總人口 |
|---|---|---|---|---|
| 1. | 雍正 3 年 | 19178 | | 55555 |
| 2. | 雍正 5 年 | 19213 | 86498 | |
| 3. | 雍正 7 年 | | 135003 | |
| 4. | 雍正 11 年 | 22739 | | 129629 |
| | 資料來源 | 表九 | 表十 | 表十一 |

## 表十三　雍正 13 年（1735）臺灣府屬各廳縣人口

| 編號 | 行政區別 | 人口數 | 佔總人口數比例 | 資　料　來　源 |
|---|---|---|---|---|
| 1. | 臺灣縣（不含澎湖） | 108705 | 24.67% | 尹士俍，《臺灣志略·中卷民風土俗》，清乾隆三年刻本，北京國家圖書館藏。 |
| 2. | 鳳山縣 | 91613 | 20.79% | |
| 3. | 諸羅縣 | 202458 | 45.94% | |
| 4. | 彰化縣 | 34653 | 7.86% | |
| 5. | 淡水廳 | 3257 | 0.74% | |
| 6. | 臺灣府 | 440686 | 100% | |

## 表十四　雍正 13 年臺灣府各廳縣人口與個別區域人口

| | | 臺灣縣 24.67% | 諸羅縣 45.94% | 鳳山縣 20.79% | 彰化縣 7.86% | | 淡水廳 0.74% | |
|---|---|---|---|---|---|---|---|---|
| | | 雲　嘉　南 | 高　屏 | 彰　化 | 臺　中 | 桃竹苗 | 臺　北 |
| 1. | 雍正 13 年（1735） | 108705 | 202458 | 91613 | 34653 | | 3257 | |
| | | | | | 25867 | 8786 | 931 | 2326 |

參考書目：臺中、彰化、臺北、桃竹苗村莊數目，採用乾隆六年（1741）刊刻的《府志》爲
準，參閱劉良璧，《重修福建臺灣府志》，臺灣銀行文獻叢刊第七四種，1961 年 3
月，頁 79～80。

※臺北、桃竹苗人口比例用村莊數目爲標準（25／35：10／35）

◎臺中、彰化人口比例用村莊數目爲標準（18／71：53／71）

3257×10／35＝931　　3257×25／35＝2326　　34653×18／71＝8786　　34653×51／71＝25867

# 第二節　乾嘉時期的人口

## 表十五　乾隆朝臺灣府正供數額

| 編號 | 年　　代 | 正供穀數 | 二穀一米折換的米數 | 可能養活的人口 | 資料來源 |
|---|---|---|---|---|---|
| 1. | 乾隆 3 年（1738） | 165726 石 | 82863 石 | 22702 | （1） |
| 2. | 乾隆 9 年（1744） | 169540 石 | 84770 石 | 23224 | （2） |
| 3. | 乾隆 16 年（1751） | 170012 石 | 85006 石 | 23289 | （3） |
| 4. | 乾隆 19 年（1754） | 168430 石 | 84215 石 | 23072 | （4） |
| 5. | 乾隆 21 年（1756） | 196179 石 | 98090 石 | 26873 | （5） |
| 6. | 乾隆 22 年（1757） | 179580 石 | 89790 石 | 24600 | （6） |
| 7. | 乾隆 26 年（1761） | 181177 石 | 90589 石 | 24818 | （7） |
| 8. | 乾隆 33 年（1768） | 188758 石 | 94379 石 | 25857 | （8） |
| 9. | 乾隆 39 年（1774） | 181169 石 | 90585 石 | 24817 | （9） |
| 10. | 乾隆 45 年（1780） | 160000 石 | 80000 石 | 21917 | （10） |
| 11. | 乾隆 47 年（1782） | 190750 石 | 95375 石 | 26130 | （11） |
| 12. | 乾隆 53 年（1788） | 190900 石 | 95450 石 | 26150 | （12） |

（1）不著編人，《福建賦役全書八十八卷・臺灣府總一卷》，清乾隆三年刻本，北京國家圖書館藏。

（2）范咸，《重修臺灣府志》，臺灣銀行文獻叢刊第一〇五種，1961 年 11 月，頁 169。

（3）董天工，《臺海見聞錄》，臺灣銀行文獻叢刊第一二九種，1961 年 10 月，頁 23。

(4) 乾隆朝漢文錄副奏摺，檔號：0540，微縮號：037，中國第一歷史檔案館藏。

(5) 不著編人，《福建通省賦役總冊全書七十九卷·臺灣府總一卷》，清乾隆二十一年刻本，北京國家圖書館藏。

(6) 乾隆朝漢文錄副奏摺，檔號：0539，微縮號：037，中國第一歷史檔案館藏。

(7) 乾隆朝漢文錄副奏摺，檔號：0541，微縮號：037，中國第一歷史檔案館藏。

(8) 國立故宮博物院，《宮中檔乾隆朝奏摺（第三十一輯）》（臺北：故宮博物院，1984 年 11 月），頁 178。

(9) 余文儀，《續修臺灣府志》，臺灣銀行文獻叢刊第一二一種，1962 年 4 月，頁 224。

(10) 洪安全主編，《清宮諭旨檔臺灣史料（一）》（臺北：故宮博物院，1996 年 10 月），頁 71。

(11) 國立故宮博物院，《宮中檔乾隆朝奏摺（第五十二輯）》（臺北：故宮博物院，1986 年 8 月），頁 349。

(12) 臺灣銀行經濟研究室選編，《臺案彙錄丙集》，臺灣銀行文獻叢刊第一七六種，1963 年 11 月，頁 23。

\* 一人一天食米一升，一年食米 365 升。

\*\* 十升等於一斗，十斗等於一石；一百升等於一石。

## 表十六　乾隆朝臺灣府開墾面積數額

| 編號 | 年　　代 | 田園開墾甲數 | 田園甲數換算成畝數 | 可能養活的人口 | 資料來源 |
|---|---|---|---|---|---|
| 1. | 乾隆 3 年（1738） | 52913.1 甲 | 597918.03 畝 | 149479 | （1） |
| 2. | 乾隆 9 年（1744） | 53184.9 甲 | 600989.37 畝 | 150247 | （2） |
| 3. | 乾隆 21 年（1756） | 52345.5 甲 | 591504.15 畝 | 147876 | （3） |

(1) 不著編人，《福建賦役全書八十八卷·臺灣府總一卷》，清乾隆三年刻本，北京國家圖書館藏。

(2) 范咸，《重修臺灣府志》，臺灣銀行文獻叢刊第一〇五種，1961 年 11 月，頁 145。

(3) 不著編人，《福建通省賦役總冊全書七十九卷·臺灣府總一卷》，清乾隆二十一年刻本，北京國家圖書館藏。

\* 一甲＝11.3 畝。

\*\* 4 畝地能養活一個人。

## 表十七　乾隆朝淡水廳與臺、鳳、諸、彰四縣開墾面積數額

| | | 臺灣縣 | 鳳山縣 | 諸羅縣 | 彰化縣 | 淡水廳 | 總人口 |
|---|---|---|---|---|---|---|---|
| 1. | 乾隆 3 年（1738） | 12204.0 甲 24.41% ＝137905.2 畝 | 10917.6 甲 21.84% ＝123368.88 畝 | 15109.0 甲 30.21% ＝170731.7 畝 | 11284.2 甲 22.57% ＝127511.46 畝 | 485.4 甲 0.97% ＝5485.02 畝 | 100% |
| | | 可能養活：34476 人 | 可能養活：30842 人 | 可能養活：42682 人 | 可能養活：31877 人 | 可能養活：1371 人 | 141248 |
| 2 | 乾隆 9 年（1744） | 12203.6 甲 23.00% ＝137900.68 畝 | 10960.4 甲 20.66% ＝123852.52 畝 | 15038.4 甲 28.35% ＝169933.92 畝 | 13030.3 甲 24.56% ＝147242.39 畝 | 1818.9 甲 3.43% ＝20553.57 畝 | 100% |

| | | 可能養活：<br>34475 人 | 可能養活：<br>30963 人 | 可能養活：<br>42483 人 | 可能養活：<br>36810 人 | 可能養活：<br>5138 人 | 149869 |
| 3. | 乾隆 21 年<br>（1756） | 134994.76 畝<br>22.56% | 126017.05 畝<br>21.06% | 170917.61 畝<br>28.56% | 144705.31 畝<br>24.18% | 21814.02 畝<br>3.64% | 100% |
| | | 可能養活：<br>33748 人 | 可能養活：<br>31504 人 | 可能養活：<br>42729 人 | 可能養活：<br>36176 人 | 可能養活：<br>5453 人 | 149610 |

1. 不著編人，《福建賦役全書八十八卷・臺灣府總一卷》，清乾隆三年刻本，北京國家圖書館藏。
2. 范咸，《重修臺灣府志》，臺灣銀行文獻叢刊第一〇五種，1961 年 11 月，頁 145。
3. 不著編人，《福建通省賦役總冊全書七十九卷・臺灣府總一卷》，清乾隆二十一年刻本，北京國家圖書館藏。
* 一甲＝11.3 畝。
** 4 畝地能養活一個人。

## 表十八　乾隆 20 年（1755）臺灣府屬倉貯養活人口估計

| | |
|---|---|
| 400000（石）穀＝200000（石）米＝20000000（升）米<br>30×9＝270（天）　20000000÷270＝74074（人）<br><br>230000（石）穀＝115000（石）米＝11500000（升）米<br>30×9＝270（天）　11500000÷270＝42592（人）<br><br>50000（石）穀＝25000（石）米＝2500000（升）米<br>30×9＝270（天）　2500000÷270＝9259（人）<br><br>20000（石）穀＝10000（石）米＝1000000（升）米<br>30×9＝270（天）　1000000÷270＝3703（人） | * 一人一天食米一升，三個月共 270<br>　天食米 270 升<br>** 十升等於一斗，十斗等於一石；<br>　一百升等於一石<br>*** 二穀等於一米 |

## 表十九　乾隆朝臺灣府屬鹽額供養人口估計

| | |
|---|---|
| 90000（石）鹽＝9000000（斤）鹽<br>＝144000000（兩）鹽＝1440000000（錢）鹽<br>1440000000÷1095＝1315060（人）<br><br>110000（石）鹽＝11000000（斤）鹽<br>＝176000000（兩）鹽＝1760000000（錢）鹽<br>1760000000÷1095＝1607300（人）<br><br>130000（石）鹽＝13000000（斤）鹽<br>＝208000000（兩）鹽＝2080000000（錢）鹽<br>2080000000÷1095＝1899540（人） | * 一石等於百斤（參閱諸家，《新竹縣志初<br>　稿》，臺灣銀行文獻叢刊第六一種，1959<br>　年 11 月，頁 81），一斤等於十六兩，一兩<br>　等於十錢。<br>** 一人一天食鹽三錢，一年食鹽六斤十二兩<br>　（1080 錢）。<br>*** 按照一人一天食鹽三錢計算，一年 365 天<br>　食鹽 1095 錢；與食鹽六斤十二兩，所換<br>　算成的 1080 錢有些出入。不過本文還是<br>　以 1095 錢爲準。 |

## 表二十　乾隆 41、57 年（1776、1792）臺灣府屬鹽額供養人口估計

| | |
|---|---|
| 16864.8 兩＝168648 錢<br>168648÷1.2＝140540（石）<br>1405400（石）鹽＝14054000（斤）鹽<br>＝224864000（兩）鹽＝2248640000（錢）鹽<br>2248640000÷1095＝2053550（人）<br>12528 兩＝125280 錢<br>125280÷1.2＝104400（石）<br>104400（石）鹽＝10440000（斤）鹽<br>＝167040000（兩）鹽＝1670400000（錢）鹽<br>1670400000÷1095＝1525470（人） | ＊ 一石等於百斤，一斤等於十六兩，一兩等於十錢。<br>＊＊ 一人一天食鹽三錢，一年食鹽六斤十二兩（1080 錢）。<br>＊＊＊ 按照一人一天食鹽三錢計算，一年 365 天食鹽 1095 錢；與食鹽六斤十二兩，所換算成的 1080 錢有些出入。不過本文還是以 1095 錢為準。<br>＊＊＊＊ 按照洲南、洲北、瀨北鹽場規定，每交鹽一石，納番廣銀 1.2 錢。 |

資料來源：
1. 不著編人，《乾隆四十一年分福建省各屬縣額徵盈餘引課並徵收額外盈餘官運餘價等項銀兩數目及各官職名月日黃冊》，內閣大庫現存清代漢文黃冊編號：2286，中國第一歷史檔案館藏。
2. 不著編人，《乾隆五十七年分奏銷福建省額徵盈餘鹽課並額外盈餘及督經銷徵接管各官職名月日黃冊》，內閣大庫現存清代漢文黃冊編號：2287，中國第一歷史檔案館藏。

## 表二十一　乾隆朝臺灣人口總數一覽

| 編　號 | 年　　　分 | 人　口　數 | 備　　註 |
|---|---|---|---|
| 1. | 乾隆二十一年（1756） | 660147 | |
| 2. | 乾隆二十八年（1763） | 666040 | |
| 3. | 乾隆二十九年（1764） | 666210 | |
| 4. | 乾隆三十年（1765） | 666380 | |
| 5. | 乾隆三十二年（1767） | 687290 | |
| 6. | 乾隆三十三年（1768） | 691338 | |
| 7. | 乾隆三十八年（1773） | 765721 | |
| 8. | 乾隆四十一年（1776） | 788193 | ＊ |
| 9. | 乾隆四十二年（1777） | 839803 | |
| 10. | 乾隆四十三年（1778） | 845770 | |
| 11. | 乾隆四十四年（1779） | 871739 | |
| 12. | 乾隆四十五年（1780） | 888516 | |
| 13. | 乾隆四十六年（1781） | 900940 | |
| 14. | 乾隆四十七年（1782） | 912920 | |
| 15. | 乾隆四十八年（1783） | 916863 | |

| 16. | 乾隆五十三年（1788） | 920836 | |
|---|---|---|---|
| 17. | 乾隆五十四年（1789） | 932420 | |
| 18. | 乾隆五十五年（1790） | 943414 | 有可能 1063522 |
| 19. | 乾隆五十八年（1793） | 978420 | ** |

資料來源：宮中檔、軍機處檔月摺包，國立故宮博物院典藏；摘自莊吉發，《清史論集（二）》（臺北：文史哲出版社，1997 年 12 月），頁 373。
* 乾隆朝漢文錄副（軍機處錄副－財政），檔號：0755，微縮號：051，中國第一歷史檔案館藏。
** 乾隆朝漢文錄副（軍機處錄副－財政），檔號：0766，微縮號：051，中國第一歷史檔案館藏。

## 表二十二　乾隆 21 年臺灣府各廳縣人口

| | | 臺灣縣 22.56% | 諸羅縣 28.56% | 鳳山縣 21.06% | 彰化縣 24.18% | | 淡水廳 3.64% | | 備　　註 |
|---|---|---|---|---|---|---|---|---|---|
| | | 雲　嘉 | 南 | 高　屏 | 彰　化 | 臺　中 | 桃竹苗 | 臺　北 | 各廳縣比例參閱表十六 |
| 1. | 乾隆 21 年（1756） | 33840 | 42840 | 31590 | 36270 | | 5460 | | 以正供、臺穀、倉貯、鹽額算出的總人口爲十五萬 |
| | | | | | 28210 | 8060 | 2340 | 3120 | |
| 2. | 乾隆 21 年（1756） | 148896 | 188496 | 138996 | 159588 | | 24024 | | 同一年度《宮中檔》的記錄爲六十六萬（參閱表二十） |
| | | | | | 124124 | 35464 | 10296 | 13728 | |

參考書目：臺中、彰化、臺北、桃竹苗村莊數目，採用乾隆十二年（1747）刊刻的《府志》爲準，參閱范咸，《重修臺灣府志》，臺灣銀行文獻叢刊第一〇五種，1961 年 11 月，頁 67～69。

臺中、彰化人口比例用村莊數目爲標準（20／90：70／90）臺北、桃竹苗人口比例用村莊數目爲標準（20／35：15／35）

## 表二十三　嘉慶 16 年（1811）臺灣府開墾面積數額

| 編號 | 行政區別 | 田園開墾甲數 | 田園甲數換算成畝數 | 田園甲數所佔的比例 | 可能養活的人口 | 資料來源 | 備　　註 |
|---|---|---|---|---|---|---|---|
| 1. | 臺灣府 | 63855.8 甲 | 721571.23 畝 | 100% | 180392 | （1） | |
| 2. | 噶瑪蘭廳 | 5708.7 甲 | 64508.31 畝 | 8.94% | 16127 | （2） | |
| 3. | 淡水廳 | ― | 85180.00 畝 | 11.81% | 21295 | （3） | 同治朝編纂。只記載到乾隆五十七年，無嘉慶資料。 |

| | | | | | | | |
|---|---|---|---|---|---|---|---|
| 4. | 臺灣縣 | 12146.2 甲 | 137252.06 畝 | 19.02% | 34313 | (4) | 嘉慶朝編纂。只記載到乾隆十九年，無嘉慶資料。 |
| 5. | 鳳山縣 | 12639.7 甲 | 142828.66 畝 | 19.79% | 35707 | (5) | |
| 6. | 嘉義縣 | 14884.5 甲 | 168195.51 畝 | 23.31% | 42048 | (6) | 乾隆五十二年改名。 |
| 7. | 彰化縣 | — | 123606.69 畝 | 17.13% | 30901 | (7) | 道光朝編纂。只記載到嘉慶九年。 |

(1)(5)(6) 佚名，《臺灣府賦役冊》，臺灣銀行文獻叢刊第一三九種，1962 年 2 月，頁 10～12、40、53。
(2) 柯培元，《噶瑪蘭志略》，臺灣銀行文獻叢刊第九二種，1961 年 1 月，頁 44～45。
(3) 陳培桂，《淡水廳志》，臺灣銀行文獻叢刊第一七二種，1963 年 8 月，頁 91～94。
(4) 謝金鑾，《續修臺灣縣志》，臺灣銀行文獻叢刊第一四〇種，1962 年 6 月，頁 74～76。
(7) 周璽，《彰化縣志》，臺灣銀行文獻叢刊第一五六種，1962 年 11 月，頁 163～169。
* 一甲＝11.3 畝。
** 4 畝地能養活一個人。

## 表二十四　嘉慶 16 年臺灣府各廳縣人口

| | | 臺灣縣 19.02% | 嘉義縣 23.31% | 鳳山縣 19.79% | 彰化縣 17.13% | | 淡水廳 11.81% | | 噶瑪蘭廳 8.94% |
|---|---|---|---|---|---|---|---|---|---|
| | | 雲　嘉 | 南 | 高　屏 | 彰　化 | 臺　中 | 桃竹苗 | 臺　北 | 宜　蘭 |
| 1. | 嘉慶 16 年（1811） | 339865 | 416522 | 353624 | 306093 | | 211030 | | 159747 |
| | | | | | 153047 | 153046 | 115364 | 95666 | |
| 2. | 嘉慶 16 年（1811） | 300622 | 818659 | 184551 | 342166 | | 214833 | | 42904 |

參考書目：臺中、彰化、臺北、桃竹苗村莊數目，採用道光中葉（1840'S）繪製的《道光臺灣輿圖》爲準□參閱國立中央圖書館臺灣分館特藏資料編纂委員會編，《臺灣文獻書目解題——第二種地圖類（一）》（臺北：國立中央圖書館臺灣分館，1992 年 3 月），頁 187～189。
　　編號 2 的數據摘自陳紹馨纂修，《臺灣省通志稿·卷二人民志人口篇》（臺北：臺灣省文獻委員會，1964 年 6 月），頁 159～160。
※臺北、桃竹苗人口比例用村莊數目爲標準（34／75：41／75）。
◎臺中、彰化人口比例用村莊數目爲標準（45／90：45／90）。
1786883×19.02%＝339865　　1786883×23.31%＝416522　　1786883×19.79%＝353624
1786883×17.13%＝306093　　1786883×11.81%＝21103　　1786883×8.94%＝159747
306093×45／90＝153046.5　　211030×41／75＝115364　　211030×34／75＝95666

## 第三節　道咸同光時期的人口

### 表二十五　光緒朝臺灣省正供數額

清代臺灣銀元與銀兩的兌換，各區域有別，其兌換率如下（王世慶教授提供）：

乾隆朝　　　　　　　　　　　嘉慶以後

0.69 兩＝1 荷蘭劍銀　　　　淡水廳 0.69 兩＝1 佛銀（西班牙銀或墨銀）

0.73 兩＝1 荷蘭花邊劍銀　　彰化縣 0.7 兩＝1 佛銀（西班牙銀或墨銀）

　　　　　　　　　　　　　　恆春縣 0.68 兩＝1 佛銀（西班牙銀或墨銀）

　　　　　　　　　　　　　　其他地方有 0.71、0.72、0.73 兩兌換 1 佛銀

※嘉慶以後原先都稱西班牙銀，但 1821 年墨西哥獨立也稱墨西哥銀或墨銀。不管是西班牙銀
　或墨西哥銀在清代臺灣民間都稱「佛銀」或「六八番銀」。

◎為求運算整數方便，以彰化縣 0.7 兩＝1 佛銀（西班牙銀或墨銀）為準。

●穀一石＝「六八番銀」二元

85746（兩）÷0.7＝122494.28（佛銀）

122494.28＋18669＝141163.28（佛銀）

141163.28÷2＝70581（石）

70581＋198057＝268638（石）

512979 兩÷0.7＝732827（佛銀）

732827÷2＝366413（石）

### 表二十六　清末臺灣各廳、縣正供數額

| | | 淡水廳 | 噶瑪蘭廳 | 臺北府 | | 臺灣縣、彰化縣、嘉義縣、安平縣、鳳山縣 | 資料來源 |
|---|---|---|---|---|---|---|---|
| | | | | 新竹縣 | 淡水縣 | | |
| 1. | 道光 26 年（1846） | － | 69811.7 石 | － | | － | （1） |
| 2. | 咸豐 9 年（1859） | 13084.9 石 | － | － | | － | （2） |
| 3. | 同治 13 年（1874） | 13000 餘石 | － | － | | － | （3） |
| 4. | 光緒 3 年（1877） | － | － | 56000 餘石 | | 130000 餘石 | （4） |
| | | | | － | | | |
| 5. | 光緒 5 年（1879） | － | － | － | | － | （5） |
| | | | | 8598.3 石 | － | | |
| 6. | 光緒 8 年（1882） | － | － | － | | | （6） |
| | | | | 8800 石 | － | | |
| 7. | 光緒 10 年（1884） | － | － | － | | 45450.9 石(僅止鳳山縣) | （7） |
| | | | | 8917.3 石 | 4153.8 石 | 36599.8 石(僅止安平縣) | |

| 8. | 光緒 13 年<br>（1887） | － | － | －<br>62621 石 | － | （8） |
|---|---|---|---|---|---|---|

（1）陳淑均，《噶瑪蘭廳志》，臺灣銀行文獻叢刊第一六〇種，1963 年 3 月，頁 65～68。

（2）陳培桂，《淡水廳志》，臺灣銀行文獻叢刊第一七二種，1963 年 8 月，頁 91～94。

（3）臺灣銀行經濟研究室編，《臺灣私法物權編》，臺灣銀行文獻叢刊第一五〇種，1963 年 1 月，頁 56。

（4）臺灣銀行經濟研究室編，《清季申報臺灣紀事輯錄》（南投：臺灣省文獻委員會，1994 年 7 月，頁 695。

（5）淡新檔案校註出版編輯委員會，《淡新檔案（二）：第一編行政／總務類》（臺北：臺灣大學，1995 年 9 月），頁 121。

（6）吳密察主編，《淡新檔案（五）：第一編行政／財政類》（臺北：臺灣大學圖書館，2001 年 6 月），頁 33。

（7）佚名，《淡新鳳三縣簡明總括圖冊》，臺灣銀行文獻叢刊第一九七種，1964 年 4 月，頁 3、29；臨時臺灣土地調查局，《清賦一班（明治 33 年／1900 發行）》（臺北：南天書局，1998 年 7 月），頁 145。

（8）諸家，《新竹縣志初稿》，臺灣銀行文獻叢刊第六一種，1959 年 11 月，頁 64。

## 表二十七　清末臺灣各廳、縣倉貯數額

| | | 建　省　前 | | | | 建　省　後 | | | 資料<br>來源 |
|---|---|---|---|---|---|---|---|---|---|
| | | 淡水廳 | 噶瑪蘭廳 | 彰化縣 | 鳳山縣 | 新竹縣 | 苗栗縣 | 恆春縣 | |
| 1. | 道光元年<br>（1821） | － | 穀 20000 石 | － | － | － | － | － | （1） |
| 2. | 道光 6 年<br>（1826） | － | － | 穀 10000 石 | － | － | － | － | （2） |
| 3. | 同治 6 年<br>（1867） | 穀 52600 石 | － | － | － | － | － | － | （3） |
| 4. | 同治 12 年<br>（1873） | － | 穀 4000<br>餘石 | － | 穀 9500<br>餘石 | － | － | － | （4） |
| 5. | 光緒 16 年<br>（1890） | － | － | － | － | 穀 12426 石<br>（包括未<br>收穀） | － | － | （5） |
| 6. | 光緒 18 年<br>（1892） | － | － | － | － | － | 穀 800 餘石 | － | （6） |
| 7. | 光緒 20 年<br>（1894） | － | － | － | － | － | － | 穀 2000 石 | （7） |

（1）陳淑均，《噶瑪蘭廳志》，臺灣銀行文獻叢刊第一六〇種，1963 年 3 月，頁 25。

（2）周璽，《彰化縣志》，臺灣銀行文獻叢刊第一五六種，1962 年 11 月，頁 39。

（3）陳培桂，《淡水廳志》，臺灣銀行文獻叢刊第一七二種，1963 年 8 月，頁 55。

（4）盧德嘉，《鳳山縣采訪冊》，臺灣銀行文獻叢刊第七三種，1960 年 8 月，頁 142；陳進傳，《宜蘭傳統漢人家族之研究》（宜蘭：宜蘭縣立文化中心，1995 年 5 月），頁 331。

（5）陳朝龍，《新竹縣采訪冊》，臺灣銀行文獻叢刊第一四五種，1962 年 7 月，頁 64～68。

（6）沈茂蔭，《苗栗縣志》，臺灣銀行文獻叢刊第一五九種，1962 年 12 月，頁 35。

（7）屠繼善，《恆春縣志》，臺灣銀行文獻叢刊第七五種，1960 年 5 月，頁 61。

## 表二十八　光緒朝臺灣建省前後（1884～1895）正供、米穀產量養活人口估計

| | |
|---|---|
| 268638（穀）石÷2＝134319（米）石<br>134319×100＝13431900（升）<br>13431900÷365＝36799（人）<br><br>366413（穀）石÷2＝183206.5（米）石<br>183206.5×100＝18320650（升）<br>18320650÷365＝50193（人）<br><br>1500000（米）石＝150000000（米）升<br>150000000÷365＝410958（人） | ＊　一人一天食米一升，一年食米 365 升。<br>＊＊十升等於一斗，十斗等於一石；一百升等於一石。 |

## 表二十九　清末臺灣代銷漳州府鹽額數量

| 編號 | 年　代 | 鹽　額　內　容 | 資　　料　　來　　源 |
|---|---|---|---|
| 1. | 道光 5 年<br>（1825） | 代銷南靖縣 6862 道<br>代銷長泰縣 1151 道 | 不著編人，《道光五年分福建省各州縣經督銷盈餘引目并各官職名月日及行銷額外餘引黃冊》，內閣大庫現存清代漢文黃冊編號：2252，中國第一歷史檔案館藏。 |
| 2. | 道光 15 年<br>（1835） | 代銷南靖縣 6862 道<br>代銷長泰縣 1151 道 | 不著編人，《道光十五年分福建省各州縣經督銷盈餘引目并各官職名月日及行銷額外餘引黃冊》，內閣大庫現存清代漢文黃冊編號：2256，中國第一歷史檔案館藏。 |
| 3. | 道光 21 年<br>（1841） | 代銷南靖縣 3138 道<br>代銷長泰縣 848 道 | 不著編人，《道光二十一年分福建省各州縣經督銷正額引目及各官職名月日黃冊》，內閣大庫現存清代漢文黃冊編號：2260，中國第一歷史檔案館藏。 |
| 4. | 道光 28 年<br>（1848） | 代銷南靖縣 3138 道<br>代銷長泰縣 848 道 | 不著編人，《道光二十八年分福建省各州縣經督銷正額引目及各官職名月日黃冊》，內閣大庫現存清代漢文黃冊編號：2262，中國第一歷史檔案館藏。 |
| 5. | 咸豐 1 年<br>（1851） | 代銷南靖縣 6862 道<br>代銷長泰縣 1151 道 | 不著編人，《咸豐元年分福建省各州縣經督銷盈餘引目及行銷額外餘引并各官職名月日黃冊》，內閣大庫現存清代漢文黃冊編號：2266，中國第一歷史檔案館藏。 |
| 6. | 咸豐 2 年<br>（1852） | 代銷南靖縣 3138 道<br>代銷長泰縣 848 道 | 不著編人，《咸豐二年分福建省各州縣經督銷正額引目及各官職名月日黃冊》，內閣大庫現存清代漢文黃冊編號：2268，中國第一歷史檔案館藏。 |
| 7. | 咸豐 6 年<br>（1856） | 代銷南靖縣 3138 道<br>代銷長泰縣 848 道 | 不著編人，《咸豐六年分福建省各州縣經督銷正額引目及各官職名月日黃冊》，內閣大庫現存清代漢文黃冊編號：2273，中國第一歷史檔案館藏。 |

| | | | |
|---|---|---|---|
| 8. | 咸豐 10 年<br>（1860） | 代銷南靖縣 6862 道 | 不著編人，《咸豐十年分福建省各州縣經督銷盈餘引目并各官職名月日及行銷額外餘引黃冊》，內閣大庫現存清代漢文黃冊編號：2277，中國第一歷史檔案館藏。 |
| | | 代銷長泰縣 1151 道 | |
| 9. | 同治 1 年<br>（1862） | 代銷南靖縣 6862 道 | 不著編人，《同治元年分福建省各州縣經督銷盈餘引目并各官職名月日及行銷額外餘引黃冊》，內閣大庫現存清代漢文黃冊編號：2278，中國第一歷史檔案館藏。 |
| | | 代銷長泰縣 1151 道 | |
| 10. | 同治 3 年<br>（1864） | 代銷南靖縣 3138 道 | 不著編人，《同治三年分福建省各州縣經督銷正額引目及各官職名月日黃冊》，內閣大庫現存清代漢文黃冊編號：2281，中國第一歷史檔案館藏。 |
| | | 代銷長泰縣 848 道 | |

## 表三十　清末臺灣鹽場課數額（養活人口計算參閱表三十一）

| 編號 | 年　代 | 鹽場課 | 養活人口 | 資　料　來　源 |
|---|---|---|---|---|
| 1. | 道光 12 年<br>（1832） | 19840.2 兩 | 2415853 | 不著編人，《道光十二年分福建省各屬縣額徵盈餘引課並徵收額外盈餘及續收各年盈餘已未完解銀兩數目黃冊》，內閣大庫現存清代漢文黃冊編號：2307，中國第一歷史檔案館藏。 |
| 2. | 道光 17 年<br>（1837） | 19388.3 兩 | 2360825 | 不著編人，《道光十七年分福建省各屬縣額徵盈餘引課並徵收額外盈餘及續收各年盈餘已未完解銀兩數目黃冊》，內閣大庫現存清代漢文黃冊編號：2312，中國第一歷史檔案館藏。 |
| 3. | 道光 21 年<br>（1841） | 20823.9 兩 | 2535627 | 不著編人，《道光二十一年分福建省各屬縣額徵盈餘引課並徵收額外盈餘及續收各年盈餘已未完解銀兩數目黃冊》，內閣大庫現存清代漢文黃冊編號：2313，中國第一歷史檔案館藏。 |
| 4. | 道光 25 年<br>（1845） | 18952.9 兩 | 2307799 | 不著編人，《道光二十五年分福建額徵盈餘引課並徵收額外盈餘及續收各年盈餘已未完解銀兩黃冊》，內閣大庫現存清代漢文黃冊編號：2314，中國第一歷史檔案館藏。 |
| 5. | 道光 26 年<br>（1846） | 20637.0 兩 | 2512876 | 不著編人，《道光二十六年分福建額徵盈餘引課並徵收額外盈餘及續收各年盈餘已未完解銀兩黃冊》，內閣大庫現存清代漢文黃冊編號：2315，中國第一歷史檔案館藏。 |
| 6. | 道光 28 年<br>（1848） | 19409.6 兩 | 2363411 | 不著編人，《道光二十八年分福建省額徵盈餘引課並徵收額外盈餘等項錢糧及督經徵接管各官職名月日黃冊》，內閣大庫現存清代漢文黃冊編號：2317，中國第一歷史檔案館藏。 |
| 7. | 道光 30 年<br>（1850） | 18567.6 兩 | 2260894 | 不著編人，《道光三十年分福建省額徵盈餘引課並徵收額外盈餘及續收各年盈餘已未完解銀兩 |

| | | | | |
|---|---|---|---|---|
| | | | | 黃冊》，內閣大庫現存清代漢文黃冊編號：2319，中國第一歷史檔案館藏。 |
| 8. | 咸豐1年（1851） | 21584.1 兩 | 2628193 | 不著編人，《咸豐元年分福建額徵盈餘引課並徵收額外盈餘及續收各年盈餘已未完解銀兩黃冊》，內閣大庫現存清代漢文黃冊編號：2320，中國第一歷史檔案館藏。 |
| 9. | 咸豐5年（1855） | 18992.9 兩 | 2312679 | 不著編人，《咸豐五年分福建省各屬縣額徵盈餘引課並徵收額外盈餘續收各年盈餘已未完解銀兩數目冊》，內閣大庫現存清代漢文黃冊編號：2323，中國第一歷史檔案館藏。 |

## 表三十一　清末臺灣鹽場課數額養活人口

| | |
|---|---|
| 1. | 19840.2 兩＝198402 錢　198402÷1.2＝165335（石）<br>165335（石）＝16533500（斤）鹽＝264536000（兩）鹽＝2645360000（錢）鹽<br>2645360000÷1095＝2415853（人） |
| 2. | 19388.3 兩＝193883 錢　193883÷1.2＝161569（石）<br>161569（石）＝16156900（斤）鹽＝258510400（兩）鹽＝2585104000（錢）鹽<br>2585104000÷1095＝2360825（人） |
| 3. | 20823.9 兩＝208239 錢　208239÷1.2＝173532（石）<br>173532（石）＝17353200（斤）鹽＝277651200（兩）鹽＝2776512000（錢）鹽<br>2776512000÷1095＝2535627（人） |
| 4. | 18952.9 兩＝189529 錢　189529÷1.2＝157940（石）<br>157940（石）＝15794000（斤）鹽＝252704000（兩）鹽＝2527040000（錢）鹽<br>2527040000÷1095＝2307799（人） |
| 5. | 20637.0 兩＝206370 錢　206370÷1.2＝171975（石）<br>171975（石）＝17197500（斤）鹽＝275160000（兩）鹽＝2751600000（錢）鹽<br>2751600000÷1095＝2512876（人） |
| 6. | 19409.6 兩＝194096 錢　194096÷1.2＝161746（石）<br>161746（石）＝16174600（斤）鹽＝258793600（兩）鹽＝2587936000（錢）鹽<br>2587936000÷1095＝2363411（人） |
| 7. | 18567.6 兩＝185676 錢　185676÷1.2＝154730（石）<br>154730（石）＝15473000（斤）鹽＝247568000（兩）鹽＝2475680000（錢）鹽<br>2475680000÷1095＝2260894（人） |
| 8. | 21584.1 兩＝215841 錢　215841÷1.2＝179867（石）<br>179867（石）＝17986700（斤）鹽＝287787200（兩）鹽＝2877872000（錢）鹽<br>2877872000÷1095＝2628193（人） |
| 9. | 18992.9 兩＝189929 錢　189929÷1.2＝158274（石）<br>158274（石）＝15827400（斤）鹽＝253238400（兩）鹽＝2532384000（錢）鹽<br>2532384000÷1095＝2312679（人） |

* 一石等於百斤（參閱諸家，《新竹縣志初稿》，臺灣銀行文獻叢刊第六一種，1959 年 11 月，頁 81），一斤等於十六兩，一兩等於十錢。
** 一人一天食鹽三錢，一年食鹽六斤十二兩（1080 錢）。
*** 按照一人一天食鹽三錢計算，一年 365 天食鹽 1095 錢；與食鹽六斤十二兩，所換算成的 1080 錢有些出入。不過本文還是以 1095 錢爲準。
**** 按照洲南、洲北、瀨北鹽場規定，每交鹽一石，納番廣銀 1.2 錢。

## 表三十二　光緒 11 年後有記錄的各縣鹽額（養活人口計算參閱表三十三）

| 編號 | 府行政區 | 縣行政區 | 縣鹽額 | 總館鹽額 | 分、子館鹽額 | 養活人口 | 資料來源 |
|---|---|---|---|---|---|---|---|
| 1. | 臺南府 | 安平縣、嘉義縣 | 77000 石 | ─ | ─ | 1125114 | （1） |
| 2. | | 鳳山縣 | 42000 石 | ─ | ─ | 613698 | |
| 3. | | 恆春縣 | 1200 石 | ─ | ─ | 17534 | |
| 4. | 臺灣府 | 彰化縣（部分雲林、臺灣縣） | ─ | 鹿港總館 44350 石（分配鹿港、清水、彰化城、土庫、南投） | ─ | 648036 | （2） |
| | | | | ─ | 北斗子館 29000 石 | 423744 | |
| 5. | | 苗栗縣 | 20500 石 | 大甲總館 9000 石 | ─ | 131506 | （3） |
| | | | | ─ | 後壠子館 7500 石 | 109589 | |
| | | | | ─ | 吞霄子館 2500 石 | 36529 | |
| | | | | ─ | 房裏子館 1500 石 | 21917 | |
| 6. | 臺北府 | 新竹縣 | 28000 石 | ─ | ─ | 409132 | （4） |

（1）胡傳，《臺灣日記與稟啓》，臺灣銀行文獻叢刊第七一種，1960 年 3 月，頁 74。
（2）吳密察主編，《淡新檔案（八）：第一編行政／建設類》（臺北：臺灣大學圖書館，2001 年 6 月），頁 199。
（3）沈茂蔭，《苗栗縣志》，臺灣銀行文獻叢刊第一五九種，1962 年 12 月，頁 65。
（4）吳密察主編，《淡新檔案（八）：第一編行政／建設類》（臺北：臺灣大學圖書館，2001 年 6 月），頁 144。

## 表三十三　光緒 11 年後有記錄的各縣鹽額養活人口計算

| | |
|---|---|
| 1. | 77000（石）＝7700000（斤）＝123200000（兩）＝1232000000（錢）／1232000000÷1095＝1125114（人） |
| 2. | 42000（石）＝4200000（斤）＝67200000（兩）＝672000000（錢）／672000000÷1095＝613698（人） |

| 3. | 1200（石）＝120000（斤）＝1920000（兩）<br>＝19200000（錢）／19200000÷1095＝17534（人） |
|---|---|
| 4. | 44350（石）＝4435000（斤）＝70960000（兩）<br>＝709600000（錢）／709600000÷1095＝648036（人） |
|  | 29000（石）＝2900000（斤）＝46400000（兩）<br>＝464000000（錢）／464000000÷1095＝423744（人） |
| 5. | 9000（石）＝900000（斤）＝14400000（兩）<br>＝144000000（錢）／144000000÷1095＝131506（人） |
|  | 7500（石）＝750000（斤）＝12000000（兩）<br>＝120000000（錢）／120000000÷1095＝109589（人） |
|  | 2500（石）＝250000（斤）＝4000000（兩）<br>＝40000000（錢）／40000000÷1095＝36529（人） |
|  | 1500（石）＝150000（斤）＝2400000（兩）<br>＝24000000（錢）／24000000÷1095＝21917（人） |
| 6. | 28000（石）＝2800000（斤）＝44800000（兩）<br>＝448000000（錢）／448000000÷1095＝409132（人） |

\* 一石等於百斤（參閱諸家，《新竹縣志初稿》，臺灣銀行文獻叢刊第六一種，1959年11月，頁81），一斤等於十六兩，一兩等於十錢。
\*\* 一人一天食鹽三錢，一年食鹽六斤十二兩（1080錢）。
\*\*\* 按照一人一天食鹽三錢計算，一年365天食鹽1095錢；與食鹽六斤十二兩，所換算成的1080錢有些出入。不過本文還是以1095錢爲準。

## 表三十四　清末洋人對臺灣區域人口的記錄

| | 臺灣縣（安平縣） | 嘉義縣 | 雲林縣 | 鳳山縣 | 彰化縣 | 臺灣縣 | 苗栗縣 | 新竹縣 | 淡水縣 | 宜蘭縣 | 臺東州 | 恆春縣 | 埔里廳 | 資料來源 |
|---|---|---|---|---|---|---|---|---|---|---|---|---|---|---|
| | 雲 | 嘉 | 南 | 高屏 | 彰化 | 臺中 | 桃 | 竹 | 苗 | 臺北 | 宜蘭 | 花東 | 中央山地 | |
| 1. 道光30年（1850） | | | | 打狗5000 | | | | | | | | | | (1) |
| 2. 同治3年（1864） | | | | | | | | | | | | 琅嶠1000 | | (2) |
| 3. 同治6年（1867） | 府城約70000 | | | | | | | | | | | | | (3) |
| 4. 同治6年（1867） | | | | 縣城70000 | | | | | | | | | | (4) |
| 5. 同治10年（1872） | 府城約70000 | | | | | | | | | | | | | (5) |
| 6. 同治11年（1872） | | | | | | | | | | | | | 埔里2000～3000 | (6) |

| | | | | | | | | | | | | | |
|---|---|---|---|---|---|---|---|---|---|---|---|---|---|
| 7. | 同治11年（1872） | | | | | | 貓裏10000 新埔10000 | 塹城35000 | 艋舺45000 大稻埕30000 中港10000 錫口10000 | 三結仔街10000 | | | （7） |
| 8. | 同治12年（1873） | 府城60000 | | | | | | | | | | | （8） |
| 9. | 同治13年（1874） | | | | | | | 塹城40000 | 三角湧2000 水返腳4000 | | | | （9） |
| 10. | 同治13年（1874） | | | | | | | | | | | 埔里6000 | （10） |
| 11. | 光緒1年（1875） | | 林圯埔3000 | | | | | | | | | 埔里5000 | （11） |
| 12. | 光緒1年（1875） | | | 東港6000～7000 | | | | | | | | | （12） |
| 13. | 光緒1年（1875） | 府城約75000 | 縣城10000～15000 | 縣城15000 東港20000 枋寮5000 | 縣城15000 | | | 縣城30000 | | | 全縣10000 | | （13） |
| 14. | 光緒2年（1876） | 府城40000～60000 | | | | | | | | | | | （14） |
| 15. | 光緒10年（1884） | | | | | | | | 艋舺40000 | 縣城40000 | | | （15） |
| 16. | 光緒10年（1884） | | | | | | | | 基隆10000 | | | | （16） |
| 17. | 光緒11年（1885） | | | | | | | | 大稻埕20000～30000 基隆8000～10000 | | | | （17） |
| 18. | 光緒11年（1885） | 府城60000～70000 | | | | | | | | | 奇萊700 | | （18） |
| 19. | 光緒16年（1890） | | | | | | | 淡水10233 | 三結仔街60000 | | 七腳川1000 | | （19） |

＊ 以上的行政區域劃分以光緒 11 年（1885）臺灣建省為主，或許與數據記錄時的廳縣行政區不同；這是為顧及到下篇各區域
　 討論時的方便，對此本文會詳明聚落、城邑名稱來區別。

（1）白尚德（Chantal Zheng）著，鄭順德譯，《十九世紀歐洲人在臺灣》（臺北：南天書局，1999 年 6 月），頁 74。

（2）Swinhoe Robert, "Additional notes on Formosa," *Royal Geographical Society* 10 (1866): 122~128.

（3）Dennys N. B., "Formosa", in *Dennys N. B. & Fred Mayers, the Treaty Ports of China and Japan* (London: Trübner), 1867, pp. 291~325.

（4）James W. Davidson 著，蔡啓恆譯，《臺灣之過去與現在》（臺北：臺灣銀行經濟研究室，1972 年 4 月），頁 81。

（5）Thomson, John, "Note of a journey in Southern Formosa," *Journal of the Royal Geographical Society XLIII* (1873): 97~107.

（6）Bullock, T. L. "A trip into the interior of Formosa," *Royal Geographical Society* 21 (1877): 266~272.

（7）（9）（17）馬偕（G. L. Mackay）著，周學譜譯，《臺灣六記（From Far Formosa）》（臺北：臺灣銀行經濟研究室，1960 年 1
　 月），頁 43、47、64~66、104。

（8）鈴木明著，謝森展譯，《外國人眼中的臺灣真相》（臺北：創意力文化事業，1992 年 1 月二版），頁 55。

（10）Campbell, W., "Aboriginal Savages of Formosa," *Ocean Highways: The geographical Review n. s.1* (1874): 410~412.

（11）Allen, Herbert J., "Notes of a Journey through Formosa from Tamsui to Taiwanfu," *Royal Geographical Society of London* 21 (1877): 258~266.

（12）Beazeley, M., "Notes of an Overland Journey through the southern part of Formosa from Takow to the South Cape in 1875 with an Introductory Sketch of the Island," *Royal Geographical Society and Monthly Record of Geography n. s.7* (January 1885): 1~22.

（13）Translated by Christian Buss, Edited by Douglas Fix, Ibis Paul, "Auf Formosa: Enthnographische Wanderungen," *Globus* 31 (1877): 149~152, 167~171, 181~187, 196~200, 214~219, 230~235.

（14）Steere J. B., "Formosa," *Journal of the American Geographical Society* 6 (1876): 302~334.

（15）（18）陶德（John Dodd）著，陳政三譯，《北臺封鎖記——茶商陶德筆下的清法戰爭（Journal of A Blockaded Resudent in North Formosa during the Franco-Chinese War 1884-5）》（臺北：原民文化事業，2002 年 7 月），頁 51、93、145、149、155。

（16）E. Garnot 著，黎烈文譯，《法軍侵臺始末（L'Expédition française de Formose, 1884~1885）》（臺北：臺灣銀行經濟研究室，1960 年 10 月），頁 9。

（19）C. Imbault-Huart 著，黎烈文譯，《臺灣島之歷史與地誌》（臺北：臺灣銀行經濟研究室，1958 年 3 月），頁 81。

## 表三十五　清末洋人對臺灣人口的記錄

| 編號 | 年　代 | 臺灣的人口數 | 資　料　來　源 |
|---|---|---|---|
| 1. | 咸豐 10 年（1860） | 領事報告記為 200 萬 | 林滿紅，《茶、糖、樟腦業與臺灣之社會經濟變遷 1860～1895》（臺北：聯經出版事業公司，2001 年 11 月四刷），頁 149。 |
| 2. | 同治 2 年（1863） | 英國皇家地質學會會刊記為 300 萬 | 葉振輝，《清季臺灣開埠之研究》（臺北：標準書局，1985 年 5 月），頁 16。 |
| 3. | 同治 4 年（1865） | 作者記為漢人 300 萬，熟番 50 萬 | 必麒麟（W. A. Pickering）著，吳明遠譯，《老臺灣》（臺北：臺灣銀行經濟研究室，1959 年 1 月），頁 38。 |
| 4. | 同治 10 年（1871） | 傳教士記為 200 萬 | 金關丈夫原編，林川夫主編，《民俗臺灣（第六輯）》（臺北：武陵出版有限公司，1997 年 4 月），頁 257。 |
| 5. | 同治 11 年（1872） | 作者記為 300 萬 | 馬偕（G. L. Mackay）著，周學譜譯，《臺灣六記（From Far Formosa）》（臺北：臺灣銀行經濟研究室，1960 年 1 月），頁 43。 |
| 6. | 同治 11 年（1872） | 作者記為 300 萬 | Thomson, J., F. R. G. S. *Illustrations of China and its people: A series of two hundred photographs, with; letterpress descriptive of the places and people represented* (London: Sampon Low, Marston, Low and Searle, 1873~1874). |

| 7. | 光緒 1 年（1875） | 作者記爲 400 萬 | Translated by Christian Buss, Edited by Douglas Fix, Ibis Paul, "Auf Formosa: Enthnographische Wanderungen," *Globus* 31 (1877): 149~152, 167~171, 181~187, 196~200, 214~219, 230~235. |
| --- | --- | --- | --- |
| 8. | 光緒 2 年（1876） | 作者記爲 300 萬 | Steere J. B., "Formosa," *Journal of the American Geographical Society* 6 (1876): 302~334. |
| 9. | 光緒 10 年（1884） | 法國報紙記爲 360 萬 | 臺灣銀行經濟研究室編，《法軍侵臺檔》，臺灣銀行文獻叢刊第一九二種，1964 年 3 月，頁 22。 |
| 10. | 光緒 11 年（1885） | 作者記爲 300 萬 | C.Imbault-Huart 著，黎烈文譯，《臺灣島之歷史與地誌》（臺北：臺灣銀行經濟研究室，1958 年 3 月），頁 105。 |
| 11. | 光緒 12 年（1886） | 作者記爲 300～400 萬 | Guillemard F. H. H., "Formosa" in *The Curise of the Marchesa to Kamschatka & New Guineaa, with notices of Formosa, Liu-Kiu and various islands of Malay Archipelago* (London: John Murray, 1886), pp. 1~25. |
| 12. | 光緒 13 年（1887） | 法國人記爲 300 萬 | 〔法〕白尚德（Chantal Zheng）著，鄭順德譯，《十九世紀歐洲人在臺灣》（臺北：南天書局，1999 年 6 月），頁 21。 |
| 13. | 光緒 19 年（1893） | 領事報告記爲 255 萬 | 林滿紅，《茶、糖、樟腦業與臺灣之社會經濟變遷 1860～1895》（臺北：聯經出版事業公司，2001 年 11 月四刷），頁 152。 |
| 14. | 光緒 21 年（1895） | 作者記爲 250 萬 | James W. Davidson 著，蔡啓恆譯，《臺灣之過去與現在》（臺北：臺灣銀行經濟研究室，1972 年 4 月），頁 47。 |

## 表三十六　清末官方對臺灣區域人口的記錄

| | | 臺灣縣（安平縣） | 嘉義縣 | 雲林縣 | 鳳山縣 | 彰化縣 | 臺灣縣 | 苗栗縣 | 新竹縣 | 淡水縣 | 宜蘭縣 | 臺東州 | 恆春縣 | 埔里廳 | 資料來源 |
| --- | --- | --- | --- | --- | --- | --- | --- | --- | --- | --- | --- | --- | --- | --- | --- |
| | | 南 | 嘉 | 雲 | 高屏 | 彰化 | 臺中 | 苗 | 竹 | 桃 | 臺北 | 宜蘭 | 花東 | 中央山地 | |
| 1. | 同治 1 年（1862） | | | | | 鹿港 120000 | | | | | | | | | (1) |
| 2. | 同治 11 年（1872） | | | | | | | | | 淡水 50000 | | | | | (2) |
| 3. | 同治 11 年（1872） | | | | | | | | 淡水廳 420000 | | | | | | (3) |
| 4. | 同治 13 年（1874） | | | | | | | | 竹塹城 2097 東廂二十五庄 2942 東廂十庄 1018 南廂二庄 309 東廂十七庄 1496 東北廂十六庄 1630 | 拳山堡 625 石碇堡 534 興直堡 1019 芝蘭堡 2131 海山堡 | | | | | (4) |

| | | | | | | | | | | |
|---|---|---|---|---|---|---|---|---|---|---|
| | | | | | 西北廂十六庄<br>1014<br>中港堡 1530<br>後壠堡 1677<br>苑裡堡 884<br>大甲堡 1321<br>桃澗堡 1068 | 1121<br>擺接堡<br>718<br>大加<br>蚋堡<br>1092 | | | | |
| 5. | 光緒 1 年<br>（1875） | | | | 淡水廳 420000 | | | 縣城<br>490 | | (5) |
| 6. | 光緒 2 年<br>（1876） | | | | | | | 6000〜<br>7000 | | (6) |
| 7. | 光緒 3 年<br>（1877） | | | | | | | 縣城<br>490 | | (7) |
| 8. | 光緒 15 年<br>（1889） | | | | | | | 宣化里<br>1927<br>德和里<br>3416<br>仁壽里<br>354<br>興文里<br>3321<br>善餘里<br>1779<br>嘉禾里<br>185<br>咸昌里<br>644<br>泰慶里<br>1230<br>治平里<br>794<br>長樂里<br>649<br>安定里<br>555<br>永靖里<br>1255<br>至厚里<br>628 | | (8) |
| 9. | 光緒 16 年<br>（1890） | | | | 苗栗縣<br>62778 | | | | | (9) |
| 10. | 光緒 17 年<br>（1891） | | | 鹿港<br>40000<br>〜<br>50000 | 苗栗縣<br>63892 | | | | | (10)<br>(11) |
| 11. | 光緒 18 年<br>（1892） | | | | 苗栗縣<br>65274 | | | 南鄉<br>730<br>新鄉<br>2813<br>奉鄉<br>1140 | | (12)<br>(13) |

| | | | | | | | | | 蓮鄉<br>986<br>廣鄉<br>170 | | | |
|---|---|---|---|---|---|---|---|---|---|---|---|---|
| 12. | 光緒20年<br>(1894) | | | 斗六堡<br>28659<br>大楝<br>榔堡<br>52935<br>蔦松<br>北堡<br>3149<br>尖山堡<br>12009<br>海豐堡<br>21029<br>他里<br>霧堡<br>19347<br>西螺堡<br>1034<br>白沙<br>墩堡<br>5729<br>大坵<br>田東堡<br>4833<br>溪州堡<br>7623<br>沙連堡<br>12789<br>打貓<br>東堡<br>2670<br>打貓<br>北堡<br>3610<br>布嶼<br>東堡<br>10764<br>布嶼<br>西堡<br>8585 | 大竹里<br>55542<br>興隆里<br>19068<br>赤山里<br>8433<br>小竹里<br>35618<br>鳳山里<br>20467<br>觀音里<br>25105<br>半屏里<br>5679<br>仁壽里<br>29999<br>維新里<br>6674<br>嘉祥里<br>11653<br>文賢里<br>8735<br>長治里<br>5526<br>港東里<br>52128<br>港西里<br>108928 | | | 竹塹城<br>5023<br>竹塹堡<br>東廂<br>15173<br>竹塹堡<br>南廂<br>3097<br>竹塹堡<br>北廂<br>4590<br>竹塹堡<br>東南廂<br>10863<br>竹塹堡<br>西南廂<br>2346<br>竹塹堡<br>西北廂<br>4342<br>竹南堡<br>25076<br>竹北堡<br>60584 | | | | (14)<br>(15)<br>(16) |

\* 以上的行政區域劃分以光緒11年（1885）臺灣建省爲主，或許與數據記錄時的廳縣行政區不同：這是爲顧及到下篇各區域
  討論時的方便，對此本文會詳明聚落、城邑名稱來區別。

(1) 蔡青筠，《戴案紀略》，臺灣銀行文獻叢刊第二○六種，1964年11月，頁14。

(2)(3)臺灣銀行經濟研究室選編，《清季申報臺灣紀事輯錄》（南投：臺灣省文獻委員會，1994年7月，頁8、11。

(4) 淡新檔案校註出版編輯委員會，《淡新檔案（三）：第一編行政／民政類》（臺北：臺灣大學，1995年10月），頁328～351。

(5) 洪安全主編，《清宮月摺檔臺灣史料（三）》（臺北：故宮博物院，1994年10月），頁2021、2570。

(6) 臺灣銀行經濟研究室選編，《臺灣私法物權編》，臺灣銀行文獻叢刊第一五○種，1963年1月，頁1。

(7) 不著編人，《清光緒朝中日交涉史料（上冊）》（臺北：文海出版社，1963年5月），頁9～10。

(8) 屠繼善，《恆春縣志》，臺灣銀行文獻叢刊第七五種，1960年5月，頁125～129。

(9)(10)(12)沈茂蔭，《苗栗縣志》，臺灣銀行文獻叢刊第一五九種，1962年12月，頁61～63。

(11) 唐贊袞，《臺陽見聞錄》，臺灣銀行文獻叢刊第三○種，1958年11月，頁5。

(13) 胡傳，《臺東州采訪冊》，臺灣銀行文獻叢刊第八一種，1960 年 5 月，頁 18～21。

(14) 倪贊元，《雲林縣采訪冊》，臺灣銀行文獻叢刊第三七種，1959 年 2 月，頁 1～194。

(15) 盧德嘉，《鳳山縣采訪冊》，臺灣銀行文獻叢刊第七三種，1960 年 8 月，頁 1～15。

(16) 陳朝龍，《新竹縣采訪冊》，臺灣銀行文獻叢刊第一四五種，1962 年 7 月，頁 68～98。

## 表三十七　日治初期臺灣總人口與區域人口的記錄

| 編號 | 時　　間 | 地　　　　區 | | 人　數 | 資料來源 |
|---|---|---|---|---|---|
| 1. | 明治 28 年（1895） | 全臺灣 | | 2000000 左右 | （1） |
| 2. | 明治 29 年（1896） | 新北市 | 大稻埕、艋舺、城內 | 46710 | （2） |
| 3. | 明治 30 年（1897） | 新竹縣 | | 304476 | （3） |
| 4. | 明治 30 年（1897） | 新竹縣 | 苑裏 | 20544 | （4） |
| 5. | 明治 30 年（1897） | 新竹縣 | 苗栗縣城 | 2499 | （5） |
| | | 新竹縣 | 獅潭桂竹林 | 898 | |
| | | 新竹縣 | 大湖 | 651 | |
| | | 臺中市 | 臺中 | 2368 | |
| | | 臺中市 | 彰化城 | 14068 | |
| | | 臺中市 | 鹿港 | 20392 | |
| | | 臺中市 | 集集 | 1600 | |
| | | 嘉義縣 | 斗六門 | 1372 | |
| | | 嘉義縣 | 他里霧 | 440 | |
| | | 嘉義縣 | 打貓街 | 725 | |
| | | 嘉義縣 | 嘉義縣城 | 9648 | |
| | | 臺南市 | 麻豆庄 | 3000 | |
| | | 臺南市 | 蕭壠庄 | 300 | |
| | | 臺南市 | 番仔田庄 | 200 | |
| | | 臺南市 | 臺南 | 40034 | |
| | | 臺南市 | | 317192 | |
| | | 臺南市 | 關廟庄 | 229 | |
| | | 鳳山縣 | 羅漢外門 | 1616 | |
| | | 鳳山縣 | 里港街 | 2220 | |
| | | 鳳山縣 | 舊城 | 772 | |

| | | | | | |
|---|---|---|---|---|---|
| | | | 鳳山縣 | 新城 | 5345 | |
| | | | 鳳山縣 | 打狗街 | 1600 | |
| | | | 鳳山縣 | 旗後街 | 1936 | |
| | | | 鳳山縣 | 恆春縣城 | 1000 | |
| | | | 臺東廳 | 花蓮港 | 303 | |
| 6. | 明治 31 年（1898） | | 新竹縣 | 樹杞林 | 41223 | （6） |
| 7. | 明治 32 年（1899） | 全臺灣（扣除原住民） | | | 2725041 | （7） |
| 8. | 明治 32 年（1899） | | 新北市 | 大稻埕 | 31715 | （8） |
| | | | 新北市 | 艋舺 | 20317 | |
| | | | 新北市 | 臺南 | 47000 | |
| 9. | 明治 33 年（1900） | 〔王石鵬襲用清末地名〕 | | 臺灣府府城 | 20000 餘 | （9） |
| | | | | 臺北府城 | 150000 餘 | |
| | | | 宜蘭縣 | | 7000 餘（平埔族） | |
| | | | | 安平縣城 | 15000 | |
| | | | | 新竹縣城 | 10000 餘 | |
| | | | | 嘉義縣城 | 15000 餘 | |
| | | | | 打狗港 | 5000 餘 | |
| | | | | 大料崁 | 10000 餘 | |
| 10. | 明治 33 年（1900） | | 鳳山縣 | 東港 | 6994 | （10） |
| 11. | 明治 33 年（1900） | | 嘉義縣 | 打貓西堡 | 12134 | （11） |
| | | | | 打貓北堡 | 3115 | |
| | | | | 打貓南堡 | 7814 | |
| | | | | 打貓東下堡 | 4091 | |
| | | | | 打貓東頂堡 | 8807 | |
| 12 | 明治 34 年（1901） | 全臺灣 | | | 2842378 | （12） |
| 13. | 明治 38 年（1905） | 全臺灣（扣除原住民） | | | 3046859 | （13） |

（1）佚名，《安平縣雜記》，臺灣銀行文獻叢刊第五二種，1959 年 8 月，頁 23。
（2）溫振華、戴寶村，《淡水河流域變遷史》（板橋：臺北縣立文化中心，1999 年 3 月初版二刷），頁 148。

(3) 諸家，《新竹縣志初稿》，臺灣銀行文獻叢刊第六一種，1959 年 11 月，頁 49。

(4) 蔡振豐，《苑裡志》，臺灣銀行文獻叢刊第四八種，1959 年 6 月，頁 36～40。

(5) 伊能嘉矩著、楊南郡譯註，《臺灣踏查日記（上）》（臺北：遠流出版事業股份有限公司，2000年 10 月初版三刷），頁 109、113、118、123、152～153、155、216～217、226、241～242、244、246～247、250～252、254、267、269、271、280、282、287～288、292、302～303、322。

(6) 諸家，《樹杞林志》，臺灣銀行文獻叢刊第六三種，1959 年 9 月，頁 37～50。

(7) 陳紹馨纂修，《臺灣省通志稿・卷二人民志人口篇》（臺北：臺灣省文獻委員會，1964 年 6月），頁 277。

(8) 王世慶，《淡水河流域河港水運史》（臺北：中央研究院中山人文社會科學研究所，1996 年12 月），頁 47。

(9) 王石鵬，《臺灣三字經》，臺灣銀行文獻叢刊第一六二種，1962 年 12 月，頁 27～29。

(10) 伊能嘉矩著、楊南郡譯註，《臺灣踏查日記（下）》（臺北：遠流出版事業股份有限公司，1997 年 2 月初版二刷），頁 424。

(11) 佚名，《嘉義管內采訪冊》，臺灣銀行文獻叢刊第五八種，1959 年 9 月。

(12) 臺灣慣習研究會原著，《臺灣慣習記事（中譯本）・第肆卷上》（南投：臺灣省文獻委員會，1989 年 3 月），頁 41。

(13) 李絜非，《臺灣》（上海：商務印書館，1947 年 2 月上海四版），頁 22。

## 表三十八　清代史料所見的臺灣總人口數

| 編號 | 年　代 | 正供、倉貯、墾地面積估算出的人口 | 直接的人口記錄 | 鹽額估算出的人口 | 資　料　來　源 |
|---|---|---|---|---|---|
| 1. | 康熙 23 年（1684） | 5~7 萬 | | | 第一章第一節 |
| 2. | 康熙 61 年（1722） | 7~8 萬 | 30 萬 | | 第一章第一節 |
| 3. | 雍正 13 年（1736） | 9~13 萬 | 44 萬（440686） | | 第一章第一節／表十三 |
| 4 | 乾隆 1 年（1736） | | | 131~160 萬 | 第一章第二節 |
| 5. | 乾隆 21 年（1756） | 14~15 萬 | 66 萬（110147） | | 第一章第二節／表二十一 |
| 6. | 乾隆 38 年（1773） | | 76 萬（765721） | | 第一章第二節／表二十一 |
| 7. | 乾隆 42 年（1772） | | 83 萬（839803） | | 第一章第二節／表二十一 |
| 8. | 乾隆 46 年（1772） | | 90 萬（900940） | | 第一章第二節／表二十一 |
| 9. | 乾隆 55 年（1790） | | 94 萬（943414）或 106 萬（1063522） | 189~200 萬 | 第一章第二節 |
| 10. | 嘉慶 16 年（1811） | | 178 萬（1786883） | | 第一章第二節 |
| 11. | 道光 4 年（1824） | | 250 萬 | 214~262 萬 | 第一章第三節 |
| 12. | 同治 7 年（1868） | | | | 第一章第三節 |
| 13. | 光緒 1 年（1875） | | 300 萬 | | 第一章第三節 |
| 14. | 光緒 11 年（1885） | | | 接近 400 萬 | 第一章第三節／表三十二 |
| 15. | 光緒 20 年（1894） | 40 萬 | | | 第一章第三節 |

### 表三十九　清代史料所見估算的臺灣區域人口數

| | | 臺灣縣(安平縣) | 嘉義縣 | 雲林縣 | 鳳山縣 | 彰化縣 | 臺灣縣 | 苗栗縣 | 新竹縣 | 淡水縣 | 宜蘭縣 | 臺東州 | 恆春縣 | 埔里廳 | 資料來源 |
|---|---|---|---|---|---|---|---|---|---|---|---|---|---|---|---|
| | | 雲 | 嘉 | 南 | 高屏 | 彰化 | 臺中 | 桃 | 竹 | 苗 | 臺北 | 宜蘭 | 花東 | 中央山地 | |
| 1. | 康熙 28 年(1689) | 24187 | ※舊諸羅縣 | | 14262 | ※舊諸羅縣（該縣人口爲 13683） | | | | | | | | | 表六 |
| 2. | 雍正 13 年(1735) | 10875 | 202458 | | 91613 | 25867 | 8786 | 931 | | | 2326 | | | | | 表十四 |
| 3. | 乾隆 21 年(1756) | 148896 | 188496 | | 138996 | 124124 | 35464 | 10296 | | | 13728 | | | | | 表二十二 |
| 4. | 嘉慶 16 年(1811) | 339865 | 416522 | | 353624 | 153047 | 153046 | 115364 | | | 95666 | 159747 | | | | 表二十四 |
| 5. | 同治 11 年(1872) | | | | | | | 278906 | | | 141093 | | | | | 第一章第三節 |
| 6. | 光緒 15 年(1889) | | | | | | | | | | | | | 16737 | 5000〜6000 | 表三十三、五 |
| 7. | 光緒 18 年(1892) | | | | | | | 65274 | | | | 5839 | | | | 表三十五 |
| 8. | 光緒 20 年(1894) | | | 194765 | 393555 | | | | | 131094 | | | | | | 表三十五 |

＊ 以上的行政區域劃分以光緒 11 年（1885）臺灣建省爲主，或許與數據記錄時的廳縣行政區不同，這是爲顧及到下篇各區域討論時的方便。

# 第二章　官番民的武力發展

## 第一節　官方──職業式武力的駐防

### 表四十　清代臺閩綠營人數

| 編號 | 年　代 | 福建綠營人數 | 臺灣綠營人數 | 資　料　來　源 |
|---|---|---|---|---|
| 1. | 康熙 23 年(1684) | 83562 名 | － | 金鋐，《福建通志》（北京：書目文獻出版社，1988 年），頁 1541〜1547。 |
| 2. | 康熙 28 年(1689) | | 8000 名（不包括澎湖 2000 名） | 蔣毓英，《臺灣府志》（北京：中華書局，1985 年 5 月），頁 210〜211。 |
| 3. | 康熙 34 年(1695) | | 7580 名（不包括澎湖 2000 名） | 高拱乾，《臺灣府志》，臺灣銀行文獻叢刊第六五種，1960 年 2 月，頁 69〜75。 |

| 4. | 康熙 51 年<br>（1712） | | 7580 名（不包括<br>澎湖 2000 名） | 周元文，《重修臺灣府志》，臺灣銀行文<br>獻叢刊第六六種，1960 年 7 月，頁 85～<br>91。 |
|---|---|---|---|---|
| 5. | 雍正 13 年<br>（1735） | | 10670 名（不包<br>括澎湖 2000 名） | 尹士俍，《臺灣志略・武職營規》，清乾<br>隆三年刻本，北京國家圖書館藏。 |
| 6. | 乾隆 6 年<br>（1741） | | 10670 名（不包<br>括澎湖 2000 名） | 劉良璧，《重修福建臺灣府志》，臺灣銀<br>行文獻叢刊第七四種，1961 年 3 月，頁<br>324～325。 |
| 7. | 乾隆 7 年<br>（1742） | | 9870 名（不包括<br>澎湖 2000 名） | 臺灣銀行經濟研究室選編，《臺案彙錄丁<br>集》，臺灣銀行文獻叢刊第一七八種，<br>1963 年 9 月，頁 220。 |
| 8. | 乾隆 19 年<br>（1754） | 51124 名 | 10670 名（不包<br>括澎湖 2000 名） | 不著編人，《兵部則例□□卷・營制》，<br>清乾隆內（務）府抄本，北京國家圖書<br>館藏。 |
| 9. | 乾隆 29 年<br>（1764） | 66726 名（包括<br>臺灣、澎湖） | | 趙爾巽等著，《清史稿》（北京：中華書<br>局，1998 年 1 月），頁 1045。 |
| 10. | 乾隆 38 年<br>（1773） | | 10670 名（不包<br>括澎湖 2000 名） | 朱景英，《海東札記》，臺灣銀行文獻叢<br>刊第一九種，1958 年 10 月，頁 23。 |
| 11. | 乾隆 48 年<br>（1783） | | 10229 名（不包<br>括澎湖 1858 名） | 臺灣銀行經濟研究室編，《臺案彙錄丙<br>集》，臺灣銀行文獻叢刊第一七六種，<br>1963 年 11 月，頁 326。 |
| 12. | 乾隆 50 年<br>（1785） | 63119 名（包括<br>臺灣、澎湖） | | 趙爾巽等著，《清史稿》（北京：中華書<br>局，1998 年 1 月），頁 1045。 |
| 13. | 乾隆 52 年<br>（1787） | | 10310 名（不包<br>括澎湖 1858 名） | 臺灣銀行經濟研究室選編，《臺案彙錄庚<br>集》，臺灣銀行文獻叢刊第二○○種，<br>1964 年 8 月，頁 36。 |
| 14. | 乾隆 53 年<br>（1788） | 50943 名 | 10099 名（不包<br>括澎湖 1858 名） | 臺灣銀行經濟研究室選編，《臺案彙錄庚<br>集》，臺灣銀行文獻叢刊第二○○種，<br>1964 年 8 月，頁 173、184。 |
| 15. | 乾隆 54 年<br>（1788） | | 10318 名（不包<br>括澎湖 1858 名） | 不著編人，《清實錄－高宗純皇帝實錄<br>（二五）》（北京：中華書局，1985 年 11<br>月），頁 975～976。 |
| 16. | 乾隆 60 年<br>（1795） | | 11518 名（不包<br>括澎湖 1858 名） | 乾隆朝漢文錄副奏摺（財政），檔號：<br>0767，微縮號：051，中國第一歷史檔案<br>館藏。 |
| 17. | 嘉慶 11 年<br>（1806） | | 11534 名（不包<br>括澎湖 1858 名） | 臺灣銀行經濟研究室選編，《臺案彙錄丁<br>集》，臺灣銀行文獻叢刊第一七八種，<br>1963 年 9 月，頁 273。 |
| 18. | 嘉慶 15 年<br>（1810） | | 10531 名（不包<br>括澎湖 1858 名） | 李桓編，《國朝耆獻類徵（154）》（臺北：<br>明文書局，1985 年 5 月），頁 870～913。 |

| 19. | 嘉慶 16 年（1811） | | 12142 餘名（不包括澎湖 1858 名） | 翟灝，《臺陽筆記》，臺灣銀行文獻叢刊第二○種，1958 年 5 月，頁 2。 |
|---|---|---|---|---|
| 20. | 道光 11 年（1831） | | 12798 名（不包括澎湖 1858 名） | 姚瑩，《東槎紀略》，臺灣銀行文獻叢刊第七種，1957 年 11 月，頁 11。 |
| 21. | 道光 13 年（1833） | 47456 名 | 12063 名（不包括澎湖 1858 名） | 陳壽祺，《福建通志臺灣府》，臺灣銀行文獻叢刊第八四種，1960 年 8 月，頁 301、261～290。 |
| 22. | 道光 27 年（1847） | | 12799 名（不包括澎湖 1858 名） | 丁紹儀，《東瀛識略》，臺灣銀行文獻叢刊第二種，1957 年 9 月，頁 41。 |
| 23. | 道光 29 年（1849） | 61675 名（包括臺灣、澎湖） | | 趙爾巽等著，《清史稿》（北京：中華書局，1998 年 1 月），頁 1045。 |
| 24. | 咸豐 3 年（1853） | | 12816 名（不包括澎湖 1858 名） | 中國第一歷史檔案館編，《清政府鎮壓太平天國檔案史料（第八冊）》（北京：社會科學文獻出版社，1993 年 9 月），頁 639。 |
| 25. | 咸豐 3 年（1853） | 47300 餘名 | | 中國第一歷史檔案館編，《清政府鎮壓太平天國檔案史料（第九冊）》（北京：社會科學文獻出版社，1993 年 11 月），頁 409。 |
| 26. | 同治 8 年（1869） | | 6938 餘名（不包括澎湖 762 名） | 劉銘傳，《劉壯肅公奏議》，臺灣銀行文獻叢刊第二七種，1958 年 9 月，頁 287。 |
| 27. | 同治 13 年（1874） | 16298 | | 洪安全主編，《清宮月摺檔臺灣史料（二）》（臺北：故宮博物院，1994 年 10 月），頁 1687。 |
| 28. | 光緒 8 年（1882） | 19500 餘名 | | 洪安全主編，《清宮洋物始末臺灣史料（二）》（臺北：故宮博物院，1999 年 10 月），頁 1404。 |
| 29. | 光緒 8 年（1882） | | 4323 名（不包括澎湖 177 名） | 劉銘傳撰，馬昌華、翁飛點校，《劉銘傳文集》（合肥：黃山書社，1997 年 7 月），頁 223。 |
| 30. | 光緒 9 年（1883） | | 4346 名（不包括澎湖 177 名） | 劉璈，《巡臺退思錄》，臺灣銀行文獻叢刊第二一種，1958 年 8 月，頁 236。 |
| 31. | 光緒 13 年（1887） | | 4323 名（不包括澎湖 177 名） | 中國第一歷史檔案館編，《光緒朝硃批奏摺（第三十四輯軍務）》（北京：中華書局，1995 年 2 月），頁 117。 |
| 32. | 光緒 19 年（1893） | | 2405（不包括澎湖鎮） | 蔣師轍，《臺灣通志》，臺灣銀行文獻叢刊第一三○種，1962 年 5 月，頁 651～678。 |

## 表四十一　清代臺灣綠營分佈人數

| | | 臺灣縣(安平縣) | 嘉義縣 | 雲林縣 | 鳳山縣 | 彰化縣 | 臺灣縣 | 苗栗縣 | 新竹縣 | 淡水縣 | 宜蘭縣 | 臺東州 | 恆春縣 | 埔里廳 | 資料來源 |
|---|---|---|---|---|---|---|---|---|---|---|---|---|---|---|---|
| | | 雲　嘉　南 | | | 高屏 | 彰化 | 臺中 | 桃　竹　苗 | | 臺北 | 宜蘭 | 花東 | 中央山地 | | |
| 1. | 康熙28年（1689）| 康雍時期 | 6000 | ※舊諸羅縣 | | 1000 | ※舊諸羅縣（1000／康熙57年〔1718〕抽調臺灣縣額兵500人組淡水營）| | | | | | | | (1) |
| 2. | 雍正13年（1735）| | 4270 | 1485 | | 2425 | 1025 | 265 | 200 | 500 | 500 | | | | | (2) |
| 3. | 乾隆21年（1756）| 乾嘉時期 | 4270 | 1485 | | 2425 | 1025 | 265 | 200 | 500 | 500 | | | | | (3) |
| 4. | 嘉慶16年（1811）| | 4446 | 1825 | | 2630 | 1157 | 265 | 200 | 536 | 633 | 450 | | | | (4)(5)(6) |
| 5. | 道咸同朝 | 道咸同光時期 | 3698 | 1525 | | 2173 | 1360 | 303 | 294 | 648 | 1407 | 655 | | | | (7) |
| 6. | 同治11年（1872）| | 2534 | 1087 | | 900 | 659 | 245 | 156 | 379 | 672 | 380 | | | | (8) |
| 7. | 光緒15年（1889）| | 692 | 180 | 40 | 377 | 259 | 40 | 156 | 32 | 305 | 210 | | 249 | 50 | (9) |
| 8. | 光緒18年（1892）| | | | | | | | | | | | | | | |
| 9. | 光緒20年（1894）| | | | | | | | | | | | | | | |

\* 以上的行政區域劃分以光緒11年（1885）臺灣建省為主，或許與數據記錄時的廳縣行政區不同，這是為顧及到下篇各區域討論時的方便。
(1) 蔣毓英，《臺灣府志》（北京：中華書局，1985年5月），頁210。
(2) 尹士俍，《臺灣志略·武職營規》，清乾隆三年刻本，北京國家圖書館藏。
(3) 不著編人，《兵部則例□□卷·營制》，清乾隆內（務）府抄本，北京國家圖書館藏。
(4) 謝金鑾，《續修臺灣縣志》，臺灣銀行文獻叢刊第一四〇種，1962年6月，頁247～250。
(5) 陳淑均，《噶瑪蘭廳志》，臺灣銀行文獻叢刊第一六〇種，1963年3月，頁161～162。
(6) 陳培桂，《淡水廳志》，臺灣銀行文獻叢刊第一七二種，1963年8月，頁157～162。
(7) 陳壽祺，《福建通志臺灣府》，臺灣銀行文獻叢刊第八四種，1960年8月，頁301、261～290。
(8) 佚名，《臺灣兵備手抄》，臺灣銀行文獻叢刊第二二二種，1966年2月，頁10～12【額兵共7621人與表四十編號26記錄臺、澎額兵7700人略有出入】。
(9) 蔣師轍，《臺灣通志》，臺灣銀行文獻叢刊第一三〇種，1962年5月，頁651～678【額兵共2590人與表四十編號32記錄臺、澎額兵2405人略有出入】。

## 表四十二　清代臺灣區域人口數與綠營額兵人數比例

| | | | 臺灣縣(安平縣) | 嘉義縣 | 雲林縣 | 鳳山縣 | 彰化縣 | 臺灣縣 | 苗栗縣 | 新竹縣 | 淡水縣 | 宜蘭縣 | 臺東州 | 恆春縣 | 埔里廳 |
|---|---|---|---|---|---|---|---|---|---|---|---|---|---|---|---|
| | | | 雲　嘉　南 | | | 高屏 | 彰化 | 臺中 | 桃竹苗 | | 臺北 | 宜蘭 | 花東 | 中央山地 | |
| 1. | 康熙28年(1689) | 康雍時期 | 24187人 | ※舊諸羅縣 | | 12462人 | ※舊諸羅縣 13683人 | | | | | | | | |
| | | | 6000兵 | | | 1000兵 | 1000兵 | | | | | | | | |
| | | | 4：1 | | | 12：1 | 13：1 | | | | | | | | |
| 2. | 雍正13年(1735) | | 10875人 | 202458人 | | 91613人 | 25867人 | 8786人 | 931人 | | 2326人 | | | | |
| | | | 4270兵 | 1485兵 | | 2425兵 | 1025兵 | 265兵 | 700兵 | | 500兵 | | | | |
| | | | 2.5：1 | 136：1 | | 37：1 | 25：1 | 33：1 | 1.3：1 | | 4.6：1 | | | | |
| 3. | 乾隆21年(1756) | 乾嘉時期 | 148896人 | 188496人 | | 138996人 | 124124人 | 35464人 | 10296人 | | 13728人 | | | | |
| | | | 4270兵 | 1485兵 | | 2425兵 | 1025兵 | 265兵 | 700兵 | | 500兵 | | | | |
| | | | 35：1 | 126：1 | | 57：1 | 121：1 | 133：1 | 14：1 | | 27：1 | | | | |
| 4. | 嘉慶16年(1811) | | 339865人 | 416522人 | | 353624人 | 153047人 | 153046人 | 115364人 | | 95666人 | 159747人 | | | |
| | | | 4446兵 | 1825兵 | | 2630兵 | 1157兵 | 265兵 | 736兵 | | 633兵 | 450兵 | | | |
| | | | 76：1 | 228：1 | | 134：1 | 132：1 | 577：1 | 156：1 | | 151：1 | 354：1 | | | |
| 5. | 道咸同朝 | 道咸同光時期 | 3698兵 | 1525兵 | | 2173兵 | 1360兵 | 303兵 | 942兵 | | 1407兵 | 655兵 | | | |
| 6. | 同治11年(1872) | | | | | | | | 278906人 | | 141093人 | | | | |
| | | | | | | | | | 535兵 | | 672兵 | | | | |
| | | | | | | | | | 521：1 | | 209：1 | | | | |
| 7. | 光緒15年(1889) | | | | 194765人 | | 292555人 | | 65274人 | 131094人 | | | | 16737人 | 5000人 |
| 8. | 光緒18年(1892) | | | | 40兵 | | 377兵 | | 156兵 | 32兵 | | | | 249兵 | 50兵 |
| | | | | | 4869：1 | | 776：1 | | 418：1 | 4096：1 | | | | 67：1 | 100：1 |
| 9. | 光緒20年(1894) | | | | | | | | | | | | | | |

資料來源：表三十九、四十一。

## 表四十三　康熙朝（1684～1722）臺灣的汛塘

| 編號 | 縣廳屬 | 營汛屬 | 汛塘（陸路／水師） | 駐防兵力 | 附屬防禦工事 | 現今地名對照 | 備　註 |
|---|---|---|---|---|---|---|---|
| 1. | 臺灣縣 | 鎮標中營 | 分防舊社汛 | 把總一，兵五十名 | － | 臺南市新市區 | 舊社汛以下再轄七塘 |
| 2. | 同上 | 同上 | 長興塘 | 兵五名 | － | 臺南市永康區 | |
| 3. | 同上 | 同上 | 保大西塘 | 兵五名 | － | 臺南市歸仁區 | |
| 4. | 同上 | 同上 | 大灣塘 | 兵十名 | － | 臺南市永康區 | |
| 5. | 同上 | 同上 | 府汛鐵樹塘 | 兵五名 | － | 臺南市永康區 | |
| 6. | 同上 | 同上 | 土地塘 | 兵五名 | － | 臺南市歸仁區 | |
| 7. | 同上 | 同上 | 半路店塘 | 兵十名 | － | 臺南市永康區 | |
| 8. | 同上 | 同上 | 嵌上塘 | 兵十名 | － | 臺南市永康區 | |
| 9. | 臺灣縣 | 鎮標左營 | 分防大目降汛 | 千總一，兵五十名 | － | 臺南市新化區 | 康熙23年（1684）初設時，置把總一，兵一百五十名。但三十五年《臺灣府志》記載已改千總一，兵一百四十名。59年（1720）再改兵一百名。該汛亦下轄七塘。 |
| 10. | 同上 | 同上 | 蔦松塘 | 兵十名 | － | 臺南市永康區 | |
| 11. | 同上 | 同上 | 小橋塘 | 兵五名 | － | 臺南市永康區 | |
| 12. | 同上 | 同上 | 茉園頭塘 | 兵五名 | － | 臺南市永康區 | |
| 13. | 同上 | 同上 | 大橋頭塘 | 兵六名 | － | 臺南市永康區 | |
| 14. | 同上 | 同上 | 鯽魚潭塘 | 兵五名 | － | 臺南市永康區 | |
| 15. | 同上 | 同上 | 洲仔尾塘 | 兵十四名 | － | 臺南市永康區 | |
| 16. | 同上 | 同上 | 土地廟塘 | 兵五名 | － | 臺南市永康區 | |
| 17. | 臺灣縣 | 鎮標右營 | 分防中港崗汛 | 把總一，兵四十名 | － | 臺南市仁德區 | |
| 18. | 同上 | 同上 | 角帶圍塘 | 兵三十名 | － | 臺南市仁德區 | |
| 19. | 同上 | 同上 | 白面塘 | 兵十名 | － | 臺南市仁德區 | |
| 20. | 臺灣縣 | 鎮標右營 | 分防桶盤淺汛 | 把總一，兵七十名 | － | 臺南市南區 | |
| 21. | 臺灣縣 | 鎮標右營 | 府街大井頭汛 | 把總一，兵三十名 | － | 臺南市中區 | 康熙35年（1694）《臺灣府志》不載 |
| 22. | 臺灣縣 | 鎮標右營 | 分防鹿耳門汛 | 千總一，兵二百名 | 砲臺二座【康熙56年（1717）改建，安砲三位，但由水師中營撥兵防守】，墩臺三座，望高樓一座。 | 臺南市安南區 | 鹿耳門汛以下再轄二汛 |

| 23. | 同上 | 同上 | 分守鯤身頭汛 | 兵五十名 | 砲臺一座【康熙56年（1717）改建，安砲三位，但由水師中營撥兵防守】，墩臺一座，望高樓一座。 | 臺南市南區 | |
| 24. | 同上 | 同上 | 分守鯤身港汛 | 兵五十名 | － | 臺南市南區 | |
| 25. | 臺灣縣 | 臺協水師中營 | 安平 | － | 砲臺一座【康熙56年（1717）改建，安砲三位，但由水師中營撥兵防守】，墩臺一座，望高樓一座。 | 臺南市安平區 | |
| 26. | 鳳山縣 | 南路營 | 分防觀音山汛 | 千總一，兵一百一十名 | － | 高雄市大社區 | 康熙23年（1684）初設，共兵一百名；但至35年（1696）增爲一百三十名。該汛下轄四塘。 |
| 27. | 同上 | 同上 | 角宿塘 | 兵五名 | － | 高雄市燕巢區 | |
| 28. | 同上 | 同上 | 援勦右塘 | 兵五名 | － | 高雄市燕巢區 | |
| 29. | 同上 | 同上 | 赤嵌塘 | 兵五名 | － | 高雄市梓官區 | |
| 30. | 同上 | 同上 | 彌陀港塘 | 兵五名 | － | 高雄市彌陀區 | |
| 31. | 鳳山縣 | 南路營 | 分防鳳彈汛 | 把總一，兵四十餘名 | － | 高雄市鳳山區 | 康熙23年（1684）初設，兵五十名；但35年（1696）增爲六十名。該汛下轄四塘，但有二塘不詳。 |
| 32. | 同上 | 同上 | 打鹿潭塘 | 兵六名 | － | 高雄市田寮區 | |
| 33. | 同上 | 同上 | 小竹橋塘 | 兵五名 | － | 高雄市小港區 | |
| 34. | 鳳山縣 | 南路營 | 分防下淡水汛 | 千總一，兵一百八名 | － | 屏東縣萬丹鄉 | 康熙23年（1684）初設，兵一百名；但35年（1696）增爲一百四十名。該汛下轄四塘，但一塘不詳。 |
| 35. | 同上 | 同上 | 茄藤塘 | 兵五名 | － | 屏東縣佳冬鄉 | |
| 36. | 同上 | 同上 | 麻網塘 | 兵一十一名 | － | 屏東縣林邊鄉 | |
| 37. | 同上 | 同上 | 大崑鹿塘 | 兵一十一名 | － | 屏東縣枋寮鄉 | |
| 38. | 鳳山縣 | 南路營 | 分防康蓬嶺汛 | 把總一，兵五十名 | － | 高雄市路竹區 | 康熙23年（1684）初設，兵五十名；但35年（1696）增爲七十名。該汛下轄六塘。 |
| 39. | 同上 | 同上 | 半路竹塘 | 兵八名 | － | 高雄市路竹區 | |
| 40. | 同上 | 同上 | 大湖塘 | 兵六名 | － | 高雄市湖內區 | |
| 41. | 同上 | 同上 | 陂頭塘 | 兵五名 | － | 高雄市湖內區 | |
| 42. | 同上 | 同上 | 岡山塘 | 兵七名 | － | 高雄市阿蓮區 | |
| 43. | 同上 | 同上 | 府底塘 | 兵五名 | － | 高雄市彌陀區 | |
| 44. | 同上 | 同上 | 瀨口塘 | 兵五名 | － | 高雄市鹽埕區 | |

| | | | | | | |
|---|---|---|---|---|---|---|
| 45. | 鳳山縣 | 臺協水師右營 | 紅毛城 | 千總一員、兵五十名 | － | 臺南市安平區 | 另有名稱不詳的汛塘四座，各佈署砲臺一座（安砲一位）、煙墩一個、望高樓一座。 |
| 46. | 同上 | 同上 | 打鼓汛 | － | 砲臺一座（安砲一位）、煙墩一個、望高樓一座。 | 高雄市鼓山區 | |
| 47. | 同上 | 同上 | 岐後汛 | 兵三十名 | 砲臺一座（安砲六位）、煙墩一個、望高樓一座。 | 高雄市旗津區 | |
| 48. | 同上 | 同上 | 東港汛 | － | 砲臺一座（安砲一位）、煙墩一個、望高樓一座。 | 屏東縣東港鎮 | |
| 49. | 臺灣縣 | 臺協水師中營 | 鹿耳門汛 | 兵二百名 | － | 臺南市安南區 | 係報部三營官兵按月輪防 |
| 50. | 同上 | 同上 | 分防崑身、蟯港二汛 | 兵六十名 | － | 臺南市南區 | 係報部屬大港汛把總管轄 |
| 51. | 同上 | 同上 | 大港汛 | 把總一員、兵六十名 | － | 臺南市安平區 | |
| 52. | 諸羅縣 | 同上 | 分防大線頭、蚊港二汛 | 千把一員、兵一百五十名 | 蚊港設砲臺三、煙墩三、望高樓三。內轄：北門嶼，設兵二十名，砲臺、煙墩、望高樓各一。馬沙溝，設兵三十名，砲臺、煙墩、望高樓各一。青鯤身設兵十名，砲臺、煙墩、望高樓各一。 | 雲林縣臺西鄉 | 係報部本營官兵輪防，康熙56年（1717）已增兵至一百八十名。 |
| 53. | 諸羅縣 | 臺協水師左營 | 分防猴樹港、笨港二汛 | 千把一員、兵五十五名 | 笨港設砲臺三、煙墩三、望高樓一。 | 雲林縣北港鎮 | 係報部本營官兵輪防，康熙56年（1717）已增兵至一百三十名。 |
| 54. | 同上 | 同上 | 分防鹿仔港汛 | 千把一員、兵五十五名 | 鹿港設砲臺一、煙墩三、望高樓一。 | 彰化縣鹿港鎮 | 係報部本營官兵輪防，康熙56年（1717）已減兵至二十名。 |
| 55. | 同上 | 同上 | 分防三林港汛 | 千把一員、兵七十名 | 三林港設砲臺、煙墩一、望高樓各一。下轄海豐港汛，設砲臺、煙墩一、望高樓各一。 | 彰化縣芳苑鄉 | 康熙56年（1717）前後添設至二十名。 |
| 56. | 諸羅縣 | 北路營 | 分防半線汛 | 千總一員、兵一百二十六名 | | 彰化市西區 | 康熙23年（1684）初設，兵二百五十名；但35年（1696）減為一百七十名。該汛下轄二汛四塘 |
| 57. | 同上 | 同上 | 二林汛 | 兵八名 | － | 彰化縣二林鎮 | |
| 58. | 同上 | 同上 | 鹿子港汛 | 兵八名 | － | 彰化縣鹿港鎮 | |

| | | | | | | | |
|---|---|---|---|---|---|---|---|
| 59. | 同上 | 同上 | 大武郡塘 | 兵五名 | － | 彰化縣社頭鄉 | |
| 60. | 同上 | 同上 | 燕霧塘 | 兵五名 | － | 彰化縣花壇鄉 | |
| 61. | 同上 | 同上 | 大肚塘 | 兵八名 | － | 臺中市大肚區 | |
| 62. | 同上 | 同上 | 牛罵塘 | 兵十名 | － | 臺中市清水區 | |
| 63. | 諸羅縣 | 北路營 | 分防下加冬汛 | 把總一員，兵四十名 | － | 臺南市後壁區 | 康熙23年（1684）初設，兵一百名；但35年（1696）減爲八十五名。該汛下轄三汛四塘。【烏山頭汛爲康熙54年（1715）參將阮蔡文請添設】 |
| 64. | 同上 | 同上 | 哆囉嘓汛 | 兵八名 | － | 臺南市東山區 | |
| 65. | 同上 | 同上 | 烏山頭汛 | 兵八名 | － | 臺南市官田區 | |
| 66. | 同上 | 同上 | 鹹水港汛 | 兵八名 | － | 臺南市鹽水區 | |
| 67. | 同上 | 同上 | 八掌溪塘 | 兵五名 | － | 臺南市鹽水區 | |
| 68. | 同上 | 同上 | 急水溪塘 | 兵五名 | － | 臺南市新營區 | |
| 69. | 同上 | 同上 | 鐵線橋塘 | 兵五名 | － | 臺南市新營區 | |
| 70. | 同上 | 同上 | 茅港尾塘 | 兵六名 | － | 臺南市下營區 | |
| 71. | 諸羅縣 | 北路營 | 分防斗六門汛 | 把總一員，兵三十六名 | － | 雲林縣斗六市 | 康熙35年（1696）新設，兵額共維持八十五名。該汛下轄五汛四塘。【白沙墩、秀才莊汛爲康熙54年（1715）參將阮蔡文請添設】 |
| 72. | 同上 | 同上 | 笨港汛 | 兵八名 | － | 雲林縣北港鎮 | |
| 73. | 同上 | 同上 | 白沙墩汛 | 兵六名 | － | 雲林縣臺西鄉 | |
| 74. | 同上 | 同上 | 秀才莊汛 | 兵八名 | － | 雲林縣褒忠鄉 | |
| 75. | 同上 | 同上 | 南社汛 | 兵四名 | － | 雲林縣崙背鄉 | |
| 76. | 同上 | 同上 | 海豐港汛 | 兵五名 | － | 雲林縣麥寮鄉 | |
| 77. | 同上 | 同上 | 大貓塘 | 兵六名 | － | 嘉義縣民雄鄉 | |
| 78. | 同上 | 同上 | 他里霧塘 | 兵六名 | － | 雲林縣斗南鎮 | |
| 79. | 同上 | 同上 | 西螺塘 | 兵六名 | － | 雲林縣西螺鎮 | |
| 80. | 同上 | 同上 | 東螺塘 | 兵五名 | － | 彰化縣北斗鎮 | |
| 81. | 諸羅縣 | 北路營 | 輪防目加溜灣汛 | 兵三十一名 | － | 臺南市安定區 | 康熙23年（1684）初設，兵一百二十名；但35年（1696）減爲一百名。該汛下轄八汛。 |
| 82. | 同上 | 同上 | 灣裏溪蔴汛 | 兵十名 | － | 臺南市善化區 | |
| 83. | 同上 | 同上 | 木柵仔汛 | 兵十名 | － | 臺南市東山區 | |
| 84. | 同上 | 同上 | 溪口汛 | 兵十名 | － | 臺南市善化區 | |
| 85. | 同上 | 同上 | 加拔仔汛 | 兵六名 | － | 臺南市善化區 | |
| 86. | 同上 | 同上 | 打鐵店汛 | 兵七名 | － | 臺南市大內區 | |
| 87. | 同上 | 同上 | 西港仔汛 | 兵十名 | － | 臺南市西港區 | |
| 88. | 同上 | 同上 | 含西港汛 | 兵六名 | － | 臺南市將軍區 | |

| 89. | 同上 | 同上 | 卓加港汛 | 兵十名 | － | 臺南市七股區 | |
|---|---|---|---|---|---|---|---|
| 90. | 諸羅縣 | 北路營 | 輪防佳里興汛 | 兵四十名 | － | 臺南市佳里區 | 康熙43年（1704）初設，兵一百二十名。該汛下轄四汛。 |
| 91. | 同上 | 同上 | 茅港尾汛 | 兵二十名 | － | 臺南市下營區 | |
| 92. | 同上 | 同上 | 北路營汛 | 兵二十名 | － | 臺南市麻豆區 | |
| 93. | 同上 | 同上 | 拔仔林汛 | 兵二十名 | － | 臺南市官田區 | |
| 94. | 同上 | 同上 | 大線頭汛 | 兵二十名 | － | 臺南市北門區 | |
| 95. | 諸羅縣 | 北路營 | 猴樹港汛 | 兵十名 | － | 嘉義縣朴子鎮 | 康熙43年（1704）初設，俱歸隨防北路營諸羅縣城千總管轄。 |
| 96. | 同上 | 同上 | 諸羅山塘 | 兵六名 | － | 嘉義市 | |
| 97. | 同上 | 同上 | 水窟頭塘 | 兵五名 | － | 嘉義縣水上鄉 | |
| 98. | 諸羅縣 | 北路營 | 分防八里坌汛 | 千總一員，兵一百二十名 | － | 新北市八里區 | 遲至康熙35年（1696）刊刻的《臺灣府志》時，還未列入這些汛塘。而它們最早見於56年（1717）刊刻的《諸羅縣志》。康熙57年（1718）設立淡水營，但所轄汛塘範圍只有八里坌、雞籠附近而已 |
| 99. | 同上 | 同上 | 大甲塘 | 兵五名 | － | 臺中市大甲區 | |
| 100. | 同上 | 同上 | 貓盂塘 | 兵五名 | － | 苗栗縣苑裡鎮 | |
| 101. | 同上 | 同上 | 吞霄塘 | 兵十名 | － | 苗栗縣通霄鎮 | |
| 102. | 同上 | 同上 | 後壠塘 | 兵十五名 | － | 苗栗縣後龍鎮 | |
| 103. | 同上 | 同上 | 中港塘 | 兵十名 | － | 苗栗縣竹南鎮 | |
| 104. | 同上 | 同上 | 竹塹塘 | 兵十五名 | － | 新竹市 | |
| 105. | 同上 | 同上 | 南嵌塘 | 兵十名 | － | 桃園市蘆竹區 | |

資料來源：
1. 蔣毓英，《臺灣府志》（北京：中華書局，1985年5月），頁207～210。
2. 高拱乾，《臺灣府志》，臺灣銀行文獻叢刊第六五種，1960年2月，頁69～76。
3. 周鍾瑄，《諸羅縣志》，臺灣銀行文獻叢刊第一四一種，1962年12月，頁115～124。
4. 陳文達，《鳳山縣志》，臺灣銀行文獻叢刊第一二四種，1961年11月，頁54～62。
5. 陳文達，《臺灣縣志》，臺灣銀行文獻叢刊第一〇三種，1961年6月，頁108～114。

## 表四十四　雍正朝（1723～1735）臺灣的汛塘

| 編號 | 縣廳屬 | 營汛屬 | 汛塘（陸路／水師） | 駐防兵力 | 現今地名對照 | 備　註 |
|---|---|---|---|---|---|---|
| 1. | 鳳山縣 | 城守營左軍 | 分防岡山汛 | 把總一，兵一百八十名 | 高雄市阿蓮區 | 城守營參將一員，守備二員，把總四員，兵一千名。參將駐守郡城，隨營千總一員，把總一員，兵三百二十八名。其餘未列入汛塘兵丁，分防各小汛。 |
| 2. | 臺灣縣 | 城守營左軍 | 分防羅漢門汛 | 千總一，兵八十名 | 高雄市內門區 | |
| 3. | 諸羅縣 | 城守營右軍 | 分防下茄多汛 | 把總一，兵一百三十三名 | 臺南市後壁區 | |
| 4. | 同上 | 城守營右軍 | 分防加溜灣汛 | 把總一，兵五十名 | 臺南市安定區 | |

| 5. | 鳳山縣 | 南路營 | 分防坤頭汛 | 守備一，兵二百五十名 | 高雄市左營區 | 南陸營參將一員，守備一員，千總二員，把總四員，共兵一千名。參將駐防鳳山縣治，隨營千總一員，把總一員，兵五百名。其餘未列入汛塘兵丁，分防各小汛。 |
| 6. | 同上 | 同上 | 分防觀音山汛 | 千總一，兵五十名 | 高雄市大社區 | |
| 7. | 同上 | 同上 | 分防石井汛 | 把總一，兵二十五名 | 高雄市燕巢區 | |
| 8. | 同上 | 同上 | 分防攀桂橋汛 | 把總一，兵二十名 | 屏東縣屏東市 | |
| 9. | 同上 | 同上 | 分防鳳彈汛 | 把總一，兵五十名 | 高雄市鳳山區 | |
| 10. | 鳳山縣 | 下淡水營 | 分防新園汛 | 千總一，兵一百五十名 | 屏東縣新園鄉 | 下淡水營都司一員，千總一員，把總二員，共兵五百名。聽南路營參將兼轄。都司駐防山豬毛。其餘未列入汛塘兵丁，分防各小汛。 |
| 11. | 鳳山縣 | 下淡水營 | 分防萬丹汛 | 把總一，兵五十名 | 屏東縣萬丹鄉 | |
| 12. | 彰化縣 | 北路協中營 | 分防貓霧捒汛 | 千總一，兵一百六十五名 | 臺中市南屯區 | 北路協副將一員，協標中、左、右三營都司一員，守備二員，千總六員，把總十二員，共兵二千四百名。副將駐紮彰化縣治，隨標中營都司一員，都司原分防貓霧捒汛，今改移隨標城內，把總三員，兵四百九十名。左營守備駐防諸羅縣治，隨營把總二員，兵四百五十名。右營守備駐防淡防廳，竹塹城隨營千總一員，把總一員，兵四百十五名。其餘未列入汛塘兵丁，分防各小汛。 |
| 13. | 同上 | 同上 | 分防南北投汛 | 千總一，兵八十五名 | 南投縣南投市 | |
| 14. | 同上 | 同上 | 分防柳樹湳汛 | 把總一，兵一百名 | 臺中市霧峰區 | |
| 15. | 諸羅縣 | 北路協左營 | 分防笨港汛 | 千總一，兵一百五十名 | 雲林縣北港鎮 | |
| 16. | 同上 | 同上 | 分防斗六門汛 | 千總一，兵一百名 | 雲林縣斗六市 | |
| 17. | 同上 | 同上 | 分防鹽水港汛 | 把總一，兵六十名 | 臺南市鹽水區 | |
| 18. | 同上 | 北路協中營 | 分防石榴班汛 | 把總一，兵六十名 | 雲林縣斗六市 | |
| 19. | 淡水廳 | 北路協右營 | 分防後壠汛 | 千總一，兵一百名 | 苗栗縣後龍鎮 | |
| 20. | 同上 | 同上 | 分防中港汛 | 把總一，兵五十名 | 苗栗縣竹南鎮 | |
| 21. | 同上 | 同上 | 分防南嵌汛 | 把總一，兵五十名 | 桃園市蘆竹區 | |
| 22. | 同上 | 同上 | 分防貓盂汛 | 把總一，兵八十五名 | 苗栗縣苑裡鎮 | |
| 23. | 同上 | 淡水營 | 分防大雞瀧 | 把總一，兵五十名 | 基隆市和平島 | 都司駐防八里坌，隨營千總一員，把總二員，共兵五百名，聽北路副將兼轄。都司駐防八里坌，隨營千總一員，把總一員，兵二百六十名。其餘未列入汛塘兵丁，分防各小汛。 |
| 24. | 同上 | 同上 | 分防炮臺汛 | 兵三十名 | 新北市淡水區 | |
| 25. | 臺灣縣 | 臺灣水師協 | 安平大港汛 | 本標三營 | 臺南市安平區 | 安平協水師副將一員，協標中、左、右三營遊擊三員，守備三員，千總六員，把總十二員，共兵二千五百名。其餘未列入汛塘兵丁，分防各小汛。 |
| 26. | 同上 | 同上 | 鹿耳門汛 | 三營輪防，共兵三百名 | 臺南市安平區 | |
| 27. | 同上 | 同上 | 小門汛 | 三營派撥，千總一，外委一，兵一百五十名 | 臺南市安平區 | |

| 28. | 諸羅縣 | 臺協水師中營 | 蚊港汛 | 千總一，把總一，兵一百二十名 | | 雲林縣臺西鄉 | |
| --- | --- | --- | --- | --- | --- | --- | --- |
| 29. | 彰化縣 | 臺協水師左營 | 海豐港汛 | 外委千總一，外委把總一，兵二十五名 | | 雲林縣麥寮鄉 | 屬笨港轄汛分防 |
| 30. | 同上 | 同上 | 三林港汛 | 外委千總一，外委把總一，兵四十名 | | 彰化縣芳苑鄉 | 屬鹿仔港轄汛分防 |
| 31. | 同上 | 同上 | 鹿仔港汛 | 千總一，把總一，兵九十名 | | 彰化縣鹿港鎮 | 屬笨港轄汛分防 |
| 32. | 鳳山縣 | 臺協水師右營 | 岐後汛（打鼓港汛） | 千總一，把總一，兵七十名 | | 高雄市旗津區 | |
| 33. | 同上 | 同上 | 東港汛 | 千總一，把總一，兵十五名 | | 屏東縣東港鎮 | |

資料來源：尹士俍，《臺灣志略·武職營規》，清乾隆三年刻本，北京國家圖書館藏。

## 表四十五　乾隆、嘉慶朝（1736～1820）臺灣的汛塘

| 編號 | 縣廳屬 | 營汛屬 | 汛塘（陸路／水師） | 駐防兵力 | 附屬防禦工事 | 現今地名對照 | 備　　註 |
| --- | --- | --- | --- | --- | --- | --- | --- |
| 1. | 臺灣縣 | 城守營左軍 | 駐防臺灣府治 | 把總一，兵一百四十名 | － | 臺南市 | |
| 2. | 同上 | 城守營左軍 | 土（塗）墼埕塘 | 兵六名 | － | 臺南市西區 | 在寧南坊 |
| 3. | 同上 | 城守營左軍 | 南砲臺塘 | 兵五名 | － | 臺南市西區 | 在城西南，兵額乾隆朝不見記載，嘉慶朝始有。 |
| 4. | 同上 | 城守營左軍 | 角帶圍塘 | 兵五名 | － | 臺南市仁德區 | 在邑東南十三里 |
| 5. | 同上 | 城守營左軍 | 南安店塘 | 兵五名 | － | 高雄市田寮區 | 在邑東南二十里 |
| 6. | 同上 | 城守營左軍 | 猴洞口汛 | 把總一、兵二十九名 | － | 臺南市關廟區 | 在邑東南三十五里，嘉慶朝兵額已減爲外委一，兵二十一名。 |
| 7. | 同上 | 城守營左軍 | 羅漢門汛 | 千總一、兵十五名 | － | 高雄市內門區 | 在邑東六十里，乾隆朝時，與駐郡把總遞年輪防。嘉慶朝兵額已增爲，兵四十四名。 |
| 8. | 同上 | 城守營左軍 | 大崎腳汛 | 把總一、兵十五名 | － | 高雄市田寮區 | 乾隆朝存，嘉慶已廢。 |
| 9. | 同上 | 城守營左軍 | 港岡塘 | 兵五名 | － | 臺南市仁德區 | 在邑東南十里 |

| 10. | 同上 | 城守營左軍 | 鹽水埔汛 | 把總一、兵四十名 | － | 臺南市南區 | 在邑南十里，嘉慶朝兵額已減為外委一，兵十九名。 |
| 11. | 同上 | 城守營左軍 | 瀨口塘 | 兵五名 | － | 臺南市南區 | 在邑西南十里 |
| 12. | 同上 | 城守營左軍 | 狗崙崑塘 | 兵五名 | － | 高雄市田寮區 | 在邑東南三十五里。乾隆朝不見記載，嘉慶始見。 |
| 13. | 同上 | 城守營左軍 | 雁門關塘 | 兵十名 | － | 臺南市關廟區 | 在邑治東五十里，乾隆朝不見記載，嘉慶始見。 |
| 14. | 同上 | 城守營左軍 | 外門口汛 | 外委一，兵三十九名 | － | 臺南市龍崎區 | 在邑治東六十五里，乾隆朝不見記載，嘉慶始見。 |
| 15. | 同上 | 城守營左軍 | 土地公嶺塘 | 兵五名 | － | 臺南市龍崎區 | 在邑治東南六十五里，乾隆朝不見記載，嘉慶始見。 |
| 16. | 同上 | 城守營左軍 | 崝磚坑塘 | 兵十名 | － | 高雄市旗山區 | 在邑治東南七十五里，乾隆朝不見記載，嘉慶始見。 |
| 17. | 嘉義縣 | 城守營左軍 | 茂公汛 | 外委一員，兵二十八名 | － | 臺南市左鎮區 | 在邑治東三十五里，乾隆朝不見記載，嘉慶始見。 |
| 18. | 臺灣縣 | 城守營右軍 | 駐防臺灣府治 | 把總一，兵一百九十名 | － | 臺南市 | |
| 19. | 臺灣縣 | 城守營右軍 | 水仔尾塘 | 兵六名 | － | 臺南市北區 | 在鎮北坊，嘉慶朝兵額已減至五名。 |
| 20. | 同上 | 城守營右軍 | 北砲臺塘 | 兵五名 | － | 臺南市北區 | 在小西門外，兵額乾隆朝不見記載，嘉慶朝始有。 |
| 21. | 同上 | 城守營右軍 | 嵌下塘 | 兵六名 | － | 臺南市歸仁區 | 在邑東五里，嘉慶朝兵額已減至五名。 |
| 22. | 同上 | 城守營右軍 | 舊社汛 | 把總一、兵三十五名 | － | 臺南市新市區 | 在邑治東二十五里，嘉慶朝兵額已減至外委一，兵二十名。 |
| 23. | 同上 | 城守營右軍 | 柴頭港塘 | 兵六名 | － | 臺南市北區 | 在邑治北五里，嘉慶朝兵額已減至五名。 |
| 24. | 同上 | 城守營右軍 | 小橋塘 | 兵六名 | － | 臺南市永康區 | 在邑東北五里 |
| 25. | 同上 | 城守營右軍 | 蔦松塘 | 兵九名 | － | 臺南市永康區 | 在邑治北十里，嘉慶朝兵額已減至七名。 |
| 26. | 同上 | 城守營右軍 | 大灣塘 | 兵九名 | － | 臺南市永康區 | 在邑東七里 |

| | | | | | | | |
|---|---|---|---|---|---|---|---|
| 27. | 嘉義縣 | 城守營右軍 | 大目（穆）降汛 | 把總一，兵三十名 | － | 臺南市新化區 | 在邑東北二十里，嘉慶朝兵額已減至二十八名。 |
| 28. | 嘉義縣 | 城守營右軍 | 撥防佳里興汛 | 兵二十七名 | － | 臺南市佳里區 | 下轄茅港尾、水崛頭、茇仔林塘 |
| 29. | 同上 | 城守營右軍 | 分防（目）加溜灣汛 | 把總一，兵五十名 | － | 臺南市安定區 | 下轄溪邊、木柵、水仔尾塘 |
| 30. | 臺灣縣 | 城守營 | 接官亭塘 | － | － | 臺南市西區 | 乾隆朝存，嘉慶已廢，兵額不見記載。 |
| 31. | 臺灣縣 | 鎮標左營 | 枋頭橋堆 | － | － | 臺南市中區 | 在東安坊。嘉慶朝該堆劃歸鎮標右營。 |
| 32. | 同上 | 鎮標左營 | 節孝祠 | － | － | 臺南市中區 | 在東安坊，乾隆十六年建堆房於祠左。乾隆朝存，嘉慶已廢。 |
| 33. | 同上 | 鎮標左營 | 關帝港堆 | － | － | 臺南市中區 | 在西定坊，嘉慶朝更名為關帝廟堆 |
| 34. | 同上 | 鎮標左營 | 十字街堆 | － | － | 臺南市中區 | 在鎮北坊 |
| 35. | 臺灣縣 | 鎮標中營 | 嶽帝廟堆 | － | － | 臺南市中區 | 在東安坊，堆名乾隆朝不見記載，嘉慶朝始有。 |
| 36. | 同上 | 鎮標中營 | 府衙邊堆 | － | － | 臺南市中區 | 在東安坊，堆名乾隆朝不見記載，嘉慶朝始有。 |
| 37. | 臺灣縣 | 鎮標右營 | 開山宮堆 | － | － | 臺南市中區 | 在西定坊，堆名乾隆朝不見記載，嘉慶朝始有。 |
| 38. | 臺灣縣 | 臺協水師中營 | 隨防安平鎮城 | 兵四十名 | － | 臺南市安平區 | |
| 39. | 同上 | 臺協水師中營 | 分防內海安平鎮汛 | 千總一、把總一、兵八十五名 | － | 臺南市安平區 | |
| 40. | 同上 | 臺協水師中營 | 輪防內海鹿耳門汛 | 把總一、兵一百五十名 | 砲架八座 | 臺南市安南區 | |
| 41. | 同上 | 臺協水師中營 | 大港汛 | 兵五十名 | 砲臺三座，煙墩五座 | 臺南市安平區 | 水師中營撥把總一員帶兵與新港巡檢協查南路貿易出入船隻。乾隆14年（1749）協鎮沈廷耀建盤詰廳一座三間於水仙宮渡頭。 |
| 42. | 同上 | 臺協水師中營 | 鯤身頭塘 | 兵五名 | － | 臺南市南區 | 兵額乾隆朝不見記載，嘉慶朝始有。 |
| 43. | 同上 | 臺協水師中營 | 喜樹仔塘 | 兵五名 | － | 臺南市南區 | 兵額乾隆朝不見記載，嘉慶朝始有。 |

| | | | | | | |
|---|---|---|---|---|---|---|
| 44. | 臺灣縣 | 臺協水師左營 | 駐防安平鎮汛 | 千總一、兵一百名 | 水師左營砲架八座，內銅砲一座僞鄭所遺砲臺三座，煙墩七座 | 臺南市安平區 | |
| 45. | 同上 | 臺協水師左營 | 隨防安平鎮城 | 兵七十名 | － | 臺南市安平區 | |
| 46. | 同上 | 臺協水師左營 | 分防內海安平鎮汛 | 千總一員、兵一百三十名 | － | 臺南市安平區 | 兼轄內海水城海口 |
| 47. | 臺灣縣 | 臺協水師右營 | 駐防安平鎮汛 | 千總一、兵一百名 | 右營砲臺七座，煙墩十座 | 臺南市安平區 | |
| 48. | 同上 | 臺協水師右營 | 隨防安平鎮 | 把總一、兵七十名 | － | 臺南市安平區 | |
| 49. | 同上 | 臺協水師右營 | 輪防內海鹿耳門汛 | 把總一、兵一百五十名 | － | 臺南市安南區 | |
| 50. | 鳳山縣 | 南路營 | 縣城汛 | 千總一、兵五百名 | － | 高雄市左營區 | |
| 51. | 同上 | 南路營 | 觀音山汛 | 千總一，兵七十三名 | － | 高雄市大社區 | |
| 52. | 同上 | 南路營 | 鳳彈汛 | 把總一，兵二百五十名 | － | 高雄市鳳山區 | 在下埤頭，離縣十五里。是地為縣治咽喉，防守最要。今營盤環植莿竹，甚牢固。 |
| 53. | 鳳山縣 | 南路營 | 扳桂橋汛 | 把總一，兵四十名 | － | 屏東縣屏東市 | 縣東四十里，為阿猴林要地，賊匪出沒區。 |
| 54. | 同上 | 南路營 | 大莊汛 | 兵五名 | － | 高雄市大樹區 | 縣東四十里 |
| 55. | 同上 | 南路營 | 打鹿潭汛 | 兵五名 | － | 高雄市田寮區 | |
| 56. | 同上 | 南路營 | 石井汛 | 把總一，兵七十八名 | － | 高雄市燕巢區 | 縣東二十里，從蘭坡嶺往府大路。 |
| 57. | 同上 | 南路營 | 苦苓門汛 | 兵五名 | － | 高雄市林園區 | 縣東二十五里，往下淡水大路 |
| 58. | 同上 | 南路營 | 坪仔頭汛 | 兵十名 | － | 高雄市小港區 | 縣東南三十五里 |
| 59. | 同上 | 南路營 | 小店仔汛 | 兵五名 | － | 高雄市橋頭區 | 縣北十五里，由觀音山、蘭坡嶺往府大路。 |
| 60. | 同上 | 南路營 | 竿蓁林汛 | 兵十名 | － | 高雄市岡山區 | 縣北二十五里 |
| 61. | 同上 | 南路營 | 二濫汛 | 兵十名 | － | 高雄市路竹區 | 縣北三十五里，地接岡山大路要衝 |
| 62. | 同上 | 南路營 | 濁水溪汛 | 兵口名 | － | 高雄市岡山區 | 縣北三十里，連岡山、通蘭坡嶺、羅漢門。 |

| 63. | 同上 | 南路營 | 排仔頭汛 | 兵五名 | － | 高雄市鳳山區 | 縣南三十五里，淡水溪通此。 |
|---|---|---|---|---|---|---|---|
| 64. | 同上 | 南路營 | 土地公崎汛 | 兵五名 | － | 高雄市大樹區 | 縣東三十里，奸匪出沒總路。 |
| 65. | 同上 | 南路營 | 蘭坡嶺汛 | 兵一十名 | － | 高雄市田寮區 | 嶺南屬鳳山縣界，嶺北屬臺灣縣界。縣東四十里，山林叢茂，奸匪出沒之區。 |
| 66. | 鳳山縣 | 下淡水營 | 下淡水營汛 | 把總一、兵三百名 | － | 屏東縣萬丹鄉 | 南路營都司駐紮之所，該部亦被稱作下淡水營。 |
| 67. | 同上 | 下淡水營 | 新圍汛 | 千總一、兵一百名 | － | 屏東縣新園鄉 | 縣東南四十里，地接淡水溪。 |
| 68. | 同上 | 下淡水營 | 萬丹汛 | 把總一、兵四十名 | － | 屏東縣萬丹鄉 | 縣東四十里，港西要地。 |
| 69. | 同上 | 下淡水營 | 舊船頭汛 | 兵五名 | － | 屏東縣里港鄉 | 縣東五十里，水陸交通。 |
| 70. | 同上 | 下淡水營 | 新船頭汛 | 兵五名 | － | 屏東縣里港鄉 | 縣東五十里 |
| 71. | 同上 | 下淡水營 | 新東勢汛 | 把總一、兵二十八名 | － | 屏東縣內埔鄉 | 縣東南六十五里，地邇生番，奸宄所匿。 |
| 72. | 同上 | 下淡水營 | 阿猴汛 | 兵十名 | － | 屏東市東區 | 縣東四十里 |
| 73. | 同上 | 下淡水營 | 武洛汛 | 兵三十名 | － | 屏東縣里港鄉 | 縣東四十五里 |
| 74. | 同上 | 下淡水營 | 阿里港汛 | 兵二十八名 | － | 屏東縣里港鄉 | 縣東五十里，地邇番界。 |
| 75. | 同上 | 下淡水營 | 大林蒲汛 | 兵五名 | － | 高雄市小港區 | 縣南三十里，近海口。 |
| 76. | 同上 | 下淡水營 | 淡水溪汛 | 兵五名 | － | 高雄市林園區 | 縣南四十里，舟楫可到。 |
| 77. | 同上 | 下淡水營 | 枋寮口汛 | 外委一、兵一十八名 | － | 屏東縣枋寮鄉 | 縣東南八十里，地邇瑯嶠，奸匪所匿。 |
| 78. | 同上 | 下淡水營 | 茄藤汛 | 兵五名 | － | 屏東縣佳冬鄉 | 縣東南六十里 |
| 79. | 同上 | 下淡水營 | 放索汛 | 兵五名 | － | 屏東縣林邊鄉 | 縣東南六十五里 |
| 80. | 鳳山縣 | 岡山營 | 岡山頭汛 | 兵囗名 | － | 高雄市阿蓮區 | 城守營左軍守備駐紮之所，該部亦被稱作岡山營。縣北三十五里 |
| 81. | 同上 | 岡山營 | 岡山腰汛 | 兵囗名 | － | 高雄市阿蓮區 | 縣北三十五里 |
| 82. | 同上 | 岡山營 | 岡山尾汛 | 兵囗名 | － | 高雄市阿蓮區 | 縣北三十五里 |
| 83. | 同上 | 岡山營 | 檳榔林汛 | 兵囗名 | － | 高雄市路竹區 | 縣北三十五里 |
| 84. | 同上 | 岡山營 | 半路竹汛 | 兵囗名 | － | 高雄市路竹區 | 縣北三十五里 |
| 85. | 同上 | 岡山營 | 大湖汛 | 兵囗名 | － | 高雄市湖內區 | 縣北四十里 |

| 86. | 鳳山縣 | 臺協水師右營 | 蟯港汛 | 兵五名 | 煙墩三座、望高樓一座 | 高雄市彌陀區 | 縣西北二十里，北接臺灣縣鯤身頭汛，水程二十里。次衝。 |
|---|---|---|---|---|---|---|---|
| 87. | 同上 | 臺協水師右營 | 赤嵌汛 | 兵口名 | 煙墩三座、望高樓一座 | 高雄市梓官區 | 縣西十里，北接蟯港汛，水程十里。次衝 |
| 88. | 同上 | 臺協水師右營 | 打鼓汛 | 把總一，兵口名 | 砲臺一座、煙墩三座、望高樓一座 | 高雄市鼓山區 | 縣南十里，北接萬丹港汛，水程十五里。要衝。 |
| 89. | 同上 | 臺協水師右營 | 萬丹汛 | 兵十名 | 煙墩三座、望高樓一座 | 屏東縣萬丹鄉 | 縣西七里，北接赤嵌汛，水程八里。次衝 |
| 90. | 同上 | 臺協水師右營 | 東港汛 | 陸兵五名，水兵五名 | 砲臺一座、煙墩三座、望高樓一座 | 屏東縣東港鎮 | 縣東南五十五里，西北接西溪汛，水程二十里。要衝。 |
| 91. | 同上 | 臺協水師右營 | 西溪汛 | 兵口名 | 煙墩三座、望高樓一座 | 高雄市小港區 | 縣南三十里，北接打鼓港汛，水程二十里。次衝。 |
| 92. | 同上 | 臺協水師右營 | 鯤身頭汛 | 兵五名 | — | 高雄市茄萣區 | 縣北五十五里，上接七鯤身，水程四十里。 |
| 93. | 同上 | 臺協水師右營 | 大崑麓汛 | 陸兵五名，水兵五名 | 煙墩三座、望高樓一座 | 屏東縣枋寮鄉 | 縣東南六十里，西北接東港汛，水程三十里，要衝。 |
| 94. | 嘉義縣 | 北路協左營 | 駐紮嘉義縣治 | 把總二員，兵四百七十名 | — | 嘉義市 | |
| 95. | 同上 | 北路協左營 | 分防鹹（鹽）水港汛 | 兵六十名 | — | 臺南市鹽水區 | 本時期該汛所轄汛塘名稱不可考。參考前一時期附近的汛塘包括：下加冬汛、哆囉嘓汛、烏山頭汛、八掌溪塘、急水溪塘、鐵線橋塘、茅港尾塘。 |
| 96. | 同上 | 北路協左營 | 分防斗六門汛 | 千總一員，兵一百名 | — | 雲林縣斗六市 | 本時期該汛所轄汛塘名稱不可考。參考前一時期附近的汛塘包括：大貓塘、他里霧塘、西螺塘、東螺塘。 |
| 97. | 同上 | 北路協左營 | 分防笨港汛 | 千總一員，兵一百五十名 | — | 雲林縣北港鎮 | 本時期該汛所轄汛塘名稱不可考。參考前一時期附近的汛塘包括：白沙墩汛、秀才莊汛、南社汛、海豐港汛。 |
| 98. | 嘉義縣 | 臺協水師中營 | 分防鹽水港汛 | 把總一，兵一百二十名 | — | 臺南市鹽水港 | |
| 99. | 同上 | 臺協水師中營 | 分防蚊港汛 | 千總一、兵九十五名 | 砲臺四座、煙墩六座 | 雲林縣麥寮鄉 | 兼轄外海北門嶼、馬沙溝、青鯤身等汛 |

| | | | | | | |
|---|---|---|---|---|---|---|
| 100. | 同上 | 臺協水師中營 | 分防笨港汛 | 把總一、兵二百三十名 | 砲臺一座、煙墩一座 | 雲林縣北港鎮 | |
| 101. | 同上 | 臺協水師中營 | 撥防猴樹港汛 | － | 砲臺一座、煙墩一座 | 嘉義縣朴子鎮 | |
| 102. | 彰化縣 | 北路協中營 | 駐箚彰化縣治 | 把總三、兵五百四十名 | － | 彰化縣彰化市 | |
| 103. | 同上 | 北路協中營 | 駐箚貓霧捒汛 | 千總一、兵一百六十五名 | － | 臺中市南屯區 | |
| 104. | 同上 | 北路協中營 | 分防南、北投汛 | 千總一、兵八十五名 | － | 南投縣南投市 | |
| 105. | 同上 | 北路協中營 | 分箚蓬山等汛 | 把總一、兵一百名 | － | 臺中市大安區 | 遊巡牛罵、沙轆、大肚等處 |
| 106. | 彰化縣 | 臺協水師中營 | 貼防北路協半線汛 | 兵五十名 | － | 彰化市西區 | |
| 107. | 彰化縣 | 臺協水師左營 | 分防三林港汛 | 把總一、兵五十名 | － | 彰化縣芳苑鄉 | |
| 108. | 同上 | 臺協水師左營 | 分防鹿仔港汛 | 把總一、兵九十名 | 砲臺一座、煙墩一座 | 彰化縣鹿港鎮 | |
| 109. | 彰化縣 | 臺協水師右營 | 貼防北路協半線汛 | 兵五十名 | － | 彰化市西區 | |
| 110. | 淡水廳 | 北路協右營 | 駐箚竹塹 | 千總一、把總二、兵五百名 | － | 新竹市 | |
| 111. | 同上 | 北路協右營 | 分防中港 | 把總一、兵五十名 | － | 苗栗縣竹南鎮 | |
| 112. | 同上 | 北路協右營 | 分防後壠 | 千總一、兵一百名 | － | 苗栗縣後龍鎮 | |
| 113. | 同上 | 北路協右營 | 分防南嵌、淡水等汛 | 把總一、兵五十名 | － | 桃園市蘆竹區 | |
| 114. | 淡水廳 | 淡水營 | 駐防淡水港 | 千總一、兵二百九十名 | － | 新北市淡水區 | |
| 115. | 同上 | 淡水營 | 分防砲臺汛 | 把總一、兵五十名 | － | 新北市淡水區 | 兼轄港北、小雞籠等塘 |
| 116. | 同上 | 淡水營 | 分防大雞籠港汛 | 把總一、兵一百六十名 | － | 基隆市 | 兼轄金包裏塘 |
| 117. | 淡水廳 | 艋舺營（陸路） | 艋舺營汛 | 把總一，外委二，兵四百五十名 | － | 臺北市萬華區 | |
| 118. | 同上 | 艋舺營（陸路） | 大雞籠汛 | 千總一，兵九十名 | － | 基隆市 | 離艋舺六十里 |
| 119. | 同上 | 艋舺營（陸路） | 馬鍊汛 | 外委一，兵三十名 | － | 新北市萬里區 | 離艋舺九十里 |

| 120. | 同上 | 艋舺營（陸路） | 水轉腳汛 | 外委一，兵三十五 | － | 新北市汐止區 | 離艋舺三十里 |
|---|---|---|---|---|---|---|---|
| 121. | 同上 | 艋舺營（陸路） | 三貂港汛 | 把總一，兵三十名 | － | 新北市貢寮區 | 離艋舺一百零一里 |
| 122. | 同上 | 艋舺營（陸路） | 海山口汛 | 外委一，兵六十名 | － | 新北市新莊區 | 離艋舺十里 |
| 123. | 同上 | 艋舺營（陸路） | 三瓜仔汛 | 外委一，兵十名 | － | 新北市瑞芳區 | 離艋舺七十里 |
| 124. | 同上 | 艋舺營（陸路） | 龜山崙嶺塘 | 兵十名 | － | 桃園市龜山區 | 離艋舺二十五里 |
| 125. | 同上 | 艋舺營（陸路） | 暖暖塘 | 兵十名 | － | 基隆市暖暖區 | 離艋舺五十里 |
| 126. | 同上 | 艋舺營（陸路） | 燦光寮塘 | 兵十名 | － | 新北市雙溪區 | 離艋舺八十五里 |
| 127. | 同上 | 艋舺營（水師） | 滬尾砲臺汛 | 千總一，把總一，外委一，額外三，兵五百三十名 | － | 新北市淡水區 | |
| 128. | 同上 | 艋舺營（水師） | 八里坌汛 | 外委一，兵十名 | － | 新北市八里區 | 離艋舺三十里 |
| 129. | 同上 | 艋舺營（水師） | 金包裏汛 | 把總一，外委一，兵五十名 | － | 新北市金山區 | 離艋舺九十二里 |
| 130. | 同上 | 艋舺營（水師） | 石門汛 | 外委一，兵三十名 | － | 新北市石門區 | 離艋舺十二里 |
| 131. | 同上 | 艋舺營（水師） | 小雞籠塘 | 兵十名 | － | 新北市三芝區 | 離艋舺五十二里 |
| 132. | 同上 | 艋舺營（水師） | 北港塘 | 兵五十名 | － | 新北市汐止區 | 離滬尾四里 |
| 133. | 噶瑪蘭廳 | 噶瑪蘭營 | 五圍廳治 | 千總一，外委二，額外一，兵三百六十名 | 砲位四座 | 宜蘭市 | 離艋舺二百一十里 |
| 134. | 同上 | 噶瑪蘭營 | 頭圍汛 | 外委一，兵一百名 | 砲位一座 | 宜蘭縣頭城鎮 | 頭圍汛轄烏石港砲臺、硬枋、三貂、三圍等汛。 |
| 135. | 同上 | 噶瑪蘭營 | 烏石港砲臺塘 | 兵十五名 | 砲位一座 | 宜蘭縣頭城鎮 | |
| 136. | 同上 | 噶瑪蘭營 | 三貂汛 | 千總一，兵五十名 | － | 新北市貢寮區 | |
| 137. | 同上 | 噶瑪蘭營 | 隆隆嶺汛 | 千總一，兵五十名 | 砲位一座 | 新北市貢寮區 | 隆隆嶺汛轄大里簡汛 |
| 138. | 同上 | 噶瑪蘭營 | 大里簡汛 | － | | 宜蘭縣頭城鎮 | |

| 139. | 同上 | 噶瑪蘭營 | 溪洲汛 | 把總一，兵四十名 | 砲位一座 | 宜蘭縣員山鄉 | 該汛兼轄羅東 |
|------|------|----------|--------|------------------|----------|----------------|--------------|
| 140. | 同上 | 噶瑪蘭營 | 蘇澳汛 | 把總一，兵五十名 | 砲位一座 | 宜蘭縣蘇澳鎮 | 該汛兼轄南關 |
| 141. | 同上 | 噶瑪蘭營 | 加禮遠汛 | 額外一，兵五十名 | 砲位一座 | 宜蘭縣羅東鎮 | |
| 142. | 同上 | 噶瑪蘭營 | 北關汛 | 外委一，兵四十名 | 砲位一座 | 宜蘭縣頭城鎮 | |
| 143. | 同上 | 噶瑪蘭營 | 三圍塘 | 兵十名 | 砲位一座 | 宜蘭縣礁溪鄉 | |

資料來源：
1. 劉良璧，《重修福建臺灣府志》，臺灣銀行文獻叢刊第七四種，1961 年 3 月，頁 315～326。
2. 王必昌，《重修臺灣縣志》，臺灣銀行文獻叢刊第一一三種，1961 年 11 月，頁 248～250。
3. 王瑛曾，《重修鳳山縣志》，臺灣銀行文獻叢刊第一四六種，1962 年 12 月，頁 193～198。
4. 謝金鑾，《續修臺灣縣志》，臺灣銀行文獻叢刊第一四〇種，1962 年 6 月，頁 248～254。
5. 陳淑均，《噶瑪蘭廳志》，臺灣銀行文獻叢刊第一六〇種，1963 年 3 月，頁 161～162。
6. 陳培桂，《淡水廳志》，臺灣銀行文獻叢刊第一七二種，1963 年 8 月，頁 157～162。

## 表四十六　道光、咸豐、同治朝（1821～1874）臺灣的汛塘

| 編號 | 縣廳屬 | 營汛屬 | 汛塘（陸路／水師） | 駐防兵力 | 附屬防禦工事 | 現今地名對照 | 備　註 |
|------|--------|--------|--------------------|----------|--------------|--------------|--------|
| 1. | 臺灣縣 | 城守營左軍 | 府城汛 | 把總一、兵八十五 | － | 臺南市 | 郡城小東門 |
| 2. | 同上 | 城守營左軍 | 塗（土）墼埕塘 | 兵五名 | － | 臺南市西區 | |
| 3. | 同上 | 城守營左軍 | 南砲臺塘 | 兵五名 | － | 臺南市西區 | 在小西門外 |
| 4. | 同上 | 城守營左軍 | 瀨口塘 | 兵五名 | － | 臺南市南區 | 在邑西南十里，同治以後不見記載。 |
| 5. | 同上 | 城守營左軍 | 鹽水埔汛 | 外委一、兵十九名 | － | 臺南市南區 | 在邑治南十里 |
| 6. | 同上 | 城守營左軍 | 港岡塘 | 兵六名 | － | 臺南市仁德區 | 在邑東南十里 |
| 7. | 同上 | 城守營左軍 | 角帶圍塘 | 兵五名 | － | 臺南市仁德區 | 在邑東南十三里 |
| 8. | 鳳山縣 | 城守營左軍 | 南安店塘 | 兵五名 | － | 高雄市田寮區 | 在邑東南二十里，同治以後不見記載。 |
| 9. | 同上 | 城守營左軍 | 狗崙崑塘 | 兵五名 | － | 高雄市田寮區 | 在邑東南三十五里，同治以後不見記載。 |
| 10. | 臺灣縣 | 城守營左軍 | 猴洞（口）汛 | 外委一、兵八十一名 | － | 臺南市關廟區 | 在邑治東南三十五里。嘉慶 15 年（1810）裁狗崑崙、嶗礴坑、土地公嶺塘併入此汛。 |

| | | | | | | | |
|---|---|---|---|---|---|---|---|
| 11. | 同上 | 城守營左軍 | 坅仔頭塘 | 兵十名 | － | 臺南市仁德區 | 在府治南十五里。嘉慶 10 年（1805）移雁門關塘置此。 |
| 12. | 鳳山縣 | 城守營左軍 | 羅漢門汛 | 把總一，兵四十四名 | － | 高雄市內門區 | 在邑治東六十里，嘉慶 15 年（1810）裁康蓬、瀨口、南安塘併入此汛。同治初年該汛已改為千總一、外委一、兵七十七名。 |
| 13. | 嘉義縣 | 城守營左軍 | 茂公汛 | 外委一，兵二十八名 | － | 臺南市左鎮區 | 在邑治東一十五里 |
| 14. | 鳳山縣 | 城守營左軍 | 大湖塘 | 兵五名 | － | 高雄市湖內區 | 在邑治南二十里，同治以後不見記載。 |
| 15. | 同上 | 城守營左軍 | 半路竹塘 | 兵六名 | － | 高雄市路竹區 | 在邑治南二十五里，同治以後不見記載。 |
| 16. | 同上 | 城守營左軍 | 崗山汛 | 千總一，兵一百四十五名 | － | 高雄市阿蓮區 | 在邑治東南三十里。嘉慶 15 年（1810）裁山頭、山腰、山尾三塘，併入此汛。同治以後不見記載。 |
| 17. | 臺灣縣 | 城守營右軍 | 灣裏溪塘 | 兵五名 | － | 臺南市南區 | 在府治北三十里，同治以後不見記載。 |
| 18. | 同上 | 城守營右軍 | 北砲臺塘 | 兵五名 | － | 臺南市北區 | 在小北門外 |
| 19. | 同上 | 城守營右軍 | 柴頭港塘 | 兵五名 | － | 臺南市北區 | 在邑治北五里 |
| 20. | 同上 | 城守營右軍 | 蔦松塘 | 兵七名 | － | 臺南市永康區 | 在邑治北十里 |
| 21. | 嘉義縣 | 城守營右軍 | 大穆降汛 | 外委一，兵四十四名 | － | 臺南市新化區 | 在邑東北二十里。嘉慶 15 年（1810）裁小橋、大灣、崁下三塘併入此汛。 |
| 22. | 同上 | 城守營右軍 | 舊社（城）汛 | 外委一，額外一，帶兵四十四名 | － | 臺南市新市區 | 在邑治東二十五里。嘉慶 15 年（1810）裁撥佳里興汛、北岸塘併入此汛。 |
| 23. | 同上 | 城守營右軍 | 木柵塘 | 兵五名 | － | 臺南市東山區 | 在邑治北十里 |
| 24. | 同上 | 城守營右軍 | 麻豆汛 | 外委一，兵三十名 | － | 臺南市麻豆區 | 在府治東北三十里，同治以後不見記載。 |
| 25. | 同上 | 城守營右軍 | （目）加溜灣汛 | 把總一，外委一，兵四十一名 | － | 臺南市安定區 | 在府治北二十五里，嘉慶 15 年（1810）撥水仔尾、烏山頭、芨仔林三塘併入此汛。同治初已改為千總一、兵三十五名。 |

| 26. | 同上 | 城守營右軍 | 水崛頭塘 | 兵五名 | — | 嘉義縣水上鄉 | 在邑治北三十五里，同治以後不見記載。 |
|---|---|---|---|---|---|---|---|
| 27. | 同上 | 城守營右軍 | 茅港尾塘 | 兵五名 | — | 臺南市下營區 | 在邑治北四十里，同治以後不見記載。 |
| 28. | 同上 | 城守營右軍 | 鐵線橋塘 | 兵五名 | — | 臺南市新營區 | 在邑治北五十里，同治以後不見記載。 |
| 29. | 同上 | 城守營右軍 | 大武壠汛 | 把總一，外委一，兵七十名 | — | 臺南市善化區 | 在邑治東北六十里。同治初已改為千總一、兵十三名。 |
| 30. | 同上 | 城守營右軍 | 急水溪塘 | 兵五名 | — | 臺南市新營區 | 在邑治北六十里，同治以後不見記載。 |
| 31. | 同上 | 城守營右軍 | 下加冬汛 | 把總一，兵九十一名 | — | 臺南市後壁區 | 在邑治北七十里，同治以後不見記載。 |
| 32. | 同上 | 城守營右軍 | 八漿溪塘 | 兵五名 | — | 臺南市鹽水區 | 在邑治北八十里，同治以後不見記載。 |
| 33. | 同上 | 城守營右軍 | 北勢埔塘 | 兵五名 | — | 臺南市官田區 | 在邑治北八十里，同治以後不見記載。 |
| 34. | 同上 | 城守營右軍 | 大排竹汛 | 外委一，兵四十五名 | — | 臺南市白河區 | 在邑治東北八十里。嘉慶15年（1810）裁撥三嵌汛、哆囉嘓塘併入此汛。同治以後不載。 |
| 35. | 臺灣縣 | 鎮標中營 | 嶽帝廟堆 | 兵五名 | — | 臺南市中區 | 同治初年，所有堆卡已由城守營右軍負責管轄。 |
| 36. | 同上 | 鎮標中營 | 府衙邊堆 | 兵五名 | — | 臺南市中區 | |
| 37. | 同上 | 鎮標左營 | 十字街堆 | 兵五名 | — | 臺南市中區 | |
| 38. | 同上 | 鎮標左營 | 關帝廟堆 | 兵五名 | — | 臺南市中區 | |
| 39. | 同上 | 鎮標右營 | 枋橋頭堆 | 兵五名 | — | 臺南市中區 | |
| 40. | 同上 | 鎮標右營 | 開山（仙）宮堆 | 兵五名 | — | 臺南市中區 | |
| 41. | 臺灣縣 | 臺協水師中營 | 安平鎮 | 千總一、把總二、外委四、額外五，兵四十七名 | — | 臺南市安平區 | |
| 42. | 同上 | 臺協水師中營 | 鹿耳門汛 | 千總一，兵一百五十名 | — | 臺南市安南區 | 離府治水程三十里 |
| 43. | 同上 | 臺協水師中營 | 大港汛 | 把總一，兵五十名 | — | 臺南市安平區 | 離府治水程七里 |
| 44. | 同上 | 臺協水師中營 | 崑身頭塘 | 兵五名 | — | 臺南市南區 | |
| 45. | 同上 | 臺協水師中營 | 喜樹仔塘 | 兵五名 | — | 臺南市南區喜樹 | 在邑三十里 |

| 46. | 臺灣縣 | 臺協水師右營 | 安平鎮 | 千總一、把總一、外委四、額外三，兵四百二十七名 | — | 臺南市安平區 | |
|---|---|---|---|---|---|---|---|
| 47. | 同上 | 臺協水師右營 | 鹿耳門汛 | 千總一員，兵各一百五十名 | — | 臺南市安南區 | |
| 48. | 鳳山縣 | 南路營 | 二濫塘 | 兵五名 | — | 高雄市路竹區 | 在府治南三十里 |
| 49. | 同上 | 南路營 | 竹蒹塘 | 外委一，兵十五名 | — | 高雄市岡山區 | 在府治南四十里，同治以後不載。 |
| 50. | 同上 | 南路營 | 小店塘 | 兵五名 | — | 高雄市橋頭區 | 在邑治南五十里 |
| 51. | 同上 | 南路營 | 觀音山塘 | 兵十名 | — | 高雄市大社區 | 在邑治南六十里，石井汛千總管轄巡防。 |
| 52. | 同上 | 南路營 | 蘭坡嶺塘 | 外委一，兵十名 | — | 高雄市田寮區 | 在邑治東南七十里 |
| 53. | 同上 | 南路營 | 石井汛 | 千總一，把總一，帶兵一百二十二名 | — | 高雄市燕巢區 | 在邑治東南六十里，同治初已改為千總一，兵一百三十名。 |
| 54. | 同上 | 南路營 | 溪邊塘 | 兵五名 | — | 高雄市林園區 | 在邑治東南七十五里 |
| 55. | 同上 | 南路營 | 鳳山城（存城汛） | 千總一，把總一、外委二、額外四、兵五百名 | — | 高雄市鳳山區 | 存城汛下兼轄打鹿潭塘、坪仔頭塘、苦苓門塘的記載，道光不見記錄，但至同治初年出現。 |
| 56. | 同上 | 南路營 | 打鹿潭塘 | 兵五名 | — | 高雄市田寮區 | |
| 57. | 同上 | 南路營 | 坪仔頭塘 | 外委一，兵十名 | — | 高雄市小港區 | |
| 58. | 同上 | 南路營 | 苦苓門塘 | 兵五名 | — | 高雄市林園區 | |
| 59. | 同上 | 南路營 | 攀桂橋塘 | 把總一，兵五十一 | — | 屏東縣屏東市 | 在府治東南八十里 |
| 60. | 同上 | 南路營 | 舊城汛 | 把總一，兵一百六 | — | 高雄市左營區 | 在府治西南六十里 |
| 61. | 同上 | 南路營 | 蕃薯寮汛 | 外委一，兵一十二 | — | 高雄市旗山區 | 在府治南六十五里 |
| 62. | 同上 | 南路營 | 水底（寮）汛 | 千總一，兵一百五十名 | — | 屏東縣枋寮鄉 | 在府治西南一百六十里。同治初已改為千總一、外委一、兵一百一十名。至於該汛下轄枋寮的記載，道光不見記錄，但至同治初年出現。 |
| 63. | 同上 | 南路營 | 枋寮汛 | 外委一，兵三十名 | — | 屏東縣枋寮鄉 | |
| 64. | 同上 | 南路營 | 阿猴塘 | 兵十名 | — | 屏東縣屏東市東區 | 在府治東南一百里，離鳳山縣二十里 |

| 65. | 同上 | 南路營 | 阿公店汛 | 外委一，兵五十名 | | 高雄市岡山區 | 該汛於道光朝後新設 |
|---|---|---|---|---|---|---|---|
| 66. | 同上 | 南路營 | 山豬毛口汛 | 把總一，額外二，兵二百五十九名 | － | 屏東縣三地鄉 | 離鳳山縣三十里 |
| 67. | 同上 | 南路營 | 阿里港汛 | 外委一，兵六十名 | － | 屏東縣里港鄉 | 在府治東南八十里 |
| 68. | 同上 | 下淡水營 | 新園汛 | 千總一，兵一百名 | － | 屏東縣新園鄉 | 在府治南一百里 |
| 69. | 同上 | 下淡水營 | 東港汛 | 外委一，兵四十五 | － | 屏東縣東港鎮 | 在府治西南一百一十里 |
| 70. | 同上 | 下淡水營 | 萬丹汛 | 把總一，兵五十名 | － | 屏東縣萬丹鄉 | 在府治東南一百里 |
| 71. | 同上 | 下淡水營 | 茄藤港塘 | 兵五名 | － | 屏東縣佳冬鄉 | 在府治南一百一十里 |
| 72. | 同上 | 下淡水營 | 放索塘 | 兵五名 | － | 屏東縣林邊鄉 | 在府治南一百二十里 |
| 73. | 同上 | 下淡水營 | 九塊厝汛 | 效用一，兵二十名 | － | 屏東縣九如鄉 | 城東三十里，該汛於道光朝後新設。 |
| 74. | 同上 | 下淡水營 | 潮州莊汛 | 效用一，兵四十名 | － | 屏東縣潮州鎮 | 城東南三十里，該汛於道光朝後新設。 |
| 75. | 同上 | 下淡水營 | 大崑麓塘 | 兵五名 | － | 屏東縣枋寮鄉 | 在府治南一百三十里 |
| 76. | 鳳山縣 | 臺協水師右營 | 打鼓汛 | 把總一，兵六十名 | － | 高雄市鼓山區 | 離府治西南八十里 |
| 77. | 同上 | 臺協水師右營 | 赤嵌塘 | 兵五名 | － | 高雄市梓官區 | 離府治四十里 |
| 78. | 同上 | 臺協水師右營 | 萬丹塘 | 兵五名 | － | 屏東縣萬丹鄉 | 離府治四十里 |
| 79. | 同上 | 臺協水師右營 | 岐後汛 | 兵十名 | － | 高雄市旗津區 | 離府治南九十里 |
| 80. | 同上 | 臺協水師右營 | 大埔林塘 | 兵五名 | － | 高雄市小港區 | 離府治南一百里 |
| 81. | 同上 | 臺協水師右營 | 下淡水塘 | 兵口名 | － | 屏東縣萬丹鄉 | 離府治南一百零五里 |
| 82. | 同上 | 臺協水師右營 | 西溪塘 | 兵十名 | － | 高雄市小港區 | 離府治南一百零五里 |
| 83. | 同上 | 臺協水師右營 | 東港汛 | 把總一，兵五十名 | － | 屏東縣東港鎮 | 離府治西南一百一十里 |
| 84. | 同上 | 臺協水師右營 | 茄藤港塘 | 兵五名 | － | 屏東縣佳冬鄉 | 離府治南一百一十三里 |
| 85. | 同上 | 臺協水師右營 | 放索塘 | 兵五名 | － | 屏東縣林邊鄉 | 離府治南一百二十五里 |

| 86. | 同上 | 臺協水師右營 | 大崑麓塘 | 外委一，兵五名 | 一 | 屏東縣枋寮鄉 | 離府治南一百三十五里 |
|---|---|---|---|---|---|---|---|
| 87. | 嘉義縣 | 北路協左營 | 水崛頭塘 | 兵六名 | 一 | 嘉義縣水上鄉 | 在府治北九十里 |
| 88. | 同上 | 北路協左營 | 八獎溪塘 | 兵十名 | 一 | 臺南市鹽水區 | 在府治北八十里 |
| 89. | 同上 | 北路協左營 | 嘉義縣城 | 把總一、外委一、額外四，兵五百名 | 一 | 嘉義市 | 道光 13 年（1833）北路協左營更名爲嘉義營。 |
| 90. | 同上 | 北路協左營 | 外四汛 | 把總一、兵二十四 | 一 | 嘉義市 | 駐嘉義城外 |
| 91. | 同上 | 北路協左營 | 山底塘 | 兵六名 | 一 | 嘉義市 | 駐嘉義城東門外 |
| 92. | 同上 | 北路協左營 | 牛稠溪塘 | 兵五名 | 一 | 嘉義縣朴子市 | 在府治北一百五里 |
| 93. | 同上 | 北路協左營 | 打貓塘 | 兵五名 | 一 | 嘉義縣民雄鄉 | 在府治北一百十里 |
| 94. | 同上 | 北路協左營 | 大埔林塘 | 外委一，兵二十名 | 一 | 嘉義縣大林鄉 | 在府治北一百二十里 |
| 95. | 同上 | 北路協左營 | 斗六門汛 | 千總一、外委一，兵一百八十名 | 一 | 雲林縣斗六市 | 在府治北一百四十五里 |
| 96. | 同上 | 北路協左營 | 虎尾溪汛 | 外委一，兵一十九 | 一 | 雲林縣莿桐鄉 | 在府治北一百四十四里 |
| 97. | 同上 | 北路協左營 | 虎尾溪塘 | 兵五名 | 一 | 雲林縣莿桐鄉 | 在府治北一百四十里 |
| 98. | 同上 | 北路協左營 | 他里霧汛 | 外委一，兵四十名 | 一 | 雲林縣斗南鎮 | 在府治北一百三十里 |
| 99. | 彰化縣 | 北路協左營 | 中路頭塘 | 兵十名 | 一 | 雲林縣莿桐鎮 | 在府治北一百四十里，同治以後不載。 |
| 100. | 同上 | 北路協左營 | 西螺汛 | 把總一、外委一，兵六十九名 | 一 | 雲林縣西螺鎮 | 在府治北一百五十里，同治以後不載。 |
| 101. | 同上 | 北路協左營 | 三條圳塘 | 兵十五名 | 一 | 彰化縣溪州鄉 | 在府治北一百五十五里，同治以後不載。 |
| 102. | 嘉義縣 | 北路協左營 | 大崙腳汛 | 外委一，兵三十九 | 一 | 雲林縣斗南鎮 | 在府治北一百里，同治以後不載。 |
| 103. | 同上 | 北路協左營 | 林圯埔汛 | 外委一，兵三十名 | 一 | 南投縣竹山鄉 | 在府治北一百七十里，同治以後不載。 |
| 104. | 同上 | 北路協左營 | 笨港汛 | 千總一、外委一，兵八十九名 | 一 | 雲林縣北港鎮 | 在府治西北一百里 |
| 105. | 同上 | 北路協左營 | 鹽水港汛 | 把總一、兵一百名 | 一 | 臺南市鹽水區 | 在府治西北八十里 |
| 106. | 同上 | 北路協左營 | 朴仔腳汛 | 外委一，兵十五名 | 一 | 嘉義縣朴子市 | 該汛於道光朝後新設 |

| 107. | 同上 | 北路協左營 | 店仔口汛 | 外委一，兵四十名 | — | 臺南市白河區 | 該汛於道光朝後新設 |
|---|---|---|---|---|---|---|---|
| 108. | 同上 | 北路協左營 | 土庫汛 | 外委一，兵三十名 | — | 雲林縣土庫鎮 | 該汛於道光朝後新設 |
| 109. | 彰化縣 | 北路協左營 | 水沙連汛 | 千總一、外委一、兵一百名 | — | 南投縣埔里鎮 | 在府治東北一百七十里，同治以後不載。 |
| 110. | 嘉義縣 | 臺協水師中營 | 蚊港汛 | 把總一、兵一百名 | — | 嘉義縣布袋鎮 | 在邑五十三里 |
| 111. | 同上 | 臺協水師中營 | 南鯤身塘 | 兵五名 | — | 臺南市北門區 | 在邑四十里 |
| 112. | 同上 | 臺協水師中營 | 北門嶼塘 | 兵五名 | — | 臺南市北門區 | 在邑四十里 |
| 113. | 同上 | 臺協水師中營 | 馬沙溝塘 | 兵五名 | — | 臺南市七股區 | 在邑三十里 |
| 114. | 同上 | 臺協水師左營 | 笨港汛 | 把總一、兵一百五十名 | — | 雲林縣北港鎮 | 離府治西北一百里 |
| 115. | 同上 | 臺協水師左營 | 䲁仔挖塘 | 兵五名 | — | 雲林縣臺西鄉 | 離府治西北一百一十里 |
| 116. | 同上 | 臺協水師左營 | 猴樹港汛 | 兵十名 | — | 嘉義縣朴子市 | 離府治西北九十里 |
| 117. | 同上 | 臺協水師左營 | 新店汛 | 把總一、兵七十五 | — | 嘉義縣朴子市（？） | 離府治西北七十七里 |
| 118. | 彰化縣 | 北路協中營 | 燕霧汛 | 把總一、兵四十名 | 煙墩三、望樓一（同治不載） | 彰化縣花壇鄉 | 該汛下轄八塘 |
| 119. | 同上 | 同上 | 燕霧塘 | 兵五名 | 煙墩三、望樓一（同治不載） | 彰化縣花壇鄉 | |
| 120. | 同上 | 同上 | 大武郡塘 | 兵五名 | 煙墩三、望樓一（同治不載） | 彰化縣社頭鄉 | |
| 121. | 同上 | 同上 | 枋橋（頭）塘 | 兵五名 | 煙墩三、望樓一（同治不載） | 彰化縣員林鎮 | |
| 122. | 同上 | 同上 | 二林塘 | 外委一，兵五名 | 煙墩三、望樓一（同治不載） | 彰化縣二林鎮 | |
| 123. | 同上 | 同上 | 溪口（寮）塘 | 兵一十名 | 煙墩三、望樓一（同治不載） | 雲林縣大埤鄉 | |
| 124. | 同上 | 同上 | 赤塗崎塘 | 兵五名 | 煙墩三、望樓一（同治不載） | 彰化縣大城鄉 | |

| 125. | 同上 | 同上 | 東螺塘 | 兵十名 | 煙墩三、望樓一（同治不載） | 彰化縣北斗鎮 | |
| --- | --- | --- | --- | --- | --- | --- | --- |
| 126. | 同上 | 同上 | 三林塘 | 兵一十五名 | 煙墩三、望樓一（同治不載） | 彰化縣芳苑鄉 | |
| 127. | 彰化縣 | 北路協中營 | 許厝埔汛 | 把總一，兵六十名 | 煙墩三、望樓一（同治不載） | 雲林縣麥寮鄉 | |
| 128. | 同上 | 北路協中營 | 番仔溝塘 | 兵五名 | － | 嘉義市西南 | 在府治北一百七十里 |
| 129. | 同上 | 北路協中營 | 南北頭汛 | 把總一，外委一，兵九十九名 | 煙墩三、望樓一（同治不載） | 南投市 | 該汛下轄一汛。 |
| 130. | 同上 | 同上 | 內木柵汛 | 外委一，兵一十名 | 煙墩三、望樓一（同治不載） | 南投市 | |
| 131. | 彰化縣 | 北路協中營 | 彰化縣城 | 千總一、外委一、額外二，兵五百六十五名 | － | 彰化市 | 在府治北二百里 |
| 132. | 彰化縣 | 北路協中營 | 外四汛 | 把總一、額外一，兵四十五名 | 煙墩三、望樓一（同治不載） | 彰化市 | 駐彰化縣城北門外。該汛下轄大肚（溪）塘、寓鼇頭塘、沙轆塘。 |
| 133. | 同上 | 同上 | 大肚（溪）塘 | 兵五名 | 煙墩三、望樓一（同治不載） | 臺中市大肚區 | |
| 134. | 同上 | 同上 | 寓鼇頭塘 | 兵二十五名 | 煙墩三、望樓一（同治不載） | 臺中市龍井區 | |
| 135. | 同上 | 同上 | 沙轆塘 | 兵五名 | 煙墩三、望樓一（同治不載） | 臺中市沙鹿區 | |
| 136. | 同上 | 北路協中營 | 底塘 | 兵五名 | － | 彰化市 | 駐彰化縣城北門外 |
| 137. | 同上 | 北路協中營 | 八卦山汛 | 把總一、額外一，兵一百名 | 煙墩三、望樓一（同治不載） | 彰化市八卦山 | 駐彰化縣城東門外。嘉慶15年（1810）裁柳樹汛，併入此汛。 |
| 138. | 同上 | 北路協中營 | 貓霧捒汛 | 千總一、外委一，兵八十五名 | 煙墩三、望樓一（同治不載） | 臺中市南屯區 | 在府治北二百二十里。 |
| 139. | 同上 | 北路協中營 | 葫蘆墩汛 | 外委一，兵四十名 | 煙墩三、望樓一（同治不載） | 臺中市豐原區 | 在府治東北二百二十五里。嘉慶十五年裁柳樹楠外委一員，兵三十四名；二八水塘兵六名置此。 |

| | | | | | | | |
|---|---|---|---|---|---|---|---|
| 140. | 同上 | 北路協中營 | 四張犁汛 | 外委一，兵三十名 | 煙墩三、望樓一（同治不載） | 臺中市北屯區 | 在府治東北二百二十里。嘉慶15年（1810）裁移馬芝遴、大突、二林、二八水各塘置此。 |
| 141. | 同上 | 北路協中營 | 牛罵頭汛 | 額外一，兵二十五 | － | 臺中市清水區 | 在府治東北二百三十里 |
| 142. | 同上 | 北路協中營 | 大里杙汛 | 外委一，兵五十名 | 煙墩三、望樓一（同治不載） | 臺中市大里區 | 府治東北二百二十五里。乾隆53年（1788）設。 |
| 143. | 同上 | 北路協中營 | 觸口汛 | 額外一，兵三十名 | 煙墩三、望樓一（同治不載） | 嘉義縣番路鄉 | 在府治北一百六十里 |
| 144. | 同上 | 北路協中營 | 崁頂汛 | 外委一，安兵五十名 | 煙墩三、望樓一（同治不載） | 嘉義縣竹崎鄉 | 在府治北二百五十里，嘉慶15年（1810）裁虎仔坑兵十名，併入此汛。 |
| 145. | 彰化縣 | 臺協水師左營 | 鹿港汛 | 千總一、把總一、外委一、額外二，兵三百零七名 | － | 彰化縣鹿港鎮 | 離府治一百九十里 |
| 146. | 同上 | 臺協水師左營 | 水裡港汛 | 外委一，兵二十名 | － | 臺中市龍井區 | 離府治西北二百二十里 |
| 147. | 同上 | 臺協水師左營 | 番仔挖汛 | 兵五名 | － | 彰化縣芳苑鄉 | 離府治西北一百八十里 |
| 148. | 同上 | 臺協水師左營 | 王功海口汛 | 千總一、兵一百名 | － | 彰化縣芳苑鄉 | 離府治西北一百八十五里 |
| 149. | 同上 | 臺協水師左營 | 海豐港汛 | 外委一，兵二十名 | － | 雲林縣麥寮鄉 | 離府治西北一百四十里 |
| 150. | 同上 | 臺協水師左營 | 三林港汛 | 外委一，兵五十名 | － | 彰化縣芳苑鄉 | 離府治西北一百六十里 |
| 151. | 淡水廳 | 北路協右營 | 大甲溪汛 | 外委一，兵三十名 | － | 臺中市大甲區 | 在府治北二百五十里 |
| 152. | 同上 | 北路協右營 | 吞霄汛 | 兵十名 | － | 苗栗縣通霄鎮 | 在府治北二百七十里 |
| 153. | 同上 | 北路協右營 | 貓盂塘 | 兵五名 | － | 苗栗縣苑裡鄉 | 在府治北二百六十里 |
| 154. | 同上 | 北路協右營 | 大安海口汛 | 把總一、外委一，兵七十四名 | － | 臺中市大安區 | 在府治北二百六十里 |
| 155. | 同上 | 北路協右營 | 後壠汛 | 千總一、兵五十三 | － | 苗栗縣後龍鎮 | 該汛兼管白沙墩）塘、加志閣塘，道光不見記錄，但至同治10年（1871）出現。 |
| 156. | 同上 | 北路協右營 | 白沙墩塘 | 外委一，安兵十名 | － | 苗栗縣通霄鎮 | |

| 157. | 同上 | 北路協右營 | 加志閣塘 | 外委一，兵三十八 | － | 苗栗市嘉盛里 | |
| 158. | 同上 | 北路協右營 | 中港汛 | 把總一，外委一，兵五十八名 | － | 苗栗縣竹南鎮 | 在府治北三百二十九里 |
| 159. | 同上 | 北路協右營 | 楊梅壢汛 | 把總一，兵六十七 | － | 桃園市楊梅區 | 該汛兼管香山）塘、海口塘，道光不見記錄，但至同治 10 年（1871）出現。 |
| 160. | 同上 | 北路協右營 | 香山塘 | 兵十名 | － | 新竹市香山區 | |
| 161. | 同上 | 北路協右營 | 海口汛 | 額外一，兵十二名 | － | 新竹市北區 | |
| 162. | 同上 | 北路協右營 | 竹塹廳治 | 守備駐防 | － | 新竹市 | 在府治北三百五十九里 |
| 163. | 同上 | 北路協右營 | 桃仔園汛 | 把總一，兵一十五 | － | 桃園區 | 該汛兼管南嵌（港）塘，道光不見記錄，但至同治10年（1871）出現。 |
| 164. | 同上 | 北路協右營 | 南嵌（港）塘 | 外委一，兵二十六 | － | 桃園市蘆竹區 | |
| 165. | 同上 | 北路協右營 | 銅鑼灣汛 | 把總一、兵六十名 | － | 苗栗縣銅鑼鄉 | 道光 10 年（1830）添設 |
| 166. | 同上 | 北路協右營 | 斗換坪汛 | 把總一、兵六十名 | － | 苗栗縣頭份鎮 | 道光 10 年（1830）添設 |
| 167. | 淡水廳 | 艋舺營（陸路） | 艋舺營汛 | 把總一，外委二，兵四百五十名 | － | 臺北市萬華區 | |
| 168. | 同上 | 艋舺營（陸路） | 大雞籠汛 | 千總一，兵九十名 | － | 基隆市 | 離艋舺六十里 |
| 169. | 同上 | 艋舺營（陸路） | 馬鍊汛 | 外委一，兵三十名 | － | 新北市萬里區 | 離艋舺九十里 |
| 170. | 同上 | 艋舺營（陸路） | 水轉腳汛 | 外委一，兵三十五 | － | 新北市汐止區 | 離艋舺三十里 |
| 171. | 同上 | 艋舺營（陸路） | 三貂港汛 | 把總一，兵三十名 | － | 新北市貢寮區 | 離艋舺一百零一里 |
| 172. | 同上 | 艋舺營（陸路） | 海山口汛 | 外委一，兵六十名 | － | 新北市新莊區 | 離艋舺十里 |
| 173. | 同上 | 艋舺營（陸路） | 三瓜仔汛 | 外委一，兵十名 | － | 新北市瑞芳區 | 離艋舺七十里 |
| 174. | 同上 | 艋舺營（陸路） | 龜山崙嶺塘 | 兵十名 | － | 桃園市龜山區 | 離艋舺二十五里 |
| 175. | 同上 | 艋舺營（陸路） | 暖暖塘 | 兵十名 | － | 基隆市暖暖區 | 離艋舺五十里 |
| 176. | 同上 | 艋舺營（陸路） | 燦光寮塘 | 兵十名 | － | 新北市雙溪區 | 離艋舺八十五里 |

| 177. | 同上 | 艋舺營（水師） | 滬尾砲臺汛 | 千總一，把總一，外委一，額外三，兵五百三十名 | － | 新北市淡水區 | |
|------|------|------|------|------|------|------|------|
| 178. | 同上 | 艋舺營（水師） | 八里坌汛 | 外委一，兵十名 | － | 新北市八里區 | 離艋舺三十里 |
| 179. | 同上 | 艋舺營（水師） | 金包裏汛 | 把總一，外委一，兵五十名 | － | 新北市金山區 | 離艋舺九十二里 |
| 180. | 同上 | 艋舺營（水師） | 石門汛 | 外委一，兵三十名 | － | 新北市石門區 | 離艋舺十二里 |
| 181. | 同上 | 艋舺營（水師） | 小雞籠塘 | 兵十名 | － | 新北市三芝區 | 離艋舺五十二里 |
| 182. | 同上 | 艋舺營（水師） | 北港塘 | 兵五十名 | － | 新北市汐止區 | 離滬尾四里 |
| 183. | 噶瑪蘭廳 | 噶瑪蘭營 | 五圍廳治 | 千總一，外委二，額外一，兵三百六十名 | 砲位四座 | 宜蘭市 | 離艋舺二百一十里 |
| 184. | 同上 | 噶瑪蘭營 | 頭圍汛 | 外委一，兵一百名 | 砲位一座 | 宜蘭縣頭城鎮 | 頭圍汛轄烏石港砲臺、硬枋、三貂、三圍等汛。 |
| 185. | 同上 | 噶瑪蘭營 | 烏石港砲臺塘 | 兵十五名 | 砲位一座 | 宜蘭縣頭城鎮 | |
| 186. | 同上 | 噶瑪蘭營 | 三貂汛 | 千總一，兵五十名 | － | 新北市貢寮區角 | |
| 187. | 同上 | 噶瑪蘭營 | 隆隆嶺汛 | 千總一，兵五十名 | 砲位一座 | 新北市貢寮區 | 隆隆嶺汛轄大里簡汛 |
| 188. | 同上 | 噶瑪蘭營 | 大里簡汛 | － | － | 宜蘭縣頭城鎮 | |
| 189. | 同上 | 噶瑪蘭營 | 溪洲汛 | 把總一，兵四十名 | 砲位一座 | 宜蘭縣員山鄉 | 該汛兼轄羅東 |
| 190. | 同上 | 噶瑪蘭營 | 蘇澳汛 | 把總一，兵五十名 | 砲位一座 | 宜蘭縣蘇澳鎮 | 該汛兼轄南關 |
| 191. | 同上 | 噶瑪蘭營 | 加禮遠汛 | 額外一，兵五十名 | 砲位一座 | 宜蘭縣羅東鎮 | |
| 192. | 同上 | 噶瑪蘭營 | 北關汛 | 外委一，兵四十名 | 砲位一座 | 宜蘭縣頭城鎮北關 | |
| 193. | 同上 | 噶瑪蘭營 | 三圍塘 | 兵十名 | 砲位一座 | 宜蘭縣礁溪鄉 | |

資料來源：
1. 陳國瑛，《臺灣采訪冊》，臺灣銀行文獻叢刊第五五種，1959 年 10 月，頁 162～171。
2. 陳淑均，《噶瑪蘭廳志》，臺灣銀行文獻叢刊第一六○種，1963 年 3 月，頁 161～162。
3. 周璽，《彰化縣志》，臺灣銀行文獻叢刊第一五六種，1962 年 11 月，頁 192～194。
4. 葉宗元，《臺灣府輿圖纂要》，同治五年抄本，北京大學圖書館藏。
5. 陳培桂，《淡水廳志》臺灣銀行文獻叢刊第一七二種，1963 年 8 月，頁 157～162。

## 表四十七　光緒朝（1875～1885）臺灣建省前的汛塘

| 編號 | 縣廳屬 | 營汛屬 | 汛塘（陸路／水師） | 駐防兵力 | 現今地名對照 | 備　註 |
|---|---|---|---|---|---|---|
| 1. | 臺灣縣 | 城守營左軍 | 坤仔頭塘 | 兵十名 | 臺南市仁德區 | |
| 2. | 同上 | 城守營左軍 | 鹽水埔汛 | 兵六名 | 臺南市南區 | |
| 3. | 鳳山縣 | 城守營左軍 | 大湖塘 | 兵十三名 | 高雄市內湖區 | |
| 4. | 鳳山縣 | 城守營左軍 | 半路竹塘 | 兵六名 | 高雄市路竹區 | |
| 5. | 臺灣縣 | 城守營左軍 | 猴洞口汛 | 外委一，額外一，兵八十一名 | 臺南市關廟區 | |
| 6. | 鳳山縣 | 城守營左軍 | 岡山汛 | 千總一，兵一百五十五名 | 高雄市阿蓮區 | |
| 7. | 臺灣縣 | 城守營右軍 | 柴頭港汛 | 兵五名 | 臺南市北區 | |
| 8. | 嘉義縣 | 城守營右軍 | 木柵塘 | 兵五名 | 臺南市東山區 | |
| 9. | 臺灣縣 | 城守營右軍 | 烏菘塘 | 兵七名 | 臺南市永康區 | |
| 10. | 嘉義縣 | 城守營右軍 | 水堀頭塘 | 兵五名 | 嘉義縣水上鄉 | |
| 11. | 同上 | 城守營右軍 | 茅港尾汛 | 外委一，兵二十五 | 臺南市下營區 | |
| 12. | 同上 | 城守營右軍 | 尖（鐵）線橋塘 | 兵五名 | 臺南市新營區 | |
| 13. | 同上 | 城守營右軍 | 急水溪塘 | 兵五名 | 臺南市新營區 | |
| 14. | 同上 | 城守營右軍 | 北勢埔塘 | 兵十名 | 臺南市官田區 | |
| 15. | 臺灣縣 | 城守營右軍 | 木柵塘 | 兵五名 | 高雄市內門區 | |
| 16. | 嘉義縣 | 城守營右軍 | 下茄冬汛 | 千總一，兵九十一 | 臺南市後壁區 | |
| 17. | 同上 | 城守營右軍 | 八獎溪塘 | 兵五名 | 臺南市鹽水區 | |
| 18. | 鳳山縣 | 南路營 | 二濫塘 | 兵五名 | 高雄市路竹區 | |
| 19. | 同上 | 南路營 | 竿蓁林汛 | 外委一，兵五名 | 高雄市岡山區 | 即阿公店 |
| 20. | 同上 | 南路營 | 小店塘 | 兵五名 | 高雄市橋頭區 | 即橋仔頭 |
| 21. | 同上 | 南路營 | 觀音山汛 | 外委一，兵十名 | 高雄市大社區 | |
| 22. | 同上 | 南路營 | 舊城汛 | 千總一，兵一百六十名 | 高雄市左營區 | |
| 23. | 同上 | 南路營 | 鳳山縣城 | 千總一，外委四，額外一，兵五百名 | 高雄市鳳山區 | |
| 24. | 同上 | 南路營 | 打鹿潭塘 | 兵五名 | 高雄市田寮區 | |
| 25. | 同上 | 下淡水營 | 新園汛 | 千總一，兵九十五 | 屏東縣新園鄉 | |
| 26. | 同上 | 下淡水營 | 東港汛 | 水師屬安平右營把總一，兵三十名；陸路屬南路營外委一員，兵三十名 | 屏東縣東港鎮 | |

| 27. | 同上 | 下淡水營 | 放索塘 | 兵五名 | 屏東縣林邊鄉 | |
|---|---|---|---|---|---|---|
| 28. | 同上 | 下淡水營 | 大軍麓塘 | 兵五名 | 屏東縣枋寮鄉 | |
| 29. | 同上 | 下淡水營 | 枋寮汛 | 兵二十名 | 屏東縣枋寮鄉 | |
| 30. | 同上 | 下淡水營 | 水底寮汛 | 千總一，兵一百三十名 | 屏東縣枋寮鄉 | |
| 31. | 同上 | 下淡水營 | 潮州汛 | 外委一，兵四十名 | 屏東縣潮州鎮 | |
| 32. | 同上 | 下淡水營 | 萬丹汛 | 把總一，兵五十名 | 屏東縣萬丹鄉 | |
| 33. | 同上 | 南路營 | 阿猴汛 | 把總一，兵六十九 | 屏東市東區 | |
| 34. | 同上 | 南路營 | 山豬毛汛 | 外委一，額外一，兵一百九十名 | 屏東縣長治鄉 | |
| 35. | 同上 | 南路營 | 九塊塘 | 額外一，兵二十名 | 屏東縣九如鄉 | |
| 36. | 同上 | 南路營 | 阿里港汛 | 把總一，兵八十名 | 屏東縣里港鄉 | |
| 37. | 同上 | 南路營 | 番薯寮汛 | 外委一，兵四十二 | 高雄市旗山區 | |
| 38. | 同上 | 南路營 | 羅漢門汛 | 把總一，外委一，兵七十七名 | 高雄市內門區 | |
| 39. | 同上 | 南路營 | 埤仔頭汛 | 兵十名 | 高雄市鳳山區 | |
| 40. | 恆春縣 | 恆春營 | 駐縣城東門 | 挑練左哨正副哨長各一員，兵九十一 | 屏東縣恆春鎮 | 光緒5年（1879）鎮標左營改名為恆春營，移駐恆春。該汛額兵，內分三十名守楓港。 |
| 41. | 同上 | 恆春營 | 駐縣城 | 挑練右哨正哨長一員，兵九十三名 | 屏東縣恆春鎮 | |
| 42. | 同上 | 恆春營 | 船篷石塘 | 兵十名 | 屏東縣恆春鎮 | |
| 43. | 同上 | 恆春營 | 大沙灣塘 | 兵十名 | 屏東縣恆春鎮 | |
| 44. | 同上 | 恆春營 | 東城汛 | 把總一，兵十五名 | 屏東縣車城鄉 | |
| 45. | 同上 | 恆春營 | 楓港汛 | 把總一，兵三十名 | 屏東縣枋山鄉 | |
| 46. | 同上 | 恆春營 | 牡丹灣汛 | 外委一，兵二十五 | 屏東縣牡丹鄉 | |
| 47. | 同上 | 恆春營 | 四重溪汛 | 外委一，兵二十名 | 屏東縣車城鄉 | |
| 48. | 同上 | 恆春營 | 大樹房汛 | 外委一，兵十五名 | 屏東縣恆春鎮 | |
| 49. | 嘉義縣 | 嘉義營 | 八獎溪塘 | 兵十名 | 臺南市鹽水區 | |
| 50. | 同上 | 嘉義營 | 嘉義縣城 | 把總二，外委一，額外四，兵四百四十名 | 嘉義市 | |
| 51. | 同上 | 嘉義營 | 汛山底塘 | 把總一員，兵六名 | 嘉義市 | |
| 52. | 同上 | 嘉義營 | 牛稠溪塘 | 兵五名 | 嘉義縣朴子市 | |
| 53. | 同上 | 嘉義營 | 打貓塘 | 兵五名 | 嘉義縣民雄鄉 | |
| 54. | 同上 | 嘉義營 | 大埔林汛 | 分防外委一，兵二十二名 | 嘉義縣大林鄉 | 係斗六門都司管轄 |

| 55. | 同上 | 嘉義營 | 他里霧汛 | 分防外委一，兵四十名 | 雲林縣斗南鎮 | 係斗六門都司管轄 |
|---|---|---|---|---|---|---|
| 56. | 同上 | 嘉義營 | 斗六門汛 | 兵一百五十名 | 雲林縣斗六市 | |
| 57. | 同上 | 嘉義營 | 大崙腳汛 | 外委一，兵三十九 | 雲林縣莿桐鄉 | |
| 58. | 同上 | 嘉義營 | 笨港汛 | 千總一，外委一，兵八十九名 | 雲林縣北港鎮 | |
| 59. | 同上 | 嘉義營 | 鹽水港汛 | 把總一，兵九十名 | 臺南市鹽水區 | |
| 60. | 埔里社廳 | 嘉義營 | 水沙連汛 | 千總一，兵九十名 | 南投縣埔里鎮 | |
| 61. | 彰化縣 | 北路協中營 | 觸口汛 | 額外一，兵三十名 | 雲林縣林內鄉 | |
| 62. | 同上 | 北路協中營 | 林圯埔汛 | 外委一，兵三十名 | 南投縣竹山鎮 | |
| 63. | 同上 | 北路協中營 | 南北投汛 | 把總一，兵八十九 | 南投縣南投市 | |
| 64. | 同上 | 北路協中營 | 彰化縣城 | 千總二，外委一，額外一，兵六百名 | 彰化市 | |
| 65. | 同上 | 北路協中營 | 枋橋頭塘 | 兵五名 | 彰化縣員林鎮 | |
| 66. | 同上 | 北路協中營 | 燕霧汛 | 把總一，兵三十名 | 彰化縣花壇鄉 | |
| 67. | 同上 | 北路協中營 | 赤塗崎塘 | 兵五名 | 彰化縣大城鄉 | |
| 68. | 同上 | 北路協中營 | 八卦山汛 | 把總一，外委一，兵一百名；內撥把總一，兵六十名分防許厝埔。 | 彰化市八卦山 | |
| 69. | 同上 | 北路協中營 | 外四汛 | 把總一，額外一，分駐牛罵頭、大肚塘二汛。 | 彰化市 | |
| 70. | 同上 | 北路協中營 | 大肚塘 | 額外一，兵十五名 | 臺中市大肚區 | |
| 71. | 同上 | 北路協中營 | 沙轆塘 | 兵五名 | 臺中市沙鹿區 | |
| 72. | 同上 | 北路協中營 | 牛罵頭汛 | 把總一，兵二十五 | 臺中市清水區 | |
| 73. | 同上 | 北路協中營 | 鹿港汛 | 千總一，把總二，外委二，額外二，兵三百七十七名 | 彰化縣鹿港鎮 | |
| 74. | 同上 | 北路協中營 | 西螺汛 | 把總一，外委一，兵五十九名 | 雲林縣西螺鎮 | |
| 75. | 新竹縣 | 北路協右營 | 大甲汛 | 千總一，把總一，外委一，兵二百名 | 臺中市大甲區 | |
| 76. | 同上 | 北路協右營 | 貓盂塘 | 兵五名 | 苗栗縣苑裡鎮 | |
| 77. | 同上 | 北路協右營 | 吞霄汛 | 外委一，兵三十名 | 苗栗縣通霄鎮 | |
| 78. | 同上 | 北路協右營 | 白沙墩汛 | 外委一，兵十名 | 苗栗縣通霄鎮 | |
| 79. | 同上 | 北路協右營 | 後壠汛 | 千總一，兵五十三 | 苗栗縣後龍鎮 | |
| 80. | 同上 | 北路協右營 | 中港汛 | 把總一，外委一，兵二十五名 | 苗栗縣竹南鎮 | |

| 81. | 同上 | 北路協右營 | 香山塘 | 兵十名 | 新竹市香山區 | |
| 82. | 同上 | 北路協右營 | 駐竹塹城 | 千總一，外委一，額外一，兵二百八十八名 | 新竹市 | |
| 83. | 同上 | 北路協右營 | 楊梅壢汛 | 把總一，兵六十七 | 桃園市楊梅區 | |
| 84. | 淡水縣 | 北路協右營 | 桃仔園汛 | 把總一，兵二十五 | 桃園市 | |
| 85. | 同上 | 艋舺營（陸路） | 龜崙嶺塘 | 兵十名 | 桃園市龜山區 | |
| 86. | 同上 | 艋舺營（陸路） | 海山口汛 | 外委一，兵九十名 | 新北市新莊區 | |
| 87. | 同上 | 艋舺營（陸路） | 艋舺營汛 | 外委一，額外一，兵三百名 | 臺北市萬華區 | |
| 88. | 同上 | 艋舺營（陸路） | 水返腳汛 | 外委一，兵三十名 | 新北市汐止區 | |
| 89. | 同上 | 艋舺營（陸路） | 暖暖嶺汛 | 兵十名 | 基隆市暖暖區 | |
| 90. | 同上 | 艋舺營（陸路） | 大雞籠汛 | 千總一，兵一百五十名 | 基隆市 | |
| 91. | 同上 | 艋舺營（陸路） | 三瓜仔汛 | 外委一，兵十名 | 新北市瑞芳區 | |
| 92. | 同上 | 艋舺營（陸路） | 三貂汛 | 把總一，兵三十名 | 新北市貢寮區 | |
| 93. | 宜蘭縣 | 噶瑪蘭營 | 崙崙汛 | 千總一，兵五十名 | 新北市貢寮區 | |
| 94. | 同上 | 噶瑪蘭營 | 北關汛 | 外委一，兵四十名 | 宜蘭縣頭城鎮 | |
| 95. | 同上 | 噶瑪蘭營 | 頭圍汛 | 外委一，兵一百名 | 宜蘭市 | |
| 96. | 同上 | 噶瑪蘭營 | 三圍汛 | 兵十名 | 宜蘭縣礁溪鄉 | |
| 97. | 同上 | 噶瑪蘭營 | 噶瑪蘭城汛 | 千總一，外委一，額外二，兵三百六十名 | 宜蘭市 | |

資料來源：
1. 不著編人，《臺灣兵備手抄》，文叢第二二二種，頁13～18。
2. 屠繼善，《恆春縣志》，臺灣銀行文獻叢刊第七五種，1960年5月，頁85～88。

## 表四十八　光緒朝（1886～1895）臺灣建省後的汛塘

| 編號 | 縣廳屬 | 營汛屬 | 汛塘（陸路／水師） | 駐防兵力 | 現今地名對照 | 備　　註 |
| --- | --- | --- | --- | --- | --- | --- |
| 1. | 安平縣 | 城守營左軍 | 存城府汛 | 兵十八名 | 臺南市 | |
| 2. | 鳳山縣 | 城守營左軍 | 岡山汛 | 兵五名 | 高雄市阿蓮區 | |
| 3. | 同上 | 城守營左軍 | 大湖塘 | 兵五名 | 高雄市內湖區 | 歸岡山汛分防 |
| 4. | 同上 | 城守營左軍 | 半路竹塘 | 兵一名 | 高雄市路竹區 | 歸岡山汛分防 |
| 5. | 同上 | 城守營左軍 | 羅漢門汛 | 兵二名 | 高雄市內門區 | |
| 6. | 嘉義縣 | 城守營左軍 | 茂公汛 | 兵二名 | 臺南市左鎮區 | |
| 7. | 安平縣 | 城守營左軍 | 猴洞口汛 | 兵二名 | 臺南市關廟區 | |

| 8. | 同上 | 城守營左軍 | 鹽水埔汛 | 兵一名 | 臺南市南區 | |
|---|---|---|---|---|---|---|
| 9. | 同上 | 城守營左軍 | 埤仔頭塘 | 兵一名 | 臺南市仁德區 | 歸鹽水埔汛分防 |
| 10. | 同上 | 城守營左軍 | 港崗塘 | 兵一名 | 臺南市仁德區 | 歸鹽水埔汛分防 |
| 11. | 安平縣 | 城守營右軍 | 存城府汛 | 兵四十名 | 臺南市 | |
| 12. | 嘉義縣 | 城守營右軍 | 加溜灣汛 | 兵四名 | 臺南市安定區 | |
| 13. | 同上 | 城守營右軍 | 蔦松塘 | 兵一名 | 臺南市永康區 | 歸加溜灣汛分防 |
| 14. | 同上 | 城守營右軍 | 木柵塘 | 兵一名 | 臺南市東山區 | 歸加溜灣汛分防 |
| 15. | 同上 | 城守營右軍 | 麻豆汛 | 兵四名 | 臺南市麻豆區 | |
| 16. | 同上 | 城守營右軍 | 茅港尾塘 | 兵三名 | 臺南市下營區 | 歸麻豆汛分防 |
| 17. | 同上 | 城守營右軍 | 下加冬汛 | 兵二名 | 臺南市新營區 | |
| 18. | 同上 | 城守營右軍 | 鐵線橋塘 | 兵一名 | 臺南市新營區 | 歸下加冬汛分防 |
| 19. | 同上 | 城守營右軍 | 急水溪塘 | 兵二名 | 臺南市新營區 | 歸下加冬汛分防 |
| 20. | 同上 | 城守營右軍 | 八掌溪塘 | 兵一名 | 臺南市鹽水區 | 歸下加冬汛分防 |
| 21. | 同上 | 城守營右軍 | 大穆降汛 | 兵九名 | 臺南市新化區 | |
| 22. | 同上 | 城守營右軍 | 舊社塘 | 兵二名 | 臺南市新市區 | 歸大穆降汛分防 |
| 23. | 同上 | 城守營右軍 | 大武壠汛 | 兵五名 | 臺南市善化區 | |
| 24. | 同上 | 城守營右軍 | 蕭壠汛 | 兵四名 | 臺南市佳里區 | |
| 25. | 安平縣 | 臺東協陸路中營 | 安平汛 | 兵六十二名 | 臺南市安平區 | |
| 26. | 同上 | 臺東協陸路中營 | 大港汛 | 兵一十二名 | 臺南市安平區 | |
| 27. | 同上 | 臺東協陸路中營 | 鯤身汛 | 兵一名 | 臺南市南區 | |
| 28 | 同上 | 臺東協陸路中營 | 鯤身頭汛 | 兵一名 | 臺南市南區 | |
| 29. | 同上 | 臺東協陸路中營 | 喜樹仔汛 | 兵一名 | 臺南市南區 | |
| 30. | 同上 | 臺東協陸路中營 | 鹿耳門口汛 | 兵四名 | 臺南市安南區 | |
| 31. | 安平縣 | 臺東協陸路右營 | 安平汛 | 兵二十一名 | 臺南市安平區 | |
| 33. | 鳳山縣 | 南路營 | 鳳山存城汛 | 兵一百四十一名 | 高雄市鳳山區 | 兼轄埤仔頭、苦苓門、打鹿潭三塘 |
| 34. | 同上 | 南路營 | 舊城汛 | 兵八名 | 高雄市左營區 | 興隆里舊城內大道公街，縣西十五里 |
| 35. | 同上 | 南路營 | 觀音山汛 | 兵四名 | 高雄市大社區 | 觀音里楠梓阬莊，縣北二十里，兼轄小店塘 |
| 36. | 同上 | 南路營 | 阿公店汛 | 兵四名 | 高雄市岡山區 | 阿公店汛在仁壽里阿公店街，縣西北四十里，兼轄石井塘（在觀音里援剿中莊，縣北三十里） |
| 37. | 同上 | 南路營 | 石井塘 | 兵一名 | 高雄市燕巢區 | |

| 38. | 同上 | 南路營 | 攀桂橋汛 | 兵四名 | 屏東縣屏東市 | 小竹里大樹腳莊，縣東北二十里，轄土地公崎塘 |
|---|---|---|---|---|---|---|
| 39. | 同上 | 南路營 | 枋寮汛 | 兵四名 | 屏東縣枋寮鄉 | 港東里枋寮街，縣東南六十里 |
| 40. | 同上 | 南路營 | 水底寮塘 | 一 | 屏東縣枋寮鄉 | 歸枋寮汛分防 |
| 41. | 同上 | 南路營 | 番薯寮汛 | 一 | 高雄市旗山區 | 歸羅漢門汛分防 |
| 42. | 同上 | 南路營 | 山豬毛口汛 | 兵九十六名 | 屏東縣長治鄉 | |
| 43. | 同上 | 下淡水營 | 萬丹汛 | 兵八名 | 屏東縣萬丹鄉 | 在港西里萬丹港街，縣東二十里 |
| 44. | 同上 | 下淡水營 | 阿猴（侯）汛 | 兵六名 | 屏東縣屏東市 | 在港西里阿侯街，縣東二十里 |
| 45. | 同上 | 南路營 | 阿里港汛 | 兵五名 | 屏東縣里港鄉 | 在港西里阿里港街，縣東北四十里 |
| 46. | 同上 | 下淡水營 | 潮州莊汛 | 兵四名 | 屏東縣潮州鎮 | 在港東里潮州莊街，縣東三十里 |
| 47. | 同上 | 下淡水營 | 東港汛 | 兵四名 | 屏東縣東港鎮 | 在港東里東港街，縣東南三十里 |
| 48. | 同上 | 下淡水營 | 新園塘 | 兵二名 | 屏東縣新園鄉 | 歸萬丹汛分防 |
| 49. | 同上 | 南路營 | 九塊厝塘 | 兵二名 | 屏東縣九如鄉 | 歸阿里港汛分防 |
| 50. | 鳳山縣 | 臺東協陸路中營 | 茄苳仔汛 | 兵一名 | 高雄市茄萣區 | |
| 51. | 同上 | 臺東協陸路中營 | 蟯港汛 | 兵二名 | 高雄市彌陀區 | |
| 52. | 鳳山縣 | 臺東協陸路右營 | 岐後汛 | 兵十名 | 高雄市旗津區 | 在大竹里旂後街，縣西南十五里 |
| 53. | 同上 | 臺東協陸路右營 | 打狗汛 | 兵十名 | 高雄市鼓山區 | |
| 54. | 同上 | 臺東協陸路右營 | 蟯港汛 | 兵一名 | 高雄市彌陀區 | |
| 55. | 同上 | 臺東協陸路右營 | 赤崁汛 | 兵一名 | 高雄市梓官區 | |
| 56. | 同上 | 臺東協陸路右營 | 萬丹汛 | 兵一名 | 屏東縣萬丹鄉 | |
| 57. | 同上 | 臺東協陸路右營 | 大林蒲汛 | 兵一名 | 高雄市小港區 | |
| 58. | 同上 | 臺東協陸路右營 | 西溪汛 | 兵一名 | 高雄市小港區 | |
| 59. | 同上 | 臺東協陸路右營 | 下淡水汛 | 兵一名 | 屏東縣萬丹鄉 | |
| 60. | 同上 | 臺東協陸路右營 | 東港汛 | 兵一十五名 | 屏東縣東港鎮 | 在港東里東港街，縣東南三十里 |
| 61. | 同上 | 臺東協陸路右營 | 茄苳汛 | 兵一名 | 屏東縣佳冬鄉 | |
| 62. | 同上 | 臺東協陸路右營 | 放索汛 | 兵一名 | 屏東縣林邊鄉 | |
| 63. | 同上 | 臺東協陸路右營 | 大軍麓汛 | 兵一名 | 屏東縣枋寮鄉 | |

| 64. | 同上 | 臺東協陸路右營 | 小琉球汛 | 兵三十名 | 屏東縣<br>小琉球鄉 | 在小琉球嶼白沙尾澳，縣東南六十里 |
|---|---|---|---|---|---|---|
| 65. | 恆春縣 | 恆春營 | 鵝鑾鼻汛 | 兵六十名 | 屏東縣恆春鎮 | |
| 66. | 同上 | 恆春營 | 船篷石塘 | 兵十名 | 屏東縣恆春鎮 | 歸鵝鑾鼻汛分防 |
| 67. | 同上 | 恆春營 | 大沙塘 | 兵十名 | 屏東縣恆春鎮 | 歸鵝鑾鼻汛分防 |
| 68. | 同上 | 恆春營 | 車城汛 | 把總一，兵十五 | 屏東縣車城鄉 | |
| 69. | 同上 | 恆春營 | 楓港汛 | 把總一，兵三十 | 屏東縣枋山鄉 | |
| 70. | 同上 | 恆春營 | 大樹房汛 | 外委一，兵十五 | 屏東縣恆春鎮 | |
| 71. | 同上 | 恆春營 | 牡丹灣汛 | 外委一，兵三十 | 屏東縣牡丹鄉 | |
| 72. | 同上 | 恆春營 | 高士佛汛 | 外委一，兵十五 | 屏東縣牡丹鄉 | |
| 73. | 嘉義縣 | 嘉義營 | 嘉義存城汛 | 兵一百二十名 | 嘉義市 | |
| 74. | 同上 | 嘉義營 | 城外汛 | 兵九名 | 嘉義市 | |
| 75. | 同上 | 嘉義營 | 山底塘 | 兵二名 | 嘉義市 | |
| 76. | 同上 | 嘉義營 | 店仔口塘 | 兵四名 | 臺南市白河區 | |
| 77. | 同上 | 嘉義營 | 笨港汛 | 兵十名 | 雲林縣北港鎮 | |
| 78. | 同上 | 嘉義營 | 樸仔腳塘 | 兵四名 | 嘉義縣朴子市 | 歸笨港汛分防 |
| 79. | 同上 | 嘉義營 | 鹽水港汛 | 兵八名 | 臺南市鹽水區 | |
| 80. | 同上 | 嘉義營 | 大莆林汛 | 兵八名 | 嘉義縣大林鎮 | |
| 81. | 同上 | 嘉義營 | 打貓塘 | 兵二名 | 嘉義縣民雄鄉 | 歸大莆林汛分防 |
| 82. | 雲林縣 | 嘉義營 | 斗六門汛 | 兵三十名 | 雲林縣斗六市 | |
| 83. | 同上 | 嘉義營 | 隨防汛 | 千總一員 | 雲林縣斗六市 | 在縣城中 |
| 84. | 同上 | 嘉義營 | 協防汛 | 額外一員 | 雲林縣斗六市 | 在縣城中 |
| 85. | 同上 | 嘉義營 | 虎尾溪塘 | 兵四名 | 雲林縣莿桐鎮 | 歸斗六門汛分防 |
| 86. | 同上 | 嘉義營 | 林圯埔汛 | 兵十二名 | 南投縣竹山鎮 | |
| 87. | 同上 | 嘉義營 | 蚶仔簝汛 | － | 嘉義縣東石鄉 | |
| 88. | 同上 | 嘉義營 | 他里霧汛 | 外委一，兵八名 | 雲林縣斗南鎮 | 在縣西十里 |
| 89. | 同上 | 嘉義營 | 西螺汛 | 外委一 | 雲林縣西螺鎮 | 在縣西北二十里 |
| 90. | 同上 | 嘉義營 | 塗庫汛 | 額外一 | 雲林縣土庫鎮 | 在縣西北二十二里 |
| 91. | 雲林縣 | 臺協水師左營 | 北（笨）港汛 | 千總一，兵三十一 | 雲林縣北港鎮 | |
| 92. | 同上 | 臺協水師左營 | 海豐汛 | 外委一，兵二名 | 雲林縣麥寮鄉 | 在麥寮街，歸笨港汛分防 |
| 93. | 同上 | 臺協水師左營 | 鼉仔挖汛 | 兵二名 | 雲林縣臺西鄉 | 歸笨港汛分防 |
| 94. | 嘉義縣 | 臺協水師左營 | 猴樹汛 | 兵二名 | 嘉義縣朴子市 | 歸笨港汛分防 |

| 95. | 嘉義縣 | 臺協水師左營 | 新店汛 | 兵二名 | 嘉義縣朴子市 | 歸笨港汛分防 |
|---|---|---|---|---|---|---|
| 96. | 埔里社廳 | 嘉義營 | 水沙連汛 | 兵五十名 | 南投縣埔里鎮 | |
| 97. | 彰化縣 | 北路協中營 | 彰化縣城汛 | 兵六十名 | 彰化市 | |
| 98. | 同上 | 北路協中營 | 八卦汛 | 兵三名 | 彰化市八卦山 | |
| 99. | 同上 | 北路協中營 | 許厝埔汛 | 兵三名 | 彰化市社頭鄉 | |
| 100. | 同上 | 北路協中營 | 南北投汛 | 兵七名 | 南投市 | |
| 101. | 同上 | 北路協中營 | 燕霧汛 | 兵一十一名 | 彰化縣花壇鄉 | |
| 102. | 同上 | 北路協中營 | 東螺塘 | 兵四名 | 彰化縣埤頭鄉 | |
| 103. | 同上 | 北路協中營 | 沙仔崙汛 | 兵四名 | 彰化縣竹塘鄉 | |
| 104. | 同上 | 北路協中營 | 二林汛 | 兵三名 | 彰化縣二林鎮 | |
| 105. | 同上 | 北路協中營 | 集集汛 | 兵三名 | 南投縣集集鎮 | |
| 106. | 彰化縣 | 臺協水師左營 | 鹿港汛 | 一百一十六名 | 彰化市鹿港鎮 | |
| 107. | 同上 | 臺協水師左營 | 水裏汛 | 兵三名 | 臺中市龍井區 | 歸鹿港汛分防 |
| 108. | 同上 | 臺協水師左營 | 王功海口汛 | 兵四名 | 彰化縣芳苑鄉 | 歸鹿港汛分防 |
| 109. | 同上 | 臺協水師左營 | 三林汛 | 兵二名 | 彰化縣芳苑鄉 | 歸鹿港汛分防 |
| 110. | 同上 | 臺協水師左營 | 番仔挖汛 | 兵二名 | 彰化縣芳苑鄉 | 歸鹿港汛分防 |
| 111. | 臺灣縣 | 北路協中營 | 大墩汛 | 兵五名 | 臺中市中區 | |
| 112. | 同上 | 北路協中營 | 葫蘆墩汛 | 兵五名 | 臺中市豐原區 | |
| 113. | 同上 | 北路協中營 | 外泗汛 | 兵二名 | 臺中市西屯區 | |
| 114. | 同上 | 北路協中營 | 大肚塘 | 兵四名 | 臺中市大肚區 | |
| 115. | 苗栗縣 | 北路協右營 | 大甲汛 | 兵一十六名 | 臺中市大甲區 | 在大甲堡，距城五十五里 |
| 116. | 同上 | 北路協右營 | 後壠汛 | 兵七名 | 苗栗縣後龍鎮 | 在苗栗堡，距城十里 |
| 117. | 同上 | 北路協右營 | 嘉志閣汛 | 兵九名 | 苗栗市嘉盛里 | 在苗栗街，距城十里。歸後壠汛兼防 |
| 118. | 同上 | 北路協右營 | 大安汛 | 兵三名 | 臺中市大安區 | 在大甲堡，距城五十八里 |
| 119. | 同上 | 北路協右營 | 銅鑼灣汛 | 兵二名 | 苗栗縣銅鑼鄉 | 在苗栗堡，距城十二里 |
| 120. | 同上 | 北路協右營 | 吞霄汛 | 兵三名 | 苗栗縣通霄鎮 | 在吞霄堡，距城三十里 |
| 121. | 同上 | 北路協右營 | 老雞籠汛 | 兵一名 | 苗栗縣銅鑼鄉 | 在苗栗堡，距城十六里 |
| 122. | 同上 | 北路協右營 | 三叉河汛 | 兵四名 | 苗栗縣三義鄉 | 在苗栗堡，距城三十里 |
| 123. | 新竹縣 | 北路協右營 | 竹塹縣城汛 | 兵一百四十四名 | 新竹市 | |
| 124. | 同上 | 北路協右營 | 斗換坪汛 | 兵一名 | 苗栗縣頭份鎮 | 在縣南二十七里，歸中港汛兼防 |

| 125. | 同上 | 北路協右營 | 海口塘 | 兵三名 | 新竹市 | 在縣西北十里竹塹堡海口 |
|---|---|---|---|---|---|---|
| 126. | 同上 | 北路協右營 | 香山塘 | 兵三名 | 新竹市香山區 | 在縣西八里竹塹堡香山塘莊 |
| 127. | 同上 | 北路協右營 | 中港汛 | 兵三名 | 苗栗縣竹南鎮 | 在縣西南二十五里竹南堡中港土城內 |
| 128. | 同上 | 北路協右營 | 楊梅壢汛 | 兵三名 | 桃園市楊梅區 | 在縣東北三十七里竹北堡楊梅壢莊 |
| 129. | 同上 | 北路協右營 | 鹹水港塘 | ─ | 新竹市香山區 | 在縣西南十五里竹塹、竹南兩堡交界之鹹水港 |
| 130. | 淡水縣 | 北路協右營 | 桃仔園汛 | 兵三名 | 桃園市桃園區 | |
| 131. | 淡水縣 | 艋舺營（陸路） | 艋舺汛 | 兵一百八十二名 | 臺北市萬華區 | |
| 132. | 同上 | 艋舺營（陸路） | 海山口汛 | 兵三名 | 新北市新莊區 | |
| 133. | 同上 | 艋舺營（陸路） | 龜崙嶺塘 | 兵一名 | 桃園市龜山區 | 歸海山口汛兼防 |
| 134. | 同上 | 艋舺營（陸路） | 水轉腳汛 | 兵二名 | 新北市汐止區 | |
| 135. | 同上 | 艋舺營（陸路） | 大基隆汛 | 兵七名 | 基隆市 | |
| 136. | 同上 | 艋舺營（陸路） | 三爪仔汛 | 兵一名 | 新北市瑞芳區 | |
| 137. | 同上 | 艋舺營（陸路） | 暖暖塘 | 兵一名 | 基隆市暖暖區 | 歸三爪仔汛兼防 |
| 138. | 同上 | 艋舺營（陸路） | 大三貂港汛 | 兵一名 | 新北市貢寮區 | |
| 139. | 同上 | 艋舺營（陸路） | 燦光寮塘 | 兵一名 | 新北市雙溪區 | 歸大三貂港汛兼防 |
| 140. | 同上 | 艋舺營（陸路） | 馬鍊汛 | 兵一名 | 新北市萬里區 | |
| 141. | 同上 | 艋舺營（陸路） | 北投汛 | 兵一名 | 臺北市北投區 | |
| 142. | 同上 | 艋舺營（陸路） | 板曲橋汛 | 兵一名 | 新北市板橋區 | |
| 143. | 同上 | 艋舺營（水師） | 砲臺汛 | 兵七十一名 | 新北市淡水區 | |
| 144. | 同上 | 艋舺營（水師） | 八里坌汛 | 兵一十名 | 新北市八里區 | 歸砲臺汛兼防 |
| 145. | 同上 | 艋舺營（水師） | 北港塘 | 兵一名 | 新北市汐止區 | |
| 146. | 同上 | 艋舺營（水師） | 金包里汛 | 兵一十名 | 新北市金山區 | |
| 147. | 同上 | 艋舺營（水師） | 石門汛 | 兵六名 | 新北市石門區 | 歸金包里汛兼防 |
| 148. | 宜蘭縣 | 噶瑪蘭營 | 三圍塘 | 兵一名 | 宜蘭縣礁溪鄉 | |
| 149. | 同上 | 噶瑪蘭營 | 砲臺塘 | 兵一名 | 宜蘭縣頭城鎮 | |
| 150. | 同上 | 噶瑪蘭營 | 三貂汛 | 兵三名 | 新北市貢寮區 | |
| 151. | 同上 | 噶瑪蘭營 | 溪洲汛 | 兵八名 | 宜蘭縣員山鄉 | |
| 152. | 同上 | 噶瑪蘭營 | 北關汛 | 兵六名 | 宜蘭縣頭城鎮 | |
| 153. | 同上 | 噶瑪蘭營 | 加里遠汛 | 兵五名 | 宜蘭縣羅東鎮 | |

| 154. | 同上 | 噶瑪蘭營 | 蘇澳汛 | 兵七名 | 宜蘭縣蘇澳鎮 | |
| 155. | 同上 | 噶瑪蘭營 | 南風澳 | 兵一名 | 宜蘭縣蘇澳鎮 | 歸蘇澳汛分防 |
| 156. | 同上 | 噶瑪蘭營 | 龜山嶼 | 兵二名 | 宜蘭縣龜山島 | |

資料來源：
1. 蔣師轍，《臺灣通志》，臺灣銀行文獻叢刊第一三〇種，1962 年 5 月，頁 651～658。
2. 倪贊元，《雲林縣采訪冊》，臺灣銀行文獻叢刊第三七種，1959 年 2 月，頁 11、47、74、83、94、105、122、154～155。
3. 陳朝龍，《新竹縣采訪冊》，臺灣銀行文獻叢刊第一四五種，1962 年 7 月，頁 106～109。
4. 盧德嘉，《鳳山縣采訪冊》，臺灣銀行文獻叢刊第七三種，1960 年 8 月，頁 142～146。

## 表四十九　清代臺灣巡閱事宜

| 編號 | 年　代 | 巡閱奏報者 | 職　稱 | 巡閱路線 | 事　　宜 | 資　料　來　源 |
|------|--------|-----------|--------|----------|----------|----------------|
| 1. | 雍正 3 年 12 月（1726.1） | 禪濟布 | 巡臺滿御史 | 臺灣府城 | 閱看臺灣鎮標三營軍火器械頗為諳熟 | 洪安全主編，《清宮宮中檔奏摺臺灣史料（一）》（臺北：故宮博物院，2001 年 11 月），頁 528～532。 |
| 2. | 雍正 4 年 7 月（1726.8） | 索琳 汪繼燝 | 巡臺滿、漢御史 | 臺灣府城 | 臺灣水師協三營 | 洪安全主編，《清宮宮中檔奏摺臺灣史料（一）》（臺北：故宮博物院，2001 年 11 月），頁 689～692。 |
| 3. | 雍正 5 年 3 月（1727.4） | 索琳 尹泰 | 巡臺滿、漢御史 | 臺灣府城 | 臺灣鎮標中左右三營、臺灣水師協中左右三營 | 洪安全主編，《清宮宮中檔奏摺臺灣史料（二）》（臺北：故宮博物院，2001 年 11 月），頁 1041～1049。 |
| 4. | 雍正 7 年 10 月（1729.11） | 赫碩色 夏之芳 | 巡臺滿、漢御史 | 臺灣府城 | 臺灣鎮標中左右三營、臺灣水師協中左右三營 | 洪安全主編，《清宮宮中檔奏摺臺灣史料（三）》（臺北：故宮博物院，2001 年 11 月），頁 2199～2201。 |
| 5. | 雍正 9 年 4 月（1731.5） | 高山 奚德慎 | 巡臺滿、漢御史 | 北路諸羅縣、彰化縣、淡水廳竹塹返回，南路鳳山縣 | 閱看鎮標三營、臺協水師三營、北路營、淡水營、南路營至各塘汛兵丁訓飭令其小心 | 洪安全主編，《清宮宮中檔奏摺臺灣史料（四）》（臺北：故宮博物院，2001 年 11 月），頁 2501～2503。 |
| 6. | 雍正 11 年 11 月（1733.12） | 覺羅栢修 林天木 | 巡臺滿、漢御史 | 府城、南路 | 閱看鎮標三營、臺協水師三營、南路營 | 中國第一歷史檔案館編，《雍正朝漢文硃批奏摺彙編（第二十五冊）》（上海：江蘇古籍出版社，1991 年 3 月），頁 499。 |
| 7. | 雍正 12 年 11 月（1734.12） | 圖爾泰 林天木 | 巡臺滿、漢御史 | 府城、南路 | 閱看鎮標三營、臺協水師三營、城守營、南路營 | 中國第一歷史檔案館編，《雍正朝漢文硃批奏摺彙編（第二十七冊）》（上海：江蘇古籍出版社，1991 年 3 月），頁 377。 |

| 8. | 雍正 13 年 12 月 （1736.1） | 圖爾泰 嚴瑞龍 | 巡臺滿、漢御史 | 府城、諸羅縣、彰化縣、大甲、貓盂、鹿子港、笨港、鹽水港 | 閱看臺協水師三營、北路協中左營、城守營、鎮標三營 | 中國第一歷史檔案館編，《雍正朝漢文硃批奏摺彙編（第三十冊）》（上海：江蘇古籍出版社，1991 年 3 月），頁 145～146。 |
| --- | --- | --- | --- | --- | --- | --- |
| 9. | 乾隆 4 年 11 月 （1739.12） | 諾穆布 楊二酉 | 巡臺滿、漢御史 | 南路大湖、二濫、阿公店、鳳山縣城、下淡水、鳳彈、新園、萬丹、山豬毛、羅漢門、崗山、北路諸、彰、淡水 | 府城會同鎮臺閱看鎮標、臺協水師、南路營操演、器械、盔甲嫻熟，恪遵紀律，民番相安 | 乾隆朝漢文錄副奏摺（軍機處錄副——軍務），微縮號：029-2180，中國第一歷史檔案館藏。 |
| 10. | 乾隆 5 年 11 月 （1740.12） | 舒輅 楊二酉 | 巡臺滿、漢御史 | 北路木柵仔、灣裡、茅港尾、諸羅縣城、打貓、他里霧、斗六門、東西螺、大武郡、彰化縣城、大肚、淡屬各界、鹿仔港、二林、南社、笨港、鹽水港 | 府城會同鎮臺閱看鎮標、臺協水師、城守營旗幟、器械、兵丁操演鮮明熟整，汛塘防守嚴密，宵小潛蹤，地方寧謐 | 乾隆朝漢文錄副奏摺（軍機處錄副——軍務），微縮號：029-2189，中國第一歷史檔案館藏。 |
| 11. | 乾隆 7 年 11 月 （1742.12） | 書山 張湄 | 巡臺滿、漢御史 | 北路木柵仔、灣裡、茅港尾、諸羅縣城、斗六門、東西螺、大武郡、彰化縣城、淡屬各界、鹿仔港、笨港、鹽水港 | 會同鎮臣閱看府城會同鎮臺閱看鎮標、臺協水師、城守營、北路協中左右營操演，隊伍整齊，甲械鮮利 | 乾隆朝漢文錄副（軍機處錄副），微縮號：030-0007，中國第一歷史檔案館藏。 |
| 12. | 乾隆 10 年 11 月 （1745.12） | 六十七 范咸 | 巡臺滿、漢御史 | 南路大湖、阿公店、鳳山縣城、鳳彈、新園、萬丹、下淡水、放索、傀儡山、茄藤、力力、上淡水、阿猴、山豬毛、搭樓、武洛、大傑巔、羅漢門山 | 會同鎮臣閱看府城會同鎮臺閱看鎮標、臺協水師、城守營、南路營旗幟鮮明，甲械堅利，陸路步伍均屬整齊 | 乾隆朝漢文錄副（軍機處錄副），微縮號：030-0372，中國第一歷史檔案館藏。 |
| 13. | 乾隆 15 年 11 月 （1750.12） | 書昌 | 巡臺滿御史 | 北路木柵、茅港尾、下加多、諸羅縣城、斗六門、西螺、大武郡、彰化縣城、竹塹城，南返至大肚、馬芝遴、鹿仔港、笨港、鹽水港 | 北路協左營、中營、左營 | 國學文獻館主編，《臺灣研究資料彙編（第一輯·第二十九冊）》（臺北：聯經出版社，1993 年 9 月），頁 12377～12382。 |
| 14. | 乾隆 16 年 1 月 （1751.2） | 林君陞 | 臺灣鎮總兵官 | 南路鳳彈、下淡水、崗山、羅漢門 | 閱看南路營、下淡水營、臺灣水師協三營 | 國學文獻館主編，《臺灣研究資料彙編（第一輯·第二十九冊）》（臺北：聯經出版社，1993 年 9 月），頁 12429～12431。 |
| 15. | 乾隆 16 年 9 月 （1751.10） | 李有用 | 臺灣鎮總兵官 | 南路 | 會同鎮臣閱看南路營、下淡水營、城守營左軍 | 國立故宮博物院，《宮中檔乾隆朝奏摺（第一輯）》（臺北：故宮博物院，1982 年 5 月），頁 710～711。 |

| 16. | 乾隆16年11月（1751.12） | 立柱錢琦 | 巡臺滿、漢御史 | 府城 | 閱看府城會同鎮臺閱看鎮標、臺協水師、城守營 | 國立故宮博物院，《宮中檔乾隆朝奏摺（第二輯）》（臺北：故宮博物院，1982年6月），頁23。 |
|---|---|---|---|---|---|---|
| 17. | 乾隆16年11月（1751.12） | 錢琦 | 巡臺漢御史 | 南路新園、下淡水、放索、茄藤、力力、阿猴、傀儡山、山豬毛、搭樓、武洛、大傑巔、羅漢門 | 南路營 | 國立故宮博物院，《宮中檔乾隆朝奏摺（第二輯）》（臺北：故宮博物院，1982年6月），頁27。 |
| 18. | 乾隆17年12月（1753.2） | 陳林每 | 臺灣鎮總兵官 | 北路諸羅山、斗六門、石榴班、觸口、水沙連、三重埔、萬丹坑、南北投、柳樹湳、大安港、吞霄、後壠港、中港、大溪垷、霄裡山、拳頭母山、八里坌，沿海南返 | 北路協、淡水營 | 乾隆朝漢文錄副（軍機處錄副），微縮號：031-1656，中國第一歷史檔案館藏。 |
| 19. | 乾隆17年11月（1753.1） | 陳林每 | 臺灣鎮總兵官 | 南路一帶 | 南路營 | 國立故宮博物院，《宮中檔乾隆朝奏摺（第四輯）》（臺北：故宮博物院，1982年8月），頁531。 |
| 20. | 乾隆21年4月（1756.5） | 官保李友棠 | 巡臺滿、漢御史 | 南路大湖、橋仔頭、鳳山縣城、坤頭、阿里港、武洛、淡水、阿猴、搭樓、傀儡山、大傑巔、羅漢門山 | 會同鎮臣閱看府城會同鎮臺閱看鎮標、臺協水師、城守營、南路營隊伍整齊 | 乾隆朝漢文錄副（軍機處錄副），微縮號：030，中國第一歷史檔案館藏。 |
| 21. | 乾隆21年9月（1756.10） | 官保李友棠 | 巡臺滿、漢御史 | 北路木柵、灣裡、哆囉嘓、斗六門、東西螺、大武郡、貓霧捒、岸裡社、吞霄、後壠港、中港、竹塹城、沙轆、馬芝遴、鹿仔港、笨港、鹽水港 | 北路協右營、中營、右營 | 乾隆朝漢文錄副（軍機處錄副），微縮號：031-1939，中國第一歷史檔案館藏。 |
| 22. | 乾隆25年5月（1760.6） | 覺羅實麟湯世昌 | 巡臺滿、漢御史 | 北路諸羅縣、彰化縣、淡水廳竹塹返回 | 會同鎮臣閱看府城鎮標、臺協水師 | 乾隆朝漢文錄副（軍機處錄副），微縮號：030，中國第一歷史檔案館藏。 |
| 23. | 乾隆28年12月（1764.1） | 永慶李宜青 | 巡臺滿、漢御史 | 臺灣府城 | 閱看城守營、臺協水師 | 國立故宮博物院，《宮中檔乾隆朝奏摺（第二十輯）》（臺北：故宮博物院，1982年8月），頁62～63。 |
| 24. | 乾隆29年3月（1764.4） | 永慶李宜青 | 巡臺滿、漢御史 | 北路諸羅縣、彰化縣、淡水廳竹塹返回 | 北路協三營 | 國立故宮博物院，《宮中檔乾隆朝奏摺（第二十輯）》（臺北：故宮博物院，1982年8月），頁840～841。 |
| 25. | 乾隆29年11月（1764.12） | 楊瑞 | 臺灣鎮總兵官 | 南路下淡水、羅漢門 | 下淡水營、城守營左軍 | 國學文獻館主編，《臺灣研究資料彙編（第一輯·第四十冊）》（臺北：聯經出版 |

| | | | | | 社，1993 年 9 月)，頁 17328～17330。 |
|---|---|---|---|---|---|
| 26. | 乾隆 29 年 12 月 (1765.1) | 永慶 李宜青 | 巡臺滿、漢御史 | 南路大湖街、小店仔、礁巴斯絨、鳳山縣城、鳳彈、坪仔頭、小竹橋、阿猴、搭樓、武洛、放索、上下淡水、力力、傀儡山、羅漢門、大傑巔 | 南路營、下淡水營 | 國立故宮博物院，《宮中檔乾隆朝奏摺(第二十輯)》(臺北：故宮博物院，1982 年 8 月)，頁 518～519。 |
| 27. | 乾隆 30 年 11 月 (1765.12) | 楊瑞 | 臺灣鎮總兵官 | 北路諸羅縣、彰化縣、淡水廳 | 北路協三營、上淡水營 | 國立故宮博物院，《宮中檔乾隆朝奏摺(第二十六輯)》(臺北：故宮博物院，1984 年 6 月)，頁 485。 |
| 28. | 乾隆 32 年 11 月 (1767.12) | 覺羅明善 朱丕烈 | 巡臺滿、漢御史 | 北路新港、諸羅縣、彰化縣、淡水廳竹塹返回、西螺、鹿仔港、笨港、鹽水港 | 校閱臺協水師三營，北路協三營演習陣式、弓箭、鎗炮、藤牌純熟，弁兵分守汛地無懈弛 | 乾隆朝漢文錄副(軍機處錄副)，微縮號：030，中國第一歷史檔案館藏。 |
| 29. | 乾隆 39 年 4 月 (1774.5) | 顏鳴皋 | 臺灣鎮總兵官 | 南路鳳山縣 | 南路營、下淡水營、城守營左軍考閱官兵技藝，分別優劣，示以獎勵 | 乾隆朝漢文錄副(軍機處錄副)，微縮號：030-1186，中國第一歷史檔案館藏。 |
| 30. | 乾隆 39 年 10 月 (1774.11) | 顏鳴皋 | 臺灣鎮總兵官 | 北路諸羅縣、彰化縣、淡水廳 | 城守營右軍、北路協三營考閱官兵技藝，分別優劣，示以獎勵 | 乾隆朝漢文錄副(軍機處錄副)，微縮號：030-1224，中國第一歷史檔案館藏。 |
| 31. | 乾隆 40 年 10 月 (1775.11) | 顏鳴皋 | 臺灣鎮總兵官 | 北路諸羅縣、彰化縣 | 城守營右軍、北路協中、左營考閱官兵技藝，分別優劣，示以獎勵 | 乾隆朝漢文錄副(軍機處錄副)，微縮號：030-1334，中國第一歷史檔案館藏。 |
| 32. | 乾隆 41 年 1 月 (1776.2) | 顏鳴皋 | 臺灣鎮總兵官 | 南路鳳山縣 | 南路營考閱官兵技藝，點檢軍裝器械，分別優劣，示以獎勵 | 乾隆朝漢文錄副(軍機處錄副)，微縮號：030-1357，中國第一歷史檔案館藏。 |
| 33. | 乾隆 42 年 9 月 (1777.10) | 覺羅圖思義 孟邵 | 巡臺滿、漢御史 | 臺灣府城 | 會同鎮臣閱看府城會同鎮臺閱看鎮標、臺協水師、城守營隊伍整齊，其中一二操練生疏 | 乾隆朝漢文錄副(軍機處錄副)，微縮號：030-1511，中國第一歷史檔案館藏。 |
| 34. | 乾隆 42 年 9 月 (1777.10) | 董果 | 臺灣鎮總兵官 | 北路諸羅縣、彰化縣、淡水廳、南路鳳山縣 | 閱看北路協、南路營 | 乾隆朝漢文錄副(軍機處錄副)，微縮號：030-1537，中國第一歷史檔案館藏。 |
| .35. | 乾隆 43 年 2 月 (1778.3) | 覺羅圖思義 孟邵 | 巡臺滿、漢御史 | 南路大湖、鳳山縣城、山豬毛隘寮 | 閱看南路營、下淡水營官兵年力壯健、弓馬嫻熟，施放鎗炮，聯發有準 | 乾隆朝漢文錄副(軍機處錄副)，微縮號：099，中國第一歷史檔案館藏。 |

| 36. | 乾隆43年11月（1778.12） | 董果 | 臺灣鎮總兵官 | 南路一帶 | 南路營、下淡水營 | 國立故宮博物院，《宮中檔乾隆朝奏摺（第四十五輯）》（臺北：故宮博物院，1986年1月），頁476～477。 |
|---|---|---|---|---|---|---|
| 37. | 乾隆46年10月（1781.11） | 塞岱雷輪 | 巡臺滿、漢御史 | 臺灣府城 | 會同鎮臣閱看府城會同鎮臺閱看鎮標、臺協水師、城守營 | 乾隆朝漢文錄副（軍機處錄副），微縮號：030-1634，中國第一歷史檔案館藏。 |
| 38. | 乾隆46年11月（1781.12） | 張總勳 | 臺灣鎮總兵官 | 南、北路 | 北路協三營、南路營營伍俱屬合式 | 乾隆朝漢文錄副（軍機處錄副），微縮號：030-1644，中國第一歷史檔案館藏。 |
| 39. | 乾隆46年12月（1782.1） | 塞岱雷輪 | 巡臺滿、漢御史 | 北路諸羅縣、彰化縣、淡防廳竹塹返回 | 閱看北路協中左右三營，陣式進退合法，施放鎗炮及馬步弓箭都有準，惟淡水營有生疎。查核廳縣倉庫錢糧 | 乾隆朝漢文錄副（軍機處錄副），檔號：1459-1403，中國第一歷史檔案館藏。 |
| 40. | 乾隆49年11月（1784.12） | 柴大紀 | 臺灣鎮總兵官 | 南路鳳山縣城、下淡水，北路諸羅縣、彰化縣 | 閱看鎮標三營、臺協水師三營、城守營、南路營、下淡水營、北路協左右營 | 乾隆朝漢文錄副（軍機處錄副），微縮號：030-1852，中國第一歷史檔案館藏。 |
| 41. | 乾隆50年10月（1784.11） | 柴大紀 | 臺灣鎮總兵官 | 南、北路 | 閱看鎮標三營、臺協水師三營、城守營、南路營、下淡水營、北路協、上淡水營 | 乾隆朝漢文錄副（軍機處錄副），微縮號：030-2105，中國第一歷史檔案館藏。 |
| 42. | 乾隆51年4月（1785.5） | 陸廷柱 | 臺灣鎮總兵官 | 南、北路 | 閱看鎮標三營、城守營、南路營、下淡水營、安平水師協 | 乾隆朝漢文錄副（軍機處錄副），微縮號：030-2143，中國第一歷史檔案館藏。 |
| 43. | 嘉慶19年12月（1815.1） | 武隆阿 | 臺灣鎮總兵官 | 南路鳳山坪頭、水底寮、下淡水、羅漢門、岡山，北路嘉義、斗六、彰化、竹塹、艋舺、淡水、八里坌、滬尾、石門、噶瑪蘭，折返鹿仔港、笨港、鹽水港 | 閱看鎮標三營、臺協水師三營、城守營，南北兩路屯丁、屯弁 | 國立故宮博物院，《宮中檔嘉慶朝奏摺（第二十九／三十輯）》（臺北：故宮博物院，1994年8月），頁689。 |
| 44. | 道光19年9月（1839.10） | 達洪阿 | 臺灣鎮總兵官 | 南路一帶 | 南路營 | 軍機處錄副奏摺——農民運動類，案卷號：3328，膠片號：136，中國第一歷史檔案館藏。 |
| 45. | 道光27年8月（1847.9） | 劉韻珂 | 閩浙總督 | 北路嘉義縣城、斗六門、南投、水沙連、彰化縣城、竹塹城、 | 閱看鎮標三營、臺協水師中右營、城守營、嘉義營、北 | 國立故宮博物院，《宮中檔道光朝奏摺（第十九／二十輯）》（臺北：故宮博物院， |

| | | | | 艋舺、噶瑪蘭 | 路協中營、臺協左營、北路協右營、艋舺營、滬尾水師營、噶瑪蘭營 | 1996 年 4 月），頁 144～146。 |
|---|---|---|---|---|---|---|
| 46. | 同治 9 年 3 月 （1870.4） | 楊在元 | 臺灣鎮總兵官 | 鳳山縣、枋寮、嘉義縣、彰化縣、淡水廳、艋舺、噶瑪蘭、水沙連、林圯埔、南投、斗六門、鹿港、笨港、鹽水港 | 閱看南路營、下淡水營、鎮標、道標、城守營、臺灣水師協、噶瑪蘭營水陸陣式均屬整齊，鎗礮亦俱聯絡，籐牌對械跳舞蹻捷，軍器旗幟鋒利鮮明 | 洪安全主編，《清宮月摺檔臺灣史料（二）》（臺北：故宮博物院，1994 年 10 月），頁 1347～1451。 |
| 47. | 光緒 3 年 5 月 （1877.6） | 張其光 | 臺灣鎮總兵官 | 淡水、艋舺 | 艋舺營、滬尾水師營 | 淡新檔案，第一編行政，第六類軍事，第一款軍政，頁碼 16103，國立臺灣大學圖書館藏。 |

## 表五十　清代臺灣防軍人數

| 編號 | 年　代 | 臺灣防軍人數 | 資　料　來　源 |
|---|---|---|---|
| 1. | 同治 7 年 （1868） | 至少 1,000 名（新左、靖海二軍） | 洪安全主編，《清宮月摺檔臺灣史料（二）》（臺北：故宮博物院，1994 年 10 月），頁 1095。 |
| 2. | 同治 13 年 （1874） | 16,500 名（淮軍十三營，練勇二十餘營，每營約五百人） | 沈葆楨，《福建臺灣奏摺》，臺灣銀行文獻叢刊第二九種，1959 年 2 月，頁 16。 |
| 3. | 光緒 3 年 （1877） | 10,000（防軍二十營） | 洪安全主編，《清宮月摺檔臺灣史料（三）》（臺北：故宮博物院，1994 年 10 月），頁 2639。 |
| 4. | 光緒 4 年 （1878） | 10,000 名（防軍二十營，每營約五百人） | 洪安全主編，《清宮月摺檔臺灣史料（四）》（臺北：故宮博物院，1995 年 8 月），頁 2890。 |
| 5. | 光緒 6 年 （1880） | 8,820 名（防軍十七營，每營約五百人；水師練兵 190 名，隊 130） | 洪安全主編，《清宮月摺檔臺灣史料（四）》（臺北：故宮博物院，1995 年 8 月），頁 3274。 |
| 6. | 光緒 7 年 （1881） | 12,686 名（防勇十六營，一大營爲 505 人，另加上練軍 2540 人，黔軍 2066） | 諸家，《臺灣關係文獻集零》，臺灣銀行文獻叢刊第三〇九種，1972 年 12 月，頁 115～116、129。 |
| 7. | 光緒 8 年 （1882） | 7,505 名（防勇十二營，一小營爲 370 人，另加上練軍 2032 人，黔軍 1033） | 諸家，《臺灣關係文獻集零》，臺灣銀行文獻叢刊第三〇九種，1972 年 12 月，頁 115～116、129。 |
| 8. | 光緒 9 年 4 月 （1883.5） | 6,700 餘名 | 洪安全主編，《清宮洋務始末臺灣史料（三）》（臺北：故宮博物院，1999 年 10 月），頁 1469。 |

| 9. | 光緒 9 年 12 月 （1884.1） | 8,700 餘名（包括：南路臺灣綠營練兵一千數百名，中路臺灣綠營暨粵勇防軍三千名，後路防軍一千五百名，北路防軍約二千名，前路防軍一千二百名） | 劉璈，《巡臺退思錄》，臺灣銀行文獻叢刊第二一種，1958 年 8 月，頁 229～236。 |
|---|---|---|---|
| 10. | 光緒 10 年 （1884） | 21,000 名（臺南三十營，臺北十二營，每營約五百人） | 洪安全主編，《清宮月摺檔臺灣史料（六）》（臺北：故宮博物院，1995 年 8 月），頁 4551、4575。 |
| 11. | 光緒 11 年 （1885） | 17,500 名（防軍三十五營，每營約五百人） | 劉銘傳，《劉壯肅公奏議》，臺灣銀行文獻叢刊第二七種，1958 年 9 月，頁 147、246。 |
| 12 | 光緒 12 年 （1886） | 19,000 名（防軍三十五營，練軍三營，每營約五百人） | 洪安全主編，《清宮月摺檔臺灣史料（六）》（臺北：故宮博物院，1995 年 8 月），頁 4777。 |
| 13. | 光緒 15 年 （1889） | 21,500 名（四十三營，每營約五百人） | 洪安全主編，《清宮月摺檔臺灣史料（七）》（臺北：故宮博物院，1995 年 8 月），頁 5498。 |
| 14. | 光緒 16 年 （1890） | 17,000 名（淮軍三十一營，練軍三營，每營約五百人） | 中國第一歷史檔案館編，《光緒朝硃批奏摺（第五十九輯軍務）》（北京：中華書局，1995 年 8 月），頁 264～265。 |
| 15. | 光緒 17 年 （1891） | 16,798 名 | 洪安全主編，《清宮月摺檔臺灣史料（七）》（臺北：故宮博物院，1995 年 8 月），頁 6133～6182。 |

## 表五十一　清代臺灣防軍駐紮區域

| 編號 | 年　代 | 指揮官 | 營伍名稱 | 駐防地 | 人　數 | 資　料　來　源 |
|---|---|---|---|---|---|---|
| 1. | 同治 13 年 12 月 （1875.1） | 記名提督唐定奎 | 淮軍八營 | 鳳山縣城西 | 4,000 | 洪安全主編，《清宮月摺檔臺灣史料（三）》（臺北：故宮博物院，1994 年 10 月），頁 1906。（還有二營，總兵力爲 6,500 人） |
| | | 記名提督唐定奎 | 淮軍三營 | 鳳山縣城東 | 1,500 | |
| 2. | 光緒元年 6 月 （1875.7） | 記名提督高登玉 | 蘭軍中營 | 嘉義縣 | 500 | 洪安全主編，《清宮月摺檔臺灣史料（三）》（臺北：故宮博物院，1994 年 10 月），頁 1962。 |
| | | 記名副將張逢春 | 鎮海中營 | 嘉義縣 | 500 | |
| 3. | 光緒元年 7 月 （1875.8） | 記名副將唐守贊 | 宣義右營 | 臺北 | 500 | 洪安全主編，《清宮月摺檔臺灣史料（三）》（臺北：故宮博物院，1994 年 10 月），頁 2040。 |
| | | 記名副將石得寶 | 綏遠前旗 | 奇來 | － | |
| | | － | 綏遠左旗 | | － | |
| | | － | 練勇後營 | 南澳 | 500 | |

| | | | | | |
|---|---|---|---|---|---|
| 4. | 光緒元年 8月 （1875.9） | 副將銜浙江（記名）參將盧爲霖 | 振字左營 | 恆春縣蒴桐腳 | 500 | 洪安全主編，《清宮月摺檔臺灣史料（三）》（臺北：故宮博物院，1994年10月），頁2058。 |
| 5. | 光緒2年 3月 （1876.4） | 記名參將黃得桂 | 福靖新右營 | 蘇澳 | 500 | 洪安全主編，《清宮月摺檔臺灣史料（三）》（臺北：故宮博物院，1994年10月），頁2248。 |
| 6. | 光緒2年 12月 （1877.1） | 記名參將李得陞 | 福銳左營 | 蘇澳 | 500 | 洪安全主編，《清宮月摺檔臺灣史料（三）》（臺北：故宮博物院，1994年10月），頁2426～2427。 |
| | | 記名副將陳得勝 | 福靖右營 | 蘇澳 | 500 | |
| 7. | 光緒3年 2月 （1877.3） | 漳州鎮總兵孫開華 | 練勇三營 | 基隆、淡水 | 1,500 | 洪安全主編，《清宮月摺檔臺灣史料（三）》（臺北：故宮博物院，1994年10月），頁2562。 |
| | | 福建候補道方勳 | 廣東潮州鎮潮晉三營 | 鳳山舊城 | 1,500 | |
| 8. | 光緒3年 3月 （1877.4） | 福建陸路提督羅大春 | 十四營 | 蘇澳至吳全城 | 7,000 | 洪安全主編，《清宮月摺檔臺灣史料（三）》（臺北：故宮博物院，1994年10月），頁2639。 |
| | | 臺灣鎮總兵張其光 | 振字四營 | 社寮至卑南 | 2,000 | |
| | | 福寧鎮總兵吳光亮 | 線槍二營 | 南投牛軸轆至花蓮璞石隔 | 1,000 | |
| 9-1 | 光緒4年 （1878） | 臺灣鎮總兵張其光 | 振字中營 | 卑南廳知本 | 500 | 吳贊誠，《吳光祿使閩奏稿選錄》，臺灣銀行文獻叢刊第二三一種，1967年10月，頁7～9、31。 |
| 9-2 | | 福寧鎮總兵吳光亮 | 飛虎左、右營 | 卑南廳璞石閣 | 1,000 | |
| 9-3 | | － | 練勇前、左營 | 水尾、馬大鞍、吳全城、溪洲 | 1,000 | |
| 9-4 | | 福寧鎮總兵吳光亮 | 振字前營（原名線槍營） | 大港口 | 500 | |
| 9-5 | | － | 海字營 | 米崙山 | 500 | |
| 9-6 | | 記名參將李得陞 | 福銳左營 | 新城 | 500 | |
| 9-7 | | 福寧鎮總兵吳光亮 | 飛虎前營 | 溪洲 | 500 | |
| 9-8 | | 記名提督高登玉 | 福銳中營 蘭軍中營 | 臺灣府 | 1,000 | |
| 9-9 | | － | 綏靖營 | 臺灣府 | 500 | |
| 9-10 | | － | 健勇營四哨 | 楓港、枋山 | 40 | |

| | | | | | | |
|---|---|---|---|---|---|---|
| 10. | 光緒 4 年 4 月 (1878.5) | 參將銜留浙儘先補用水師遊擊張欣 | 捷字左營 | 後山 | 500 | 洪安全主編,《清宮月摺檔臺灣史料（四）》（臺北：故宮博物院,1995 年 8 月）,頁 2856。 |
| 11. | 光緒 4 年 8 月 (1878.9) | 福建候補道方勳 | 潮晉營二哨 | 鳳山縣潮州 | 200 | 洪安全主編,《清宮月摺檔臺灣史料（四）》（臺北：故宮博物院,1995 年 8 月）,頁 2889。 |
| | | 福寧鎮總兵吳光亮 | 線槍營改名吉字營 | 南投牛轀轆至花蓮璞石隔 | 1,000 | |
| 12. | 光緒 5 年 3 月 (1879.6) | 同知朱上泮 | 鎮海前營 | 基隆 | 500 | 洪安全主編,《清宮月摺檔臺灣史料（四）》（臺北：故宮博物院,1995 年 8 月）,頁 2989。 |
| 13-1 | 光緒 7 年 2 月 (1881.3) | 福建陸路提督孫開華 | 三營 | 基隆 | 1,500 | 洪安全主編,《清宮月摺檔臺灣史料（四）》（臺北：故宮博物院,1995 年 8 月）,頁 3274、3306。 |
| 13-2 | | | 一營 | 滬尾 | 500 | |
| 13-3 | | 臺灣鎮總兵官吳光亮 臺灣道劉璈 | 一營 | 彰化、嘉義界 | 500 | |
| 13-4 | | | 一營 | 彰嘉近裏 | 500 | |
| 13-5 | | | 二營 | 臺灣府城內 | 1,000 | |
| 13-6 | | | 一營 | 府城西門外 | 500 | |
| 13-7 | | 臺灣鎮總兵官吳光亮 臺灣道劉璈 | 一營 | 安平 | 500 | |
| 13-8 | | | 二營 | 恆春縣 | 1,000 | |
| 13-9 | | | 一營 | 蘇澳 | 500 | |
| 13-10 | | | 一營 | 花蓮港自象鼻嘴 | 500 | |
| 13-11 | | | 一營 | 中溪洲至大港 | 500 | |
| 14. | 光緒 9 年 12 月 (1884.1) | 記名總兵楊在元 | 湘軍一營 | 臺灣府城 | 2,000 | 洪安全主編,《清宮洋務始末臺灣史料（三）》（臺北：故宮博物院,1999 年 10 月）,頁 1495。 |
| | | 記名總兵章高元 | 淮軍一營 | 基隆 | | |
| | | 記名提督楊金龍 | 湘軍恪靖、仁綏二營 | 彰化 | | |
| 15. | 光緒 10 年 1 月 (1884.2) | 福建陸路提督孫開華 | 擢勝三營 | 基隆、淡水 | 1,500 | 洪安全主編,《清宮洋務始末臺灣史料（三）》（臺北：故宮博物院,1999 年 10 月）,頁 1501。 |
| | | 福寧鎮總兵曹志忠 | 三營 | 基隆 | 1,500 | |
| 16. | 光緒 10 年 12 月 (1885.1) | 江蘇題奏道王詩正 | 恪靖親軍三營 | 臺北 | 1,500 | 洪安全主編,《清宮月摺檔臺灣史料（五）》（臺北：故宮博物院,1995 年 8 月）,頁 3986。 |

| 17-1 | 光緒 11 年 5 月 （1885.6） | 記名總兵晶士成 | 淮軍盛、銘營 | 基隆 | 850 | 洪安全主編，《清宮月摺檔臺灣史料（五）》（臺北：故宮博物院，1995 年 8 月），頁 4074、4155～4159。 |
|---|---|---|---|---|---|---|
| 17-2 | | 福寧鎮總兵曹志忠 | 淮軍慶、祥營 | 基隆 | — | |
| 17-3 | | 江蘇候補道陳鳴志 | 恪靖衛隊 | 基隆 | 500 | |
| 17-4 | | 記名提督申道發 | 恪靖剛營 | 基隆 | 500 | |
| 17-5 | | 記名提督賀興隆 | 恪靖副中營 | 基隆 | 500 | |
| 17-6 | | 升用提督劉見榮 | 恪靖威營 | 基隆 | 500 | |
| 17-7 | | 簡放總兵易玉林 | 恪靖良營 | 基隆 | 500 | |
| 17-8 | | 簡放總兵唐安仁 | 銘字中軍左營 | 基隆 | 500 | |
| 17-9 | | 記名總兵廖得勝 | 淮軍慶字前營 | 基隆 | 500 | |
| 17-10 | | 儘先補用副將談發祥 | 淮軍健字右營 | 基隆 | 500 | |
| 17-11 | | 降補遊擊蕭清福 | 祥字中營 | 基隆 | 500 | |
| 17-12 | | 儘先補用參將鄭洪勝 | 功字副營 | 基隆 | 500 | |
| 17-13 | | 補開州都司武青龍 | 淮軍健字後營 | 基隆 | 500 | |
| 17-14 | | 記名提督蘇得勝 | 淮軍健字營 | 基隆 | — | |
| 18-1 | 光緒 11 年 6 月 （1885.7） | 福建陸路提督孫開華 | 擢勝三營 | 滬尾 | 1,500 | 洪安全主編，《清宮洋務始末臺灣史料（三）》（臺北：故宮博物院，1999 年 10 月），頁 2122～2123。 |
| 18-2 | | 陝甘補用總兵柳泰和 | 一營 | 滬尾 | 500 | |
| 18-3 | | 記名總兵劉朝祜 | 銘軍二營 | 滬尾 | 1,000 | |
| 18-4 | | 福寧鎮總兵曹志忠 | 六營 | 基隆 | 3,000 | |
| 18-5 | | 記名總兵陳永隆 | 巡緝營 | 基隆 | 500 | |
| 18-6 | | 記名總兵章高元 | 淮軍二營 | 基隆 | 1,000 | |

| | | | | | |
|---|---|---|---|---|---|
| 19-1 | 光緒 11 年 10 月（1885.11） | 記名提督楊金龍 | 楚軍四營、安平炮勇三哨 | 臺南府城、安平海口 | 2,030 | 劉銘傳撰，馬昌華、翁飛點校，《劉銘傳文集》（合肥：黃山書社，1997 年 7 月），頁 281～282、390。 |
| 19-2 | | 記名提都方春發 | 楚軍三營、炮勇二哨 | 鳳山縣、旗後海口 | 1,520 | |
| 19-3 | | 記名副將張兆連 | 楚勇二營 | 臺東州埤南 | 1,000 | |
| 19-4 | | 署臺灣鎮總兵官章高元 | 淮軍炮勇一營、練兵二營 | 嘉義縣、埔裏社廳 | 1,500 | |
| 19-5 | | 記名總兵柳泰和 | 楚軍春字三營 | 彰化縣、鹿港 | 1,500 | |
| 19-6 | | 記名提督劉朝祐 | 淮軍三營、親兵炮隊二哨 | 臺北府城 | 1,520 | |
| 19-7 | | 建寧鎮總兵官蘇得勝 | 淮軍三營 | 基隆 | 1,500 | |
| 19-8 | | 已革總兵翦炳南 | 楚軍一營 | 宜蘭縣、蘇澳 | 500 | |
| 19-9 | | 記名提督王貴揚 | 淮軍四營 | 滬尾 | 2,000 | |
| 19-10 | | 福建陸路提督孫開華 | 楚軍三營 | 滬尾 | 1,500 | |
| 20. | 光緒 12 年 1 月（1886.2） | 記名總兵黃宗河 | 勝勇左營 | 滬尾 | 500 | 洪安全主編，《清宮月摺檔臺灣史料（六）》（臺北：故宮博物院，1995 年 8 月），頁 4609。 |
| 21. | 光緒 12 年 8 月（1886.2） | 記名總兵劉朝祐 | 銘軍副、前、左營 | 滬尾 | 1,500 | 洪安全主編，《清宮月摺檔臺灣史料（六）》（臺北：故宮博物院，1995 年 8 月），頁 4811。 |
| 22. | 光緒 12 年 9 月（1886.10） | 記名提督方春發 | 鎮海前軍三營 | 鳳山、旂後 | 1,500 | 洪安全主編，《清宮月摺檔臺灣史料（六）》（臺北：故宮博物院，1995 年 8 月），頁 4835～4836。 |
| | | 記名總兵桂占彪 | 鎮海前軍右營 | 鳳山、旂後 | 500 | |
| 23. | 光緒 13 年 4 月（1887.5） | 臺灣鎮總兵官萬國本 | 鎮海三營 | 臺南府城 | 1,500 | 洪安全主編，《清宮月摺檔臺灣史料（六）》（臺北：故宮博物院，1995 年 8 月），頁 4950。 |
| | | 記名總兵余德昌 | 昌字三營 | | 1,500 | |
| 24. | 光緒 15 年 8 月（1889.9） | 鹿港遊擊周南義 | 武毅右軍左、右營 | 鹿港 | 1,000 | 洪安全主編，《清宮月摺檔臺灣史料（七）》（臺北：故宮博物院，1995 年 8 月），頁 5564～5565。 |
| | | 建寧鎮總兵蘇得勝 | 健字營 | 臺灣府 | － | |

| 25-1 | 光緒17年4月（1891.5） | 臺灣鎮總兵官萬國本 | 鎮海中軍正營 | 臺南府城 | 496 | 洪安全主編，《清宮月摺檔臺灣史料（七）》（臺北：故宮博物院，1995年8月），頁6130～6184。 |
|---|---|---|---|---|---|---|
| 25-2 | | 記名副將劉思盛 | 鎮海中軍副營 | 臺南府西門外 | 496 | |
| 25-3 | | 記名參將鄧裕香 | 武毅右軍右營 | 嘉義、雲林縣 | 496 | |
| 25-4 | | 記名副將王化祥 | 安平礮勇三哨 | 臺南府安平 | 308 | |
| 25-5 | | 記名提督張兆連 | 鎮海後軍中營 | 臺東州埤南、馬蘭坳（原駐璞石閣） | 496 | |
| 25-6 | | 補用守備畢寶印 | 海防屯兵營（原名鎮海後軍右營，光緒16年2月改名） | 臺東州拔仔庄（原駐璞石閣、新開園、鹿寮、埤南） | 496 | |
| 25-7 | | 記名副將李得勝 | 鎮海後軍左營 | 臺東州花蓮港、吳全城） | 496 | |
| 25-8 | | 記名副將張振裕 | 鎮海後軍前營 | 臺東州（璞石閣、新開園） | 496 | |
| 25-9 | | 記名副將江雲山 | 南路屯軍兩哨 | 雲林縣三條崙 | 200 | |
| 25-10 | | 恆春營遊擊談炳南 | 南番屯軍兩哨 | 鳳山縣東港 | 200 | |
| 25-11 | | 儘先補用副將邢長春 | 定海後營 | 彰化 | 496 | |
| 25-12 | | 補用千總林勝標 | 屯軍正營 | 埔裏廳水長流 | 496 | |
| 25-13 | | 浙江處州鎮總兵竇如田 | 銘字中軍副營 | 基隆 | 496 | |
| 25-14 | | 儘先補用參將劉朝焯 | 銘字中軍左營 | 基隆 | 496 | |
| 25-15 | | 兩江補用參將趙宗連 | 銘字中軍右營 | 基隆 | 496 | |
| 25-16 | | 留閩補用參將周起鳳 | 臺灣巡撫親兵兩哨 | 臺北府城 | 199 | |
| 25-17 | | 補用總兵陳羅 | 淮軍隘勇中營 | 臺北內山新孩兒 | 496 | |
| 25-18 | | 總兵官銜已革副將顧全魁 | 淮軍隘勇前營 | 臺北內山外加輝 | 496 | |
| 25-19 | | 儘先補用千總楊國安 | 淮軍隘勇左營 | 臺北五指山 | 496 | |

| 25-20 | 留閩補用守備<br>陳玖英 | 淮軍隘勇右營 | 臺北內山合脂坪 | 496 |
|---|---|---|---|---|
| 25-21 | 儘先補用遊擊<br>楊春海 | 定海中營 | 淡水 | 496 |
| 25-22 | 記名提督萬本華 | 定海前營 | 滬尾（原駐地<br>在臺北府城，<br>後調蘇澳，再<br>調滬尾） | 496 |
| 25-23 | 儘先補用都司<br>鄭運泰 | 定海左營 | 蘇澳（（原駐地<br>在臺北府城，<br>後調大龍同，<br>再調滬尾，最<br>後調蘇澳） | 496 |
| 25-24 | 儘先補用都司<br>蘇緒謨 | 定海右營 | 彰化（原駐地<br>在臺北府城，<br>後調滬尾，再<br>調彰化） | 496 |
| 25-25 | 儘先補用參將<br>何勝雲 | 臺防衛隊營 | 臺北三角湧 | 496 |
| 25-26 | 兩湖儘先補用<br>守備劉起雲 | 撫標定海正營 | 臺北府東門外<br>（原駐地在滬<br>尾，後調臺北<br>府東門外） | 496 |
| 25-27 | 儘先補用副將<br>李桂成 | 撫標定海副營 | 滬尾 | 496 |
| 25-28 | 儘先補用參將<br>龍斌概 | 撫標定字右營 | 滬尾 | 496 |
| 25-29 | 補用守備周家桂 | 淮軍鎮海礮隊 | 滬尾 | 496 |
| 25-30 | 儘先補用副將<br>李勝才 | 淮軍臺南防軍營 | 鳳山縣隘寮<br>（原駐地大坪頂） | 496 |
| 25-31 | 儘先補用副將<br>李勝才 | 臺南防軍衛隊<br>副左、副右哨 | 鳳山縣 | 212 |
| 25-32 | 儘先補用游擊<br>萬國標 | 淮軍鎮海前軍<br>右營 | 鳳山縣東港 | 496 |
| 25-33 | 儘先補用游擊<br>萬國標 | 旗後礮臺礮勇<br>兩哨 | 旗後 | 188 |
| 25-34 | 署臺東直隸州<br>知州宋維釗 | 臺東安撫軍 | 臺東州 | 496 |
| 25-36 | 儘先補用副將<br>陳尚志 | 淮軍鎮海中軍<br>前營 | 宜蘭縣（原駐<br>地在三角湧） | 496 |

| 25-37 | | 儘先補用參將藍明祥 | 淮軍南字營 | 宜蘭縣 | 496 | |
| 25-38 | | 儘先補用守備陳肇翔 | 淮軍臺勇營 | 宜蘭縣 | 496 | |
| 25-39 | | 補用都司鐘定國 | 義撫軍一哨 | 嘉義、彰化縣 | 106 | |
| 25-40 | | 嘉義營參將陳宗凱 | 義撫軍衛隊一哨 | 嘉義、彰化縣 | 106 | |
| 25-41 | | － | 臺灣善後局親兵兩棚 | 臺北府城 | 24 | |
| 25-42 | | 簡放記名總兵曾喜照 | 臺灣左翼練兵 | 南路楠仔坑、灣裡街、新市、旂後 | 330 | |
| 25-43 | | 簡放記名總兵何玉隆 | 臺灣右翼練兵 | 嘉義縣埔裏社 | 440 | |
| 25-44 | | 補用守備楊連珍 | 大甲左翼練兵一哨 | 苗栗縣大甲 | 110 | |
| 25-45 | | 安平協副將李思經 | 安平左右翼練兵 | 安平 | 178 | |
| 25-46 | | 北路協副將滕國春 | 北路中營練兵一哨 | 埔裏社廳 | 101 | |
| 25-47 | | 嘉義營參將陳宗凱 | 嘉義營練兵一哨 | 嘉義縣內山 | 125 | |
| 25-48 | | 恆春營遊擊談炳南 | 恆春營練兵兩哨 | 恆春縣 | 220 | |
| 26-1 | 光緒19年（1893） | － | 鎮海後軍中營中、前、左哨 | 臺東州埤南 | 300 | 盧德嘉，《鳳山縣采訪冊》，臺灣銀行文獻叢刊第七三種，1960年8月，頁142～146。<br>胡傳，《臺東州采訪冊》，臺灣銀行文獻叢刊第八一種，1960年5月，頁15～17。<br>胡傳，《臺灣日記與稟啓》，臺灣銀行文獻刊第七一種，1960年9月，頁27～28、41、51～52、59。 |
| 26-2 | | － | 鎮海後軍中營右哨 | 臺東州水尾 | 100 | |
| 26-3 | | － | 鎮海後軍中營後哨 | 臺東州成廣澳、大陂、鹿寮 | 100 | |
| 26-4 | | － | 鎮海後軍左營中、右、後哨 | 臺東州花蓮港 | 300 | |
| 26-5 | | － | 鎮海後軍左營左哨一、二、三、四隊 | 臺東州加里宛 | 30 | |
| 26-6 | | － | 鎮海後軍左營左哨五、六、七、八隊 | 臺東州吳全城 | 40 | |

| 26-7 | － | 鎮海後軍左營前哨五、六、七、八隊 | 臺東州象鼻嘴 | 40 |
|---|---|---|---|---|
| 26-8 | － | 鎮海後軍左營前哨二、三、四隊 | 臺東州鹿甲皮 | 30 |
| 26-9 | － | 鎮海後軍左營前哨一隊 | 臺東州大巴塱 | 10 |
| 26-10 | － | 鎮海後軍前營中、前、左哨 | 臺東州新開園 | 300 |
| 26-11 | － | 鎮海後軍前營右哨 | 臺東州成廣澳 | 100 |
| 26-12 | － | 鎮海後軍前營後哨五、六、七隊 | 臺東州璞石閣 | 30 |
| 26-13 | － | 鎮海後軍左營前哨一、二、三、四隊 | 臺東州鹿寮 | 40 |
| 26-14 | － | 武毅右軍右營親兵一、二、六隊 | 嘉義城之龍王廟 | 30 |
| 26-15 | － | 武毅右軍右營三隊 | 嘉義南門城樓 | 30 |
| 26-16 | － | 武毅右軍右營前哨八隊 | 嘉義北門城樓 | 10 |
| 26-17 | － | 武毅右軍右營左哨四隊 | 嘉義西門城樓 | 10 |
| 26-18 | － | 武毅右軍右營左哨八隊、後哨六隊 | 嘉義城義倉 | 20 |
| 26-19 | － | 武毅右軍右營前哨六隊 | 嘉義縣水崛頭 | 10 |
| 26-20 | － | 武毅右軍右營前哨五、六隊 | 嘉義縣八掌溪 | 20 |
| 26-21 | － | 武毅右軍右營前哨三、四隊 | 嘉義縣下茄冬 | 20 |
| 26-22 | － | 武毅右軍右營後哨五隊 | 嘉義縣火燒店 | 10 |
| 26-23 | － | 武毅右軍右營後哨四、八隊 | 嘉義縣茅港尾 | 20 |
| 26-24 | － | 武毅右軍右營右哨五、六隊 | 嘉義縣新港 | 20 |

| 26-25 | － | 武毅右軍右營左哨五、六隊 | 嘉義縣樸仔腳 | 20 |
|---|---|---|---|---|
| 26-26 | － | 武毅右軍右營左哨七隊 | 嘉義縣東石 | 10 |
| 26-27 | － | 武毅右軍右營後哨一、二、三、七隊 | 嘉義縣鹽水港 | 30 |
| 26-28 | － | 武毅右軍右營右哨一、二、四隊 | 雲林縣笨港 | 20 |
| 26-29 | － | 武毅右軍右營前哨一、二隊 | 雲林縣斗六 | 20 |
| 26-30 | － | 武毅右軍右營左哨三隊 | 雲林縣他里霧 | 10 |
| 26-31 | － | 武毅右軍右營左哨二隊 | 雲林縣莿桐 | 10 |
| 26-32 | － | 武毅右軍右營右哨八隊 | 雲林縣三條崙 | 10 |
| 26-33 | － | 鎮海中軍正、副營 | 臺灣府安平城西 | 500 |
| 26-34 | － | 安平砲隊 | 三鯤身砲臺 | － |
| 26-35 | － | 銘字副、左、右營 | 基隆 | 1,500 |
| 26-36 | － | 定海前、中營 | 滬尾 | 1,000 |
| 26-37 | － | 定海右營 | 臺北府大隴東 | 500 |
| 26-38 | － | 定海左營中哨 | 蘇澳街 | 100 |
| 26-39 | － | 定海左營前哨 | 蘇澳砲臺 | 100 |
| 26-40 | － | 定海左營後哨 | 蘇澳五里亭 | 100 |
| 26-41 | － | 鎮海中營防軍營 | 鳳山縣港西里 | 統領一員，兵二百名 |
| 26-42 | － | 防軍營右哨 | 鳳山縣港東里二處，港西里一處 | 正、副哨官各一，兵一百名 |
| 26-43 | － | 石頭營 | 鳳山縣港東里三條崙嶺 | 都司一，兵二百 |
| 26-44 | － | 打鼓山營 | 鳳山縣大竹里打鼓山 | 副將一，兵五百 |

| 27. | 光緒 20 年（1894） | 記名提督李定明 | 九營 | 滬尾 | 4,500 | 洪安全主編，《清宮月摺檔臺灣史料（八）》（臺北：故宮博物院，1995 年 8 月），頁 6988～6989。 |
| | | 都司邱啓標 | 一營 | 恆春 | 500 | |
| | | 臺灣鎮總兵官萬國本 | 四營 | 安平、旗後 | 2,000 | |

# 第二節　番人——原住民武力的招撫

## 表五十二　康熙～乾隆朝（1684～1795）臺灣的歸化生番番社

| 編號 | 清代行政區 | 番 社 名 | 地名考證 | 族名 | 歸化時間 | 備　　　　　註 |
|---|---|---|---|---|---|---|
| 1. | 諸羅縣 | 大圭佛社 | — | — | 康熙朝 | 阿里山八社之一【康熙歸化】 |
| 2. | 諸羅縣 | 嘈囉婆社 | — | — | 康熙朝 | 阿里山八社之一 |
| 3. | 諸羅縣 | 嫻仔霧社 | 高雄市桃源區 | 布農族 | 康熙朝 | 阿里山八社之一，光緒朝稱簡霧社，參閱表五十三編號 344 |
| 4. | 諸羅縣 | 踏枋社 | 嘉義縣阿里山鄉 | 鄒族 | 康熙朝 | 阿里山八社之一，光緒朝稱樟腳社，參閱表五十三編號 341 |
| 5. | 諸羅縣 | 鹿株社 | 南投縣埔里鎮 | 布農族 | 康熙朝 | 阿里山八社之一，光緒朝稱鹿株社，參閱表五十三編號 316 |
| 6. | 諸羅縣 | 豬母朥社 | 嘉義縣阿里山鄉 | 鄒族 | 康熙朝 | 阿里山八社之一，光緒朝稱知母朥社，參閱表五十三編號 324 |
| 7. | 諸羅縣 | 沙米箕社 | 高雄市茂林區 | 魯凱族 | 康熙朝 | 阿里山八社之一，光緒朝稱沙摩溪社，參閱表五十三編號 352 |
| 8. | 諸羅縣 | 阿拔泉社 | — | — | 康熙朝 | 阿里山八社之一 |
| 9. | 諸羅縣 | 木武郡赤嘴社 | — | — | 康熙朝 | |
| 10 | 諸羅縣 | 水沙連思麻母社 | 南投縣埔里鎮 | 邵族 | 康熙朝 | 光緒朝稱水社，參閱表五十三編號 306 |
| 11. | 諸羅縣 | 麻咄目靠 | — | — | 康熙朝 | |
| 12. | 諸羅縣 | 挽麟倒咯社 | — | — | 康熙朝 | |
| 13. | 諸羅縣 | 杵裏蟬蠻蠻社 | — | — | 康熙朝 | |
| 14. | 諸羅縣 | 干那霧社 | — | — | 康熙朝 | |
| 15. | 鳳山縣 | 山豬毛社 | 屏東縣三地門鄉 | 排灣族 | 康熙朝 | 山豬毛十社之一，光緒朝稱山豬毛社，參閱表五十三編號 367 |

| 16. | 鳳山縣 | 八絲力社 | ─ | ─ | 康熙朝 | 山豬毛十社之一 |
|---|---|---|---|---|---|---|
| 17. | 鳳山縣 | 加蚌社 | 屏東縣泰武鄉 | 排灣族 | 康熙朝 | 山豬毛十社之一，光緒朝稱加柄社，參閱表五十三編號 379 |
| 18. | 鳳山縣 | 加無朗社 | ─ | ─ | 康熙朝 | 山豬毛十社之一 |
| 19. | 鳳山縣 | 礁勝其難社 | ─ | ─ | 康熙朝 | 山豬毛十社之一 |
| 20. | 鳳山縣 | 力少山社 | ─ | ─ | 康熙朝 | 山豬毛十社之一 |
| 21. | 鳳山縣 | 北葉安社 | 屏東縣瑪家鄉 | 排灣族 | 康熙朝 | 山豬毛十社之一，光緒朝稱柏也□社，參閱表五十三編號 366 |
| 22. | 鳳山縣 | 山裏留社 | 屏東縣瑪加鄉 | 排灣族 | 康熙朝 | 山豬毛十社之一，光緒朝稱山礼荅社，參閱表五十三編號 371 |
| 23. | 鳳山縣 | 施母膁社 | ─ | ─ | 康熙朝 | 山豬毛十社之一 |
| 24. | 鳳山縣 | 錫干社 | ─ | ─ | 康熙朝 | 山豬毛十社之一 |
| 25. | 鳳山縣 | 治本社 | 臺東縣臺東市 | 卑南族 | 康熙朝 | 卑南覓六十五社之一，光緒朝稱知本社，參閱表五十三編號 614 |
| 26. | 鳳山縣 | 射馬干社 | 臺東縣臺東市 | 卑南族 | 康熙朝 | 卑南覓六十五社之一，光緒朝稱射馬干社，參閱表五十三編號 613 |
| 27. | 鳳山縣 | 呂加罔社 | 臺東縣卑南鄉 | 卑南族 | 康熙朝 | 卑南覓六十五社之一 |
| 28. | 鳳山縣 | 拔望社 | ─ | ─ | 康熙朝 | 卑南覓六十五社之一 |
| 29. | 鳳山縣 | 百馬以力社 | ─ | ─ | 康熙朝 | 卑南覓六十五社之一 |
| 30. | 鳳山縣 | 礁勝那狡社 | ─ | ─ | 康熙朝 | 卑南覓六十五社之一 |
| 31. | 鳳山縣 | 里踏里社 | ─ | ─ | 康熙朝 | 卑南覓六十五社之一 |
| 32. | 鳳山縣 | 八搭禮社 | ─ | ─ | 康熙朝 | 卑南覓六十五社之一 |
| 33. | 鳳山縣 | 八絲閣社 | 臺東縣卑南鄉 | 卑南族 | 康熙朝 | 卑南覓六十五社之一，光緒朝稱北絲鬮社，參閱表五十三編號 598 |
| 34. | 鳳山縣 | 老朗社 | ─ | ─ | 康熙朝 | 卑南覓六十五社之一 |
| 35. | 鳳山縣 | 募陸社 | ─ | ─ | 康熙朝 | 卑南覓六十五社之一 |
| 36. | 鳳山縣 | 大龜文社 | 屏東縣三地門鄉 | 排灣族 | 康熙朝 | 卑南覓六十五社之一 |
| 37. | 鳳山縣 | 悶悶社 | ─ | ─ | 康熙朝 | 卑南覓六十五社之一 |

| 38. | 鳳山縣 | 里立社 | 臺東縣金鋒鄉 | 排灣族 | 康熙朝 | 卑南覓六十五社之一，光緒朝稱大里立社，參閱表五十三編號 633 |
|---|---|---|---|---|---|---|
| 39. | 鳳山縣 | 朝貓離社 | － | － | 康熙朝 | 卑南覓六十五社之一 |
| 40. | 鳳山縣 | 加那打難社 | － | － | 康熙朝 | 卑南覓六十五社之一 |
| 41. | 鳳山縣 | 哆囉網曷氏社 | － | － | 康熙朝 | 卑南覓六十五社之一 |
| 42. | 鳳山縣 | 嗊屢里奶社 | － | － | 康熙朝 | 卑南覓六十五社之一 |
| 43. | 鳳山縣 | 礁里亡社 | － | － | 康熙朝 | 卑南覓六十五社之一 |
| 44. | 鳳山縣 | 那作社 | － | － | 康熙朝 | 卑南覓六十五社之一 |
| 45. | 鳳山縣 | 嗎勝的社 | － | － | 康熙朝 | 卑南覓六十五社之一 |
| 46. | 鳳山縣 | 加留難社 | － | － | 康熙朝 | 卑南覓六十五社之一 |
| 47. | 鳳山縣 | 龍鸞社 | 屏東縣恆春鎮 | 排灣族 | 康熙朝 | 卑南覓六十五社之一 |
| 48. | 鳳山縣 | 搭祺文社 | － | － | 康熙朝 | 卑南覓六十五社之一 |
| 49. | 鳳山縣 | 仔崙社 | 臺東縣太麻里鄉 | 排灣族 | 康熙朝 | 卑南覓六十五社之一，光緒朝稱大里立社，參閱表五十三編號 661 |
| 50. | 鳳山縣 | 哆囉覓則社 | － | － | 康熙朝 | 卑南覓六十五社之一 |
| 51. | 鳳山縣 | 屢們社 | － | － | 康熙朝 | 卑南覓六十五社之一 |
| 52. | 鳳山縣 | 貓美葛社 | － | － | 康熙朝 | 卑南覓六十五社之一 |
| 53. | 鳳山縣 | 大狡社 | 臺東縣金鋒鄉 | 排灣族 | 康熙朝 | 卑南覓六十五社之一，光緒朝稱大狗上社，參閱表五十三編號 636 |
| 54. | 鳳山縣 | 礁貓里力社 | － | － | 康熙朝 | 卑南覓六十五社之一 |
| 55. | 鳳山縣 | 搭琳搭琳社 | － | － | 康熙朝 | 卑南覓六十五社之一 |
| 56. | 鳳山縣 | 大德訖社 | － | － | 康熙朝 | 卑南覓六十五社之一 |
| 57. | 鳳山縣 | 射已寧社 | － | － | 康熙朝 | 卑南覓六十五社之一 |
| 58. | 鳳山縣 | 射臘眉社 | － | － | 康熙朝 | 卑南覓六十五社之一 |
| 59. | 鳳山縣 | 勝北社 | － | － | 康熙朝 | 卑南覓六十五社之一 |
| 60. | 鳳山縣 | 大板陸社 | － | － | 康熙朝 | 卑南覓六十五社之一 |
| 61. | 鳳山縣 | 柯末社 | － | － | 康熙朝 | 卑南覓六十五社之一 |
| 62. | 鳳山縣 | 罔雅社 | － | － | 康熙朝 | 卑南覓六十五社之一 |
| 63. | 鳳山縣 | 大里力社 | － | － | 康熙朝 | 卑南覓六十五社之一 |

| 64. | 鳳山縣 | 七腳亭社 | 臺東縣金鋒鄉 | 排灣族 | 康熙朝 | 卑南覓六十五社之一,光緒朝稱七家山社,參閱表五十三編號 652 |
|---|---|---|---|---|---|---|
| 65. | 鳳山縣 | 大棗高社 | 臺東縣太麻里鄉 | 排灣族 | 康熙朝 | 卑南覓六十五社之一,光緒朝稱大竹高社,參閱表五十三編號 665 |
| 66. | 鳳山縣 | 勝哈社 | ─ | ─ | 康熙朝 | 卑南覓六十五社之一 |
| 67. | 鳳山縣 | 仔弼社 | ─ | ─ | 康熙朝 | 卑南覓六十五社之一 |
| 68. | 鳳山縣 | 確只零社 | ─ | ─ | 康熙朝 | 卑南覓六十五社之一 |
| 69. | 鳳山縣 | 大鳥萬社 | 臺東縣大武鄉 | 排灣族 | 康熙朝 | 卑南覓六十五社之一,光緒朝稱大鳥萬社,參閱表五十三編號 671 |
| 70. | 鳳山縣 | 本灣社 | ─ | ─ | 康熙朝 | 卑南覓六十五社之一 |
| 71. | 鳳山縣 | 米箕社 | ─ | ─ | 康熙朝 | 卑南覓六十五社之一 |
| 72. | 鳳山縣 | 新八里罔社 | 臺東縣金鋒鄉 | 排灣族 | 康熙朝 | 卑南覓六十五社之一,光緒朝稱八里芒社,參閱表五十三編號 632 |
| 73. | 鳳山縣 | 舊八里罔社 | 臺東縣金鋒鄉 | 排灣族 | 康熙朝 | 卑南覓六十五社之一,光緒朝稱八里芒社,參閱表五十三編號 632 |
| 74. | 鳳山縣 | 加里房曷社 | ─ | ─ | 康熙朝 | 卑南覓六十五社之一 |
| 75. | 鳳山縣 | 郎也郎社 | ─ | ─ | 康熙朝 | 卑南覓六十五社之一 |
| 76. | 鳳山縣 | 干也貓嗑社 | ─ | ─ | 康熙朝 | 卑南覓六十五社之一 |
| 77. | 鳳山縣 | 須那載社 | ─ | ─ | 康熙朝 | 卑南覓六十五社之一 |
| 78. | 鳳山縣 | 株嗊煙社 | ─ | ─ | 康熙朝 | 卑南覓六十五社之一 |
| 79. | 鳳山縣 | 株粟社 | ─ | ─ | 康熙朝 | 卑南覓六十五社之一 |
| 80. | 鳳山縣 | 窩律社 | ─ | ─ | 康熙朝 | 卑南覓六十五社之一 |
| 81. | 鳳山縣 | 甘武突社 | ─ | ─ | 康熙朝 | 卑南覓六十五社之一 |
| 82. | 鳳山縣 | 甕索社 | ─ | ─ | 康熙朝 | 卑南覓六十五社之一 |
| 83. | 鳳山縣 | 邦也遙社 | ─ | ─ | 康熙朝 | 卑南覓六十五社之一 |
| 84. | 鳳山縣 | 丁也老社 | ─ | ─ | 康熙朝 | 卑南覓六十五社之一 |
| 85. | 鳳山縣 | 礁勝社 | ─ | ─ | 康熙朝 | 卑南覓六十五社之一 |
| 86. | 鳳山縣 | 加洛社 | ─ | ─ | 康熙朝 | 卑南覓六十五社之一 |

| | | | | | | |
|---|---|---|---|---|---|---|
| 87. | 鳳山縣 | 加那突社 | － | － | 康熙朝 | 卑南覓六十五社之一 |
| 88. | 鳳山縣 | 巴鳩鬱社 | － | － | 康熙朝 | 卑南覓六十五社之一 |
| 89. | 鳳山縣 | 沙別社 | － | － | 康熙朝 | 卑南覓六十五社之一 |
| 80. | 諸羅縣 | 納納社 | 花蓮縣豐濱鄉 | 阿美族 | 雍正朝 | 崇爻八社之一，光緒朝稱納納社，參閱表五十三編號 530【康熙朝附阿里山輪餉】 |
| 91. | 諸羅縣 | 芝寶蘭社 | 花蓮縣豐濱鄉 | 阿美族 | 雍正朝 | 崇爻八社之一【康熙朝附阿里山輪餉】 |
| 92. | 諸羅縣 | 箕密社 | 花蓮縣瑞穗鄉 | 阿美族 | 雍正朝 | 崇爻八社之一【康熙朝附阿里山輪餉】 |
| 93. | 諸羅縣 | 貓丹社 | 花蓮縣光復鄉 | 阿美族 | 雍正朝 | 崇爻八社之一【康熙朝附阿里山輪餉】 |
| 94. | 諸羅縣 | 竹腳宣社 | 花蓮縣吉安鄉 | 阿美族 | 雍正朝 | 崇爻八社之一【康熙朝附阿里山輪餉】 |
| 95. | 諸羅縣 | 兜蘭社 | 花蓮縣吉安鄉 | 阿美族 | 雍正朝 | 崇爻八社之一【康熙朝附阿里山輪餉】 |
| 96. | 諸羅縣 | 礁那哩嗎社 | － | － | 雍正朝 | 崇爻八社之一【康熙朝附阿里山輪餉】 |
| 97. | 諸羅縣 | 根耶耶社 | 花蓮縣花蓮市 | 阿美族 | 雍正朝 | 崇爻八社之一【康熙朝附阿里山輪餉】 |
| 98. | 鳳山縣 | 加走山社 | － | － | 雍正朝 | |
| 99. | 鳳山縣 | 施率臘社 | － | － | 雍正朝 | |
| 100. | 鳳山縣 | 拜律社 | － | － | 雍正朝 | |
| 101. | 鳳山縣 | 礁網曷氏社 | － | － | 雍正朝 | |
| 102. | 鳳山縣 | 毛絲絲社 | － | － | 雍正朝 | |
| 103. | 鳳山縣 | 七腳亭社 | － | － | 雍正朝 | |
| 104. | 鳳山縣 | 柯律社 | － | － | 雍正朝 | |
| 105. | 鳳山縣 | 加無朗社 | － | － | 雍正朝 | |
| 106. | 鳳山縣 | 加籠雅社 | － | － | 雍正朝 | |
| 107. | 鳳山縣 | 加泵社 | － | － | 雍正朝 | |
| 108. | 鳳山縣 | 陳阿修社 | 屏東縣泰武鄉 | 排灣族 | 雍正朝 | 光緒朝稱陳阿修社，參閱表五十三編號 380 |
| 109. | 鳳山縣 | 務期逸社 | － | － | 雍正朝 | |

| | | | | | |
|---|---|---|---|---|---|
| 110. | 鳳山縣 | 礁勞加物社 | － | － | 雍正朝 | |
| 111. | 鳳山縣 | 陳阿難社 | － | － | 雍正朝 | |
| 112. | 鳳山縣 | 益難社 | － | － | 雍正朝 | |
| 113. | 鳳山縣 | 加者惹心社 | － | － | 雍正朝 | |
| 114. | 鳳山縣 | 勃朗錫干社 | － | － | 雍正朝 | |
| 115. | 鳳山縣 | 望仔立社 | 屏東縣泰武鄉 | 排灣族 | 雍正朝 | 光緒朝稱望阿力社，參閱表五十三編號 381 |
| 116. | 鳳山縣 | 加者惹也 | － | － | 雍正朝 | 蘭朗四社之一 |
| 117. | 鳳山縣 | 則加則加單 | － | － | 雍正朝 | |
| 118. | 鳳山縣 | 擺律 | 屏東縣來義鄉 | 排灣族 | 雍正朝 | 光緒朝稱望排力社，參閱表五十三編號 385 |
| 119. | 鳳山縣 | 柯覓 | － | － | 雍正朝 | |
| 120. | 鳳山縣 | 歷歷社 | － | － | 雍正朝 | |
| 121. | 鳳山縣 | 八里罔社 | － | － | 雍正朝 | |
| 122. | 鳳山縣 | 貓仔社 | 屏東縣滿州鄉 | 排灣族 | 雍正朝 | |
| 123. | 鳳山縣 | 紹貓釐社 | － | － | 雍正朝 | |
| 124. | 鳳山縣 | 貓里毒社 | 屏東縣滿州鄉 | 排灣族 | 雍正朝 | 光緒朝稱萬里得社，參閱表五十三編號 434 |
| 125. | 鳳山縣 | 豬勝束社 | 屏東縣滿州鄉 | 排灣族 | 雍正朝 | 光緒朝稱豬勝束社，參閱表五十三編號 430 |
| 126. | 鳳山縣 | 合蘭社 | 屏東縣滿州鄉 | 排灣族 | 雍正朝 | 光緒朝又稱龍彎社 |
| 127. | 鳳山縣 | 上哆囉快社 | － | － | 雍正朝 | |
| 128. | 鳳山縣 | 蚊率社 | 屏東縣滿州鄉 | 排灣族 | 雍正朝 | 光緒朝稱蚊率社，參閱表五十三編號 431 |
| 129. | 鳳山縣 | 猴洞社 | 屏東縣恆春鎮 | 排灣族 | 雍正朝 | |
| 130. | 鳳山縣 | 龜勝律社 | 屏東縣滿州鄉 | 排灣族 | 雍正朝 | 光緒朝稱龜仔角社，參閱表五十三編號 428 |
| 131. | 鳳山縣 | 貓籠逸社 | － | － | 雍正朝 | |
| 132. | 鳳山縣 | 滑思滑社 | － | － | 雍正朝 | |
| 133. | 鳳山縣 | 加錐來社 | 屏東縣牡丹鄉 | 排灣族 | 雍正朝 | 光緒朝稱加之來社，參閱表五十三編號 419 |
| 134. | 鳳山縣 | 施那隔社 | － | － | 雍正朝 | |

| 135. | 鳳山縣 | 新蟯牡丹社 | — | — | 雍正朝 | |
| 136. | 鳳山縣 | 下哆囉快社 | — | — | 雍正朝 | |
| 137. | 鳳山縣 | 德社 | — | — | 雍正朝 | |
| 138. | 鳳山縣 | 慄留社 | — | — | 雍正朝 | |
| 139. | 諸羅縣 | 本祿社 | — | — | 雍正朝 | |
| 140. | 彰化縣 | 巴來（茗）遠社 | — | — | 雍正朝 | |
| 141. | 彰化縣 | 麻匼著麻匼著社 | — | — | 雍正朝 | |
| 142. | 彰化縣 | 獅仔頭社 | — | — | 雍正朝 | |
| 143. | 彰化縣 | 獅仔社 | — | — | 雍正朝 | |
| 144. | 彰化縣 | 沙里興社 | — | — | 雍正朝 | |
| 145. | 彰化縣 | 眉加臘 | 臺中市霧峰區 | 泰雅族 | 雍正朝 | |
| 146. | 彰化縣 | 映裏社 | — | — | 乾隆朝 | 水沙連二十四社之一 |
| 147. | 彰化縣 | 毛啐社 | — | — | 乾隆朝 | 水沙連二十四社之一 |
| 148. | 彰化縣 | 貓丹社 | — | — | 乾隆朝 | 水沙連二十四社之一 |
| 149. | 彰化縣 | 社仔社 | — | — | 乾隆朝 | 水沙連二十四社之一 |
| 150. | 彰化縣 | 水扣社 | — | — | 乾隆朝 | 水沙連二十四社之一 |
| 151. | 彰化縣 | 木武郡社 | — | — | 乾隆朝 | 水沙連二十四社之一 |
| 152. | 彰化縣 | 子黑社 | — | — | 乾隆朝 | 水沙連二十四社之一 |
| 153. | 彰化縣 | 子希社 | — | — | 乾隆朝 | 水沙連二十四社之一 |
| 154. | 彰化縣 | 倒咯社 | — | — | 乾隆朝 | 水沙連二十四社之一 |
| 155. | 彰化縣 | 蠻戀社 | — | — | 乾隆朝 | 水沙連二十四社之一 |
| 156. | 彰化縣 | 田仔社 | — | — | 乾隆朝 | 水沙連二十四社之一 |
| 157. | 彰化縣 | 貓蘭社 | 南投縣魚池鄉 | 邵族 | 乾隆朝 | 水沙連二十四社之一 |
| 158. | 彰化縣 | 田頭社 | — | — | 乾隆朝 | 水沙連二十四社之一 |
| 159. | 彰化縣 | 思順社 | — | — | 乾隆朝 | 水沙連二十四社之一 |
| 160. | 彰化縣 | 挽蘭社 | — | — | 乾隆朝 | 水沙連二十四社之一 |
| 161. | 彰化縣 | 埔裏社 | 南投縣埔里鎮 | 布農族 | 乾隆朝 | 水沙連二十四社之一 |
| 162. | 彰化縣 | 外斗截社 | — | — | 乾隆朝 | 水沙連二十四社之一 |

| 163. | 彰化縣 | 水眉裏社 | 南投縣埔里鎮 | 泰雅族 | 乾隆朝 | 水沙連二十四社之一 |
|---|---|---|---|---|---|---|
| 164. | 彰化縣 | 內斗截社 | － | － | 乾隆朝 | 水沙連二十四社之一 |
| 165. | 彰化縣 | 內眉裏社 | 南投縣埔里鎮 | 泰雅族 | 乾隆朝 | 水沙連二十四社之一 |
| 166. | 彰化縣 | 平來萬社 | － | － | 乾隆朝 | 水沙連二十四社之一 |
| 167. | 彰化縣 | 致霧社 | － | － | 乾隆朝 | 水沙連二十四社之一 |
| 168. | 彰化縣 | 哆哈啷社 | － | － | 乾隆朝 | 水沙連二十四社之一 |
| 169. | 彰化縣 | 福骨社 | － | － | 乾隆朝 | 水沙連二十四社之一 |
| 170. | 諸羅縣 | 內灣社 | － | － | 乾隆朝 | 內攸六社之一 |
| 171. | 諸羅縣 | 米籠社 | 高雄市桃源區 | 布農族 | 乾隆朝 | 內攸六社之一，光緒朝稱米人社，參閱表五十三編號 345 |
| 172. | 諸羅縣 | 邦尉社 | － | － | 乾隆朝 | 內攸六社之一 |
| 173. | 諸羅縣 | 望社 | － | － | 乾隆朝 | 內攸六社之一 |
| 174. | 諸羅縣 | 簀社 | － | － | 乾隆朝 | 內攸六社之一 |
| 175. | 諸羅縣 | 墩社 | 高雄市桃源區 | 布農族 | 乾隆朝 | 內攸六社之一，光緒朝稱墩仔社，參閱表五十三編號 349 |
| 176. | 淡水廳 | 三朝社 | 新北市貢寮區 | 凱達格蘭 | 乾隆朝 | |
| 177. | 淡水廳 | 哆囉滿社 | 花蓮縣秀林鄉 | 泰雅族 | 乾隆朝 | |
| 178. | 淡水廳 | 合歡社 | 南投縣仁愛鄉 | 布農族 | 乾隆朝 | |
| 179. | 淡水廳 | 攸吾乃社 | 苗栗縣公館鄉 | 泰雅族 | 乾隆朝 | |
| 180. | 淡水廳 | 屋鏊社 | 苗栗縣卓蘭鎮 | 泰雅族 | 乾隆朝 | 光緒朝稱老屋莪社，參閱表五十三編號 180 |
| 181. | 淡水廳 | 末毒社 | 新竹縣五峰鄉 | 賽夏族 | 乾隆朝 | 光緒朝稱馬武督社，參閱表五十三編號 99 |
| 182. | 淡水廳 | 獅子社 | 苗栗縣南庄鄉 | 賽夏族 | 乾隆朝 | |

參考資料：【地名考證、族名二欄由作者增添】
1. 王慧芬，〈清代臺灣的番界政策〉，國立臺灣大學歷史學研究所碩士論文，2000 年 1 月，頁30～31。
2. 伊能嘉矩（1867～1925）著、楊南郡譯註，《臺灣踏查日記（上）》（臺北：遠流出版事業股份有限公司，2000 年 10 月初版三刷），頁 166、296～297。
3. 潘繼道，《清代臺灣後山平埔族移民之研究》（臺北：稻鄉出版社，2001 年 4 月），頁 119。

## 表五十三　光緒十二年（1886）臺灣的生番番社

| 編號 | 清代行政區 | 番社名 | 地名考證 | 族名 | 編號 | 清代行政區 | 番社名 | 地名考證 | 族名 |
|---|---|---|---|---|---|---|---|---|---|
| 1. | 淡水縣 | 後坑仔社 | 新北市烏來區 | 泰雅族 | 2. | 淡水縣 | 納仔社 | 新北市烏來區 | 泰雅族 |
| 3 | 淡水縣 | 大舌社（大舌湖） | 新北市烏來區 | 泰雅族 | 4. | 淡水縣 | 湯裡社（烏來社？） | 新北市烏來區 | 泰雅族 |
| 5. | 淡水縣 | 夾精社 | 新北市烏來區 | 泰雅族 | 6. | 淡水縣 | 義興社（卡拉摩基社） | 新北市烏來區 | 泰雅族 |
| 7. | 淡水縣 | 林望眼社（林望眼山） | 新北市烏來區 | 泰雅族 | 8. | 淡水縣 | 內枋山社（烏來鄉信賢村） | 新北市烏來區 | 泰雅族 |
| 9. | 淡水縣 | 望則社 | 新北市三峽區 | 泰雅族 | 10. | 淡水縣 | 大壩新拐社 | 新北市三峽區 | 泰雅族 |
| 11. | 淡水縣 | 花草藍社 | 新北市三峽區 | 泰雅族 | 12. | 淡水縣 | 內外馬來大八社 | 新北市烏來區 | 泰雅族 |
| 13. | 淡水縣 | 外枋山社（烏來鄉信賢村） | 新北市烏來區 | 泰雅族 | 14. | 淡水縣 | 哈盖社（哈盆古道） | 新北市烏來區 | 泰雅族 |
| 15. | 淡水縣 | 竹加山社 | 桃園市復興區 | 泰雅族 | 16. | 淡水縣 | 哈本拉合社 | 新北市烏來區 | 泰雅族 |
| 17. | 淡水縣 | 樹木繞社 | 桃園市復興區 | 泰雅族 | 18. | 淡水縣 | 校椅欄社 | 桃園市復興區 | 泰雅族 |
| 19. | 淡水縣 | 白牙歪社 | 桃園市復興區 | 泰雅族 | 20. | 淡水縣 | 梭落社 | 新北市三峽區 | 泰雅族 |
| 21. | 淡水縣 | 敦樂社 | 新北市三峽區 | 泰雅族 | 22. | 淡水縣 | 大壩社 | 新北市三峽區 | 泰雅族 |
| 23. | 淡水縣 | 金阿敏社 | 新北市三峽區 | 泰雅族 | 24. | 淡水縣 | 白石腳社 | 新北市三峽區 | 泰雅族 |
| 25. | 淡水縣 | 插角社 | 新北市三峽區 | 泰雅族 | 26. | 淡水縣 | 宜亨社 | 新北市三峽區 | 泰雅族 |
| 27. | 淡水縣 | 愈簡社 | 桃園市復興區 | 泰雅族 | 28. | 淡水縣 | 愈靄社 | 桃園市復興區 | 泰雅族 |
| 29. | 淡水縣 | 污萊廣二社 | 桃園市復興區 | 泰雅族 | 30. | 淡水縣 | 污萊骨□□社 | 桃園市復興區 | 泰雅族 |
| 31. | 淡水縣 | 怡母社 | 桃園市復興區 | 泰雅族 | 32. | 淡水縣 | 汗萊帶社 | 桃園市復興區 | 泰雅族 |

| 33. | 淡水縣 | 九母社（一） | 桃園市復興區 | 泰雅族 | 34. | 淡水縣 | 大熱社 | 桃園市復興區 | 泰雅族 |
|---|---|---|---|---|---|---|---|---|---|
| 35. | 淡水縣 | 詩隴社 | 桃園市復興區 | 泰雅族 | 36. | 淡水縣 | 汙萊謝社 | 桃園市復興區 | 泰雅族 |
| 37. | 淡水縣 | 思里社 | 桃園市復興區 | 泰雅族 | 38. | 淡水縣 | 九母社（二） | 桃園市復興區 | 泰雅族 |
| 39. | 淡水縣 | 均堯板社 | 桃園市復興區 | 泰雅族 | 40. | 淡水縣 | 枕頭山社 | 桃園市復興區 | 泰雅族 |
| 41. | 淡水縣 | □內社 | 桃園市復興區 | 泰雅族 | 42. | 淡水縣 | 拉哮社 | 桃園市復興區 | 泰雅族 |
| 43. | 淡水縣 | 不懶社 | 桃園市復興區 | 泰雅族 | 44. | 淡水縣 | 角仔詣社 | 桃園市復興區 | 泰雅族 |
| 45. | 淡水縣 | 舌納笋社 | 桃園市復興區 | 泰雅族 | 46. | 淡水縣 | 離歹社 | 桃園市復興區 | 泰雅族 |
| 47. | 淡水縣 | 外社 | 桃園市復興區 | 泰雅族 | 48. | 淡水縣 | 合脂社 | 桃園市復興區 | 泰雅族 |
| 49. | 淡水縣 | 石壁腳社 | 桃園市復興區 | 泰雅族 | 50. | 淡水縣 | 堅角排社 | 桃園市復興區 | 泰雅族 |
| 51. | 淡水縣 | 峽板山社 | 桃園市復興區 | 泰雅族 | 52. | 淡水縣 | 加輝社 | 桃園市復興區 | 泰雅族 |
| 53. | 淡水縣 | 新那苙社 | 桃園市復興區 | 泰雅族 | 54. | 淡水縣 | 啦哮二社 | 桃園市復興區 | 泰雅族 |
| 55. | 淡水縣 | 加九岸社 | 桃園市復興區 | 泰雅族 | 56. | 新竹縣 | 大窩社 | 新竹縣關西鎮 | 泰雅族 |
| 57. | 新竹縣 | 六畜二社 | 新竹縣關西鎮 | 泰雅族 | 58. | 新竹縣 | 馬武督社（一） | 新竹縣關西鎮 | 泰雅族 |
| 59. | 新竹縣 | 滑禹社 | 新竹縣關西鎮 | 泰雅族 | 60. | 新竹縣 | 草魯社 | 新竹縣關西鎮 | 泰雅族 |
| 61. | 新竹縣 | 加納振社 | 新竹縣關西鎮 | 泰雅族 | 62. | 新竹縣 | 雷歹二社 | 新竹縣關西鎮 | 泰雅族 |
| 63. | 新竹縣 | 呀興社 | 新竹縣尖石鄉 | 泰雅族 | 64. | 新竹縣 | 木其誼社 | 新竹縣尖石鄉 | 泰雅族 |
| 65. | 新竹縣 | 書朗社 | 新竹縣尖石鄉 | 泰雅族 | 66. | 新竹縣 | 吶哮二社 | 新竹縣尖石鄉 | 泰雅族 |
| 67. | 新竹縣 | 古魯二社 | 新竹縣尖石鄉 | 泰雅族 | 68. | 新竹縣 | 皓老社（一） | 新竹縣尖石鄉 | 泰雅族 |

| 69. | 新竹縣 | 油羅六社 | 新竹縣尖石鄉 | 泰雅族 | 70. | 新竹縣 | 麻里翁社 | 新竹縣尖石鄉 | 泰雅族 |
|---|---|---|---|---|---|---|---|---|---|
| 71. | 新竹縣 | 里霧社 | 新竹縣尖石鄉 | 泰雅族 | 72. | 新竹縣 | 石勒社 | 新竹縣尖石鄉 | 泰雅族 |
| 73. | 新竹縣 | 包裡社 | 新竹縣尖石鄉 | 泰雅族 | 74. | 新竹縣 | 廣社 | 新竹縣尖石鄉 | 泰雅族 |
| 75. | 新竹縣 | 皓老社（二） | 新竹縣尖石鄉 | 泰雅族 | 76. | 新竹縣 | 累捏社 | 新竹縣尖石鄉 | 泰雅族 |
| 77. | 新竹縣 | 大干社 | 新竹縣尖石鄉 | 泰雅族 | 78. | 新竹縣 | 德家英社 | 新竹縣尖石鄉 | 泰雅族 |
| 79. | 新竹縣 | 鳥老社 | 新竹縣尖石鄉 | 泰雅族 | 80. | 新竹縣 | 大隘社 | 新竹縣五峰鄉 | 賽夏族 |
| 81. | 新竹縣 | □石霧社 | 新竹縣尖石鄉 | 泰雅族 | 82. | 新竹縣 | 由老西凹二社 | 新竹縣五峰鄉 | 賽夏族 |
| 83. | 新竹縣 | 大坪社 | 新竹縣五峰鄉 | 賽夏族 | 84. | 新竹縣 | 嘛哇犁三社 | 新竹縣五峰鄉 | 賽夏族 |
| 85. | 新竹縣 | 馬學社 | 新竹縣五峰鄉 | 賽夏族 | 86. | 新竹縣 | 哈番二社 | 新竹縣五峰鄉 | 賽夏族 |
| 87. | 新竹縣 | 沙鐸滿社 | 新竹縣五峰鄉 | 賽夏族 | 88. | 新竹縣 | 馬學仁留挽社 | 新竹縣五峰鄉 | 賽夏族 |
| 89. | 新竹縣 | 石角四社 | 新竹縣五峰鄉 | 賽夏族 | 90. | 新竹縣 | 昔瀝社 | 新竹縣五峰鄉 | 賽夏族 |
| 91. | 新竹縣 | 石坪社 | 新竹縣五峰鄉 | 賽夏族 | 92. | 新竹縣 | 十八兒四社 | 新竹縣五峰鄉 | 賽夏族 |
| 93. | 新竹縣 | 豆馬丹社 | 新竹縣五峰鄉 | 賽夏族 | 94. | 新竹縣 | 明督郁二社（一） | 新竹縣五峰鄉 | 賽夏族 |
| 95. | 新竹縣 | 大崠二社 | 新竹縣五峰鄉 | 賽夏族 | 96. | 新竹縣 | 金老浦社 | 新竹縣五峰鄉 | 賽夏族 |
| 97. | 新竹縣 | 佳裡色社 | 新竹縣五峰鄉 | 賽夏族 | 98. | 新竹縣 | 都諉社 | 新竹縣五峰鄉 | 賽夏族 |
| 99. | 新竹縣 | 馬武督（二） | 新竹縣五峰鄉 | 賽夏族 | 100. | 新竹縣 | 哇力社 | 新竹縣五峰鄉 | 賽夏族 |
| 101. | 新竹縣 | 阿靈二社 | 新竹縣五峰鄉 | 賽夏族 | 102. | 新竹縣 | 已勿社 | 新竹縣五峰鄉 | 賽夏族 |
| 103. | 新竹縣 | 分水社（一） | 新竹縣峨眉鄉 | 賽夏族 | 104. | 苗栗縣 | 夏矮磧社 | 苗栗縣獅潭鄉 | 賽夏族 |

| 105. | 苗栗縣 | 晏馬愛社 | 苗栗縣獅潭鄉 | 賽夏族 | 106. | 苗栗縣 | 番□鶴社 | 苗栗縣獅潭鄉 | 賽夏族 |
|------|--------|----------|--------------|--------|------|--------|----------|--------------|--------|
| 107. | 苗栗縣 | 庚蓁社 | 苗栗縣獅潭鄉 | 賽夏族 | 108. | 苗栗縣 | 橫龍社 | 苗栗縣獅潭鄉 | 賽夏族 |
| 109. | 苗栗縣 | 下樓社 | 苗栗縣獅潭鄉 | 賽夏族 | 110. | 苗栗縣 | 八卦社 | 苗栗縣獅潭鄉 | 賽夏族 |
| 111. | 苗栗縣 | 舌牙搭社 | 苗栗縣獅潭鄉 | 賽夏族 | 112. | 苗栗縣 | 八拐社 | 苗栗縣獅潭鄉 | 賽夏族 |
| 113. | 苗栗縣 | 鳥壁社 | 苗栗縣獅潭鄉 | 賽夏族 | 114. | 苗栗縣 | 分水社（二） | 苗栗縣獅潭鄉 | 賽夏族 |
| 115. | 苗栗縣 | 樟桭哇社 | 苗栗縣獅潭鄉 | 賽夏族 | 116. | 苗栗縣 | 高打祿社 | 苗栗縣獅潭鄉 | 賽夏族 |
| 117. | 苗栗縣 | 日阿拐社 | 苗栗縣獅潭鄉 | 賽夏族 | 118. | 苗栗縣 | 潘阿斗社 | 苗栗縣獅潭鄉 | 賽夏族 |
| 119. | 苗栗縣 | 米阿棟社 | 苗栗縣獅潭鄉 | 賽夏族 | 120. | 苗栗縣 | 熱打泥社 | 苗栗縣獅潭鄉 | 賽夏族 |
| 121. | 苗栗縣 | 周佳喇社 | 苗栗縣獅潭鄉 | 賽夏族 | 122. | 苗栗縣 | 解□集社 | 苗栗縣獅潭鄉 | 賽夏族 |
| 123. | 苗栗縣 | 水頭社 | 苗栗縣獅潭鄉 | 賽夏族 | 124. | 苗栗縣 | 鳳帶英社 | 苗栗縣三灣鄉 | 賽夏族 |
| 125. | 苗栗縣 | 樟加利社 | 苗栗縣三灣鄉 | 賽夏族 | 126. | 苗栗縣 | 豆憶德社 | 苗栗縣三灣鄉 | 賽夏族 |
| 127. | 苗栗縣 | 周加利社 | 苗栗縣三灣鄉 | 賽夏族 | 128. | 苗栗縣 | 帶英社 | 苗栗縣三灣鄉 | 賽夏族 |
| 129. | 苗栗縣 | 下口社 | 苗栗縣南庄鄉 | 賽夏族 | 130. | 苗栗縣 | 上口社 | 苗栗縣南庄鄉 | 賽夏族 |
| 131. | 苗栗縣 | 樟社 | 苗栗縣南庄鄉 | 賽夏族 | 132. | 苗栗縣 | 風社（一） | 苗栗縣南庄鄉 | 賽夏族 |
| 133. | 苗栗縣 | 解社 | 苗栗縣南庄鄉 | 賽夏族 | 134. | 苗栗縣 | 沙向社 | 苗栗縣南庄鄉 | 賽夏族 |
| 135. | 苗栗縣 | 大目淮社 | 苗栗縣南庄鄉 | 賽夏族 | 136. | 苗栗縣 | 查那角社 | 苗栗縣南庄鄉 | 賽夏族 |
| 137. | 苗栗縣 | 馬凹社 | 苗栗縣南庄鄉 | 賽夏族 | 138. | 苗栗縣 | 沙霧□社 | 苗栗縣南庄鄉 | 賽夏族 |
| 139. | 苗栗縣 | 油干孩兒社 | 苗栗縣泰安鄉 | 泰雅族 | 140. | 苗栗縣 | 雞阿振三社 | 苗栗縣泰安鄉 | 泰雅族 |

| 141. | 苗栗縣 | 水馬蘭社 | 苗栗縣泰安鄉 | 泰雅族 | 142. | 苗栗縣 | 那魯社 | 苗栗縣泰安鄉 | 泰雅族 |
|---|---|---|---|---|---|---|---|---|---|
| 143. | 苗栗縣 | 速古丹社 | 苗栗縣泰安鄉 | 泰雅族 | 144. | 苗栗縣 | 苔馬福社 | 苗栗縣泰安鄉 | 泰雅族 |
| 145. | 苗栗縣 | 馬眼社 | 苗栗縣泰安鄉 | 泰雅族 | 146. | 苗栗縣 | 加拉八社 | 苗栗縣泰安鄉 | 泰雅族 |
| 147. | 苗栗縣 | 馬速社 | 苗栗縣泰安鄉 | 泰雅族 | 148. | 苗栗縣 | 大熱社 | 苗栗縣泰安鄉 | 泰雅族 |
| 149. | 苗栗縣 | 大也甘社 | 苗栗縣泰安鄉 | 泰雅族 | 150. | 苗栗縣 | 風社（二） | 苗栗縣泰安鄉 | 泰雅族 |
| 151. | 苗栗縣 | 水燕社 | 苗栗縣泰安鄉 | 泰雅族 | 152. | 苗栗縣 | 梅素社 | 苗栗縣泰安鄉 | 泰雅族 |
| 153. | 苗栗縣 | 大窩二社 | 苗栗縣泰安鄉 | 泰雅族 | 154. | 苗栗縣 | 忠良社 | 苗栗縣泰安鄉 | 泰雅族 |
| 155. | 苗栗縣 | 斗南二社 | 苗栗縣泰安鄉 | 泰雅族 | 156. | 苗栗縣 | 九瓜社 | 苗栗縣泰安鄉 | 泰雅族 |
| 157. | 苗栗縣 | 眞眼社 | 苗栗縣泰安鄉 | 泰雅族 | 158. | 苗栗縣 | 西粵社 | 苗栗縣泰安鄉 | 泰雅族 |
| 159. | 苗栗縣 | 周勿社 | 苗栗縣泰安鄉 | 泰雅族 | 160. | 苗栗縣 | 明都郁三社（二） | 苗栗縣泰安鄉 | 泰雅族 |
| 161. | 苗栗縣 | 帶工社 | 苗栗縣泰安鄉 | 泰雅族 | 162. | 苗栗縣 | 碧牙蘭社 | 苗栗縣泰安鄉 | 泰雅族 |
| 163. | 苗栗縣 | 密那栳社 | 苗栗縣泰安鄉 | 泰雅族 | 164. | 苗栗縣 | 雪高翁上中下社 | 苗栗縣泰安鄉 | 泰雅族 |
| 165. | 苗栗縣 | 樟阿祿社 | 苗栗縣泰安鄉 | 泰雅族 | 166. | 苗栗縣 | 九江社 | 苗栗縣泰安鄉 | 泰雅族 |
| 167. | 苗栗縣 | 盡尾社（一） | 苗栗縣泰安鄉 | 泰雅族 | 168. | 苗栗縣 | 耶丹社 | 苗栗縣大湖鄉 | 泰雅族 |
| 169. | 苗栗縣 | 雪磨夕社 | 苗栗縣大湖鄉 | 泰雅族 | 170. | 苗栗縣 | 瓦丹社 | 苗栗縣大湖鄉 | 泰雅族 |
| 171. | 苗栗縣 | 達迷力社 | 苗栗縣大湖鄉 | 泰雅族 | 172. | 苗栗縣 | 衛社 | 苗栗縣大湖鄉 | 泰雅族 |
| 173. | 苗栗縣 | 石角社 | 苗栗縣大湖鄉 | 泰雅族 | 174. | 苗栗縣 | 沙力社 | 苗栗縣大湖鄉 | 泰雅族 |
| 175. | 苗栗縣 | 麻哩力社 | 苗栗縣大湖鄉 | 泰雅族 | 176. | 苗栗縣 | 武榮社 | 苗栗縣卓蘭鎮 | 泰雅族 |

| 177. | 苗栗縣 | 蘇魯社 | 苗栗縣卓蘭鎮 | 泰雅族 | 178. | 苗栗縣 | 武榮阿郎社 | 苗栗縣卓蘭鎮 | 泰雅族 |
|---|---|---|---|---|---|---|---|---|---|
| 179. | 苗栗縣 | 馬那邦社 | 苗栗縣卓蘭鎮 | 泰雅族 | 180. | 苗栗縣 | 老屋莪社 | 苗栗縣卓蘭鎮 | 泰雅族 |
| 181. | 苗栗縣 | 蘆翁社 | 苗栗縣卓蘭鎮 | 泰雅族 | 182. | 苗栗縣 | 德沐巫乃社 | 苗栗縣卓蘭鎮 | 泰雅族 |
| 183. | 苗栗縣 | 馬加完社 | 苗栗縣卓蘭鎮 | 泰雅族 | 184. | 苗栗縣 | 必皓社 | 苗栗縣卓蘭鎮 | 泰雅族 |
| 185. | 臺灣縣 | 捎來社 | 臺中市和平區 | 泰雅族 | 186. | 臺灣縣 | 油干來完社 | 臺中市和平區 | 泰雅族 |
| 187. | 臺灣縣 | 打竿社 | 臺中市和平區 | 泰雅族 | 188. | 臺灣縣 | 中心社 | 臺中市和平區 | 泰雅族 |
| 189. | 臺灣縣 | 盡尾社（二） | 臺中市和平區 | 泰雅族 | 190. | 臺灣縣 | 白毛社 | 臺中市和平區 | 泰雅族 |
| 191. | 臺灣縣 | 裡□社 | 臺中市和平區 | 泰雅族 | 192. | 臺灣縣 | 利豹社 | 臺中市和平區 | 泰雅族 |
| 193. | 臺灣縣 | 下月三社 | 臺中市和平區 | 泰雅族 | 194. | 臺灣縣 | 不下那二社 | 臺中市和平區 | 泰雅族 |
| 195. | 臺灣縣 | 三骨社 | 臺中市和平區 | 泰雅族 | 196. | 臺灣縣 | 爐完社 | 臺中市和平區 | 泰雅族 |
| 197. | 臺灣縣 | 德蘭社 | 臺中市和平區 | 泰雅族 | 198. | 臺灣縣 | 陳完社 | 臺中市和平區 | 泰雅族 |
| 199. | 臺灣縣 | 明墨社 | 臺中市和平區 | 泰雅族 | 200. | 臺灣縣 | 苔義社 | 臺中市和平區 | 泰雅族 |
| 201. | 臺灣縣 | 路骨社 | 臺中市和平區 | 泰雅族 | 202. | 臺灣縣 | 爐灶社 | 臺中市和平區 | 泰雅族 |
| 203. | 臺灣縣 | 利月社 | 臺中市和平區 | 泰雅族 | 204. | 臺灣縣 | 武改社 | 臺中市和平區 | 泰雅族 |
| 205. | 臺灣縣 | 舊决社 | 臺中市和平區 | 泰雅族 | 206. | 埔里廳 | 心美愛社 | 南投縣國姓鄉 | 泰雅族 |
| 207. | 埔里廳 | 沙扒社 | 南投縣國姓鄉 | 泰雅族 | 208. | 埔里廳 | 即爲社 | 南投縣國姓鄉 | 泰雅族 |
| 209. | 埔里廳 | 中吧旦社 | 南投縣國姓鄉 | 泰雅族 | 210. | 埔里廳 | 大吧蘭社 | 南投縣國姓鄉 | 泰雅族 |
| 211. | 埔里廳 | 下吧旦社 | 南投縣國姓鄉 | 泰雅族 | 212. | 埔里廳 | 尖利耍三社 | 南投縣國姓鄉 | 泰雅族 |

| 213. | 埔里廳 | 小利耍社 | 南投縣<br>國姓鄉 | 泰雅族 | 214. | 埔里廳 | 四寶社 | 南投縣<br>國姓鄉 | 泰雅族 |
|---|---|---|---|---|---|---|---|---|---|
| 215. | 埔里廳 | □□社 | 南投縣<br>國姓鄉 | 泰雅族 | 216. | 埔里廳 | 天莢社 | 南投縣<br>仁愛鄉 | 泰雅族 |
| 217. | 埔里廳 | 馬器武社 | 南投縣<br>仁愛鄉 | 泰雅族 | 218. | 埔里廳 | 馬旦那三社 | 南投縣<br>仁愛鄉 | 泰雅族 |
| 219. | 埔里廳 | 佳力六社 | 南投縣<br>國姓鄉 | 泰雅族 | 220. | 埔里廳 | 佳力社 | 南投縣<br>國姓鄉 | 泰雅族 |
| 221. | 埔里廳 | 霧大社 | 南投縣<br>國姓鄉 | 泰雅族 | 222. | 埔里廳 | 武吧旦社 | 南投縣<br>國姓鄉 | 泰雅族 |
| 223. | 埔里廳 | 小吧旦社 | 南投縣<br>國姓鄉 | 泰雅族 | 224. | 埔里廳 | 上吧旦社 | 南投縣<br>國姓鄉 | 泰雅族 |
| 225. | 埔里廳 | 後散社 | 南投縣<br>國姓鄉 | 泰雅族 | 226. | 埔里廳 | 萬大社 | 南投縣<br>國姓鄉 | 泰雅族 |
| 227. | 埔里廳 | 羅弗旦社 | 南投縣<br>國姓鄉 | 泰雅族 | 228. | 埔里廳 | 大崙頂社 | 南投縣<br>國姓鄉 | 泰雅族 |
| 229. | 埔里廳 | 簡沒社 | 南投縣<br>仁愛鄉 | 泰雅族 | 230. | 埔里廳 | 簡报社 | 南投縣<br>仁愛鄉 | 泰雅族 |
| 231. | 埔里廳 | 排史报社 | 南投縣<br>國姓鄉 | 泰雅族 | 232. | 埔里廳 | 阿蚊报社 | 南投縣<br>國姓鄉 | 泰雅族 |
| 233. | 埔里廳 | 下哮社 | 南投縣<br>國姓鄉 | 泰雅族 | 234. | 埔里廳 | 墨力社 | 南投縣<br>國姓鄉 | 泰雅族 |
| 235. | 埔里廳 | 憐湳社 | 南投縣<br>仁愛鄉 | 泰雅族 | 236. | 埔里廳 | 邦阿萬社 | 南投縣<br>仁愛鄉 | 泰雅族 |
| 237. | 埔里廳 | 茄老社 | 南投縣<br>埔里鎮 | 泰雅族 | 238. | 埔里廳 | 水頭社 | 南投縣<br>埔里鎮 | 泰雅族 |
| 239. | 埔里廳 | 麻哨社 | 南投縣<br>埔里鎮 | 泰雅族 | 240. | 埔里廳 | 鹿額社 | 南投縣<br>埔里鎮 | 泰雅族 |
| 241. | 埔里廳 | 阿彎社 | 南投縣<br>埔里鎮 | 泰雅族 | 242. | 埔里廳 | 額納社 | 南投縣<br>埔里鎮 | 泰雅族 |
| 243. | 埔里廳 | 武西社 | 南投縣<br>仁愛鄉 | 布農族 | 244. | 埔里廳 | 小武西社 | 南投縣<br>仁愛鄉 | 布農族 |
| 245. | 埔里廳 | 千搭萬社 | 南投縣<br>仁愛鄉 | 布農族 | 246. | 埔里廳 | 棹棍社（一） | 南投縣<br>仁愛鄉 | 布農族 |
| 247. | 雲林縣 | 卓大社 | 南投縣<br>仁愛鄉 | 布農族 | 248. | 埔里廳 | 敦攸社 | 南投縣<br>信義鄉 | 布農族 |

| 249. | 埔里廳 | 拔力干報社 | 南投縣信義鄉 | 布農族 | 250. | 埔里廳 | 八律干報社 | 南投縣信義鄉 | 布農族 |
|---|---|---|---|---|---|---|---|---|---|
| 251. | 埔里廳 | 篤收社 | 南投縣信義鄉 | 布農族 | 252. | 埔里廳 | 干老同社 | 南投縣信義鄉 | 布農族 |
| 253. | 雲林縣 | 口社（一） | 南投縣信義鄉 | 布農族 | 254. | 埔里廳 | 砧頭社 | 南投縣信義鄉 | 布農族 |
| 255. | 埔里廳 | 八地乃篤社 | 南投縣信義鄉 | 布農族 | 256. | 埔里廳 | 里霧社 | 南投縣信義鄉 | 布農族 |
| 257. | 埔里廳 | 月府報社 | 南投縣信義鄉 | 布農族 | 258. | 埔里廳 | 阿里散社 | 南投縣信義鄉 | 布農族 |
| 259. | 埔里廳 | 東機輪社 | 南投縣信義鄉 | 布農族 | 260. | 埔里廳 | 喜老社 | 南投縣信義鄉 | 布農族 |
| 261. | 埔里廳 | 簡吻社 | 南投縣信義鄉 | 布農族 | 262. | 埔里廳 | 哮末社 | 南投縣信義鄉 | 布農族 |
| 263. | 埔里廳 | 丹大社 | 南投縣信義鄉 | 布農族 | 264. | 埔里廳 | 授老母社 | 南投縣信義鄉 | 布農族 |
| 265. | 埔里廳 | 意□社 | 南投縣信義鄉 | 布農族 | 266. | 埔里廳 | 興武郡社 | 南投縣信義鄉 | 布農族 |
| 267. | 埔里廳 | 付貓丹社 | 南投縣信義鄉 | 布農族 | 268. | 埔里廳 | 拔是哮崙社 | 南投縣信義鄉 | 布農族 |
| 269. | 埔里廳 | 意龜社 | 南投縣信義鄉 | 布農族 | 270. | 埔里廳 | 下豹闇闇社 | 南投縣信義鄉 | 布農族 |
| 271. | 埔里廳 | 哮貓安社 | 南投縣信義鄉 | 布農族 | 272. | 埔里廳 | 水四哮萬社 | 南投縣信義鄉 | 布農族 |
| 273. | 埔里廳 | 皆動社 | 南投縣信義鄉 | 布農族 | 274. | 埔里廳 | 客社 | 南投縣信義鄉 | 布農族 |
| 275. | 埔里廳 | 納納社 | 南投縣信義鄉 | 布農族 | 276. | 埔里廳 | □仔社 | 南投縣信義鄉 | 布農族 |
| 277. | 埔里廳 | 福橋社 | 南投縣信義鄉 | 布農族 | 278. | 埔里廳 | 哖錢蘭社 | 南投縣信義鄉 | 布農族 |
| 279. | 埔里廳 | 哮貓安社 | 南投縣信義鄉 | 布農族 | 280. | 埔里廳 | 群鞍社 | 南投縣信義鄉 | 布農族 |
| 281. | 埔里廳 | 異老間社 | 南投縣信義鄉 | 布農族 | 282. | 埔里廳 | 郡大社 | 南投縣信義鄉 | 布農族 |
| 283. | 埔里廳 | 內治夘社 | 南投縣信義鄉 | 布農族 | 284. | 埔里廳 | 柑仔林社 | 南投縣信義鄉 | 布農族 |

| 285. | 埔里廳 | 意小禮社 | 南投縣信義鄉 | 布農族 | 286. | 埔里廳 | □大社 | 南投縣信義鄉 | 布農族 |
|---|---|---|---|---|---|---|---|---|---|
| 287. | 埔里廳 | 改□社 | 南投縣信義鄉 | 布農族 | 288. | 埔里廳 | 黨閣社 | 南投縣信義鄉 | 布農族 |
| 289. | 埔里廳 | 橋頭社 | 南投縣信義鄉 | 布農族 | 290. | 埔里廳 | 東閣社 | 南投縣信義鄉 | 布農族 |
| 291. | 埔里廳 | 意毛社 | 南投縣信義鄉 | 布農族 | 292. | 埔里廳 | 意書社 | 南投縣信義鄉 | 布農族 |
| 293. | 埔里廳 | 到知力社 | 南投縣信義鄉 | 布農族 | 294. | 埔里廳 | 邦改犁社 | 南投縣信義鄉 | 布農族 |
| 295. | 埔里廳 | 外毛註社 | 南投縣信義鄉 | 布農族 | 296. | 埔里廳 | 外治夘社 | 南投縣信義鄉 | 布農族 |
| 297. | 埔里廳 | 丹梛社 | 南投縣信義鄉 | 布農族 | 298. | 埔里廳 | 樟棍社（二） | 南投縣信義鄉 | 布農族 |
| 299. | 埔里廳 | 郡坑社 | 南投縣信義鄉 | 布農族 | 300. | 埔里廳 | □魚池社 | 南投縣信義鄉 | 布農族 |
| 301. | 埔里廳 | 拔□溝社 | 南投縣信義鄉 | 布農族 | 302. | 埔里廳 | 日南社 | 南投縣埔里鎮 | 布農族 |
| 303. | 埔里廳 | 蚊蚊社 | 南投縣埔里鎮 | 布農族 | 304. | 埔里廳 | 十□叛报社 | 南投縣埔里鎮 | 布農族 |
| 305. | 埔里廳 | 六六社 | 南投縣埔里鎮 | 布農族 | 306. | 埔里廳 | 水社 | 南投縣埔里鎮 | 邵族 |
| 307. | 雲林縣 | 早墨社 | 南投縣信義鄉 | 布農族 | 308. | 雲林縣 | 十八重溪社 | 南投縣信義鄉 | 布農族 |
| 309. | 雲林縣 | 東埔社 | 南投縣信義鄉 | 布農族 | 310. | 雲林縣 | 意老讚社 | 南投縣信義鄉 | 布農族 |
| 311. | 雲林縣 | 轆轆社 | 南投縣信義鄉 | 布農族 | 312. | 雲林縣 | 虯朱社 | 南投縣信義鄉 | 布農族 |
| 313. | 雲林縣 | 內□社 | 南投縣信義鄉 | 布農族 | 314. | 雲林縣 | 是難社 | 南投縣信義鄉 | 布農族 |
| 315. | 雲林縣 | 加打咱社 | 南投縣埔里鎮 | 布農族 | 316. | 雲林縣 | 鹿株社 | 南投縣埔里鎮 | 布農族 |
| 317. | 雲林縣 | 和社 | 南投縣埔里鎮 | 布農族 | 318. | 雲林縣 | 南仔萬社 | 南投縣埔里鎮 | 布農族 |
| 319. | 雲林縣 | 石古盤社 | 南投縣信義鄉 | 布農族 | 320. | 雲林縣 | 力仔子社 | 南投縣信義鄉 | 布農族 |

| 321. | 雲林縣 | 食毛打格社 | 南投縣信義鄉 | 布農族 | 322. | 雲林縣 | 放閣社 | 南投縣信義鄉 | 布農族 |
|---|---|---|---|---|---|---|---|---|---|
| 323. | 嘉義縣 | 四張犁湖社 | 嘉義縣阿里山鄉 | 鄒族 | 324. | 雲林縣 | 知母撈大社 | 嘉義縣阿里山鄉 | 鄒族 |
| 325. | 嘉義縣 | 達邦大社 | 嘉義縣阿里山鄉 | 鄒族 | 326. | 嘉義縣 | 不識樹仔社 | 嘉義縣阿里山鄉 | 鄒族 |
| 327. | 嘉義縣 | 魚傍雁社 | 嘉義縣阿里山鄉 | 鄒族 | 328. | 嘉義縣 | 留端社 | 嘉義縣阿里山鄉 | 鄒族 |
| 329. | 嘉義縣 | 薩尚社 | 嘉義縣阿里山鄉 | 鄒族 | 330. | 嘉義縣 | 籐橋社 | 嘉義縣阿里山鄉 | 鄒族 |
| 331. | 嘉義縣 | □□社 | 嘉義縣阿里山鄉 | 鄒族 | 332. | 嘉義縣 | 鱉獺社 | 嘉義縣阿里山鄉 | 鄒族 |
| 333. | 嘉義縣 | 阿郡社 | 嘉義縣阿里山鄉 | 鄒族 | 334. | 嘉義縣 | 習武羽社 | 嘉義縣阿里山鄉 | 鄒族 |
| 335. | 嘉義縣 | 粥頭社 | 嘉義縣阿里山鄉 | 鄒族 | 336. | 嘉義縣 | 竹腳社 | 嘉義縣阿里山鄉 | 鄒族 |
| 337. | 嘉義縣 | 無老孕社 | 嘉義縣阿里山鄉 | 鄒族 | 338. | 嘉義縣 | 獺嘮社 | 嘉義縣阿里山鄉 | 鄒族 |
| 339. | 嘉義縣 | 汝鳳社 | 嘉義縣阿里山鄉 | 鄒族 | 340. | 嘉義縣 | 龜鱉盞社 | 嘉義縣阿里山鄉 | 鄒族 |
| 341. | 嘉義縣 | 樟腳社 | 嘉義縣阿里山鄉 | 鄒族 | 342. | 嘉義縣 | 厘仔月虎社 | 嘉義縣阿里山鄉 | 鄒族 |
| 343. | 嘉義縣 | 頂笨社 | 嘉義縣阿里山鄉 | 鄒族 | 344. | 嘉義縣 | 簡霧社 | 高雄市桃源區 | 布農族 |
| 345. | 嘉義縣 | 米人社 | 高雄市桃源區 | 布農族 | 346. | 嘉義縣 | 顧裡社 | 高雄市桃源區 | 布農族 |
| 347. | 嘉義縣 | 敗剪社 | 高雄市桃源區 | 布農族 | 348. | 嘉義縣 | 帶那鹿社 | 高雄市桃源區 | 布農族 |
| 349. | 嘉義縣 | 墩仔社 | 高雄市桃源區 | 布農族 | 350. | 嘉義縣 | 猛仔社 | 高雄市桃源區 | 布農族 |
| 351. | 嘉義縣 | 高斗龍社 | 高雄市桃源區 | 布農族 | 352. | 鳳山縣 | 沙摩溪社 | 高雄市茂林區 | 魯凱族 |
| 353. | 鳳山縣 | 半路店社 | 高雄市茂林區 | 魯凱族 | 354. | 鳳山縣 | 口社（二） | 屏東縣三地門鄉 | 排灣族 |
| 355. | 鳳山縣 | 下拜環七社 | 屏東縣三地門鄉 | 排灣族 | 356. | 鳳山縣 | 上大社 | 屏東縣三地門鄉 | 排灣族 |

| | | | | | | | | |
|---|---|---|---|---|---|---|---|---|
| 357. | 鳳山縣 | 打渣老社 | 屏東縣三地門鄉 | 排灣族 | 258. | 鳳山縣 | 馬溜溜社 | 屏東縣三地門鄉 | 排灣族 |
| 359. | 鳳山縣 | □□□社 | 屏東縣三地門鄉 | 排灣族 | 360. | 鳳山縣 | □社 | 屏東縣三地門鄉 | 排灣族 |
| 361. | 鳳山縣 | □社 | 屏東縣三地門鄉 | 排灣族 | 362. | 鳳山縣 | □□社 | 屏東縣三地門鄉 | 排灣族 |
| 363. | 鳳山縣 | □□社 | 屏東縣三地門鄉 | 排灣族 | 364. | 鳳山縣 | □□社 | 屏東縣三地門鄉 | 排灣族 |
| 365. | 鳳山縣 | 上生社 | 屏東縣三地門鄉 | 排灣族 | 366. | 鳳山縣 | 柏也□大社 | 屏東縣瑪家鄉 | 排灣族 |
| 367. | 鳳山縣 | 山豬毛番社 | 屏東縣三地門鄉 | 排灣族 | 368. | 鳳山縣 | 柏也野社 | 屏東縣瑪家鄉 | 排灣族 |
| 369. | 鳳山縣 | 柏葉社 | 屏東縣瑪家鄉 | 排灣族 | 370. | 鳳山縣 | 八帶帥社 | 屏東縣瑪家鄉 | 排灣族 |
| 371. | 鳳山縣 | 山礼苔社 | 屏東縣瑪家鄉 | 排灣族 | 372. | 鳳山縣 | 那達社 | 屏東縣霧臺鄉 | 排灣族 |
| 373. | 鳳山縣 | □□社 | 屏東縣霧臺鄉 | 排灣族 | 374. | 鳳山縣 | □□社 | 屏東縣霧臺鄉 | 排灣族 |
| 375. | 鳳山縣 | □□社 | 屏東縣霧臺鄉 | 排灣族 | 376. | 鳳山縣 | □□社 | 屏東縣霧臺鄉 | 排灣族 |
| 377. | 鳳山縣 | □□社 | 屏東縣霧臺鄉 | 排灣族 | 378. | 鳳山縣 | 高馬耍社 | 屏東縣霧臺鄉 | 排灣族 |
| 379. | 鳳山縣 | 加柄社 | 屏東縣泰武鄉 | 排灣族 | 380. | 鳳山縣 | 陳阿修社 | 屏東縣泰武鄉 | 排灣族 |
| 381. | 鳳山縣 | 望阿力社 | 屏東縣泰武鄉 | 排灣族 | 382. | 鳳山縣 | 七□□南周社 | 屏東縣泰武鄉 | 排灣族 |
| 383. | 鳳山縣 | 內社（一） | 屏東縣來義鄉 | 排灣族 | 384. | 鳳山縣 | 彪麥社 | 屏東縣來義鄉 | 排灣族 |
| 385. | 鳳山縣 | 排力社 | 屏東縣來義鄉 | 排灣族 | 386. | 鳳山縣 | 埔圳鹿社 | 屏東縣來義鄉 | 排灣族 |
| 387. | 鳳山縣 | 本地社 | 屏東縣來義鄉 | 排灣族 | 388. | 恆春縣 | 草山社 | 屏東縣獅子鄉 | 排灣族 |
| 389. | 恆春縣 | 苔家藔社 | 屏東縣獅子鄉 | 排灣族 | 390. | 恆春縣 | 阿也美薛社 | 屏東縣獅子鄉 | 排灣族 |
| 391. | 恆春縣 | 董底社 | 屏東縣獅子鄉 | 排灣族 | 392. | 恆春縣 | 近阿烟社 | 屏東縣獅子鄉 | 排灣族 |

| 393. | 恆春縣 | 內獅頭社 | 屏東縣獅子鄉 | 排灣族 | 394. | 恆春縣 | 中心崙社 | 屏東縣獅子鄉 | 排灣族 |
|---|---|---|---|---|---|---|---|---|---|
| 395. | 恆春縣 | 內文社 | 屏東縣獅子鄉 | 排灣族 | 396. | 恆春縣 | 大干子密社 | 屏東縣獅子鄉 | 排灣族 |
| 397. | 恆春縣 | 外獅頭社 | 屏東縣獅子鄉 | 排灣族 | 398. | 恆春縣 | 中文社 | 屏東縣獅子鄉 | 排灣族 |
| 399. | 恆春縣 | 竹坑社 | 屏東縣獅子鄉 | 排灣族 | 400. | 恆春縣 | 馬興崎社 | 屏東縣獅子鄉 | 排灣族 |
| 401. | 恆春縣 | 周武濫社 | 屏東縣獅子鄉 | 排灣族 | 402. | 恆春縣 | 內麻離巴社 | 屏東縣獅子鄉 | 排灣族 |
| 403. | 恆春縣 | 外文社 | 屏東縣獅子鄉 | 排灣族 | 404. | 恆春縣 | 中麻離巴社 | 屏東縣獅子鄉 | 排灣族 |
| 405. | 恆春縣 | 霧里社 | 屏東縣獅子鄉 | 排灣族 | 406. | 恆春縣 | 外麻離巴社 | 屏東縣獅子鄉 | 排灣族 |
| 407. | 恆春縣 | 阿□社 | 屏東縣獅子鄉 | 排灣族 | 408. | 恆春縣 | 武巒社 | 屏東縣獅子鄉 | 排灣族 |
| 409. | 恆春縣 | 小籠肴社 | 屏東縣獅子鄉 | 排灣族 | 410. | 恆春縣 | 射不力社 | 屏東縣獅子鄉 | 排灣族 |
| 411. | 恆春縣 | 家新路社 | 屏東縣獅子鄉 | 排灣族 | 412. | 恆春縣 | 筷子社 | 屏東縣牡丹鄉 | 排灣族 |
| 413. | 恆春縣 | 竹社 | 屏東縣牡丹鄉 | 排灣族 | 414. | 恆春縣 | 內加來社 | 屏東縣牡丹鄉 | 排灣族 |
| 415. | 恆春縣 | 阿□社 | 屏東縣牡丹鄉 | 排灣族 | 416. | 恆春縣 | 根□□社 | 屏東縣牡丹鄉 | 排灣族 |
| 417. | 恆春縣 | 一眉社 | 屏東縣牡丹鄉 | 排灣族 | 418. | 恆春縣 | 牵芒社 | 屏東縣春日鄉 | 排灣族 |
| 419. | 恆春縣 | 加之來社 | 屏東縣牡丹鄉 | 排灣族 | 420. | 恆春縣 | 姑之滷圬社 | 屏東縣牡丹鄉 | 排灣族 |
| 421. | 恆春縣 | 牡丹中社 | 屏東縣牡丹鄉 | 排灣族 | 422. | 恆春縣 | 牡丹力礼社 | 屏東縣牡丹鄉 | 排灣族 |
| 423. | 恆春縣 | 牡丹大社 | 屏東縣牡丹鄉 | 排灣族 | 424. | 恆春縣 | 高士佛社 | 屏東縣牡丹鄉 | 排灣族 |
| 425. | 恆春縣 | 四格林社 | 屏東縣牡丹鄉 | 排灣族 | 426. | 恆春縣 | 八磘灣社 | 屏東縣牡丹鄉 | 排灣族 |
| 427. | 恆春縣 | 射麻裡社 | 屏東縣滿州鄉 | 排灣族 | 428. | 恆春縣 | 龜仔角社（一） | 屏東縣滿州鄉 | 排灣族 |

| 429. | 恆春縣 | 干子密社 | 屏東縣滿州鄉 | 排灣族 | 430. | 恆春縣 | 豬勝束社 | 屏東縣滿州鄉 | 排灣族 |
|------|--------|----------|--------------|--------|------|--------|----------|--------------|--------|
| 431. | 恆春縣 | 蚊率社 | 屏東縣滿州鄉 | 排灣族 | 432. | 恆春縣 | 龜仔角社（二） | 屏東縣滿州鄉 | 排灣族 |
| 433. | 恆春縣 | □林社 | 屏東縣滿州鄉 | 排灣族 | 434. | 恆春縣 | 萬里得社 | 屏東縣滿州鄉 | 排灣族 |
| 435. | 恆春縣 | 湛湛社 | 屏東縣恆春鎮 | 排灣族 | 436. | 恆春縣 | 蔴仔社 | 屏東縣恆春鎮 | 排灣族 |
| 437. | 恆春縣 | 大板埒社 | 屏東縣恆春鎮 | 排灣族 | 438. | 宜蘭縣 | 簡挐鶴社 | 桃園市復興區 | 泰雅族 |
| 439. | 宜蘭縣 | 歪龍社 | 桃園市復興區 | 泰雅族 | 440. | 宜蘭縣 | 加拉社 | 桃園市復興區 | 泰雅族 |
| 441. | 宜蘭縣 | 碧霞山社 | 桃園市復興區 | 泰雅族 | 442. | 宜蘭縣 | 覓錫社 | 桃園市復興區 | 泰雅族 |
| 443. | 宜蘭縣 | 哥樂社 | 桃園市復興區 | 泰雅族 | 444. | 宜蘭縣 | 德家產社 | 桃園市復興區 | 泰雅族 |
| 445. | 宜蘭縣 | 舌阿笋二社 | 桃園市復興區 | 泰雅族 | 446. | 宜蘭縣 | 憐納輝二社 | 宜蘭縣大同鄉 | 泰雅族 |
| 447. | 宜蘭縣 | 是撫遠二社 | 宜蘭縣大同鄉 | 泰雅族 | 448. | 宜蘭縣 | 舌馬岳二社 | 宜蘭縣大同鄉 | 泰雅族 |
| 449. | 宜蘭縣 | 瓜立二社 | 宜蘭縣大同鄉 | 泰雅族 | 450. | 宜蘭縣 | 搭壁罕社 | 宜蘭縣大同鄉 | 泰雅族 |
| 451. | 宜蘭縣 | 黑宿社 | 宜蘭縣大同鄉 | 泰雅族 | 452. | 宜蘭縣 | 糜興社 | 宜蘭縣大同鄉 | 泰雅族 |
| 453. | 宜蘭縣 | 目歹摩搭社 | 宜蘭縣大同鄉 | 泰雅族 | 454. | 宜蘭縣 | 加膏鬱社 | 宜蘭縣大同鄉 | 泰雅族 |
| 455. | 宜蘭縣 | 阿馬堵賴社 | 宜蘭縣蘇澳鎮 | 泰雅族 | 456. | 宜蘭縣 | 吹毛馬干社 | 宜蘭縣蘇澳鎮 | 泰雅族 |
| 457. | 宜蘭縣 | 毛圭社 | 宜蘭縣蘇澳鎮 | 泰雅族 | 458. | 宜蘭縣 | 有干毛果社 | 宜蘭縣蘇澳鎮 | 泰雅族 |
| 459. | 宜蘭縣 | 末都納社 | 宜蘭縣蘇澳鎮 | 泰雅族 | 460. | 宜蘭縣 | 老狗五社 | 宜蘭縣蘇澳鎮 | 泰雅族 |
| 461. | 宜蘭縣 | 武格社 | 宜蘭縣南澳鎮 | 泰雅族 | 462. | 宜蘭縣 | 東澳社 | 宜蘭縣蘇澳鎮 | 泰雅族 |
| 463. | 臺東直隸州 | 南澳社 | 宜蘭縣南澳鎮 | 泰雅族 | 464. | 臺東直隸州 | 南五社 | 宜蘭縣南澳鎮 | 泰雅族 |

| 465. | 臺東直隸州 | 席基納社 | 宜蘭縣南澳鎮 | 泰雅族 | 466. | 臺東直隸州 | 四煙老瓦社 | 花蓮縣秀林鄉 | 泰雅族 |
|---|---|---|---|---|---|---|---|---|---|
| 467. | 臺東直隸州 | 瓦丹四打社 | 花蓮縣秀林鄉 | 泰雅族 | 468. | 臺東直隸州 | 有干籠崖社 | 花蓮縣秀林鄉 | 泰雅族 |
| 469. | 臺東直隸州 | 擺骨社 | 花蓮縣秀林鄉 | 泰雅族 | 470. | 臺東直隸州 | 阿歪打把社 | 花蓮縣秀林鄉 | 泰雅族 |
| 471. | 臺東直隸州 | 打馬籠二社 | 花蓮縣秀林鄉 | 泰雅族 | 472. | 臺東直隸州 | 密梣煙二社 | 花蓮縣秀林鄉 | 泰雅族 |
| 473. | 臺東直隸州 | 拜呵暖二社 | 花蓮縣秀林鄉 | 泰雅族 | 474. | 臺東直隸州 | 打滾下墨二社 | 花蓮縣秀林鄉 | 泰雅族 |
| 475. | 臺東直隸州 | 有敏九社 | 花蓮縣秀林鄉 | 泰雅族 | 476. | 臺東直隸州 | 打滾呵罔社 | 花蓮縣秀林鄉 | 泰雅族 |
| 477. | 臺東直隸州 | 七腳籠社 | 花蓮縣秀林鄉 | 泰雅族 | 478. | 臺東直隸州 | 大老閣外三社 | 花蓮縣秀林鄉 | 泰雅族 |
| 479. | 臺東直隸州 | 石室社 | 花蓮縣秀林鄉 | 泰雅族 | 480. | 臺東直隸州 | 大老閣內二社 | 花蓮縣秀林鄉 | 泰雅族 |
| 481. | 臺東直隸州 | 魯登社 | 花蓮縣秀林鄉 | 泰雅族 | 482. | 臺東直隸州 | 得其黎社 | 花蓮縣秀林鄉 | 泰雅族 |
| 483. | 臺東直隸州 | 九宛社 | 花蓮縣秀林鄉 | 泰雅族 | 484. | 臺東直隸州 | 木瓜內各社 | 花蓮縣秀林鄉 | 泰雅族 |
| 485. | 臺東直隸州 | 木瓜各社 | 花蓮縣秀林鄉 | 泰雅族 | 486. | 臺東直隸州 | 馬腦滿社 | 花蓮縣秀林鄉 | 泰雅族 |
| 487. | 臺東直隸州 | 狗蘭社 | 花蓮縣秀林鄉 | 泰雅族 | 488. | 臺東直隸州 | 馬力和社 | 花蓮縣秀林鄉 | 泰雅族 |
| 489. | 臺東直隸州 | 紅梨老社 | 花蓮縣秀林鄉 | 泰雅族 | 490. | 臺東直隸州 | 加山社 | 花蓮縣秀林鄉 | 泰雅族 |
| 491. | 臺東直隸州 | 加虱社 | 花蓮縣秀林鄉 | 泰雅族 | 492. | 臺東直隸州 | 銅文社 | 花蓮縣秀林鄉 | 泰雅族 |
| 493. | 臺東直隸州 | 浸利社 | 花蓮縣秀林鄉 | 泰雅族 | 494. | 臺東直隸州 | 高瑤社 | 花蓮縣花蓮市 | 阿美族 |
| 495. | 臺東直隸州 | 改為佳洛社 | 花蓮縣花蓮市 | 阿美族 | 496. | 臺東直隸州 | 尾尾社 | 花蓮縣花蓮市 | 阿美族 |
| 497. | 臺東直隸州 | 加礼宛社 | 花蓮縣花蓮市 | 阿美族 | 498. | 臺東直隸州 | 即歸化社 | 花蓮縣吉安鄉 | 阿美族 |
| 499. | 臺東直隸州 | 大腳以社 | 花蓮縣吉安鄉 | 阿美族 | 500. | 臺東直隸州 | 荳蘭社 | 花蓮縣吉安鄉 | 阿美族 |

| 501. | 臺東直隸州 | 薄薄社 | 花蓮縣吉安鄉 | 阿美族 | 502. | 臺東直隸州 | 飽干社 | 花蓮縣吉安鄉 | 阿美族 |
|---|---|---|---|---|---|---|---|---|---|
| 503. | 臺東直隸州 | 集集社 | 花蓮縣吉安鄉 | 阿美族 | 504. | 臺東直隸州 | 軍威社 | 花蓮縣吉安鄉 | 阿美族 |
| 505. | 臺東直隸州 | 里漏社 | 花蓮縣吉安鄉 | 阿美族 | 506. | 臺東直隸州 | 馬大鞍社 | 花蓮縣光復鄉 | 阿美族 |
| 507. | 臺東直隸州 | 米則社 | 花蓮縣光復鄉 | 阿美族 | 508. | 臺東直隸州 | 良化社 | 花蓮縣光復鄉 | 阿美族 |
| 509. | 臺東直隸州 | 善化社 | 花蓮縣光復鄉 | 阿美族 | 510. | 臺東直隸州 | 大巴望社 | 花蓮縣光復鄉 | 阿美族 |
| 511. | 臺東直隸州 | 馬於文社 | 花蓮縣光復鄉 | 阿美族 | 512. | 臺東直隸州 | 大肚壓社 | 花蓮縣瑞穗鄉 | 阿美族 |
| 513. | 臺東直隸州 | 周望社 | 花蓮縣瑞穗鄉 | 阿美族 | 514. | 臺東直隸州 | 沙佬社 | 花蓮縣瑞穗鄉 | 阿美族 |
| 515. | 臺東直隸州 | 興實骨丹社 | 花蓮縣萬榮鄉 | 布農族 | 516. | 臺東直隸州 | 納時達社 | 花蓮縣萬榮鄉 | 布農族 |
| 517. | 臺東直隸州 | 周武□社 | 花蓮縣萬榮鄉 | 布農族 | 518. | 臺東直隸州 | 嘩嘩洞社 | 花蓮縣萬榮鄉 | 布農族 |
| 519. | 臺東直隸州 | 興武郡社 | 花蓮縣萬榮鄉 | 布農族 | 520. | 臺東直隸州 | 巫耆宿社 | 花蓮縣萬榮鄉 | 布農族 |
| 521. | 臺東直隸州 | 化良社 | 花蓮縣萬榮鄉 | 布農族 | 522. | 臺東直隸州 | 入仔山社 | 花蓮縣萬榮鄉 | 布農族 |
| 523. | 臺東直隸州 | 馬於安社 | 花蓮縣萬榮鄉 | 布農族 | 524. | 臺東直隸州 | 馬漏凹物社 | 花蓮縣萬榮鄉 | 布農族 |
| 525. | 臺東直隸州 | 興佛東社 | 花蓮縣萬榮鄉 | 布農族 | 526. | 臺東直隸州 | 馬馬賀社 | 花蓮縣萬榮鄉 | 布農族 |
| 527. | 臺東直隸州 | 分行社 | 花蓮縣萬榮鄉 | 布農族 | 528. | 臺東直隸州 | 貓公社 | 花蓮縣豐濱鄉 | 阿美族 |
| 529. | 臺東直隸州 | 姑律社 | 花蓮縣豐濱鄉 | 阿美族 | 530. | 臺東直隸州 | 納納社 | 花蓮縣豐濱鄉 | 阿美族 |
| 531. | 臺東直隸州 | 丁仔佬社 | 花蓮縣豐濱鄉 | 阿美族 | 532. | 臺東直隸州 | 八里環社 | 花蓮縣豐濱鄉 | 阿美族 |
| 533. | 臺東直隸州 | 奇密社 | 花蓮縣豐濱鄉 | 阿美族 | 534. | 臺東直隸州 | □□蟀社 | 花蓮縣豐濱鄉 | 阿美族 |
| 535. | 臺東直隸州 | □□立社 | 花蓮縣豐濱鄉 | 阿美族 | 536. | 臺東直隸州 | □□社 | 花蓮縣豐濱鄉 | 阿美族 |

| | | | | | | | | |
|---|---|---|---|---|---|---|---|---|
| 537. | 臺東直隸州 | 下撈灣社 | 花蓮縣玉里鎮 | 阿美族 | 538. | 臺東直隸州 | 加納納社 | 花蓮縣玉里鎮 | 阿美族 |
| 539. | 臺東直隸州 | 座主板社 | 花蓮縣卓溪鄉 | 布農族 | 540. | 臺東直隸州 | 異祿閣社 | 花蓮縣卓溪鄉 | 布農族 |
| 541. | 臺東直隸州 | 牛嶺店社 | 花蓮縣卓溪鄉 | 布農族 | 542. | 臺東直隸州 | 內嶺裡社 | 花蓮縣卓溪鄉 | 布農族 |
| 543. | 臺東直隸州 | 大崙坑社 | 花蓮縣卓溪鄉 | 布農族 | 544. | 臺東直隸州 | 外嶺裡社 | 花蓮縣卓溪鄉 | 布農族 |
| 545. | 臺東直隸州 | 雅托社 | 花蓮縣卓溪鄉 | 布農族 | 546. | 臺東直隸州 | 哈本社 | 花蓮縣卓溪鄉 | 布農族 |
| 547. | 臺東直隸州 | 加礼不宗社 | 花蓮縣卓溪鄉 | 布農族 | 548. | 臺東直隸州 | 大轆轆社 | 花蓮縣卓溪鄉 | 布農族 |
| 549. | 臺東直隸州 | 大崙溪社 | 花蓮縣卓溪鄉 | 布農族 | 550. | 臺東直隸州 | 小轆轆社 | 花蓮縣卓溪鄉 | 布農族 |
| 551. | 臺東直隸州 | 卓溪社 | 花蓮縣卓溪鄉 | 布農族 | 552. | 臺東直隸州 | 異卓辨社 | 花蓮縣卓溪鄉 | 布農族 |
| 553. | 臺東直隸州 | 高山中社 | 花蓮縣卓溪鄉 | 布農族 | 554. | 臺東直隸州 | 清水社 | 花蓮縣卓溪鄉 | 布農族 |
| 555. | 臺東直隸州 | 石腔社 | 臺東縣長濱鄉 | 阿美族 | 556. | 臺東直隸州 | 蟳仔社 | 臺東縣長濱鄉 | 阿美族 |
| 557. | 臺東直隸州 | 微沙鹿社 | 臺東縣成功鎮 | 阿美族 | 558. | 臺東直隸州 | 麻馬漏社 | 臺東縣成功鎮 | 阿美族 |
| 559. | 臺東直隸州 | 莪律社 | 臺東縣成功鎮 | 阿美族 | 560. | 臺東直隸州 | 都瀝社 | 臺東縣成功鎮 | 阿美族 |
| 561. | 臺東直隸州 | 大馬武吻社 | 臺東縣東河鄉 | 阿美族 | 562. | 臺東直隸州 | 小馬武吻社 | 臺東縣東河鄉 | 阿美族 |
| 563. | 臺東直隸州 | 石滾轡社 | 臺東縣東河鄉 | 阿美族 | 564. | 臺東直隸州 | 八里芒愛社 | 臺東縣東河鄉 | 阿美族 |
| 565. | 臺東直隸州 | 都巒社 | 臺東縣東河鄉 | 阿美族 | 566. | 臺東直隸州 | 阿郎八灣社 | 臺東縣東河鄉 | 阿美族 |
| 567. | 臺東直隸州 | 基南社 | 臺東縣東河鄉 | 阿美族 | 568. | 臺東直隸州 | 加里猛壓社 | 臺東縣東河鄉 | 阿美族 |
| 569. | 臺東直隸州 | 新溪頭社 | 臺東縣海端鄉 | 布農族 | 570. | 臺東直隸州 | 大里廚社 | 臺東縣海端鄉 | 布農族 |
| 571. | 臺東直隸州 | 坑頭社 | 臺東縣海端鄉 | 布農族 | 572. | 臺東直隸州 | 小里廚社 | 臺東縣海端鄉 | 布農族 |

| 573. | 臺東<br>直隸州 | 異馬母社 | 臺東縣<br>海端鄉 | 布農族 | 574. | 臺東<br>直隸州 | 異吻吻社 | 臺東縣<br>海端鄉 | 布農族 |
|---|---|---|---|---|---|---|---|---|---|
| 575. | 臺東<br>直隸州 | 異哨社 | 臺東縣<br>海端鄉 | 布農族 | 576. | 臺東<br>直隸州 | 網綢社 | 臺東縣<br>海端鄉 | 布農族 |
| 577. | 臺東<br>直隸州 | 加志尾社 | 臺東縣<br>海端鄉 | 布農族 | 578. | 臺東<br>直隸州 | 哈未社 | 臺東縣<br>海端鄉 | 布農族 |
| 579. | 臺東<br>直隸州 | 蚊蚊社 | 臺東縣<br>海端鄉 | 布農族 | 580. | 臺東<br>直隸州 | 吻吻社 | 臺東縣<br>海端鄉 | 布農族 |
| 581. | 臺東<br>直隸州 | 大里□社 | 臺東縣<br>海端鄉 | 布農族 | 582. | 臺東<br>直隸州 | 下仙路社 | 臺東縣<br>海端鄉 | 布農族 |
| 583. | 臺東<br>直隸州 | 小納納社 | 臺東縣<br>延平鄉 | 布農族 | 584. | 臺東<br>直隸州 | 利行社 | 臺東縣<br>海端鄉 | 布農族 |
| 585. | 臺東<br>直隸州 | 大里先社 | 臺東縣<br>海端鄉 | 布農族 | 586. | 臺東<br>直隸州 | 阿粽英社 | 臺東縣<br>海端鄉 | 布農族 |
| 587. | 臺東<br>直隸州 | 新武洛社 | 臺東縣<br>海端鄉 | 布農族 | 588. | 臺東<br>直隸州 | □訓社 | 臺東縣<br>海端鄉 | 布農族 |
| 589. | 臺東<br>直隸州 | 坑尾社 | 臺東縣<br>海端鄉 | 布農族 | 590. | 臺東<br>直隸州 | 麻加里萬社 | 臺東縣<br>海端鄉 | 布農族 |
| 591. | 臺東<br>直隸州 | 丹那社 | 臺東縣<br>海端鄉 | 布農族 | 592. | 臺東<br>直隸州 | 里苔社 | 臺東縣<br>海端鄉 | 布農族 |
| 593. | 臺東<br>直隸州 | 合水社 | 臺東縣<br>海端鄉 | 布農族 | 594. | 臺東<br>直隸州 | 務祿甘社 | 臺東縣<br>鹿野鄉 | 布農族 |
| 595. | 臺東<br>直隸州 | 雷公火社 | 臺東縣<br>鹿野鄉 | 布農族 | 596. | 臺東<br>直隸州 | 擺仔擺社 | 臺東縣<br>鹿野鄉 | 布農族 |
| 597. | 臺東<br>直隸州 | 老巴那叭社 | 臺東縣<br>鹿野鄉 | 布農族 | 598. | 臺東<br>直隸州 | 北絲鬮社 | 臺東縣<br>卑南鄉 | 卑南族 |
| 599. | 臺東<br>直隸州 | 里學社 | 臺東縣<br>卑南鄉 | 卑南族 | 600. | 臺東<br>直隸州 | 班鳩社 | 臺東縣<br>卑南鄉 | 卑南族 |
| 601. | 臺東<br>直隸州 | 阿里排社 | 臺東縣<br>卑南鄉 | 卑南族 | 602. | 臺東<br>直隸州 | 大巴六九新<br>社 | 臺東縣<br>卑南鄉 | 卑南族 |
| 603. | 臺東<br>直隸州 | 遵化社 | 臺東縣<br>卑南鄉 | 卑南族 | 604. | 臺東<br>直隸州 | 大巴六九舊<br>社 | 臺東縣<br>卑南鄉 | 卑南族 |
| 605. | 臺東<br>直隸州 | 迪化社 | 臺東縣<br>卑南鄉 | 卑南族 | 606. | 臺東<br>直隸州 | 利基墨口社 | 臺東縣<br>臺東市 | 卑南族 |
| 607. | 臺東<br>直隸州 | 猴子山社 | 臺東縣<br>臺東市 | 卑南族 | 608. | 臺東<br>直隸州 | 馬蘭社 | 臺東縣<br>臺東市 | 卑南族 |

| 609. | 臺東直隸州 | 沙鹿社 | 臺東縣臺東市 | 卑南族 | 610. | 臺東直隸州 | 撫漏社 | 臺東縣臺東市 | 卑南族 |
|---|---|---|---|---|---|---|---|---|---|
| 611. | 臺東直隸州 | 卑南社 | 臺東縣臺東市 | 卑南族 | 612. | 臺東直隸州 | 梹榔社 | 臺東縣臺東市 | 卑南族 |
| 613. | 臺東直隸州 | 射馬干社 | 臺東縣臺東市 | 卑南族 | 614. | 臺東直隸州 | 知木（本）社 | 臺東縣臺東市 | 卑南族 |
| 615. | 臺東直隸州 | 前社 | 臺東縣卑南鄉 | 魯凱族 | 616. | 臺東直隸州 | 大南社 | 臺東縣卑南鄉 | 魯凱族 |
| 617. | 臺東直隸州 | 後社 | 臺東縣卑南鄉 | 魯凱族 | 618. | 臺東直隸州 | 芦蟒鴨社 | 臺東縣金鋒鄉 | 排灣族 |
| 619. | 臺東直隸州 | 麻有路社 | 臺東縣金鋒鄉 | 排灣族 | 620. | 臺東直隸州 | 麻魯祿社 | 臺東縣金鋒鄉 | 排灣族 |
| 621. | 臺東直隸州 | 阿腊打蘭社 | 臺東縣金鋒鄉 | 排灣族 | 622. | 臺東直隸州 | 呀唊卯社 | 臺東縣金鋒鄉 | 排灣族 |
| 623. | 臺東直隸州 | □古□社 | 臺東縣金鋒鄉 | 排灣族 | 624. | 臺東直隸州 | 八□楠社 | 臺東縣金鋒鄉 | 排灣族 |
| 625. | 臺東直隸州 | 諸也葛社 | 臺東縣金鋒鄉 | 排灣族 | 626. | 臺東直隸州 | 見腊邜懶社 | 臺東縣金鋒鄉 | 排灣族 |
| 627. | 臺東直隸州 | □□社 | 臺東縣金鋒鄉 | 排灣族 | 628. | 臺東直隸州 | □□社 | 臺東縣金鋒鄉 | 排灣族 |
| 629. | 臺東直隸州 | 六□社 | 臺東縣金鋒鄉 | 排灣族 | 630. | 臺東直隸州 | 古來社 | 臺東縣金鋒鄉 | 排灣族 |
| 631. | 臺東直隸州 | 遮角社 | 臺東縣金鋒鄉 | 排灣族 | 632. | 臺東直隸州 | 八里芒社 | 臺東縣金鋒鄉 | 排灣族 |
| 633. | 臺東直隸州 | 大里立社 | 臺東縣金鋒鄉 | 排灣族 | 634. | 臺東直隸州 | 松武洛社 | 臺東縣金鋒鄉 | 排灣族 |
| 635. | 臺東直隸州 | 噶瑪社 | 臺東縣金鋒鄉 | 排灣族 | 636. | 臺東直隸州 | 大狗上社 | 臺東縣金鋒鄉 | 排灣族 |
| 637. | 臺東直隸州 | 大蟒鴨社 | 臺東縣金鋒鄉 | 排灣族 | 638. | 臺東直隸州 | 公馬干社 | 臺東縣金鋒鄉 | 排灣族 |
| 639. | 臺東直隸州 | 礼頭灣社 | 臺東縣金鋒鄉 | 排灣族 | 640. | 臺東直隸州 | 大鳥萬後社 | 臺東縣金鋒鄉 | 排灣族 |
| 641. | 臺東直隸州 | 密老腦社 | 臺東縣太麻里鄉 | 排灣族 | 642. | 臺東直隸州 | 鴨阿崙社 | 臺東縣太麻里鄉 | 排灣族 |
| 643. | 臺東直隸州 | 八斑萊社 | 臺東縣太麻里鄉 | 排灣族 | 644. | 臺東直隸州 | 都祿拐社 | 臺東縣太麻里鄉 | 排灣族 |

| 645. | 臺東直隸州 | 羅打結社 | 臺東縣金鋒鄉 | 排灣族 | 646. | 臺東直隸州 | 家絛那社 | 臺東縣金鋒鄉 | 排灣族 |
|------|----------|----------|--------------|--------|------|----------|----------|--------------|--------|
| 647. | 臺東直隸州 | 立里社 | 臺東縣金鋒鄉 | 排灣族 | 648. | 臺東直隸州 | 文里格社 | 臺東縣金鋒鄉 | 排灣族 |
| 649. | 臺東直隸州 | 崑崙社 | 臺東縣金鋒鄉 | 排灣族 | 650. | 臺東直隸州 | 內社（二） | 臺東縣金鋒鄉 | 排灣族 |
| 651. | 臺東直隸州 | 南社 | 臺東縣金鋒鄉 | 排灣族 | 652. | 臺東直隸州 | 七家山社 | 臺東縣金鋒鄉 | 排灣族 |
| 653. | 臺東直隸州 | 擺魯社 | 臺東縣金鋒鄉 | 排灣族 | 654. | 臺東直隸州 | 普□□社 | 臺東縣金鋒鄉 | 排灣族 |
| 655. | 臺東直隸州 | □□力社 | 臺東縣金鋒鄉 | 排灣族 | 656 | 臺東直隸州 | 立礼社 | 臺東縣金鋒鄉 | 排灣族 |
| 657. | 臺東直隸州 | □平社 | 臺東縣金鋒鄉 | 排灣族 | 658. | 臺東直隸州 | □儀社 | 臺東縣金鋒鄉 | 排灣族 |
| 659. | 臺東直隸州 | 麻里烏社 | 臺東縣太麻里鄉 | 排灣族 | 660. | 臺東直隸州 | 情巴南社 | 臺東縣太麻里鄉 | 排灣族 |
| 661. | 臺東直隸州 | 虷子崙社 | 臺東縣太麻里鄉 | 排灣族 | 662. | 臺東直隸州 | 大得吉社 | 臺東縣太麻里鄉 | 排灣族 |
| 663. | 臺東直隸州 | 察腊密社 | 臺東縣太麻里鄉 | 排灣族 | 664. | 臺東直隸州 | 那里叭社 | 臺東縣太麻里鄉 | 排灣族 |
| 665. | 臺東直隸州 | 大竹高社 | 臺東縣太麻里鄉 | 排灣族 | 666. | 臺東直隸州 | 打腊打蘭社 | 臺東縣太麻里鄉 | 排灣族 |
| 667. | 臺東直隸州 | 柴郎騍社 | 臺東縣大武鄉 | 排灣族 | 668. | 臺東直隸州 | 鴿子籠社 | 臺東縣大武鄉 | 排灣族 |
| 669. | 臺東直隸州 | 甘那壁社 | 臺東縣大武鄉 | 排灣族 | 670. | 臺東直隸州 | 獅河獅社 | 臺東縣大武鄉 | 排灣族 |
| 671. | 臺東直隸州 | 大鳥萬社 | 臺東縣大武鄉 | 排灣族 | 672. | 臺東直隸州 | 姑仔崙社 | 臺東縣大武鄉 | 排灣族 |
| 673. | 臺東直隸州 | 阿郎壹社 | 臺東縣達仁鄉 | 排灣族 | | | | | |

參考資料：
1.佚名，臺灣內山番社地輿全圖，墨印，清光緒年間印本，北京國家圖書館藏。
2.倪贊元，《雲林縣采訪冊》，臺灣銀行文獻叢刊第三七種，1959年2月，頁145～146。
3.王嵩山，《阿里山鄒族的歷史與政治》（臺北：稻鄉出版社，2000年11月）。
4.王嵩山，《阿里山鄒族的社會與宗教生活》（臺北：稻鄉出版社，1995年2月）。
5.許功明、柯惠譯，《排灣族古樓村的祭儀與文化》（臺北：稻鄉出版社，1998年9月）。
6.霍斯陸曼・伐伐，《中央山脈的守護者：布農族》（臺北：稻鄉出版社，1997年10月）。

## 表五十四　清代臺灣的熟番番社

| 編號 | 清代行政區 | 番社名 | 地名考證 | 族　名 | 備　　　　註 |
|---|---|---|---|---|---|
| 1. | 鳳山縣 | 上淡水社 | 屏東縣萬丹鄉社皮、社上、社口、社中等村 | 馬卡道族 | 鳳山八社之一，又名大木蓮社 |
| 2. | 鳳山縣 | 阿猴社 | 屏東縣屏東市 | 馬卡道族 | 鳳山八社之一 |
| 3. | 鳳山縣 | 搭樓社 | 屏東縣里港鄉搭樓、潮厝村 | 馬卡道族 | 鳳山八社之一 |
| 4. | 鳳山縣 | 大澤機社 | 屏東縣里港鄉茄苳、載興村 | 馬卡道族 | 鳳山八社之一，又名武洛社 |
| 5. | 鳳山縣 | 下淡水社 | 屏東縣萬丹鄉社皮、社上、社口、社中等村 | 馬卡道族 | 鳳山八社之一 |
| 6. | 鳳山縣 | 力力社 | 屏東縣崁頂鄉 | 馬卡道族 | 鳳山八社之一 |
| 7. | 鳳山縣 | 茄藤社 | 屏東縣南州鄉萬華村 | 馬卡道族 | 鳳山八社之一 |
| 8. | 鳳山縣 | 放索社 | 屏東縣林邊鄉田厝、崎鋒、水利村 | 馬卡道族 | 鳳山八社之一 |
| 9. | 臺灣縣 | 卓猴社 | 臺南市新化區那拔里 | 西拉雅族 | 原本屬諸羅縣，雍正 9 年改隸臺灣縣，光緒 11 年更名安平縣 |
| 10. | 臺灣縣 | 大傑巔社 | 高雄市路竹區社東、社西、社中村 | 西拉雅族 | 原本屬鳳山縣，雍正 9 年改隸臺灣縣，光緒 11 年更名安平縣 |
| 11. | 臺灣縣 | 大目降社 | 臺南市新化區 | 西拉雅族 | 又名木岡社、大穆降社，原本屬諸羅縣，乾隆初年改隸臺灣縣，光緒 11 年更名安平縣 |
| 12. | 臺灣縣 | 芋匏社 | 臺南市新市區大社村 | 西拉雅族 | 原本屬諸羅縣，乾隆初年改隸臺灣縣，光緒 11 年更名安平縣 |
| 13. | 諸羅縣 | 新港社 | 臺南市新市區社內村 | 西拉雅族 | 四大社之一，雍正 9 年改歸臺灣縣，光緒 11 年更名安平縣 |
| 14. | 諸羅縣 | 目加溜灣社 | 臺南市安定區安定里、安西、安和村 | 西拉雅族 | 四大社之一，乾隆 52 年更名嘉義縣 |
| 15. | 諸羅縣 | 麻豆社 | 臺南市麻豆區 | 西拉雅族 | 四大社之一，乾隆 52 年更名嘉義縣 |
| 16. | 諸羅縣 | 蕭壠社 | 臺南市佳里區安西里 | 西拉雅族 | 四大社之一，乾隆 52 年更名嘉義縣 |

| 17. | 諸羅縣 | 噍吧哖社 | 臺南市玉井區玉井、玉田村 | 西拉雅族 | 乾隆 52 年更名嘉義縣 |
|---|---|---|---|---|---|
| 18. | 諸羅縣 | 大武壠社 | 疑為臺南市大內區或善化鎮 | 西拉雅族 | 乾隆 52 年更名嘉義縣，四社熟番之一，有三說：一、1.大武壠 2.加拔 3.蕭里 4.芒仔芒；二、1.頭社 2.加拔 3.蕭里 4.芒仔芒；三、1.頭社與二社 2 加拔 3.蕭里 4.芒仔芒 |
| 19. | 諸羅縣 | 倒咯嘓社 | 臺南市東山區 | 洪雅族 | 又名哆囉嘓社，乾隆 52 年更名嘉義縣 |
| 20. | 諸羅縣 | 諸羅山社 | 嘉義市 | 洪雅族 | 乾隆 52 年更名嘉義縣 |
| 21. | 諸羅縣 | 打猫社 | 嘉義縣民雄鄉 | 洪雅族 | 乾隆 52 年更名嘉義縣 |
| 22. | 諸羅縣 | 他里霧社 | 雲林縣斗南鎮東仁里 | 洪雅族 | 乾隆 52 年更名嘉義縣，光緒 11 年改隸雲林縣 |
| 23. | 諸羅縣 | 斗六社 | 雲林縣斗六市 | 洪雅族 | 又名斗六門柴裡社，乾隆 52 年更名嘉義縣，光緒 11 年改隸雲林縣 |
| 24. | 諸羅縣 | 猴悶社 | 雲林縣斗南鎮將軍里 | 洪雅族 | 乾隆 52 年更名嘉義縣，光緒 11 年改隸雲林縣 |
| 25. | 彰化縣 | 猫兒干社 | 雲林縣崙背鄉豐榮村 | 洪雅族 | 光緒 11 年改隸雲林縣 |
| 26. | 彰化縣 | 南社 | 雲林縣崙背鄉西榮、南陽村 | 洪雅族 | |
| 27. | 彰化縣 | 大武郡社 | 彰化縣社頭鄉舊社、松竹、車興、廣興村 | 洪雅族 | |
| 28. | 彰化縣 | 猫羅社 | 彰化縣芬園鄉舊社村 | 洪雅族 | |
| 29. | 彰化縣 | 北投社 | 南投縣草屯鎮北投里 | 洪雅族 | |
| 30. | 彰化縣 | 南投社 | 南投縣南投市 | 洪雅族 | |
| 31. | 彰化縣 | 大突社 | 彰化縣溪州鄉大突里 | 洪雅族 | |
| 32. | 彰化縣 | 萬斗六社 | 臺中市霧峰區萬峰、舊正、峰谷、六股村 | 洪雅族 | 光緒 11 年改隸臺灣縣 |
| 33. | 彰化縣 | 茄荖社 | 彰化縣芬園鄉社口村 | 洪雅族 | |
| 34. | 彰化縣 | 西螺社 | 雲林縣西螺鎮正興、新安、新豐里 | 巴布薩族 | 光緒 11 年改隸雲林縣 |
| 35. | 彰化縣 | 東螺社 | 彰化縣北斗鎮 | 巴布薩族 | |
| 36. | 彰化縣 | 二林社 | 彰化縣二林鎮東和、西平、北平、南光村 | 巴布薩族 | |

| 37. | 彰化縣 | 阿束社 | 彰化市香山、牛埔里 | 巴布薩族 | 又名啞束社 |
|---|---|---|---|---|---|
| 38. | 彰化縣 | 猫霧捒社 | 臺中市南屯區 | 巴布薩族 | 光緒 11 年改隸臺灣縣 |
| 40. | 彰化縣 | 眉裡社 | 彰化縣溪州鄉舊眉村 | 巴布薩族 | |
| 41. | 彰化縣 | 半線社 | 彰化市 | 巴布薩族 | |
| 42. | 彰化縣 | 柴仔坑社 | 彰化市國聖里 | 巴布薩族 | |
| 43. | 彰化縣 | 馬芝遴社 | 彰化縣鹿港鎮 | 巴布薩族 | |
| 44. | 彰化縣 | 岸東社 | 臺中市神岡區大社村 | 巴宰族 | 岸裡社群之一，光緒 11 年改隸臺灣縣 |
| 45. | 彰化縣 | 岸西社 | 臺中市神岡區大社村 | 巴宰族 | 岸裡社群之一，光緒 11 年改隸臺灣縣 |
| 46. | 彰化縣 | 岸裡社 | 臺中市神岡區大社村 | 巴宰族 | 岸裡社群之一，光緒 11 年改隸臺灣縣 |
| 47. | 彰化縣 | 葫蘆墩社 | 臺中市豐原區 | 巴宰族 | 岸裡社群之一，光緒 11 年改隸臺灣縣 |
| 48. | 彰化縣 | 西勢尾社 | 臺中市豐原區社皮里 | 巴宰族 | 岸裡社群之一，光緒 11 年改隸臺灣縣 |
| 49. | 彰化縣 | 翁仔社 | 臺中市豐原區翁社里 | 巴宰族 | 岸裡社群之一，光緒 11 年改隸臺灣縣 |
| 50. | 彰化縣 | 麻里蘭社 | 臺中市豐原區社皮里 | 巴宰族 | 又名狸裡蘭社，岸裡社群之一，光緒 11 年改隸臺灣縣 |
| 51. | 彰化縣 | 岐仔社 | 臺中市豐原區 | 巴宰族 | 岸裡社群之一，光緒 11 年改隸臺灣縣 |
| 52. | 彰化縣 | 蔴薯社 | 臺中市外埔區 | 巴宰族 | 岸裡社群之一，光緒 11 年改隸臺灣縣 |
| 53. | 彰化縣 | 社蓁角社 | 臺中市石岡區萬興村 | 巴宰族 | 朴仔籬社群之一，光緒 11 年改隸臺灣縣 |
| 54. | 彰化縣 | 大湳社 | 臺中市豐原區西湳里 | 巴宰族 | 朴仔籬社群之一，光緒 11 年改隸臺灣縣 |
| 55. | 彰化縣 | 水底寮社 | 臺中市新社區東興村 | 巴宰族 | 朴仔籬社群之一，光緒 11 年改隸臺灣縣 |
| 56. | 彰化縣 | 山頂社 | 臺中市新社區大南村 | 巴宰族 | 朴仔籬社群之一，光緒 11 年改隸臺灣縣 |
| 57. | 彰化縣 | 大馬僯社 | 臺中市東勢區新盛里 | 巴宰族 | 朴仔籬社群之一，光緒 11 年改隸臺灣縣 |
| 58. | 彰化縣 | 阿里史社 | 臺中市潭子區潭秀、潭陽村 | 巴宰族 | 光緒 11 年改隸臺灣縣 |

| 59. | 彰化縣 | 烏牛欄社 | 臺中市豐原區豐田里 | 巴宰族 | 又名烏牛難社，光緒 11 年改隸臺灣縣 |
|---|---|---|---|---|---|
| 60. | 彰化縣 | 大肚社 | 臺中市大肚區 | 拍瀑拉族 | 光緒11年改隸臺灣縣 |
| 61. | 彰化縣 | 水裡社 | 臺中市龍井區龍泉村 | 拍瀑拉族 | 光緒11年改隸臺灣縣 |
| 62. | 彰化縣 | 沙轆社 | 臺中市沙鹿區 | 拍瀑拉族 | 又名遷善社，光緒 11 年改隸臺灣縣 |
| 63. | 彰化縣 | 牛罵社 | 臺中市清水區 | 拍瀑拉族 | 又名感恩社，光緒 11 年改隸臺灣縣 |
| 64. | 淡水廳 | 大甲西社 | 臺中市大甲區義和里 | 道卡斯族 | 又名大甲社、蓬山社、崩山社、德化社，光緒元年改隸新竹縣，光緒11年改隸苗栗縣 |
| 65. | 淡水廳 | 大甲東社 | 臺中市外埔區大東村 | 道卡斯族 | 光緒元年改隸新竹縣，光緒 11 年改隸苗栗縣 |
| 66. | 淡水廳 | 日南社 | 臺中市大甲區幸福、日南、龍泉里 | 道卡斯族 | 又名南日社，光緒元年改隸新竹縣，光緒11年改隸苗栗縣 |
| 67. | 淡水廳 | 日北社 | 苗栗縣苑裡鎮田心里 | 道卡斯族 | 光緒元年改隸新竹縣，光緒 11 年改隸苗栗縣 |
| 68. | 淡水廳 | 雙寮社 | 臺中市大甲區建興里 | 道卡斯族 | 光緒元年改隸新竹縣，光緒 11 年改隸苗栗縣 |
| 69. | 淡水廳 | 房裡社 | 苗栗縣苑裡鎮房裡里 | 道卡斯族 | 光緒元年改隸新竹縣，光緒 11 年改隸苗栗縣 |
| 70. | 淡水廳 | 貓盂社 | 苗栗縣苑裡鎮中正、客庄里 | 道卡斯族 | 光緒元年改隸新竹縣，光緒 11 年改隸苗栗縣 |
| 71. | 淡水廳 | 苑裡社 | 苗栗縣苑裡鎮苑東、苑西、苑南里 | 道卡斯族 | 又名宛裡社，光緒元年改隸新竹縣，光緒11年改隸苗栗縣 |
| 72. | 淡水廳 | 吞霄社 | 苗栗縣通霄鎮、通西里 | 道卡斯族 | 光緒元年改隸新竹縣，光緒 11 年改隸苗栗縣 |
| 73. | 淡水廳 | 後壠社 | 苗栗縣後龍鎮南龍、中龍、北龍里 | 道卡斯族 | 光緒元年改隸新竹縣，光緒 11 年改隸苗栗縣 |
| 74. | 淡水廳 | 新港社 | 苗栗縣後龍鎮校椅、埔頂、新民、復興里 | 道卡斯族 | 光緒元年改隸新竹縣，光緒 11 年改隸苗栗縣 |
| 75. | 淡水廳 | 中港社 | 苗栗縣竹南鎮 | 道卡斯族 | 光緒元年改隸新竹縣，光緒 11 年改隸苗栗縣 |
| 76. | 淡水廳 | 貓裏社 | 苗栗縣苗栗市高苗、新苗里 | 道卡斯族 | 又名貓閣社，光緒元年改隸新竹縣，光緒11年改隸苗栗縣 |
| 77. | 淡水廳 | 加志閣社 | 苗栗縣苗栗市嘉盛里 | 道卡斯族 | 光緒元年改隸新竹縣，光緒 11 年改隸苗栗縣 |

| 78. | 淡水廳 | 竹塹社 | 新竹市 | 道卡斯族 | 光緒元年改隸新竹縣 |
|---|---|---|---|---|---|
| 79. | 淡水廳 | 眩眩社 | 新竹市士林、福林里 | 道卡斯族 | 光緒元年改隸新竹縣 |
| 80. | 淡水廳 | 淡水社 | 新北市淡水區長庚里 | 凱達格蘭族 | 光緒元年改隸淡水縣 |
| 81. | 淡水廳 | 毛少翁社 | 臺北市士林區永平里 | 凱達格蘭族 | 光緒元年改隸淡水縣 |
| 82. | 淡水廳 | 里族社 | 臺北市松山區湖興里 | 凱達格蘭族 | 光緒元年改隸淡水縣 |
| 83. | 淡水廳 | 內北投社 | 臺北市北投區 | 凱達格蘭族 | 光緒元年改隸淡水縣 |
| 84. | 淡水廳 | 外北投社 | 新北市淡水區北投里 | 凱達格蘭族 | 光緒元年改隸淡水縣 |
| 85. | 淡水廳 | 奇里岸社 | 臺北市立農里 | 凱達格蘭族 | 又名嘰里岸社，光緒元年改隸淡水縣 |
| 86. | 淡水廳 | 大浪泵社 | 臺北市大同區鄰江等里 | 凱達格蘭族 | 又名巴浪泵社、圭泵社、木喜巴壠社，光緒元年改隸淡水縣 |
| 87. | 淡水廳 | 奇武族社 | 臺北市大同區 | 凱達格蘭族 | 又名圭母卒社、奎府聚社光緒元年改隸淡水縣 |
| 88. | 淡水廳 | 麻里折口社 | 臺北市松山區 | 凱達格蘭族 | 又名麻里即吼社、毛里即吼社、貓裏即吼社、麻里錫口社、錫口社，光緒元年改隸淡水縣 |
| 89. | 淡水廳 | 蜂仔峙社 | 新北市汐止區 | 凱達格蘭族 | 又名房仔嶼社、蜂仔嶼社，光緒元年改隸淡水縣 |
| 90. | 淡水廳 | 金包裏社 | 新北市金山區 | 凱達格蘭族 | 光緒元年改隸淡水縣 |
| 91. | 淡水廳 | 武勝灣社 | 新北市板橋區 | 凱達格蘭族 | 又名武溜灣社、勝非灣社，光緒元年改隸淡水縣 |
| 92. | 淡水廳 | 雷裡社 | 臺北市龍山區福德等里 | 凱達格蘭族 | 雷朗四社之一，光緒元年改隸淡水縣 |
| 93. | 淡水廳 | 秀朗社 | 新北市中和區 | 凱達格蘭族 | 又名首晃社，雷朗四社之一，光緒元年改隸淡水縣 |
| 94. | 淡水廳 | 了阿八社 | 臺北市中正區龍匣里 | 凱達格蘭族 | 又名了阿社、老匣社，雷朗四社之一，光緒元年改隸淡水縣 |
| 95. | 淡水廳 | 龜崙社 | 新北市永和區竹林里 | 凱達格蘭族 | 又名龜崙蘭社，雷朗四社之一，光緒元年改隸淡水縣 |
| 96. | 淡水廳 | 里末社 | 新北市板橋區 | 凱達格蘭族 | 光緒元年改隸淡水縣 |
| 97. | 淡水廳 | 擺接社 | 新北市板橋區中正里 | 凱達格蘭族 | 光緒元年改隸淡水縣 |
| 98. | 淡水廳 | 瓦烈社 | 新北市新莊區 | 凱達格蘭族 | 又明反列社，光緒元年改隸淡水縣 |
| 99. | 淡水廳 | 八里分社 | 新北市八里區 | 凱達格蘭族 | 又名八里坌社，光緒元年改隸淡水縣 |

| 100. | 淡水廳 | 小八里分社 | 新北市淡水區福德里 | 凱達格蘭族 | 光緒元年改隸淡水縣 |
|---|---|---|---|---|---|
| 101. | 淡水廳 | 瑪陵坑社 | 基隆市七堵區 | 凱達格蘭族 | 光緒元年改隸基隆廳 |
| 102. | 淡水廳 | 三貂社 | 新北市貢寮區龍門村 | 凱達格蘭族 | 又名山朝社，光緒元年改隸淡水縣 |
| 103. | 淡水廳 | 雞柔社 | 新北市淡水區義山、忠山里 | 凱達格蘭族 | 又名內雞洲社，光緒元年改隸淡水縣 |
| 104. | 淡水廳 | 大雞籠社 | 基隆市中正區社寮里 | 凱達格蘭族 | 光緒元年改隸基隆廳 |
| 105. | 淡水廳 | 小雞籠社 | 新北市三芝區 | 凱達格蘭族 | 光緒元年改隸淡水縣 |
| 106. | 淡水廳 | 大屯社 | 新北市淡水區竹圍里 | 凱達格蘭族 | 又名奇龜社，圭北屯社、大洞山社，光緒元年改隸淡水縣 |
| 107. | 淡水廳 | 八芝蓮社 | 臺北市士林區仁化里 | 凱達格蘭族 | 光緒元年改隸淡水縣 |
| 108. | 淡水廳 | 大加臘社 | 臺北市龍山區富貴里 | 凱達格蘭族 | 光緒元年改隸淡水縣 |
| 109. | 淡水廳 | 搭搭攸社 | 臺北市內湖區西湖里 | 凱達格蘭族 | 又名答答攸社、塔塔悠社，光緒元年改隸淡水縣 |
| 110. | 淡水廳 | 南港社 | 臺北市南港區南港里 | 凱達格蘭族 | 光緒元年改隸淡水縣 |
| 111. | 淡水廳 | 嘎嘮別社 | 臺北市北投區桃源里 | 凱達格蘭族 | 光緒元年改隸淡水縣 |
| 112. | 淡水廳 | 沙麻廚社 | 臺北市龍山區 | 凱達格蘭族 | 光緒元年改隸淡水縣 |
| 113. | 淡水廳 | 奶奶社 | 新北市八里區埤頭村 | 凱達格蘭族 | 光緒元年改隸淡水縣 |
| 114. | 淡水廳 | 北港社 | 新北市汐止區拱北里 | 凱達格蘭族 | 光緒元年改隸基隆廳 |
| 115. | 淡水廳 | 南嵌社 | 桃園市蘆竹區山鼻村 | 凱達格蘭族 | 南嵌四社之一，光緒元年改隸淡水縣 |
| 116. | 淡水廳 | 龜崙社 | 桃園市龜山區龜山村 | 凱達格蘭族 | 南嵌四社之一，光緒元年改隸淡水縣 |
| 117. | 淡水廳 | 坑仔社 | 桃園市蘆竹區坑仔村 | 凱達格蘭族 | 南嵌四社之一，光緒元年改隸淡水縣 |
| 118. | 淡水廳 | 霄裡社 | 桃園市八德區霄裡里 | 凱達格蘭族 | 南嵌四社之一，光緒元年改隸淡水縣 |
| 119. | 噶瑪蘭廳 | 暖暖社 | 基隆市暖暖區 | 凱達格蘭族 | 光緒元年改隸基隆廳 |
| 120. | 噶瑪蘭廳 | 奇武蘭社 | 宜蘭縣礁溪鄉二龍村 | 噶瑪蘭族 | 噶瑪蘭三十六社之一，又名期班女懶社、奇班宇難社光緒元年更名為宜蘭縣 |
| 121. | 噶瑪蘭廳 | 打馬煙社 | 宜蘭縣頭城鎮竹安里 | 噶瑪蘭族 | 噶瑪蘭三十六社之一，光緒元年更名為宜蘭縣 |

| 122. | 噶瑪蘭廳 | 奇立板社 | 宜蘭縣壯圍鄉廍後村 | 噶瑪蘭族 | 噶瑪蘭三十六社之一，又名其直板社、奇底板社、奇立援社、幾立板社，光緒元年更名為宜蘭縣 |
|---|---|---|---|---|---|
| 123. | 噶瑪蘭廳 | 擺厘社 | 宜蘭縣員山鄉進士村 | 噶瑪蘭族 | 噶瑪蘭三十六社之一，又名脾釐社、擺立社，光緒元年更名為宜蘭縣 |
| 124. | 噶瑪蘭廳 | 珍仔滿力社 | 宜蘭縣員山鄉進士村 | 噶瑪蘭族 | 噶瑪蘭三十六社之一，又名賓仔貓立尾社、賓也貓也社、屏仔貓力社，光緒元年更名為宜蘭縣 |
| 125. | 噶瑪蘭廳 | 抵美福社 | 宜蘭縣壯圍鄉美福村 | 噶瑪蘭族 | 噶瑪蘭三十六社之一，又名沈美閣社、抵羨福社，光緒元年更名為宜蘭縣 |
| 126. | 噶瑪蘭廳 | 流流社（一） | 宜蘭縣五結鄉新店村 | 噶瑪蘭族 | 噶瑪蘭三十六社之一，又名撈撈社，光緒元年更名為宜蘭縣 |
| 127. | 噶瑪蘭廳 | 麻芝鎮落社 | 宜蘭縣員山鄉進士村 | 噶瑪蘭族 | 噶瑪蘭三十六社之一，又名麻里陳轆社、貓社陳縣社，光緒元年更名為宜蘭縣 |
| 128. | 噶瑪蘭廳 | 辛仔罕社 | 宜蘭縣壯圍鄉功勞村 | 噶瑪蘭族 | 噶瑪蘭三十六社之一，又名辛也罕社、申也罕社、新那罕社，光緒元年更名為宜蘭縣 |
| 129. | 噶瑪蘭廳 | 抵美抵美社 | 宜蘭縣壯圍鄉美間村 | 噶瑪蘭族 | 噶瑪蘭三十六社之一，又名抵密密社、抵密抵密社、抵美抵美社，光緒元年更名為宜蘭縣 |
| 130. | 噶瑪蘭廳 | 踏踏社 | 宜蘭縣礁溪鄉玉田村 | 噶瑪蘭族 | 噶瑪蘭三十六社之一，又名倒麥倒麥社，光緒元年更名為宜蘭縣 |
| 131. | 噶瑪蘭廳 | 瑪璘社 | 宜蘭縣礁溪鄉瑪僯村 | 噶瑪蘭族 | 噶瑪蘭三十六社之一，又名打鄰社、貓乳社、高東社，光緒元年更名為宜蘭縣 |
| 132. | 噶瑪蘭廳 | 打那岸社（一） | 宜蘭縣羅東鎮新群里 | 噶瑪蘭族 | 噶瑪蘭三十六社之一，又名礁仔瓏岸社、打那軒社、哆囉岸社，光緒元年更名為宜蘭縣 |
| 133. | 噶瑪蘭廳 | 奇武暖社 | 宜蘭縣礁溪鄉光武村 | 噶瑪蘭族 | 噶瑪蘭三十六社之一，又名奇武煖社、奇玉煖社、奇五律社，光緒元年更名為宜蘭縣 |
| 134. | 噶瑪蘭廳 | 辛仔羅罕社 | 宜蘭縣宜蘭市新生里 | 噶瑪蘭族 | 噶瑪蘭三十六社之一，又名申也羅罕，光緒元年更名為宜蘭縣 |
| 135. | 噶瑪蘭廳 | 奇立丹社 | 宜蘭縣礁溪鄉德陽村 | 噶瑪蘭族 | 噶瑪蘭三十六社之一，又名基密丹社、棋立丹社，光緒元年更名為宜蘭縣 |

| 136. | 噶瑪蘭廳 | 抵巴葉社 | 宜蘭縣礁溪鄉德陽村 | 噶瑪蘭族 | 噶瑪蘭三十六社之一，又名八知買驛社、知買驛社、抵馬悅社，光緒元年更名爲宜蘭縣 |
|---|---|---|---|---|---|
| 137. | 噶瑪蘭廳 | 抵美簡社 | 宜蘭縣頭城鎮 | 噶瑪蘭族 | 噶瑪蘭三十六社之一，光緒元年更名爲宜蘭縣 |
| 138. | 噶瑪蘭廳 | 哆囉美遠社 | 宜蘭縣壯圍鄉大福村 | 噶瑪蘭族 | 噶瑪蘭三十六社之一，又名哆囉美仔遠社、哆囉里遠社，光緒元年更名爲宜蘭縣 |
| 139. | 噶瑪蘭廳 | 加禮宛社 | 宜蘭縣五結鄉秀水村 | 噶瑪蘭族 | 噶瑪蘭三十六社之一，又名佳笠苑社、加禮遠社，光緒元年更名爲宜蘭縣 |
| 140. | 噶瑪蘭廳 | 流流社（二） | 宜蘭縣五結鄉季新村 | 噶瑪蘭族 | 噶瑪蘭三十六社之一，又名流流仔社，光緒元年更名爲宜蘭縣 |
| 141. | 噶瑪蘭廳 | 掃笏社 | 宜蘭縣五結鄉興城村 | 噶瑪蘭族 | 噶瑪蘭三十六社之一，又名削骨削骨社、東拂東拂社、沙豁沙豁社，光緒元年更名爲宜蘭縣 |
| 142. | 噶瑪蘭廳 | 芭荖鬱社 | 宜蘭縣員山鄉惠好村 | 噶瑪蘭族 | 噶瑪蘭三十六社之一，又名巴老鬱社、吧咾吻社，光緒元年更名爲宜蘭縣 |
| 143. | 噶瑪蘭廳 | 歪仔歪社 | 宜蘭縣羅東鎮仁愛里 | 噶瑪蘭族 | 噶瑪蘭三十六社之一，又名歪阿歪阿社、歪也歪也社，光緒元年更名爲宜蘭縣 |
| 144. | 噶瑪蘭廳 | 馬荖武煙社 | 宜蘭縣多山鄉武淵村 | 噶瑪蘭族 | 噶瑪蘭三十六社之一，又名貓嘮府偃社、毛老甫遠淵社、貓里府煙社，光緒元年更名爲宜蘭縣 |
| 145. | 噶瑪蘭廳 | 南搭吝社 | 宜蘭縣多山鄉群英村 | 噶瑪蘭族 | 噶瑪蘭三十六社之一，又名毛搭吝社，光緒元年更名爲宜蘭縣 |
| 146. | 噶瑪蘭廳 | 武罕社 | 宜蘭縣多山鄉群英村 | 噶瑪蘭族 | 噶瑪蘭三十六社之一，光緒元年更名爲宜蘭縣 |
| 147. | 噶瑪蘭廳 | 打那美社 | 宜蘭縣多山鄉永美村 | 噶瑪蘭族 | 噶瑪蘭三十六社之一，又名礁嘮密社、礁嘮社、哆凹尾社、打那米社，光緒元年更名爲宜蘭縣 |
| 148. | 噶瑪蘭廳 | 打那岸社（二） | 宜蘭縣五結鄉鼎橄里 | 噶瑪蘭族 | 噶瑪蘭三十六社之一，又名礁轆軒社、打朗巷社，光緒元年更名爲宜蘭縣 |
| 149. | 噶瑪蘭廳 | 猴猴社 | 宜蘭縣蘇澳鎮龍德里 | 噶瑪蘭族 | 噶瑪蘭三十六社之一，光緒元年更名爲宜蘭縣 |
| 150. | 噶瑪蘭廳 | 奇澤簡社 | 宜蘭縣五結鄉下福村 | 噶瑪蘭族 | 噶瑪蘭三十六社之一，又名其澤簡社，光緒元年更名爲宜蘭縣 |

| 151. | 噶瑪蘭廳 | 奇武荖社 | 宜蘭縣冬山鄉三奇村 | 噶瑪蘭族 | 噶瑪蘭三十六社之一，又名奇武流社、奇毛宇老社，光緒元年更名為宜蘭縣 |
|---|---|---|---|---|---|
| 152. | 噶瑪蘭廳 | 里腦社 | 宜蘭縣冬山鄉補城村 | 噶瑪蘭族 | 噶瑪蘭三十六社之一，又名里劉社、女老社，里荖社，光緒元年更名為宜蘭縣 |
| 153. | 噶瑪蘭廳 | 婆羅新仔宛社 | 宜蘭縣五結鄉新店村 | 噶瑪蘭族 | 噶瑪蘭三十六社之一，又名巴嘮新仔員社、巴嘮辛也員社、八里沙喃社，光緒元年更名為宜蘭縣 |
| 154. | 噶瑪蘭廳 | 珍珠美簡社 | 宜蘭縣冬山鄉珍珠村 | 噶瑪蘭族 | 噶瑪蘭三十六社之一，又名陳雷女簡社、陳盧女簡社、珍汝女簡社，光緒元年更名為宜蘭縣 |

參考資料：

1. 黃叔璥，《臺海使槎錄》，臺灣銀行文獻叢刊第四種，1957 年 11 月，頁 94、100、103、110、115、124、129、135～136、141。
2. 周元文，《重修臺灣府志》，臺灣銀行文獻叢刊第六六種，1960 年 7 月，頁 42～44。
3. 余文儀，《續修臺灣府志》，臺灣銀行文獻叢刊第一二一種，1962 年 4 月，頁 78～83。
4. 張耀錡，《平埔族社名對照表》（臺北：臺灣省文縣委員會，1951 年）。
5. 廖風德，《清代之噶瑪蘭》（臺北：正中書局，1994 年 11 月二刷），頁 64～76。
6. 施添福，《蘭陽平原的傳統聚落－理論架構與基本資料（上冊）》（宜蘭：宜蘭縣立文化中心，1997 年 5 月修訂版），頁 32。
7. 潘英，《臺灣平埔族史》（臺北：南天書局，2001 年 11 月三刷），頁 49～63。
8. 陸傳傑，《裨海紀遊新注（大地別冊）》（臺北：大地地理出版事業，2001 年 4 月），頁 118～139。
9. 翁佳音，《大臺北古地圖考釋》（臺北：臺北縣立文化中心，1998 年 6 月）。
10. 許毓良，〈清代臺灣社會中武力問題之初探（1684～1840）——以擺接地方為例〉，《北臺灣鄉土文化學術研討會論文集》（臺北：國立政治大學歷史學系，2000 年 10 月），頁 250、271、274。
11. 洪燦楠，〈臺灣地區聚落發展之研究（連載一）〉，《臺灣文獻》，第 29 卷第 2 期，1978 年 6 月，頁 15～24。

## 表五十五　乾隆二年諸羅縣、彰化縣、淡水廳個番社賦稅人口

| 編號 | 清代行政區 | 番社名 | 賦稅人口數 | 備　　　　　註 |
|---|---|---|---|---|
| 1. | 諸羅縣 | 目加溜灣社 | 117 | |
| 2. | 諸羅縣 | 蕭壠社 | 123 | |
| 3. | 諸羅縣 | 麻豆社 | 116 | |
| 4. | 諸羅縣 | 大武壠社 | 193 | 併附噍吧哖、木岡、芋匏、內優社 |
| 5. | 諸羅縣 | （哆）咯嘓社 | 70 | |
| 6. | 諸羅縣 | 諸羅山社 | 62 | |

| 7. | 諸羅縣 | 打猫社 | 62 | |
|---|---|---|---|---|
| 8. | 諸羅縣 | 他里霧社 | 59 | |
| 9. | 諸羅縣 | 柴裏社 | 108 | |
| 10. | 彰化縣 | 東羅社 | 102 | |
| 11. | 彰化縣 | 眉裏社 | 97 | |
| 12. | 彰化縣 | 大突社 | 91 | |
| 13. | 彰化縣 | 馬芝遴社 | 104 | |
| 14. | 彰化縣 | 南、北投社 | 173 | 併附猫羅社 |
| 15. | 彰化縣 | 二林社 | 84 | |
| 16. | 彰化縣 | 猫兒干社 | 94 | |
| 17. | 彰化縣 | 阿束社 | 107 | |
| 18. | 彰化縣 | 大武郡社 | 97 | |
| 19. | 彰化縣 | 感恩社 | 46 | |
| 20. | 彰化縣 | 遷善社 | 55 | |
| 21. | 彰化縣 | 半線社 | 114 | 併附柴坑社 |
| 22. | 彰化縣 | 猫霧捒社 | 45 | |
| 23. | 彰化縣 | 大肚社 | 118 | 併附水裏社 |
| 24. | 彰化縣 | 南社 | 202 | |
| 25. | 淡水廳 | 蓬山社 | 350 | 併附大甲東、宛裏、南日、猫盂、德化、房裏、雙藔、吞霄社 |
| 26. | 淡水廳 | 後壠社 | 307 | 併附新港仔、猫裏、嘉志閣、中港社 |
| 27. | 淡水廳 | 竹塹社 | 87 | |
| 28. | 淡水廳 | 淡水社 | 579 | 併附南嵌、龜崙、南北投、大浪泵、擺接、霄裏、坑仔、武勞灣、雞柔山、雞籠、金包裏社 |

參考資料：余文儀，《續修臺灣府志》，臺灣銀行文獻叢刊第一二一種，1962 年 4 月，頁 259～263。

## 表五十六　清代臺灣番屯屯制

| 編號 | 清代行政區 | 屯名 | 所轄番社 | 屯丁人數 | 養贍地 | 地名考證 | 備註 |
|---|---|---|---|---|---|---|---|
| 1. | 鳳山縣 | 南路放索大屯 | 放索社 | 39 | 鳳山縣埔姜林 | 屏東縣高樹鄉 | 屯千總一，屯把總一，屯外委一大屯屯丁共400名 |
| 2. | 鳳山縣 | | 茄藤社 | 121 | 鳳山縣埔姜林 | 屏東縣高樹鄉 | |
| 3. | 鳳山縣 | | 力力社 | 69 | 鳳山縣埔姜林 | 屏東縣高樹鄉 | |
| 4. | 鳳山縣 | | 下淡水社 | 111 | 鳳山縣南坪頂 | 屏東縣高樹鄉 | |
| 5. | 鳳山縣 | | 上淡水社 | 60 | 鳳山縣南坪頂 | 屏東縣高樹鄉 | |
| 6. | 鳳山縣 | 南路搭樓小屯 | 搭樓社 | 155 | 鳳山縣南坪頂 | 屏東縣高樹鄉 | 屯外委一小屯屯丁共300名 |
| 7. | 鳳山縣 | | 武洛社 | 50 | 鳳山縣南坪頂 | 屏東縣高樹鄉 | |
| 8. | 鳳山縣 | | 阿猴社 | 71 | 鳳山縣南崁林口 | 屏東縣高樹鄉 | |
| 9. | 鳳山縣 | | 上淡水社 | 27 | 鳳山縣南坪頂 | 屏東縣高樹鄉 | |
| 10. | 臺灣縣 | 南路新港小屯 | 新港社 | 201 | 鳳山縣大北坪 | 屏東縣高樹鄉 | 屯外委一小屯屯丁共300名 光緒11年更名為安平縣 |
| 11. | 臺灣縣 | | 卓猴社 | 68 | 鳳山縣南坪頂 | 屏東縣高樹鄉 | |
| 12. | 臺灣縣 | | 大傑巔社 | 31 | 鳳山縣南崁林口 | 屏東縣高樹鄉 | |
| 13. | 嘉義縣 | 蕭壠小屯 | 蕭壠社 | 41 | 彰化縣永平坑 | 南投縣中寮鄉 | 屯外委一小屯屯丁共300名 |
| 14. | 嘉義縣 | | 麻豆社 | 50 | 彰化縣永平坑 | 南投縣中寮鄉 | |
| 15. | 嘉義縣 | | 蕭里社 | 20 | 彰化縣永平坑 | 南投縣中寮鄉 | |
| 16. | 嘉義縣 | | 灣里社 | 46 | 彰化縣八娘坑 | 南投縣集集鎮 | |
| 17. | 嘉義縣 | | 大武壠頭社 | 16 | 彰化縣大姑婆 | 臺中市西屯區 | |
| 18. | 嘉義縣 | | 大武壠二社 | 20 | 彰化縣大姑婆 | 臺中市西屯區 | |
| 19. | 嘉義縣 | | 茄拔社 | 20 | 彰化縣大姑婆 | 臺中市西屯區 | |
| 20. | 嘉義縣 | | 諸羅山社 | 20 | 彰化縣沙歷巴來積 | 臺中市潭子區 | |
| 21. | 嘉義縣 | | 哆囉咯社 | 20 | 彰化縣沙歷巴來積 | 臺中市潭子區 | |
| 22. | 嘉義縣 | | 芒仔芭社 | 30 | 彰化縣大姑婆 | 臺中市西屯區 | |
| 23. | 嘉義縣 | | 內優社 | 10 | 嘉義縣十張犁 | 高雄市杉林區 | |
| 24. | 嘉義縣 | | 阿里山社 | 7 | 嘉義縣後大埔 | 嘉義縣大埔鄉 | |

| 25. | 嘉義縣 | 北路<br>柴裡小屯 | 柴裡社 | 38 | 彰化縣內木柵 | 南投縣草屯鎮 | 屯外委一<br>小屯屯丁共<br>300名 |
|---|---|---|---|---|---|---|---|
| 26. | 嘉義縣 | | 阿里山社 | 40 | 嘉義縣芊蓁崙 | ？ | |
| 27. | 嘉義縣 | | 水沙連社 | 90 | 彰化縣八娘坑 | 南投縣集集鎮 | 光緒11年改 |
| 28. | 嘉義縣 | | 打猫社 | 15 | 彰化縣沙歷巴來積 | 臺中市潭子區 | 隸雲林縣 |
| 29. | 嘉義縣 | | 他里霧社 | 20 | 彰化縣沙歷巴來積 | 臺中市潭子區 | 光緒11年改<br>隸雲林縣 |
| 30. | 彰化縣 | | 西螺社 | 56 | 彰化縣水底寮 | 臺中市新社區 | 光緒11年改<br>隸雲林縣 |
| 31. | 彰化縣 | | 猫兒干社 | 29 | 彰化縣水底寮 | 臺中市新社區 | |
| 32. | 彰化縣 | | 南社 | 12 | 彰化縣水底寮 | 臺中市新社區 | |
| 33. | 彰化縣 | 北路<br>東螺大屯 | 東螺社 | 52 | 彰化縣沙歷巴來積 | 臺中市潭子區 | 屯把總一，<br>屯外委一<br>大屯屯丁共<br>400名 |
| 34. | 彰化縣 | | 馬芝遴 | 23 | 彰化縣沙歷巴來積 | 臺中市潭子區 | |
| 35. | 彰化縣 | | 二林社 | 28 | 彰化縣沙歷巴來積 | 臺中市潭子區 | |
| 36. | 彰化縣 | | 眉裏社 | 50 | 彰化縣校標林 | 臺中市東區 | |
| 37. | 彰化縣 | | 大武郡社 | 28 | 彰化縣萬斗六 | 臺中市霧峰區 | |
| 38. | 彰化縣 | | 半線社 | 13 | 彰化縣萬斗六 | 臺中市霧峰區 | |
| 39. | 彰化縣 | | 大突社 | 76 | 彰化縣水底寮 | 臺中市新社區 | |
| 40. | 彰化縣 | | 阿束社 | 30 | 彰化縣水底寮 | 臺中市新社區 | |
| 41. | 彰化縣 | 北路<br>北投小屯 | 北投社 | 128 | 彰化縣內木柵 | 南投縣草屯鎮 | 屯外委一<br>小屯屯丁共<br>300名 |
| 42. | 彰化縣 | | 南投社 | 23 | 彰化縣內木柵 | 南投縣草屯鎮 | |
| 43. | 彰化縣 | | 猫羅社 | 45 | 彰化縣萬斗六 | 臺中市霧峰區 | 光緒11年改<br>隸臺灣縣 |
| 44. | 彰化縣 | | 柴仔坑社 | 33 | 彰化縣水底寮 | 臺中市新社區 | 光緒11年改<br>隸臺灣縣 |
| 45. | 彰化縣 | | 大肚北社 | 21 | 彰化縣水底寮 | 臺中市新社區 | 光緒11年改<br>隸臺灣縣 |
| 46. | 彰化縣 | | 大肚南社 | 21 | 彰化縣水底寮 | 臺中市新社區 | 光緒11年改<br>隸臺灣縣 |
| 47. | 彰化縣 | | 猫霧捒社 | 19 | 彰化縣水底寮 | 臺中市新社區 | |
| 48. | 彰化縣 | | 猫霧捒東社 | 10 | 彰化縣水底寮 | 臺中市新社區 | |
| 49. | 彰化縣 | 北路<br>阿里史<br>小屯 | 阿里史社 | 119 | 彰化縣水底寮 | 臺中市新社區 | 屯外委一<br>小屯屯丁共<br>300名 |
| 50. | 彰化縣 | | 水裡社 | 26 | 彰化縣水底寮 | 臺中市新社區 | 該小屯在光<br>緒11年改隸<br>臺灣縣 |
| 51. | 彰化縣 | | 牛罵南社 | 35 | 彰化縣水底寮 | 臺中市新社區 | |
| 52. | 彰化縣 | | 牛罵北社 | 14 | 彰化縣水底寮 | 臺中市新社區 | |
| 53. | 彰化縣 | | 烏牛欄社 | 32 | 彰化縣水底寮 | 臺中市新社區 | |
| 54. | 彰化縣 | | 沙轆社 | 27 | 彰化縣水底寮 | 臺中市新社區 | |
| 55. | 彰化縣 | | 大肚中社 | 47 | 彰化縣水底寮 | 臺中市新社區 | |

| 56. | 彰化縣 | 北路<br>蔴薯大屯 | 蔴薯舊社 | 38 | 彰化縣雞油埔 | 臺中市東勢區 | 屯把總一，<br>屯外委一 |
| 57. | 彰化縣 | | 岸裡社 | 111 | 彰化縣雞油埔 | 臺中市東勢區 | 大屯屯丁共 |
| 58. | 彰化縣 | | 翁仔社 | 25 | 彰化縣雞油埔 | 臺中市東勢區 | 400名 |
| 59. | 彰化縣 | | 葫蘆墩社 | 25 | 彰化縣雞油埔 | 臺中市東勢區 | 該大屯在光<br>緒11年改隸 |
| 60. | 彰化縣 | | 崎仔腳社 | 21 | 彰化縣雞油埔 | 臺中市東勢區 | 臺灣縣 |
| 61. | 彰化縣 | | 西勢尾社 | 23 | 彰化縣雞油埔 | 臺中市東勢區 | |
| 62. | 彰化縣 | | 朴仔籬社 | 144 | 彰化縣雞油埔 | 臺中市東勢區 | |
| 63. | 彰化縣 | | 猫裡蘭社 | 13 | 彰化縣雞油埔 | 臺中市東勢區 | |
| 64. | 淡水廳 | 北路<br>日北小屯 | 日北社 | 70 | 淡水廳馬陵埔 | 桃園市龍潭區 | 屯外委一<br>小屯屯丁共 |
| 65. | 淡水廳 | | 日南社 | 74 | 淡水廳馬陵埔 | 桃園市龍潭區 | 300名 |
| 66. | 淡水廳 | | 大甲東社 | 40 | 淡水廳黃泥塘 | 桃園市龍潭區 | 該小屯在光<br>緒1年改隸 |
| 67. | 淡水廳 | | 大甲西社 | 40 | 淡水廳黃泥塘 | 桃園市龍潭區 | 新竹縣，光 |
| 68. | 淡水廳 | | 大甲中社 | 32 | 淡水廳四方林 | 桃園市龍潭區 | 緒11年再改<br>隸苗栗縣 |
| 69. | 淡水廳 | | 雙蔡社 | 44 | 淡水廳淮仔埔 | 桃園市龍潭區 | |
| 70. | 淡水廳 | 北路<br>竹塹大屯 | 竹塹社 | 95 | 淡水廳武陵埔 | 桃園市龍潭區 | 屯千總一，<br>屯把總一、 |
| 71. | 淡水廳 | | 房裏社 | 44 | 淡水廳武陵埔 | 桃園市龍潭區 | 屯外委一 |
| 72. | 淡水廳 | | 苑裡社 | 12 | 淡水廳武陵埔 | 桃園市龍潭區 | 大屯屯丁共<br>400名 |
| 73. | 淡水廳 | | 吞霄社 | 25 | 淡水廳武陵埔 | 桃園市龍潭區 | 該大屯在光 |
| 74. | 淡水廳 | | 猫盂社 | 8 | 淡水廳武陵埔 | 桃園市龍潭區 | 緒1年改隸<br>新竹縣，光 |
| 75. | 淡水廳 | | 後壠社 | 39 | 淡水廳芎蕉灣 | 苗栗縣銅鑼鄉 | 緒11年除竹 |
| 76. | 淡水廳 | | 新港社 | 52 | 淡水廳內灣 | 苗栗縣三灣鄉 | 塹屯仍屬新<br>竹縣外，其 |
| 77. | 淡水廳 | | 猫閣社 | 30 | 淡水廳鹽水港 | 苗栗縣竹南鎮 | 餘再改隸苗 |
| 78. | 淡水廳 | | 中港社 | 30 | 淡水廳鹽水港 | 苗栗縣竹南鎮 | 栗縣 |
| 79. | 淡水廳 | | 雙蔡社 | 40 | 淡水廳武陵埔 | 桃園市龍潭區 | |
| 80. | 淡水廳 | | 霄裡社 | 20 | 淡水廳武陵埔 | 桃園市龍潭區 | |
| 81. | 淡水廳 | 北路<br>武勝灣<br>小屯 | 武勝灣社 | 32 | 淡水廳山坑仔 | 桃園市龍潭區 | 屯外委一<br>小屯屯丁共 |
| 82. | 淡水廳 | | 擺接社 | 13 | 淡水廳山坑仔 | 桃園市龍潭區 | 300名 |
| 83. | 淡水廳 | | 里族社 | 14 | 淡水廳山坑仔 | 桃園市龍潭區 | 該小屯在光<br>緒1年改隸 |
| 84. | 淡水廳 | | 雷裡社 | 22 | 淡水廳淮仔埔 | 桃園市龍潭區 | 淡水縣 |
| 85. | 淡水廳 | | 猫裏錫口社 | 14 | 淡水廳淮仔埔 | 桃園市龍潭區 | |

| 86. | 淡水廳 | 搭搭攸社 | 16 | 淡水廳淮仔埔 | 桃園市龍潭區 |
|---|---|---|---|---|---|
| 87. | 淡水廳 | 圭泵社 | 15 | 淡水廳尖山腳 | 新北市鶯歌區 |
| 88. | 淡水廳 | 八里坌社 | 5 | 淡水廳尖山腳 | 新北市鶯歌區 |
| 89. | 淡水廳 | 圭北屯社 | 11 | 淡水廳尖山腳 | 新北市鶯歌區 |
| 90. | 淡水廳 | 毛少翁社 | 4 | 淡水廳八連港 | 新北市汐止區 |
| 91. | 淡水廳 | 大雞籠社 | 12 | 淡水廳八連港 | 新北市汐止區 |
| 92. | 淡水廳 | 金包裏社 | 28 | 淡水廳七堵埔 | 基隆市七堵區 |
| 93. | 淡水廳 | 北投社 | 22 | 淡水廳七堵埔 | 基隆市七堵區 |
| 94. | 淡水廳 | 三貂社 | 21 | 淡水廳七堵埔 | 基隆市七堵區 |
| 95. | 淡水廳 | 小雞籠社 | 6 | 淡水廳田蓁港 | 基隆市信義區 |
| 96. | 淡水廳 | 龜崙社 | 23 | 淡水廳七堵埔 | 基隆市七堵區 |
| 97. | 淡水廳 | 南崁社 | 14 | 淡水廳三角湧 | 新北市三峽區 |
| 98. | 淡水廳 | 坑仔社 | 16 | 淡水廳三角湧 | 新北市三峽區 |

參考資料：
1. 莊金德，〈臺灣屯政之興廢〉，《臺灣文獻》，第 11 卷第 4 期，1960 年 12 月，頁 77〜84。
2. 謝仲修，〈清代臺灣屯丁制度的研究〉，國立政治大學歷史研究所碩士論文，1988 年 6 月，頁 90〜91。
3. 柯志明，《番頭家──清代臺灣族群政治與熟番地權》（臺北：中央研究院社會學研究所，2001 年 3 月），頁 262。
4. 施添福，《清代臺灣的地域社會──竹塹地區的歷史地理研究》（竹北：新竹縣文化局，2001 年 9 月），頁 86。

# 第三節　民人──契約、拜盟式武力的興起

## 表五十七　嘉慶、道光之際臺、鳳縣與噶瑪蘭廳的隘數

| 編號 | 清代行政區 | 隘　名 | 地名考証 | 防禦對象 | 備　　　　註 |
|---|---|---|---|---|---|
| 1. | 臺灣縣 | 六張犁隘<br>石門坑隘 | 高雄市旗山區<br>高雄市內門區 | 傀儡番 | 四面環山，為鳳嘉交界。乾隆 31 年（1766）知縣趙愛議詳：向來羅漢內門牛稠崙、更寮崙，及外門土地祠崎頂，並六張犁山腳，共設望樓四處，今於牛稠崙、更寮崙適中之石門坑，添建火磚望樓一座，又將六張犁、土地祠原築望樓二座改成火磚。仍派**大傑嶺社番丁**帶眷種地，駐守巡防。 |

| 2. | 臺灣縣 | 埔姜溪旁隘<br>下蔗園隘 | 屏東縣高樹鄉<br>屏東縣高樹鄉 | 傀儡番 | 在北洋加臘埔下。乾隆42年（1777）知府蔣元樞、理番同知鄒維肅設隘寮，著**武洛社**通事撥壯番帶眷居住堵禦。又於溪上另建隘寮，著**山毛孩**通事派番丁協同巡防，保護大澤機等社。又於北坪下蔗園後荒埔設隘寮，保護大路關等莊。 |
| 3. | 臺灣縣 | 大南坪下<br>雙溪口隘 | 屏東縣內埔鄉 | 傀儡番 | 設隘寮保護犁頭鏢等莊，著阿猴社通事派番巡防，仍於小北坪下蔗園後頂添建隘寮，著**山豬毛社**通事派番丁協防。 |
| 4. | 臺灣縣 | 思覓安莊後隘 | 屏東縣高樹鄉 | 傀儡番 | 在濁口溪，爲山毛孩社生番出沒之所，設隘著**搭樓社**撥壯番駐守。 |
| 5. | 臺灣縣 | 賽仔腳隘 | 屏東縣里港鄉 | 傀儡番 | 在**搭樓社**。 |
| 6. | 鳳山縣 | 大路關隘 | 屏東縣高樹鄉 | 傀儡番 | **轄阿猴社**，爲山豬毛生番出沒之所，乾隆42年（1777）設防。 |
| 7. | 鳳山縣 | 啅口溪隘 | 屏東縣高樹鄉 | 傀儡番 | 即濁口之思覓安一處，爲山毛孩生番出沒之所，乾隆42年（1777）知府蔣元樞建益防守。 |
| 8. | 鳳山縣 | 加臘埔隘 | 屏東縣高樹鄉 | 傀儡番 | **轄武洛社**，乾隆朝建。 |
| 9. | 鳳山縣 | 雙溪口隘 | 屏東縣內埔鄉 | 傀儡番 | **轄上淡水社**，乾隆朝建。 |
| 10. | 鳳山縣 | 杜君英隘 | 屏東縣內埔鄉 | 傀儡番 | **轄上淡水社**，乾隆朝建。 |
| 11. | 鳳山縣 | 新東老埤隘 | 屏東縣內埔鄉 | 傀儡番 | **轄下淡水社**，乾隆朝建。 |
| 12. | 鳳山縣 | 萬巾莊隘 | 屏東縣萬巒鄉 | 傀儡番 | **轄力力社**，爲加泵生番出沒之所，乾隆朝建。 |
| 13. | 鳳山縣 | 吧陽毛獅獅隘 | 屏東縣新埤鄉 | 傀儡番 | **轄茄籐社**，爲加泵生番出沒之所，乾隆朝建。 |
| 14. | 鳳山縣 | 畚箕湖隘 | 屏東縣春日鄉 | 傀儡番 | 爲加泵生番出沒之所，乾隆朝建。 |
| 15. | 鳳山縣 | 坊寮埔姜林隘 | 屏東縣枋寮鄉 | 傀儡番 | **轄放索社**，爲大龜紋生番出沒之所，乾隆朝建。 |
| 16. | 噶瑪蘭廳 | 遠望坑隘 | 新北市貢寮區 | 王字番 | 皆設隘丁，分給田園以爲口糧防守。 |
| 17. | 噶瑪蘭廳 | 大里簡隘 | 宜蘭縣頭城鎮 | 王字番 | 皆設隘丁，分給田園以爲口糧防守。 |
| 18. | 噶瑪蘭廳 | 梗防隘 | 宜蘭縣頭城鎮 | 王字番 | 皆設隘丁，分給田園以爲口糧防守。 |
| 19. | 噶瑪蘭廳 | 烏石港隘 | 宜蘭縣頭城鎮 | 王字番 | 皆設隘丁，分給田園以爲口糧防守。 |
| 20. | 噶瑪蘭廳 | 金面山隘 | 宜蘭縣頭城鎮 | 王字番 | 皆設隘丁，分給田園以爲口糧防守。 |
| 21. | 噶瑪蘭廳 | 白石隘 | 宜蘭縣礁溪鄉 | 王字番 | 皆設隘丁，分給田園以爲口糧防守。 |

| | | | | |
|---|---|---|---|---|
| 22. | 噶瑪蘭廳 | 湯圍隘 | 宜蘭縣礁溪鄉 | 王字番 | 皆設隘丁，分給田園以爲口糧防守。 |
| 23. | 噶瑪蘭廳 | 柴圍隘 | 宜蘭縣礁溪鄉 | 王字番 | 皆設隘丁，分給田園以爲口糧防守。 |
| 24. | 噶瑪蘭廳 | 三圍隘 | 宜蘭縣礁溪鄉 | 王字番 | 皆設隘丁，分給田園以爲口糧防守。 |
| 25. | 噶瑪蘭廳 | 四圍一結隘 | 宜蘭市 | 王字番 | 皆設隘丁，分給田園以爲口糧防守。 |
| 26. | 噶瑪蘭廳 | 二結隘 | 宜蘭市 | 王字番 | 皆設隘丁，分給田園以爲口糧防守。 |
| 27. | 噶瑪蘭廳 | 三結隘 | 宜蘭市 | 王字番 | 皆設隘丁，分給田園以爲口糧防守。 |
| 28. | 噶瑪蘭廳 | 旱溪隘 | 宜蘭縣員山鄉 | 王字番 | 皆設隘丁，分給田園以爲口糧防守。 |
| 29. | 噶瑪蘭廳 | 大湖隘 | 宜蘭縣員山鄉 | 王字番 | 皆設隘丁，分給田園以爲口糧防守。 |
| 30. | 噶瑪蘭廳 | 叭哩沙喃隘 | 宜蘭縣三星鄉 | 王字番 | 皆設隘丁，分給田園以爲口糧防守。 |
| 31. | 噶瑪蘭廳 | 鹿埔隘 | 宜蘭縣冬山鄉 | 王字番 | 皆設隘丁，分給田園以爲口糧防守。 |
| 32. | 噶瑪蘭廳 | 清水溝隘 | 宜蘭縣冬山鄉 | 王字番 | 皆設隘丁，分給田園以爲口糧防守。 |
| 33. | 噶瑪蘭廳 | 員山莊隘 | 宜蘭縣冬山鄉 | 王字番 | 皆設隘丁，分給田園以爲口糧防守。 |
| 34. | 噶瑪蘭廳 | 馬賽隘 | 宜蘭縣蘇澳鎮 | 王字番 | 皆設隘丁，分給田園以爲口糧防守。 |
| 35. | 噶瑪蘭廳 | 蘇澳施八坑隘 | 宜蘭縣蘇澳鎮 | 王字番 | 皆設隘丁，分給田園以爲口糧防守。 |

參考資料：陳壽祺，《福建通志臺灣府》，臺灣銀行文獻叢刊第八四種，1960 年 8 月，頁 339
～346。

## 表五十八　道光 12 年（1832）噶瑪蘭廳的隘

| 編號 | 隘　　名 | 地名考証 | 隘丁人數 | 備　　　　　　　註 |
|---|---|---|---|---|
| 1. | 枕頭山隘 | 宜蘭縣員山鄉 | 10 | 距廳西六里 |
| 2. | 穎廣莊隘 | 宜蘭縣員山鄉 | 9 | 距廳西七里 |
| 3. | 大湖隘 | 宜蘭縣員山鄉 | 12 | 距廳西十二里 |
| 4. | 內湖隘 | 宜蘭縣員山鄉 | 6 | 距廳西十五里 |
| 5. | 叭哩沙喃隘 | 宜蘭縣三星鄉 | 12 | 距廳西三十里 |
| 6. | 三鬮仔隘 | 宜蘭市 | 8 | 距廳西北五里 |
| 7. | 大坤隘 | 宜蘭縣礁溪鄉 | 8 | 距廳西北十里 |
| 8. | 擺燕山隘 | 宜蘭縣冬山鄉 | 8 | 距廳南十二里 |
| 9. | 鹿埔嶺隘 | 宜蘭縣冬山鄉 | 13 | 距廳南二十五里 |
| 10. | 員山隘 | 宜蘭縣冬山鄉 | 10 | 距廳南二十五里 |
| 11. | 馬賽隘 | 宜蘭縣蘇澳鎮 | 12 | 距廳南三十里 |

| 12. | 施八坑隘 | 宜蘭縣蘇澳鎮 | 12 | 距廳南四十里 |
|---|---|---|---|---|
| 13. | 葫蘆堵隘 | 宜蘭縣員山鄉 | 6 | 距廳西南十六里 |
| 14. | 泉大湖隘 | 宜蘭縣三星鄉 | 13 | 距廳西南二十五里 |
| 15. | 四圍隘 | 宜蘭市 | 6 | 距廳北八里 |
| 16. | 柴圍隘 | 宜蘭縣礁溪鄉 | 5 | 距廳北十里 |
| 17. | 三圍隘 | 宜蘭縣礁溪鄉 | 5 | 距廳北十二里 |
| 18. | 湯圍隘 | 宜蘭縣礁溪鄉 | 8 | 距廳北十七里 |
| 19. | 白石山腳隘 | 宜蘭縣礁溪鄉 | 10 | 距廳北二十里 |
| 20. | 金面山隘 | 宜蘭縣頭城鎮 | 8 | 距廳北二十五里 |

參考書目：陳淑均，《噶瑪蘭廳志》，臺灣銀行文獻叢刊第一六〇種，1963 年 3 月，頁 48～50。

## 表五十九　同治朝臺灣府隘數

| 編號 | 清代行政區 | 隘　　名 | 地名考証 | 隘丁人數 | 備　　　　註 |
|---|---|---|---|---|---|
| 1. | 淡水廳 | 火燄山隘 | 苗栗縣苑裡鎮 | 8 | 民隘 |
| 2. | 淡水廳 | 日北山腳隘 | 苗栗縣三義鄉 | 原 6今 8 | 民隘，本在日北山腳，後經移入鯉魚潭高嶺處 |
| 3. | 淡水廳 | 三叉河隘 | 苗栗縣三義鄉 | 15 | 民隘 |
| 4. | 淡水廳 | 內外草湖隘 | 苗栗縣三義鄉 | 20 | 民隘，本係高埔隘，後移入苑裏保；又南勢湖一隘，亦裁撤歸併之。高埔隘原有隘丁 10，南勢湖原有隘丁 7。 |
| 5. | 淡水廳 | 銅鑼灣隘 | 苗栗縣銅鑼鎮 | 25 | 官隘 |
| 6. | 淡水廳 | 芎中七隘 | 苗栗縣大湖鄉 | 30 | 官隘，在後壠保芎蕉灣、中心埔、七十分三莊內故名。 |
| 7. | 淡水廳 | 大坑口隘 | 苗栗縣公館鄉 | 40 | 官隘，本係中隘，後經移入後壠保內山橫崗 |
| 8. | 淡水廳 | 蛤仔市隘 | 苗栗縣公館鄉 | 20 | 官隘 |
| 9. | 淡水廳 | 嘉志閣隘 | 苗栗市 | 原 20今 30 | 民隘，本在外間，後經移入後壠保內山橫崗 |
| 10. | 淡水廳 | 南港仔隘 | 苗栗縣頭份鎮 | 原 15今 30 | 民隘 |
| 11. | 淡水廳 | 三灣隘 | 苗栗縣三灣鄉 | 42 | 民隘 |

| 12. | 淡水廳 | 小銅鑼圈隘 | 苗栗縣三灣鄉 | — | 民隘，本係中港尖山隘，後經移入中港保五指山左角 |
|---|---|---|---|---|---|
| 13. | 淡水廳 | 金廣福大隘 | 新竹縣竹東鎮、保山鄉、北埔鎮、峨嵋鄉、新竹市 | 120 | 民隘，該隘本分設於塹城東廂之鹽水港、南隘、茄苳湖、石碎崙、雙坑、大崎、金山面、員山仔各處，後因荒地日闢，已越各隘，故將以上各隘一併裁撤，歸做一處，移入中港保五指山右角。沿山十餘里皆設銃櫃，爲各隘最大者。 |
| 14. | 淡水廳 | 樹圯林隘 | 新竹縣竹東鎮 | 原 15 今 20 | 民隘 |
| 15. | 淡水廳 | 砥仔隘 | 新竹縣橫山鄉 | 15 | 民隘 |
| 16. | 淡水廳 | 橫山隘 | 新竹縣橫山鄉 | — | 民隘 |
| 17. | 淡水廳 | 猴洞隘 | 新竹縣芎林鄉 | 15 | 民隘 |
| 18. | 淡水廳 | 九芎林隘 | 新竹縣芎林鄉 | 10 | 又名南河隘，民隘 |
| 19. | 淡水廳 | 鹹菜甕隘 | 新竹縣關西鎮 | 20 | 民隘 |
| 20. | 淡水廳 | 大銅鑼圈隘 | 桃園市龍潭區 | 10 | 民隘，本在四方林地方，後經移入桃澗保內山要處 |
| 21. | 淡水廳 | 大坪隘 | 新北市新店區 | 20 | 民隘 |
| 22. | 淡水廳 | 溪洲隘 | 新北市三峽區 | 10 | 民隘 |
| 23. | 淡水廳 | 大姑崁隘 | 新北市大溪區 | 30 | 民隘 |
| 24. | 淡水廳 | 三角湧隘 | 新北市三峽區 | 10 | 又名十三添隘，民隘 |
| 25. | 淡水廳 | 橫溪隘 | 新北市三峽區 | 5 | 民隘 |
| 26. | 淡水廳 | 暗坑仔隘 | 新北市新店區 | 10 | 民隘 |
| 27. | 淡水廳 | 萬順寮隘 | 新北市深坑區 | 15 | 民隘 |
| 28. | 淡水廳 | 十分寮隘 | 新北市平溪區 | 10 | 民隘 |
| 29. | 淡水廳 | 三貂嶺隘 | 新北市瑞芳區 | 10 | 民隘 |
| 30. | 淡水廳 | 三層埔等五隘 | 桃園市大溪區 | 14 | 三層埔、草嶺寮、牛角壢寮、舊腦寮、龍過脈寮 |
| 31. | 淡水廳 | 霄裏下嵌九隘 | 桃園市大溪區 | 29 | 微斜路寮、彌崗嵌寮、牛浴窟寮、茅埔寮、加冬坑寮、石厝坑寮、石峽寮、白石關寮、九芎寮 |
| 32. | 淡水廳 | 溪洲五隘 | 桃園市大溪區 | 14 | 石觀音寮、內大灣寮、內石犀寮、水井寮、外平林寮 |
| 33. | 淡水廳 | 南雅內山十二隘 | 桃園市大溪區 | 88 | 分水隘、和彝隘、楓林隘、雷岡隘、白石隘、龍岡隘、防彝隘、合水隘、曲水隘、上峽隘、中峽隘、下峽隘 |

| | | | | |
|---|---|---|---|---|
| 34. | 淡水廳 | 南雅之南九隘 | 桃園市大溪區 | | 竹林隘、蕉林隘、峽口隘、鳳岡隘、溪口隘、路口隘、小溪隘、誅彝隘、太平隘 |
| 35. | 淡水廳 | 南雅之西一隘 | 桃園市大溪區 | | 石井隘 |
| 36. | 淡水廳 | 大料崁橫溪隘 | 桃園市大溪區 | 45 | 隘寮 15 座 |
| 37. | 淡水廳 | 大溪隘 | 桃園市大溪區 | 80 | 又名礁溝隘，隘寮 4 座 |
| 38. | 淡水廳 | 磺窟隘 | 桃園市大溪區 | 48 | 隘寮 5 座 |
| 39. | 淡水廳 | 小坑隘 | 桃園市大溪區 | | 隘寮 3 座 |
| 40. | 噶瑪蘭廳 | 大陂隘 | 宜蘭縣礁溪鄉 | 8 | |
| 41. | 噶瑪蘭廳 | 擺燕隘 | 宜蘭縣冬山鄉 | 13 | |
| 42. | 噶瑪蘭廳 | 金面山隘 | 宜蘭縣頭城鎮 | 12 | |
| 43. | 噶瑪蘭廳 | 白石山隘 | 宜蘭縣礁溪鄉 | 8 | |
| 44. | 噶瑪蘭廳 | 湯圍隘 | 宜蘭縣礁溪鄉 | 8 | |
| 45. | 噶瑪蘭廳 | 柴圍隘 | 宜蘭縣礁溪鄉 | 5 | |
| 46. | 噶瑪蘭廳 | 三圍隘 | 宜蘭縣礁溪鄉 | 5 | |
| 47. | 噶瑪蘭廳 | 四圍隘 | 宜蘭市 | 6 | |
| 48. | 噶瑪蘭廳 | 枕頭山隘 | 宜蘭縣員山鄉 | 10 | |
| 49. | 噶瑪蘭廳 | 穎廣莊隘 | 宜蘭縣員山鄉 | 19 | |
| 50 | 噶瑪蘭廳 | 葫蘆堵隘 | 宜蘭縣員山鄉 | 6 | |
| 51. | 噶瑪蘭廳 | 內湖隘 | 宜蘭縣員山鄉 | 6 | |
| 52. | 噶瑪蘭廳 | 泉大湖隘 | 宜蘭縣員山鄉 | 13 | |
| 53. | 噶瑪蘭廳 | 大叭哩沙喃隘 | 宜蘭縣三星鄉 | 12 | |
| 54. | 噶瑪蘭廳 | 鹿埔隘 | 宜蘭縣冬山鄉 | 10 | |
| 55. | 噶瑪蘭廳 | 三鬮隘 | 宜蘭市 | 8 | |
| 56. | 噶瑪蘭廳 | 外員山隘 | 宜蘭縣冬山鄉 | 12 | |
| 57. | 噶瑪蘭廳 | 馬賽隘 | 宜蘭縣蘇澳鎮 | 12 | |
| 58. | 噶瑪蘭廳 | 大湖隘 | 宜蘭縣員山鄉 | 12 | |
| 59. | 噶瑪蘭廳 | 施叭坑隘 | 宜蘭縣蘇澳鎮 | 12 | |

參考資料：
1. 葉宗元，《臺灣府輿圖纂要》，同治五年抄本，北京大學圖書館藏。
2. 陳培桂，《淡水廳志》，臺灣銀行文獻叢刊第一七二種，1963 年 8 月，頁 46～50、328～330、457～458。

# 第三章 武力以外的統治策略

## 第二節 武科與軍功人員的協力

### 表六十 清代臺灣武進士與武舉題名錄

| | 臺灣縣(安平縣) | 嘉義縣 | 雲林縣 | 鳳山縣 | 彰化縣 | 臺灣縣 | 苗栗縣 | 新竹縣 | 淡水縣 | 宜蘭縣 | 臺東州 | 恆春縣 | 埔里廳 | 資料來源 |
|---|---|---|---|---|---|---|---|---|---|---|---|---|---|---|
| | 臺南 | | | 高屏 | 彰化 | 臺中 | 桃竹苗 | | 臺北 | 宜蘭 | 花東 | 中央山地 | | |
| 1. 康熙29年(1690)武舉 | | | | 林逢秋 | | | | | | | | | | (1)(2)(5) |
| 2. 康熙32年(1693)武舉 | 阮洪義 | | | | | | | | | | | | | (1)(2) |
| 3. 康熙33年(1694)武進士 | 阮洪義 | | | | | | | | | | | | | (1)(2) |
| 4. 康熙35年(1696)武舉 | | | | 許義鳳 | | | | | | | | | | (1)(2)(5) |
| 5. 康熙38年(1699)武舉 | | 曾國鯤 | | 卓飛虎 | | | | | | | | | | (1)(2)(5) |
| 6. 康熙41年(1702)武舉 | 洪國珠 王臣 | | | 吳有聲 陳進元(附) | | | | | | | | | | (1)(2)(5) |

| | | | | | | | | | |
|---|---|---|---|---|---|---|---|---|---|
| 7. | 康熙44年<br>(1705)<br>武舉 | 蕭鳳來(附)<br>洪奇英(附)<br>葉宏積(附)<br>黃應魁(附)<br>黃彩捷(附)<br>李清運<br>蔡志雅 | 許 | | 施世厳(附)<br>張化龍<br>柯參天 | | | | (1)<br>(2)<br>(5) |
| 8. | 康熙45年<br>(1706)<br>武進士 | 葉宏積(附) | | | | | | | (1)<br>(2) |
| 9. | 康熙47年<br>(1708)<br>武舉 | 吳朝佐(附)<br>許兆昌<br>薛寶林<br>周良佐 | 許興 | | 謝希元<br>蔡一聰<br>蔡朝鳳<br>翁士俊 | | | | (1)<br>(2)<br>(5) |
| 10. | 康熙48年<br>(1709)<br>武進士 | | | | 柯參天 | | | | (1)<br>(2)<br>(5) |
| 11. | 康熙50年<br>(1711)<br>武舉 | 林大瑜(附)<br>陳士成 | 余立贊 | | 林培(附)<br>顏士駿 | | | | (1)<br>(2)<br>(5) |
| 12. | 康熙51年<br>(1712)<br>武進士 | 林大瑜(附) | | | | | | | (1)<br>(2) |
| 13. | 康熙52年<br>(1713)<br>武舉恩科 | 黃廷魁 | 林中穎 | | | | | | (1)<br>(2) |
| 14. | 康熙52年<br>(1713)<br>武進士 | | 許 | | | | | | (1)<br>(2) |

| 序號 | 年代 | | | | 備註 |
|---|---|---|---|---|---|
| 15. | 康熙 53 年<br>(1714)<br>武舉 | 王元功(附)<br>曾天璧(附)<br>許宗威<br>蘇耐亭 | 蘇學海<br>洪世獻 | | (1)<br>(2) |
| 16. | 康熙 56 年<br>(1717)<br>武舉 | 王楨幹(附)<br>范學海<br>黃彥彰<br>李明德 | 洪奇獻 | 趙岱遇(附)<br>李行可 | (1)<br>(2)<br>(5) |
| 17. | 康熙 57 年<br>(1718)<br>武進士 | 范學海 | | | (1)<br>(2) |
| 18. | 康熙 59 年<br>(1720)<br>武舉 | 汪玉潤(附)<br>曾英傑<br>蕭鳳求 | | | (1)<br>(2) |
| 19. | 雍正元年<br>(1723)<br>武舉恩科 | 蔡聯芳(附)<br>洪秉疇(附) | 李明龍 | | (1)<br>(2)<br>(5) |
| 20. | 雍正 2 年<br>(1723)<br>武舉 | 劉大賓(附)<br>施世爵 | | | (1)<br>(2) |
| 21. | 雍正 4 年<br>(1726)<br>武舉 | 楊達春 | | | (1)<br>(2) |
| 22. | 雍正 10 年<br>(1732)<br>武舉 | 鄭和泰(附) | 張光國 | 劉長春 | (1)<br>(2)<br>(3)<br>(5) |
| 23. | 雍正 13 年<br>(1735)<br>武舉 | 許志剛(附) | 蘇淮豫<br>黃紹暉 | 顏振雲 | (1)<br>(2)<br>(3)<br>(5) |

| | | | | | | | |
|---|---|---|---|---|---|---|---|
| 24. | 乾隆元年(1736)武舉恩科 | 韓克昌(附)吳志超(附) | 邱世質 | | 蔡莊鷹(附) | | (1)(2)(5) |
| 25. | 乾隆3年(1738)武舉 | 范擧山(附)林日茂(附)王振業 | 歐陽合 | 許日文 | 林長春 | | (1)(2)(3)(5) |
| 26. | 乾隆4年(1739)武進士 | 蔡莊鷹(附) | | | | | (1)(2)(5) |
| 27. | 乾隆6年(1741)武舉 | 許天助(附) | | | 吳景福 | | (1)(2)(3) |
| 28. | 乾隆9年(1744)武舉 | | | | 黃天球(附) | | (1)(2)(3) |
| 29. | 乾隆12年(1747)武舉 | 姚天敏(附) | | | 陳天拱 | | (1)(2)(3) |
| 30. | 乾隆15年(1750)武舉 | 蔡青海(附)張超綸(附) | | 陳廷魁(附) | | | (1)(2)(5) |
| 31. | 乾隆17年(1752)武舉 | 鄭鴻擧(附)莊英(附) | | | | | (1)(2) |
| 32. | 乾隆18年(1753)武舉 | | | 陳廷光(附) | | | (1)(2)(5) |
| 33. | 乾隆23年(1759)武舉 | | | 唐鋭 | | | (1)(2)(5) |

附 表

| | 年科 | | | | | 備註 |
|---|---|---|---|---|---|---|
| 34. | 乾隆24年(1759)武舉 | 金英(府) 張國棟(府) | | | 林繼成 | (1)(2)(5) |
| 35. | 乾隆25年(1760)武舉恩科 | 黃廷英 | 黃國棟(府) | | | (1)(2)(7) |
| 36. | 乾隆27年(1762)武舉 | | 施國楨(府) | | 黃達三 | (1)(2)(5) |
| 37. | 乾隆30年(1765)武舉 | 章廷英(府) 洪清釀(府) 許拔英(府) | | | 張從龍 | 張方武 | (1)(2)(3)(5) |
| 38. | 乾隆33年(1768)武舉 | 陳邦傑(府) 陳宗器(府) 吳天河(府) | | | 李瑤 | (1)(2)(5) |
| 39. | 乾隆35年(1770)武舉恩科 | 林疆玉(府) | | | 蘇廷瑞 | 許國楝 | (1)(2)(3)(5) |
| 40. | 乾隆36年(1771)武舉 | | | | 吳鳳光 高陞 張簡魁 | (1)(2)(5) |
| 41. | 乾隆39年(1774)武舉 | 邱宗榮(府) | 賴廷雲 | | 柯文珍 | (1)(2)(5) |
| 42. | 乾隆42年(1777)武舉 | 許士魁(府) 陶廳功(府) 張梓 | 黃襲邦 張士敏 | | 李化育 | (1)(2)(5) |

| 編號 | | | | | | (備註) |
|---|---|---|---|---|---|---|
| 43. 乾隆44年 (1779) 武舉恩科 | 葉顯明(府) | | 陳驥芳 | | | (1)(2)(3) |
| 44. 乾隆45年 (1780) 武舉 | 林廷玉(府) 杜朝聘(府) | 陳夷光 | | | | (1)(2)(5) |
| 45. 乾隆48年 (1783) 武舉 | 黃毓金(府) | 曾國才 吳士英 許廷耀 | | | | (1)(2)(5) |
| 46. 乾隆51年 (1786) 武舉 | 鄭應選(府) 黃惜榮 | | | 周士超 | | (1)(2)(4) |
| 47. 乾隆53年 (1788) 武舉恩科 | 沈啓攷(府) | | 張超鳳 | | | (1)(2)(3) |
| 48. 乾隆54年 (1789) 武舉恩科 | 張元魁(府) 曾國泰 | 蔡耀二 | | | | (1)(2)(5) |
| 49. 乾隆57年 (1792) 武舉 | 蔡耀二(府) | | 鄒國標 | | | (1)(2)(3) |
| 50. 乾隆58年 (1793) 武進士 | | | | 周士超 | | (1)(2)(4) |
| 51. 乾隆59年 (1794) 武舉恩科 | 楊三捷(府) 何雲衢 | | | | | (1)(2) |
| 52. 乾隆60年 (1795) 武舉 | 莊武玉(府) 吳朝宗 | 杜光玉 | 吳安邦 | | | (1)(2)(3) |

| 編號 | 年代 | | | | | 備註 |
|---|---|---|---|---|---|---|
| 53. | 嘉慶元年<br>（1796）<br>武進士 | | | | 吳安邦 | (1)(2)(3) |
| 54. | 嘉慶 3 年<br>（1798）<br>武舉 | 張文雅(附) | 郭一登 | 張元英 | | (1)(2)(5) |
| 55. | 嘉慶 5 年<br>（1800）<br>武舉恩科 | 戴時中(附) | | | 楊棟 | (1)(2)(3) |
| 56. | 嘉慶 6 年<br>（1801）<br>武舉 | 張中玉<br>洪安邦<br>蘇有光(附) | | | | (1)(2) |
| 57. | 嘉慶 9 年<br>（1804）<br>武舉 | 高騰飛(附) | 詹振拔(附) | | 陳占梅 | (1)(2)(3)(5) |
| 58. | 嘉慶 12 年<br>（1807）<br>武舉 | 莊學山(府)<br>陳朝拔 | | 黃啓東 | | (1)(2)(5) |
| 59. | 嘉慶 13 年<br>（1808）<br>武舉恩科 | | 黃清榮<br>黃清雅(府) | | 陳克修 | (1)(2)(3)(7) |
| 60. | 嘉慶 15 年<br>（1810）<br>武舉 | | 黃聖淮 | 蕭建邦<br>林成章(府) | | (1)(2)(3)(5) |
| 61. | 嘉慶 18 年<br>（1813）<br>武舉 | 郭逢年(府)<br>顏鵬飛(附) | | | | (1)(2) |

| | | | | | | |
|---|---|---|---|---|---|---|
| 62. 嘉慶21年<br>(1816)<br>武舉 | 許那陞(府)<br>王得覓(府) | | 劉瑞麟(府) | | | (1)<br>(2)<br>(5) |
| 63. 嘉慶23年<br>(1818)<br>武舉恩科 | | 曾延煇 | 麥朝清 | 陳濤華(府) | | (1)<br>(2)<br>(3)<br>(5) |
| 64. 嘉慶24年<br>(1819)<br>武舉 | 周榮秉<br>趙鳴岐 | | 張安邦 | 黃朝鳳 | 溫斌元(府) | (1)<br>(2)<br>(3)<br>(5)<br>(7) |
| 65. 道光元年<br>(1821)<br>武舉恩科 | 李建邦(府) | | | 林庭鳳(府) | 吳興邦 | (1)<br>(2)<br>(3)<br>(4) |
| 66. 道光2年<br>(1822)<br>武舉 | | 蘇天翰 | 林得時(府)<br>張隨隆 | 鍾仕高(府) | | (1)<br>(2)<br>(3)<br>(5) |
| 67. 道光5年<br>(1825)<br>武舉 | 蔡際會(府)<br>許捷標 | 劉捷高(府)<br>王朝祥 | | | 張建邦 | (1)<br>(2)<br>(4)<br>(6) |
| 68. 道光6年<br>(1826)<br>武進士 | 許捷標 | | | | | (1)<br>(2) |
| 69. 道光8年<br>(1828)<br>武舉 | 黃安邦(府)<br>曾必中 | 何安邦(府)<br>張連捷 | | | | (1)<br>(2)<br>(6) |

| 科年 | | | | | | | 備註 |
|---|---|---|---|---|---|---|---|
| 70. 道光 11 年<br>（1831）<br>武舉恩科 | 郭崇通 | 張秉忠<br>何東波 | 阮朝魁 | | | | 林秋華(府) | (1)<br>(2)<br>(4)<br>(5)<br>(6) |
| 71. 道光 12 年<br>（1832）<br>武舉恩科 | 林國瑞 | | 楊邦瑞 | | | | 吳燮邦(府) | (1)<br>(2)<br>(4)<br>(5) |
| 72. 道光 14 年<br>（1834）<br>武舉 | 陳元邦 | 劉華實 | | | 杜國興(府) | | | (1)<br>(2)<br>(6)<br>(8) |
| 73. 道光 15 年<br>（1835）<br>武舉恩科 | 林榮源(府)<br>盧建勝<br>陳高超 | 張得三<br>方達春<br>黃元勳 | | | | | | (1)<br>(2) |
| 74. 道光 17 年<br>（1837）<br>武舉 | 郭隆城(府)<br>蘇克忠(府)<br>黃應彪 | 李逢時 | | | | | | (1)<br>(2) |
| 75. 道光 19 年<br>（1839）<br>武舉 | 曾瑞麟(府)<br>陳殿邦(府) | 李維鴻 | | | | | | (1)<br>(2) |
| 76. 道光 20 年<br>（1840）<br>武舉 | | | | 蕭務雲 | | | 高國瑞<br>黃延瑞 | (1)<br>(2)<br>(3)<br>(4) |
| 77. 道光 23 年<br>（1843）<br>武舉 | 吳士邦(府)<br>劉國邦 | 廖昌期 | | 陳聯登 | | | | (1)<br>(2)<br>(3)<br>(7) |

| 序號 | 年代 | | | | | | | 備註 |
|---|---|---|---|---|---|---|---|---|
| 78. | 道光24年<br>（1844）<br>武舉 | 葉成勳(附) | 劉雲華(附)<br>郭履祥 | | | | | (1)<br>(2)<br>(6) |
| 79. | 道光26年<br>（1846）<br>武舉 | 林清玉 | 張良讓 | | | 鄭大經<br>葉長青 | | (1)<br>(2)<br>(4) |
| 80. | 道光29年<br>（1849）<br>武舉 | 陳輝中<br>賴啟明 | | | | | | (1)<br>(2) |
| 81. | 咸豐元年<br>（1851）<br>武舉 | 陳輝江(附) | 尤拔元 | | | | | (1)<br>(2)<br>(5) |
| 82. | 咸豐2年<br>（1852）<br>武舉 | 林朝清 | | | | | | (1)<br>(2) |
| 83. | 咸豐5年<br>（1855）<br>武舉 | | | 廖正榜 | | | | (1)<br>(2)<br>(3) |
| 84. | 咸豐9年<br>（1859）<br>武舉恩科 | 顏步言(附)<br>林朝耀 | 林玉經 | 賴步雲<br>賴登雲 | | 李耀華 | 杜逢春 | (1)<br>(2)<br>(3)<br>(4)<br>(5) |
| 85. | 同治元年<br>（1862）<br>武舉恩科 | 陳廷開(附)<br>王迪訓(附)<br>陳開泰<br>林建中 | 張成材<br>黃煥獻<br>林瑞璋 | | | 李陳東 | | (1)<br>(2)<br>(4)<br>(5) |
| 86. | 同治5年<br>（1866）<br>武舉 | 陳超英(附) | 戴鍾清<br>蘇玉英(附) | 陳安邦 | 洪鐘音(附) | | | (1)<br>(2)<br>(3)<br>(5)<br>(9) |

| | | | | | | | | | |
|---|---|---|---|---|---|---|---|---|---|
| 87. | 同治6年(1867)武舉 | 陳宗治(附)張大川(附) | | | | | | | (1)(2)(3) |
| 88. | 同治9年(1870)武舉 | 蔡洪儀 | | | 周振東 | | 胡建登(附) | | (1)(2)(4) |
| 89. | 同治12年(1873)武舉 | 錢國珍 | | | | 王廷理 | 周元藜 | | (1)(2) |
| 90. | 光緒元年(1875)武舉 | 朱春田(附) | | 賴定彰 | 黃希文 | | | | (1)(2)(4)(5)(8) |
| 91. | 光緒2年(1876)武舉 | 黃令成(附)李連進 | 林錦清 | | | | | | (1)(2)(3) |
| 92. | 光緒5年(1879)武舉 | 沈宗海(附) | | 楊廷輝蔡玉烈 | | | | | (1)(2)(8) |
| 93. | 光緒8年(1882)武舉 | 葉騰雲 | 許肇清 | | | | | | (1)(2)(3) |
| 94. | 光緒11年(1885)武舉 | 簡瑞斌 | | 汪騰龍 | | 李應東(北附)李祥奎 | 潘振芳 | | (1)(2)(3)(8) |
| 95. | 光緒14年(1888)武舉 | 胡澄淵 | 曾鑽邦張國楊 | | | | | | (1)(2)(3) |

| 編號 | 年代／科別 | | | | | 備考 |
|---|---|---|---|---|---|---|
| 96. | 光緒 15 年(1889)武舉 | 蘇建邦(南府) | 張廷樞 | 陳邦超 | | (1)(2)(3) |
| 97. | 光緒 17 年(1891)武舉 | 張寶山 | | | 陳混齡 李溶川 | (1)(2) |
| 98. | 光緒 19 年(1893)武舉 | | 黃炳南 | 周玉輝 | 陳朝儀 | (1)(2)(3) |

(安平) 臺灣縣武進士：5 人
　　　嘉義縣武進士：1 人

　　　鳳山縣武進士：2 人
　　　彰化縣武進士：1 人

　　　新竹縣武進士：1 人

　　　合計：武進士 10 人

(臺中) 臺灣縣武舉人：123 人
　　　嘉義縣武舉人：44 人
　　　雲林縣武舉人：5 人
　　　鳳山縣武舉人：59 人
　　　彰化縣武舉人：35 人
　　　臺東縣武舉人：1 人
　　　苗栗縣武舉人：5 人
　　　新竹縣武舉人：13 人
　　　淡水縣武舉人：6 人
　　　宜蘭縣武舉人：6 人
　　　合計：武舉人：297 人

康熙朝武進士：6 人
康熙朝武舉人：54 人
雍正朝武舉人：13 人
乾隆朝武進士：2 人
乾隆朝武舉人：79 人
嘉慶朝武進士：1 人
嘉慶朝武舉人：33 人
道光朝武進士：1 人
道光朝武舉人：56 人
咸豐朝武舉人：11 人
同治朝武舉人：23 人
光緒朝武舉人：28 人

參考資料：
1. 陳壽祺，《福建通志臺灣府》，臺灣銀行文獻叢刊第八四種，1960 年 8 月，頁 710～716。
2. 蔣師轍，《臺灣通志》，臺灣銀行文獻叢刊第一三〇種，1962 年 5 月，頁 403～411。
3. 周璽，《彰化縣志》，臺灣銀行文獻叢刊第一五六種，1962 年 11 月，頁 240～241。
4. 陳朝龍，《新竹縣采訪冊》，臺灣銀行文獻叢刊第一四五種，1962 年 7 月，頁 264。
5. 盧德嘉，《鳳山縣采訪冊》，臺灣銀行文獻叢刊第七三種，1960 年 8 月，頁 251～254。
6. 佚名，《嘉義管內采訪冊》，臺灣銀行文獻叢刊第五八種，1959 年 9 月，頁 31。
7. 倪贊元，《雲林縣采訪冊》，臺灣銀行文獻叢刊第三七種，1959 年 2 月，頁 33～34、107。
8. 沈茂蔭，《苗栗縣志》，臺灣銀行文獻叢刊第一五九種，1962 年 12 月，頁 197。
9. 黃富三，《霧峰林家的中挫(1861～1865)》(臺北：自立晚報，1992 年 9 月)，頁 86。

# 第四章　戰鬥兵力的分析

## 第三節　列強的叩關

### 表六十一　光緒十年九至十二月（1884.10～1885.2）基隆清軍各部駐防地點表

| 編號 | 各營名稱 | 指揮官姓名 | 駐防地點 | 備　　註 | 資料來源 |
|---|---|---|---|---|---|
| 1. | 暖暖土勇營（至少300人） | 武舉王廷理、捐職周玉謙 | 暖暖隘口、石梯領、鳥嘴峰 | 負責警戒暖暖、深澳 | 洪安全主編，《清宮月摺檔臺灣史料（五）》，頁3870、3994～3996。 |
| 2. | 霆慶營（部分） | 福寧鎮總兵曹志忠 | 暖暖 | | |
| 3. | 朝棟營（500人） | 彰化紳士世襲雲騎尉林朝棟 | 暖暖（大牛埔、大水窟） | | |
| 4. | 霆慶營（部分） | 福寧鎮總兵曹志忠 | 五堵 | | |
| 5. | 五堵土勇營（二營） | 福寧鎮總兵曹志忠 | 六堵、大武崙一帶 | | |
| 6. | 水返腳土勇營（二營） | 記名提督蘇得勝 | 水返腳、六堵 | 與曹志忠換防，曹大營改駐五堵 | |

### 表六十二　光緒11年1月下旬（1885.3）水返腳附近清軍各部駐防地點表

| 編號 | 各營名稱 | 指揮官姓名 | 駐防地點 | 資料來源 |
|---|---|---|---|---|
| 1. | 暖暖土勇營 | 武舉王廷理 | 暖暖街之後（靠近河邊） | 劉銘傳撰，馬昌華、翁飛點校，《劉銘傳文集》（合肥：黃山書社，1997年7月），頁123～124。 |
| 2. | 霆慶營 | 福寧鎮總兵曹志忠 | 六堵小坑隘口 | |
| 3. | 朝棟營 | 彰化紳士林朝棟 | 六堵小坑隘口之前的草蘭尖山頂 | |
| 4. | 恪靖營（威、良、剛營） | 營官王詩正 | 五堵 | |
| 5. | 銘軍與土勇營 | 福建巡撫劉銘傳、營官聶士成、記名提督蘇得勝、提督銜記名總兵劉朝祜 | 六堵（往臺北府大路） | |
| 6. | 土勇營 | 營官蘇樹森 | 趙水坑 | |
| 7. | 土勇營 | 提督銜留閩差委總兵桂占彪、營官張仁熙 | 港孜關 | |
| 8. | 恪靖營 | 營官陳鳴志 | 火炭坑、烏陵坑 | |

# 第五章　武力控制下的拓墾

## 表六十三　古文書、方志所記清代臺灣分區拓墾表

| | 臺灣縣(安平縣) | 嘉義縣 | 雲林縣 | 鳳山縣 | 彰化縣 | 臺灣縣 | 苗栗縣 | 新竹縣 | 淡水縣 | 宜蘭縣 | 臺東州 | 恆春縣 | 埔里廳 | 資料來源 |
|---|---|---|---|---|---|---|---|---|---|---|---|---|---|---|
| | 臺南 | 嘉 | 雲南 | 高屏 | 彰化 | 臺中 | 苗 | 桃竹 | 臺北 | 宜蘭 | 花東 | 中央山地 | | |
| 1. 康熙23年(1684) | | 林目壽開墾臺斗坑、埤仔頭、後湖莊(嘉義市)。林屺開墾鯽魚頭堡 | | | | | | | | | | | | (10) |
| 2. 康熙24年(1685) | | | 閩人林姓開墾土庫、黃收開墾大槺榔西堡港尾寮庄。李嬰人墾鹿仔草堡(鹿草)。十月發給墾照開墾八掌溪 | | | | | 閩人來桃澗平野、開拓荒埔崁 | 陳瑜開墾開南靖厝庄(鶯歌) | | | | | (1)<br>(2)<br>(10)<br>(58) |
| 3. 康熙25年(1686) | | | | | | | | | | | | | | |
| 4. 康熙26年(1687) | | | | | | | | | | | | | | |
| 5. 康熙27年(1688) | | | | | | | | | | | | | | |
| 6. 康熙28年(1689) | | | 陳天樞開墾大槺榔堡明山莊 | | | | | | | | | | | (10) |
| 7. 康熙29年(1690) | | | 漳人吳、陳、劉姓開拓湓崙角、蘭園、古坑(斗南、古坑)、李璋開墾斗南田頭庄。吳英開墾斗六大北勢、九老爺、大埔 | | | 給墾打廉庄土地(北斗) | | | | | | | | (9)<br>(10)<br>(58) |
| 8. 康熙30年(1691) | | | 閩人李佰升開墾海埔寮(水林)。漳人胡啓開墾社仔庄(善化) | 正月所給墾人徐阿華開墾字於旗後 | | | | | | | | | | (9)<br>(11)<br>(59) |

| 編號 | 年代 | 事項 | 備註 | |
|---|---|---|---|---|
| 9. | 康熙 31 年 (1692) | | | |
| 10. | 康熙 32 年 (1693) | 林登山、張茂、李雲龍開墾學甲 | | (11) |
| 11. | 康熙 33 年 (1694) | | | |
| 12. | 康熙 34 年 (1695) | | | |
| 13. | 康熙 35 年 (1696) | | | |
| 14. | 康熙 36 年 (1697) | 開墾加冬腳坰（大埤） | | (9) |
| 15. | 康熙 37 年 (1698) | | | |
| 16. | 康熙 38 年 (1699) | | | |
| 17. | 康熙 39 年 (1700) | | | |
| 18. | 康熙 40 年 (1701) | 林、倪姓開墾斗六大竹圍陂。林克明開墾斗六坪仔頭、咬狗、內林、侯朝、雙溪口庄 東興開墾嘉義小槺榔 | 漳人由鹿港登岸抵大肚開墾。一部分黃人自大安港登陸開墾 | (7)(10) |
| 19. | 康熙 41 年 (1702) | | | |
| 20. | 康熙 42 年 (1703) | | | |

| |  | | | | | |
|---|---|---|---|---|---|---|
| 21. | 康熙 43 年 (1704) | 開鑿打廉庄土地 (北斗) | | | | (58) |
| 22. | 康熙 44 年 (1705) | | | | | |
| 23. | 康熙 45 年 (1706) | | | | | |
| 24. | 康熙 46 年 (1707) | | | | | |
| 25. | 康熙 47 年 (1708) | 發給鄭昭開墾對石龜梅仔坑募口 | | 粵籍古楊基等開墾楊梅壢 | | (13) (58) |
| 26. | 康熙 48 年 (1709) | 開鑿尖山庄陂 (古坑) | | | 陳賴章墾大佳臘 | (1) (9) |
| 27. | 康熙 49 年 (1710) | | 周大夔開墾沙轆 | | | (14) |
| 28. | 康熙 50 年 (1711) | | | 漳人張徽揚開墾竹南之公館仔、海口。黃福泉等開墾西湖。閩人王世傑來竹塹拓墾 | 泉州胡、林二姓開闢大菜口 (泰山) | (1) (3) (5) |
| 29. | 康熙 51 年 (1712) | | | 古連先開墾上田心仔 (楊梅) | | (13) |
| 30. | 康熙 52 年 (1713) | 開鑿荷包連圳 (大埤)。王生開墾安定鄉。歐節牛開墾內正庄 (新化) | | 賴科等開墾海山 (樹林)、北投 | | (1) (3) (9) (10) (11) |
| 31. | 康熙 53 年 (1714) | 開鑿西螺引引庄陂 (西螺) | | | | (9) |

| | | | | | |
|---|---|---|---|---|---|
| 32. | 康熙 54 年<br>(1715) | | 客籍墾首黃利英開墾北斗 | 中港汛防招民開墾 | (4)<br>(14) |
| 33. | 康熙 55 年<br>(1716) | | | 岸裡社土目阿穆請墾貓霧捒（臺中市） | (8) |
| 34. | 康熙 56 年<br>(1717) | 開鑿糞箕湖陂（土庫） | | | (9) |
| 35. | 康熙 57 年<br>(1718) | | | 開墾隆恩圳（新竹市） | (5) |
| 36. | 康熙 58 年<br>(1719) | | 開鑿八堡圳<br>（彰化平原）。大武郡社招墾全港 | 開鑿九甲埔圳（新竹市） | (5)<br>(58) |
| 37. | 康熙 59 年<br>(1720) | | | 林天成等開墾大加臘 | (60) |
| 38. | 康熙 60 年<br>(1721) | | 開鑿十五庄圳（二水） | | (58) |
| 39. | 康熙 61 年<br>(1722) | | | | |
| 40. | 雍正元年<br>(1723) | 大武郡社土官招墾大漆林（水林） | 大武郡社土官招墾貓霧捒（神岡、大雅） | | (58) |
| 41. | 雍正 2 年<br>(1724) | 閩人薄昇燦開墾馬公厝（土庫）、埔姜崙、龍巖厝（褒忠）、潮洋厝、臺西 | 十月貓霧捒業戶立合約字開墾莊北仔。十一月 | 漢移民開墾大甲、後龍，秋收後即回鄉<br>拳山莊民開墾霧捒薛圳 | (1)<br>(3)<br>(9)<br>(58) |

| 序號 | 年代 | 事件記載 | 資料來源 |
|---|---|---|---|
| 42. | 雍正3年(1725) | 發給墾照墾蒲逐魚塭於鹿港／漳人開墾蒲仔(名間)。十月大武郡社番招墾蒲仔庄／給墾馬鳴山土地(秀水)／徐立鵬開墾紅毛港新庄子(新豐) | (5)(14)(43)(58) |
| 43. | 雍正4年(1726) | 六月馬芝遴社番立賣盡墾契於鹿仔港。八月發給墾照墾築魚塭於鹿港／閩人張方高開墾新庄仔、大庄、公館(二論)／漳人藍勇、藍宗開墾桃園市 | (9)(13)(58) |
| 44. | 雍正5年(1727) | 二月茄荖社番招墾黃麻湖／徐裡壽開墾圓山頂、崁頭厝(湖口、新程)／二月楊道弘開拓興直(新莊) | (1)(5)(43) |
| 45. | 雍正6年(1728) | 黃祈高開墾果毅堡山仔腳(柳營)。三月黃果社番給墾九芎林(林內)／漢人郭光天開拓大園堡八里坌、淡水一帶 | (2)(10)(60) |
| 46. | 雍正7年(1729) | 業主簡林芳立招批開墾／廖簡岳開拓林口(臺北市中正區) | (1)(53) |
| 47. | 雍正8年(1730) | 漢人陳、張、石姓合墾馬鳴山(夏忠)、同安厝、月眉、北勢底土地。南社番賣南勢底土地。(二論)／東螺社番出贌開墾贌夏里庄／黃海元等開墾楊梅壢仔、福興、東勢(新豐、湖口)。范善成開墾竹僮仔(新豐)／業主王錫奇撥耕毛少翁社地。九月武朥灣社出贌耕贌頭土地贌墾直土地由業戶開墾 | (4)(9)(31)(58) |

| 編號 | 年代 | | | | | 參考 |
|---|---|---|---|---|---|---|
| 48. | 雍正9年<br>(1731) | | | | 粵人徐立鵬開拓竹北二堡（中壢、觀音、新屋、湖口、新豐、關西、新埔、竹北）。郭奕榮開墾白地粉（竹北）。張春開墾鹿場 | (2)<br>(13) |
| 49. | 雍正10年<br>(1732) | 漳浦陳沈開墾新街（名間）。八月貓社立給字於竹興坑 | 三月狛加猫社番撲墾礁老歪柬勢巴陽新正 | 十月業戶李朝榮招佃開墾巴來（溪湖）。十一月開墾上圳（豐原）。十二月業戶陳周文請墾貓霧拺 | 徐飾宗開墾茄苳坑、歐天送開墾大坑、楊夢樵開墾頂鼎林（觀音） | 八里坌業戶進墾水涌（蘆洲）。李勝興自墾水田於毛少翁莊石角 | (1)<br>(5)<br>(14)<br>(31)<br>(58) |
| 50. | 雍正11年<br>(1733) | | 十一月拓墾大武壠 | 二、三月業主楊泰盛立給佃批開墾南大肚山腳庄轆遇勝背（烏日） | 羅朝章等開墾福興、中崙、大竹圍、下埤頭（新豐）。九、十一月佃仔佃開墾羅粉坑 | | (6)<br>(49)<br>(53)<br>(61) |
| 51. | 雍正12年<br>(1734) | | | | 張春開墾芒頭埔（竹北） | 安溪移民建公館莊（臺北市中正區） | (1)<br>(13)<br>(30) |
| 52. | 雍正13年<br>(1735) | 阿束社給批開墾月眉潭尾白沙墩埔 | 閩人張方高開鑿大有圳（崙背） | | 開墾貓兒錠圳（竹北） | | (9)<br>(13)<br>(58) |

| 編號 | 年代 | | | | 資料來源 |
|---|---|---|---|---|---|
| 53. | 乾隆元年<br>(1736) | 黃陳吳三姓開墾大標榔西堡三姓寮（四湖）。吳大有開墾白沙墩堡（元長） | 十二月業主張承祖招佃開墾甲務林莊 | 閩人開墾大姑陷、員樹林一帶（大溪）。各籍移民開墾苗、北勢（通霄） | 芝蘭鄉墾福德洋圳整（臺北市士林區）、拳山百姓開永豐圳（中和）、開整大安圳（土城、板橋、中和） | (1)<br>(2)<br>(10)<br>(13)<br>(58) |
| 54. | 乾隆2年<br>(1737) | | 正月業主楊興祖立給墾批開墾。八月感恩社祖官立給佃批開墾北勢（清水） | 粵人姜朝鳳開墾紅毛港樹林仔（新豐）。張盛仁等開墾玆頭堡（頭份）。謝昌爾等開墾關埔庄（仁冗莊開墾苗栗市。薛啟隆開墾桃園市。李捷開墾過溝仔（新竹市） | 楊道弘等開八里坌、錢爾等開關腳厝莊（泰山）。二月林在淡等開墾環直 | (1)<br>(3)<br>(4)<br>(13)<br>(52)<br>(53)<br>(60) |
| 55. | 乾隆3年<br>(1738) | 打貓社番婦立永賣契於後庄 | 四月半線社番立給墾契字於坑仔內庄 | 羅經千兄弟開墾大田莊（苗栗市）。唐松開拓鳳鼻尾、黃祖武開墾外湖（新豐）。李捷欄開墾埔頂（新竹市）。曾棟柏開墾中心埔（新屋）。曾棟柏開墾紫仔港（新屋） | 泉人開闢樹林口（後湖地）（林口）、南港 | (1)<br>(3)<br>(6)<br>(13)<br>(36)<br>(58) |
| 56. | 乾隆4年<br>(1739) | 三月業主蕭巫立給軍開墾界址寮（古坑） | | 泉人林耳順開墾後庄。四份頂、牛天寮、蟂桃、山下排、二十份、青埔仔、土牛口（頭份）。四月業主周添福立給佃批開墾虎茅庄（桃園市） | | (3)<br>(58) |
| 57. | 乾隆5年<br>(1740) | | 五月岸裡社業主教子招墾羅馬崗晋後 | 水堀潭社番自墾先草埔（田寮） | 翁渓林三姓招墾竹南、泉人林立開墾香山唐（新竹市） | 八月業主黃燕禮補給此於加冬溪、 | (1)<br>(4)<br>(43) |

| 編號 | 年代 | 墾務 | 出處 |
|---|---|---|---|
| | | 八里坌仔社給銀觀音山腳。十月雷裡社立給批開墾黃雷賔開墾後。埔地。十二月貓霧捒字戶立合約仔開墾莊仔 | (58)(61) |
| 58. | 乾隆6年(1741) | 程起岐等開墾熊催蒙(鹿谷)。十一月岸裡社立招墾字於楓樹下莊。十二月立合約認佃開墾。開鑿霄裡埤大圳(龍潭、八德) | (1)(14)(57)(58) |
| 59. | 乾隆7年(1742) | 漳人林江開墾阿草霧(霧峰)。業戶張和中立墾單開墾化勢清水仔(西螺)。二月雷裏社番招墾開墾加臕仔。周黃清開闢清溝子口(臺北市文山區) | (1)(7)(58) |
| 60. | 乾隆8年(1743) | 黃姓墾戶開墾加錫(大村)。八月馬芝遴社招佃開墾田勢西邊溝。十一月遷善社番立出店地契。開鑿三七圳(新屋)。各籍賴曾溫四姓開墾清霄灣(通霄) | (1)(13)(14)(52)(58) |
| 61. | 乾隆9年(1744) | 二十月感恩社立業主給佃批開墾橋頭莊。粵人宋來高開墾鑾管埋、南興、廣興(八德)。宋富麟兄弟等開墾安平鎮(平鎮)。高培全開墾頭前溪(臺北市文山區)。承墾北投社番盧竹投洲 | (1)(2)(13)(43)(52) |

清代臺灣的軍事與社會——以武力控制為核心的討論

| | 年代 | | | 備註 |
|---|---|---|---|---|
| 62. | 乾隆10年 (1745) | 楊張蕭趙四姓開墾高美庄（清水）。四月水裏社立招墾字開墾水裏黃山腳（龍井） | 閩人十一姓自鳳山北上開墾八塊厝、下庄仔（八德） | 鄭守義開闢十一命文山區，胡焯猷闢山腳莊（泰山）。十一月小坑籠社番立給佃批開墾下嗙覓 | (1)(2)(7)(47)(53) |
| 63. | 乾隆11年 (1746) | 六月南大肚社番立出永耕字開墾中崙（烏日）。十二月水裏社番立給佃批開墾長興庄（龍井） | 十月吞霄社目給墾烏眉枋力林（通霄）。十一月竹塹社土目給佃批開墾霧篇毛毛埔 | 十月雞柔山社招耕社地 | (15)(47)(51)(53) |
| 64. | 乾隆12年 (1747) | 粵人始入東勢角開墾（東勢）。八月業主張振萬立給銀批開墾餘慶正庄（大雅） | 粵人墾銀貓盂（苗栗）。吳貴等開墾田洋、九湖至樟樹林（銅鑼）。張子慶開墾後壠新港子。衛阿貴得銀給龍新埔、四月業主郭崇給佃批開墾芝芭里（中壢） | 張文旭開闢章韵湖（臺北市文山區） | (1)(2)(3)(4)(7)(13)(16)(58) |
| 65. | 乾隆13年 (1748) | 九月水裏社番立給墾字開墾長興庄（龍井） | 開墾東興坡圳（苗栗）。八月南崁社土目賣賈腳東勢舊社根契 | 楊端開墾銀擺接、建疆崙（永和）。呂德進開墾南勢角蘭莊（中和）。許 | (1)(4)(16)(53) |

－712－

| | | | | | 備註 |
|---|---|---|---|---|---|
| 66. | 乾隆14年<br>(1749) | 十月北投社番立招佃開墾本社南勢 | 衛開業等開墾枋寮（新埔）。八月業主徐郭給佃批開墾元帥宮莊 | 阿九開墾水尾莊（金山）；陳仲惠開下溪洲，劉子成調幃開闢。新墾關地（臺北市文山區）。十二月毛少翁社立給佃批開墾社地 | (1)<br>(13)<br>(16)<br>(31)<br>(58) |
| 67. | 乾隆15年<br>(1750) | 晉江人吳洛開墾臺中盆地。四月阿里史社通事立招佃批開墾軍工寮右片水 | 朱、溫姓移民開墾梅墘（楊梅）。二月招佃開墾芝芭里大崙中（中壢） | 林成祖墾號開接（板橋）、土城、中和）與白白湖（內湖）。賴世間柑子瀾（瑞芳）。劉玉顯闢三爪子莊（瑞芳） | (1)<br>(2)<br>(7)<br>(58) |
| 68. | 乾隆16年<br>(1751) | 開鑿隘圳（草屯）。八月北投社番立杜賣盡根契於大好庄（草屯） | 林洪等開闢頭份、二份、三份、四份、河唇、中肚、新屋下、望更寮（頭份）。三月新港仔莊白番招墾後龍田蔡毛。十二月業主招佃開墾大溪埡（大溪） | 練在君等開河、阿里下角、阿里磅（石門） | (1)<br>(3)<br>(46)<br>(58) |
| 69. | 乾隆17年<br>(1752) | 十月北投社番立招佃開墾圳背 | 粵人朱觀鳳開墾三層庄（大溪）。粵人劉恩寬開墾四湖（西湖）。十月苟箇社番招批開墾苟箇口飯店前東勢。十一月郭社立給佃開墾錫 | 四月羅接新莊業主林成祖立佃批開墾按。祖業主同沈給墾批開墾錫 | (1)<br>(4)<br>(24)<br>(55)<br>(58) |

| 序號 | 年代 | | | | 口莊番林埔（臺北府松山區） | 資料來源 |
|---|---|---|---|---|---|---|
| 70. | 乾隆18年（1753） | 承墾北投社番於大埒下正仔洋。業主楊管招佃開墾羅唇莊（埔心） | 十月遷善社立出開墾字開墾泉皮正（沙鹿） | 四月業主郭氏給佃批開墾南港港口。 | 二月內湖莊業主阿司同沈銀內湖莊。七月圭北社招墾圭柔山水碉頭 | (16)(46)(52)(58)(60) |
| 71. | 乾隆19年（1754） | 正月業主蕭釁鹽鹽墾低水埔 | 八月業戶明買竹塹社地招墾蛤蚄埔、造船港埔 | | | (58) |
| 72. | 乾隆20年（1755） | 業主黃明宣招佃開墾羅唇莊（埔心） | 后里地區完成開拓。閩籍陳姓開墾水裏港（龍井）。劉仔立開墾新社 | 閩人賴基郎、謝秀川開墾大姑陷。開墾龜山大陂（苗栗）。郭光華開墾大園。閩籍給錢陳王四姓開墾新埔（通霄） | 許宗琴開墾深坑莊。 | (1)(2)(4)(7)(13)(14)(58) |
| 73. | 乾隆21年（1756） | 八月水裏社同立開墾字開墾杉湳碕 | 開墾水流軍（竹南） | | | (35)(53) |
| 74. | 乾隆22年（1757） | 許萬生開墾粗坑（鹿谷） | | 饒平人莊德大等開墾銀桃園市。各籍身佃開墾銀土城（通霄）。十月業主薛啟龍給佃批開墾審粗社 | 粵民開墾枋園（樹林）、嚴樑開土城 | (1)(13)(14)(47) |
| 75. | 乾隆23年（1758） | 張春柳興劉宗從林杞埔開墾鯉魚頭堡。吳存由 | | 客籍移民劉宗從林杞埔開墾上青埔。五月業主郭圖給佃之靶里南坎港 | 承墾移民羅允王開墾上青埔（新屋）。五月業主郭圖給佃之靶里南坎港 | (10)(13)(16)(58) |

| | | | | | | |
|---|---|---|---|---|---|---|
| 76. | 乾隆 24 年（1759） | 閩人郭六才開墾五間厝、平和厝、埒內、竹圍仔、大屯仔、牛埔仔、北溪厝、滿仔、三合（虎尾）。閩人郭、林姓開墾土庫 | 嘉義人墾理魚頭莊（竹山）。十二月舊眉社番與北投社番立杜賣契於舊眉社、草鞋墩 | | 劉金福墾雷纘秀朗社角（中和）。二月雷朗勝等莊番業大生立佃批開墾雷朗社角 | (1)(9)(54) |
| 77. | 乾隆 25 年（1760） | 謝姓移民開墾路上晉莊（芳苑） | 十月舊舊社墾戶招墾社地 | 江慶王關八連溪莊（三芝）。開墾溜公圳（新店、臺北市南區）。開墾大坪林圳（新店） | | (1)(14)(58) |
| 78. | 乾隆 26 年（1761） | 陳姓開墾水梘頭社（龍井）。七月阿里史社通事立批開墾軍工寮大坑口。八月業主張振萬招佃開墾萬墾上橫山 | 泉人陳仁愿開墾中港仔以南（後龍） | 胡焯猷闢興直山腳（泰山）。開墾福安陂圳（新莊、三重）。八月北投社立給佃批開墾八仙埔 | | (1)(3)(14)(18)(47)(58) |

| 序號 | 年代 | | | | 資料來源 |
|---|---|---|---|---|---|
| 79. | 乾隆27年<br>(1762) | | 業主招佃開墾二八水庄（二水）。九月北投社番立給永佃批開墾內轆庄 | 潘大猷開墾三義。淡水廳同知胡邦翰開闢中港、頭份、新埔、犁頭山、九芎林等。開墾興開墾桃園堡黃泥塘 | 林天生闢石壁湖（中和）十月招佃開墾興雅撫祿園庄（臺北市信義區）、毛少翁招墾石角勢 | (1)、(3)、(4)、(28)、(58)、(60)、(62) |
| 80. | 乾隆28年<br>(1763) | | 十一月給墾大庄溪南草埔。東螺堡業戶林廖亮招墾中州 | | | (58) |
| 81. | 乾隆29年<br>(1764) | | 東螺社番同立給佃批開墾字藔墾興化庄路頭、東勢圳。十二月阿束社業主臺灣霞立給佃批開墾埤仔頭庄 | 正月坑仔社立給佃批開墾芉藔社。八月南崁社通事立給批開墾勿怠庄正。 | 四月業主瑪老立給佃批開墾主母卒社。十月業主瑪批開墾大浪泵社、三浪泵社、十一月業主林成組招墾匣口圳溝埔 | (43)、(58)、(61) |
| 82. | 乾隆30年<br>(1765) | 漳人開墾銀尖山、大溝、萬興、牛欄、牛挑灣（二林）、宿語、謝厝蔡、呵蔡、牛厝港、牛厝港、下崙（口湖） | 施湳霽開墾海埔厝（鹿港） | 漳人郭樽在中壢集佃開墾。徐明桂等開墾茄冬坑（頭份）、粵人徐德來開墾沙菁埔、闢建糞箕窩（頭份）、十二月業主瑪氏給佃批開墾內尖山庄。吞霄社 | 張萬順闢萬順寮庄（深坑）、開墾霧務裡薜圳。正月二重埔業主瑪老給佃通是招墾權埔前竹坑（西湖） | (1)、(2)、(3)、(9)、(14)、(16)、(48)、(51) |

| | | | | | | |
|---|---|---|---|---|---|---|
| 83. | 乾隆31年 (1766) | | 十月阿里山社給墾 沙連通事給墾 積埔巴來積埔投標林 (潭子) | 業戶陳石生開墾督襄圳 (新埔) | 開鑿永安陂 (樹林、新 莊、三重) | (13) (58) |
| 84. | 乾隆32年 (1767) | 二月南招招墾苦 通事招墾奴萊埔園 | 正月遷善南 社立給墾批 開墾竹林稜 (沙 鹿)。三月業 主張振萬招 佃開墾餘慶 庄 (大雅)。 十月業主劉 振業招佃開 墾南港仔庄 (溪湖) | 開鑿嘉志閣圳 (苗栗市) 六月南港等社給佃批開墾番 大安寨庄。八月貓盂社番 立賣絕盡根契於貓三堡 庄口滿底 | 江有濆等開 雷朗、潭 和 (中、永 和)、廖拊番 墾南勢角埤 塘尾。三月 雷朗社招業 戶君孝招墾 大坪林 | (1) (16) (51) (58) |
| 85. | 乾隆33年 (1768) | | 十一月水裡 社番給佃批 開墾編園庄 北勢頭。十 一月裏社 立給佃批開 墾扁園庄 (沙鹿) | | 正月荷母子 社番立給墾 批開墾大道 湖仔。十一 月搭搭攸社 給給佃批開墾 搭搭修正 | (16) (43) (47) (53) |
| 86. | 乾隆34年 (1769) | 二月北頭社 業主買英立 墾佃於社 地。八月貓 羅社番立給 佃批開墾竹 興坑 | 九月業主郭 山度立給批 人開墾東勢 尾埕埕頭 | 開墾苑裏莊圳 (苑裏) | 二月毛少緣 社立社給斗 頭单字開墾 八仙港洲 (八里) | (58) (61) |

| | | | | | |
|---|---|---|---|---|---|
| 87. | 乾隆35年 (1770) | 廖螺煌開墾西螺 | | 漳江福隆開墾俊寮（草蘭）。粵人開墾九湖（銅鑼）。張吳文給墾寧底庄 | 漳人開田心仔庄（金山）。七月北港社、金包里社、大圭籠社、三貂社立杜賣盡根契於峰仔峙 | (1)<br>(3)<br>(10)<br>(13)<br>(16)<br>(47) |
| 88. | 乾隆36年 (1771) | 黃邱鐘許四姓開墾水沙連堡林尾、溝底庄。黃姓開墾雲林竹圍子、施瓜寮、十三分。黃姓開墾雲林刺桐樹子腳、頂甭園、湖子內 | 胡蘆墩社番出瞨立地典瞨下庄仔洋（草屯）。十二月北頭社番立給墾成瞨管於大哮 | 漳人許山河開墾崁山仔頂、苦苓腳（後龍）。粵籍銀戶彭開鑽開墾六甲山（新埔）。十一月業主薛啟隆給佃批開墾虎茅庄（桃園市） | 雷明等番業戶東義乃立給佃批開墾永豐庄 | (3)<br>(10)<br>(13)<br>(16)<br>(46)<br>(57) |
| 89. | 乾隆37年 (1772) | | 客籍移民開墾石圍墻（東勢）<br>十月北投社番立給佃批開墾萬寶庄 | 業戶黃慶阔扩墾龍潭。業嚴余鄉四姓開墾銀石頭坑（苑裡）。十月貓裡社招墾南勢坑毛尾崙 | 正月小圭籠社立給永佃開墾新庄。七月雷明等社立給佃批開墾永豐庄。十月峰仔峙番立賣杜根契於水返腳。 | (2)<br>(13)<br>(14)<br>(47)<br>(48)<br>(56)<br>(58)<br>(62) |
| 90. | 乾隆38年 (1773) | | 六月東螺社通事立開墾永佃字開墾七張犁開墾草溝頭 | 八月業主薛啟龍立給佃批開墾加冬溪庄。業主汪卯詹錫給墾嘯唱 | 四月立給佃批業主四社通土開墾海山庄橫溪、十月錫口社土目給墾興雅內 | (24)<br>(30)<br>(58) |

| | 年 | | | 園莊三張犁柴頭埤 | |
|---|---|---|---|---|---|
| 91. | 乾隆39年 (1774) | 閩人陳姓開墾東勢，閩人張姓開墾麥寮，閩人吳、蔡姓開墾施厝寮、雷（麥寮）。正月業主陳延輝給墾轄南岸 | 六月阿里史社通事立佃批於軍功寮莊仔 | | (6) (9) (15) (58) |
| 92. | 乾隆40年 (1775) | 二月搭樓社番招耕開墾壯猴溪 | 粵人劉啟東、曾安榮開墾石岡庄 開墾六張犁、九芎林土地（竹北・芎林）。彭乾和等開墾樹杞林（竹北・芎林）。劉系知開墾萬桷圳（竹北・芎林）。十月眩眴埔，造船港招墾員蛅。十二月眩眴埔，造船港招墾佃戶 | 三月業主徐里密招墾墊坑子底 | (4) (6) (7) (13) (15) (43) (58) (60) |
| 93. | 乾隆41年 (1776) | 岸裡社番出瞨開墾大社地。北大社社番立永杜盡賣契總頂街 | 開墾烏瓦黑圳（新竹市）。通事加比丁老吻招墾波羅汶（湖口） | 曾壁章開闢林口中湖地（林口）。四月里族社番給墾永耕前山 | (1) (5) (13) (42) (47) (53) |
| 94. | 乾隆42年 (1777) | | 八月霄裡社開墾給佃批開墾鳳生庄。十月立給佃批開墾霄仔任。十一月竹斬通事給墾批開墾香山 | 七月芝蘭庄業主鄭維謙立給田甲開墾芝蘭庄 | (15) (16) (60) |
| 95. | 乾隆43年 (1778) | | 四月璞耕崎仔開墾封打勝山員樹林 七月霄裡社通事給墾封打勝山員樹林。十月業主辭安庄、里族社土目給墾新 | 八月立埔墾四社通土開墾海山堡福安庄口、里族社土目給墾新 | (16) (24) (57) (58) |

| | | | | | | | |
|---|---|---|---|---|---|---|---|
| 96. | 乾隆 44 年<br>（1779） | | 十一北投社番立賣盡根契於木柵中埔（草屯）。二月白番立批字開墾舊社番招墾貓羅貓羅洋 | 正月感恩社立給批字開墾菁埔莊（清水）。二月給批字開墾員樹林。八月後壠、中港社盡根番立賣契於水，事立給批開墾中港田寮過溪東勢坑 | | 莊仔坤尾。十月立給山埔業主李逢春開墾海山堡開安正橫溪 | (18)<br>(45)<br>(51)<br>(52)<br>(58) |
| 97. | 乾隆 45 年<br>（1780） | 吳治鳳與陳營修德營修築雲林十三莊圳。楊東興入墾集集 | 十月柔社立出墾開荒埔於清昌莊，貓羅社通事立開墾契字於貓羅，堡永定業。 | 開墾大肚圳（大肚）開墾大甲圳。十一月感恩社社番立墾出業戶曉出土地開墾，十二月遷善北社立給墾批開墾南簡庄（梧棲） | 劉蘭斯向貓閣社立墾公館。十一月業主重瑞將招佃開墾奶笏崙庄（桃園市） | | (3)<br>(10)<br>(14)<br>(52)<br>(58)<br>(59) |
| 98. | 乾隆 46 年<br>（1781） | | | 十二月璞耕翁仔社地 | 陸豐移民開墾防寮 | 吳伯洪等開墾莿桐坑埔<br>九月開墾下溪洲坪內五張化勢坑 | (1)<br>(13)<br>(18)<br>(47) |
| 99. | 乾隆 47 年<br>（1782） | | 三月搭樓社立招墾字開墾南勢埔頭 | 十月北投社番仝立墾耕開墾內木柵 | 業戶黃慶興開拓靈霄坡。開墾內灣坪（草蘭）。八月新港社番立給墾批於牛 | 武勝灣社番立給墾批開墾新埔 | (2)<br>(4)<br>(43) |

| | 年代 | | | 尿坑圍園樹橋 | 中埔(草屯) | | 參考 |
|---|---|---|---|---|---|---|---|
| 100. | 乾隆48年<br>(1783) | | | 壙。八月秀朗社番業戶潤福立給佃墾開墾埔新墾埔 | 五月北投社番立重給永賣契於草鞋墩(草屯) | | (45)<br>(55)<br>(58) |
| | | | | 連生開墾埔。三月新港東社番立賣盡根於通本社地。十月後壠社通土立給批暵墾墾哪叭五湖莊開墾胡蘆墩東勢。九月南大壯社番立杜賣契於社口西勢(大壯) | 二月暵耕烏牛欄壯地。八月隘里蘭社番立暵墾 | | (1)<br>(4)<br>(18)<br>(26)<br>(43)<br>(46)<br>(47)<br>(50)<br>(53)<br>(58) |
| 101. | 乾隆49年<br>(1784) | | | 開墾際仔坪(新竹市)。粵人開墾新埔 | 暵耕土胡蘆店下車路 | | (5)<br>(13)<br>(18)<br>(59) |
| | | | | 十二月大屯簡社番立墾批開墾大屯籠臨門外土籠公館 | | | |
| 102. | 乾隆50年<br>(1785) | 漳人開墾食水堀(水林)、外埔、內湖、溪底(四湖)、水井、下湖口(口湖);泉人開墾飛沙、三條崙、溪尾(四湖)、口湖 | | 陳長順開墾大平地、沙坑、鹿察坑、姜勝智等開墾銀九芎林、石壁潭(今芎林)、諸協和墾開墾梅土地。業戶簡金連開墾金埔(新埔)、十二月竹塹社番佃事給佃開墾墾員山仔 | 粵人劉陵東等開墾東勢角(東勢)。三月岸裡社出暵媽組會開墾。十一月岸裡社立合約字開墾墾溪洲 | 三月北投社番立永賣契根於北投大埔投大埔洋(草屯) | (6)<br>(7)<br>(9)<br>(13)<br>(15)<br>(43)<br>(46)<br>(48)<br>(57)<br>(58) |
| | | | | 八月里族社番日給番三重埔埤山。十月全立認耕開墾鳥厝口(臺北市龍山區)。十一月大直社番立賣盡根於大坡腳 | | | |

| | | | | | | | 資料來源 |
|---|---|---|---|---|---|---|---|
| 103. | 乾隆51年 (1786) | 正月柴裏社番立杜賣盡根契於南門內外 | 七月北投社番立賣盡根契於草墩（草屯） | 潯人林潘品開墾慶西庄，因林柴萊地（新社）甲西社招墾踏踏庄（大安） | 開墾水坑庄（弓林）衛仔班招墾新埔新里。三、九月竹塹社通事給佃批開墾員山仔。十月協和記給墾楊梅埔。 | | (6)(7)(13)(15)(16)(43)(46)(58) |
| 104. | 乾隆52年 (1787) | 朱、黃姓開墾嘉義大目根堡之力斥。四月阿里山社通事立銀單於石隴崎關蔡 | | 八月水黃社業戶同立墣耕字潘墾墅歌仔林三層崎。十二月岸裡社潘兆敏墣耕棟山楓樹 | 開墾鈆仔布圳（公館）。四月竹塹社通事給佃批開墾員山仔 | 三月雷朗社番催岳等全社盡根覺契於龜崙蘭溪洲 | (10)(15)(18)(53)(54)(58) |
| 105. | 乾隆53年 (1788) | | 二月墣耕墾墘庄（燕巢） | 五、六、十二月墣社潘兆敏墣耕棟社庄，墣社口圧、圓實庄 | 八月釫裡社招墾芎蕉灣。十月眩心埔，造船港招墾佃戶。 | 正月小主（籠）社立給永佃於老梅溪。十二月釫裡社番立墾契。社番立盡絕賣契於鍚口社尾庄 | (15)(18)(34)(43)(47) |
| 106. | 乾隆54年 (1789) | | 開墾墘圳、新田圳（佳冬） | 八月北投社番立永杜賣盡根契於草鞋墩庄關 | 岸裡社潘兆敏墣耕墣社蘿社庄、土車路。十月遷善南社業戶立重給開墾字開墾斗底後（沙鹿） | 四月竹塹社通事給佃批開墾員山仔。八月龜崙社土目埔給山批開墾墾嚙歌坑。十月眩心埔，造船港招墾佃戶 八月立給墾批小主龍社土目給墅橫山頂 | (15)(16)(18)(52)(58)(62) |

| 番號 | 年代 | | | | 備考 |
|---|---|---|---|---|---|
| 107. | 乾隆55年<br>(1790) | 開墾隙仔南圳(新竹市)。新港社番立給墾單字開墾牛梁嶺 | | 深坑子莊民高槐青開墾。月、發達埔、阿柔埔、楓仔蔡、楓仔、顛玩、林。八月里族社番招墾埔四份內。十月大主籠社番立永佃契招墾蠣殼港 | (1)<br>(5)<br>(50)<br>(58)<br>(59) |
| 108. | 乾隆56年<br>(1791) | 佃主陳朝珍招佃開墾泉州惜語莊(伸港) | | 徐熙拱開闢楊梅壢一帶。開墾崙仔坑圳(新竹市)。七月新港社番立給墾單字開墾竹仔林。八月給墾芝芭里大崙。十月佃首麥勝智招佃開墾九弓林。十一月新港社番立給墾單字開墾饒平厝。十二月開墾饒平厝繫馬麟潭。 | (2)<br>(5)<br>(15)<br>(48)<br>(50)<br>(58) |
| 109. | 乾隆57年<br>(1792) | 余有光等開墾鯉魚尾(竹山)。十一北投社盡賣立番契賣盡於草鞋墩(草屯)。 | 衛阿貴開墾坪林、下南片、下橫坑、石岡仔、大茅埔、三洽水(新埔、關西)。四、十月墾埔社膜耕大埔屋、大社公館。 | 十月金包里社番立給永佃字開墾事立阿突(萬里) | (6)<br>(14)<br>(18)<br>(43)<br>(46)<br>(61) |
| 110. | 乾隆58年<br>(1793) | 黃吉、林星、鳳開墾墾田尾 | 錢文招墾坊蔡大湖莊(新埔)。連際成盛墾開墾咸榮埔(關西)。一、十月佃首麥勝智招佃開墾九弓林。(楊) | 八月里族社番立給墾批開墾四份內山頂石壁腳 | (13)<br>(14)<br>(15)<br>(18)<br>(58) |

| | 年代 | | | | | 出處 |
|---|---|---|---|---|---|---|
| 111. | 乾隆59年<br>(1794) | 黃際程埕開墾草港中(鹿港) | 十月感恩社番立永社賣契蠲絕根width契 | 梅。正月竹斬社通事立給墾批開墾坊寮、大窩壯、四重坑 | 給墾戶江福隆墾單開墾墾蘭 | (14)<br>(26)<br>(52)<br>(58) |
| | | | | | 九月毛少翁社立給佃批開墾湳仔埤 | |
| 112. | 乾隆60年<br>(1795) | 二月鳳凰翔館業主招佃開墾汁門頭(澎湖) | 九、十二月岸裡社暵耕岸裡社出地。十一月裡社曾會開墾 | 正月竹斬社招墾下大湖庄芉深河。開鑿三七圳(中壢)。八月墾戶連際勝招佃開墾墾八張犁。九月招佃開墾墾芝茆里赤塗崁。十月墾戶連際勝招墾八張犁 | 十月貓裡錫口社立給佃批開墾錫口。全立合約字開墾暗坑仔(新店) | (2)<br>(15)<br>(18)<br>(19)<br>(43)<br>(47)<br>(57)<br>(58)<br>(60) |
| 113. | 嘉慶元年<br>(1796) | 修築雲林西螺圳。王姓開墾大目根堡風吹嘓 | 九月貓霧捒社業主招番開墾佃批開墾墾福興堡 | 八月岸裡社番招開墾烏牛欄庄。九月裡社暵耕社地 | 開鑿龍潭圳(龍潭)。十月坑仔社通事給墾三塊厝。十二月業主蕭萬春招佃開墾銀皮蔡 | (2)<br>(10)<br>(12)<br>(16)<br>(18)<br>(18)<br>(58)<br>(60) |
| | | | | | 錫口社番立暵紗字開墾檳樹灣番仔蔡 | |
| 114. | 嘉慶2年<br>(1797) | 正月燕霧保業主永怡業立給批開墾苦瓜蔡(朴子) | 業主駱西堂林給佃批開墾墾馬芝遴堡上崙庄(福興)。蕭文華立補墾字開墾墾山仔頂崗。十月業戶錢榮和給墾批開墾墾波羅汶 | 三月臨冎衛阿賱署曹社招佃開墾仔冷。六月賱署曾社招佃開墾墾罩蘭。八月背裡業主山仔 | 吳沙開墾墾頭二、壯三、壯四(宜蘭市)、壯五(壯圍) | (12)<br>(15)<br>(27)<br>(58)<br>(59) |
| 115. | 嘉慶3年<br>(1798) | 十月岸裡社番招耕開墾舊眉社番仔 | 九月岸裡社暵耕社地 | 十月新港社暵墾父力林。十一月南崁社土目立給補墾批開墾墾西勢坑(當竹) | 吳化開墾墾陽園(礁溪) | (12)<br>(18)<br>(18)<br>(50) |
| | | | | | 十一月雷朗社番立開墾墾批字辦墾 | |

| No. | 年 | | | | 萬傾珊（深坑） | |
|---|---|---|---|---|---|---|
| 116. | 嘉慶4年<br>(1799) | | | 六月頂店社再立永耕字開墾大甲。七月岸裡社瞨耕社地 | 八月里族社土目立給佃批開墾三重埔堚尾山 | 四月青農莊業主黃燕禮立給佃批開墾大甲。八月字潘子王招墾茄冬溪蜿業主潘子王招墾茄冬坑（大溪） | (58)<br>(59)<br>(18)<br>(44)<br>(58) |
| 117. | 嘉慶5年<br>(1800) | 三月業主吳氏立給佃批開墾墾羅曆仔腳。 | 十月搭樓社番業主立給佃批開墾雙尾莊。 | 七月招佃開墾瞨睦官庄（田尾）。業主洪天祐給墾番佃開墾坤頭庄（和美） | | 臨首衛阿貴招墾美里莊。三月竹塹社番立給墾批開墾草坑仔庄。十月業主錢茂招給佃批開墾鏡銅鑼牽下大湖。 | (20)<br>(42)<br>(58) |
| 118. | 嘉慶6年<br>(1801) | | | 十一月大莊社番立賣盡根契於番口。二月業主洪玉立給墾字開墾坤頭庄（埔頭）。十一月業主蕭志振招耕開墾鎮示庄南教（田尾） | 北投社通事華生立給墾北投字開墾庄水圳內草山平頂中坪 | 二月立招耕字開墾草蘭 | (19)<br>(58)<br>(60) |
| 119. | 嘉慶7年<br>(1802) | | | 八月岸裡社番招耕開墾社地。九、十一月大肚社番給永佃批開墾茄投。承墾大安溪底埔地 | | 七月立招耕字開墾草蘭 | (12)<br>(14)<br>(18)<br>(19)<br>(57)<br>(58) |

粵人李先開墾一、五、六七結（宜蘭市）

劉王麟開墾筍仔林（竹山）。

| | | | | | | |
|---|---|---|---|---|---|---|
| 120. | 嘉慶8年<br>(1803) | 九月林仔社番招墾朴仔山腳 | 十月南投社番立永耕契字於彙洋崩埈 | 十月岸裡社番招耕開墾社口庄 | 十月業主郭媽留給銀調仔矓末屋庄。十二月業主林臨錫等給墾山腳庄 | 十一月八里坌佃立給永佃開墾北勢社後上坑尾 |
| | | | | | | (16)(18)(43)(58) |
| 121. | 嘉慶9年<br>(1804) | | 十月岸裡社番立墾耕地 | 劉子謙開拓大莊莊（橫山）。隘首衛阿貴招賣美里庄。十二月立杜絕賣契於月眉（苑裡）、轉頂墾字於九芎林樟樹折員罩仔（銅鑼） | 十一月金包里佃給給墾佃批開墾西勢頭溪 | (6)(18)(19)(48)(51) |
| 122. | 嘉慶10年<br>(1805) | 八、十月北投社番立賣盡根契於內木柵大埔（草屯）。六月里史社立給羅羅社番立給永耕字於軍工寮庄北字於社地。 | 正月揀東社番立給墾單開墾到晋莊。十一月阿里史社立招永墾字於軍工寮庄勢 | 粤人黃祈乔開調斗換坪（頭份）。三月竹壍社主目立給佃批開墾和給墾批開墾月眉戶錢榮佃首姜勝智招墾波羅汶。佃首姜勝智招佃開墾九芎林 | | (3)(15)(45)(58) |
| 123. | 嘉慶11年<br>(1806) | 蕭貞吉開墾社頭。十月業主洪天佑等招墾草巷庄西勢（埤頭） | 二月大坵園社番墾頂街字開墾頂街竹圍 | 二月壍裡社通事業主蕭文華立給墾批開墾壍裡坑三合水。八月竹壍社土目開墾老古石。十一月墾備社土目業主其山立給墾批開墾社地 | | (14)(15)(43)(58) |
| 124. | 嘉慶12年<br>(1807) | 九月大坵中社通事給會墾單字於曾屬官、眉裡社招耕開墾牛棚莊東勢 | | 衛福星招墾汶水坑（新埔）。彭義勝等開墾樹杞林（竹東）。八月竹壍社土目招墾汶水坑、募股開墾墾候社土目業主包仔連立補給墾字開墾貓窠山 | 三紹社土目立給墾批開墾勝洞湖、募股開墾墾於石角給墾批於石角坑內山林 | 開鑿金結安圳（壯圍）<br>(13)(15)(47)(58) |

附　表

| No. | 年 | | | | | | | 出處 |
|---|---|---|---|---|---|---|---|---|
| 125. | 嘉慶 13 年 (1808) | 十月新港社番招佃開墾新豐里龍船窩莊 (龍崎) | 正月新港社番立再墾契開墾古亭坑 (田寮) | 正月業主楊氏招墾大武郡西堡四塊厝、二林上堡鳳凰崙厝 | 十月裡社番招耕開墾南靖東勢石岡仔。十月南大社番立永佃字開墾崗庄。十一月雙寮社招墾東勢社牌前東勢五里牌 (大甲) | | 八月隘首衛阿貴招墾兼寮坑。十月竹塹社給佃批開墾力弓林 | (15) (18) (19) (37) (51) (58) (59) |
| 126. | 嘉慶 14 年 (1809) | 三月新港社番招佃開墾新豐里龍船窩莊 (龍崎) | | 十一月業主楊氏招墾馬芝遴保打廉厝三塊厝莊 (埔鹽) | 六月大肚社番立永耕字開墾頂街。十月岸裡社番招耕開墾翁仔地 | 客籍移民徐敬維開墾社仔 (新屋)。四月竹塹社土目給墾批開墾仔庄 | 二月雷裏袋社番立給墾批於加胸仔庄 / 漳人開墾羅東 | (12) (13) (15) (18) (19) (27) (58) (59) |
| 127. | 嘉慶 15 年 (1810) | | | 三月業主施種德立給文單開墾本莊 (秀水)。十一月業主楊氏招墾鳳凰山祭祀後 | 三月大肚番立永佃字開墾頂堡。八、十月岸裡社番招耕開墾社口庄、楓樹下、山頂社番招墾崗仔庄尾溪墘 | 墾號姜勝本開墾犁頭洲 (新屋)。十月隘首衛阿貴招墾首深坑仔。 | 正月坑仔社番立給墾批墾蘆洲坑口 | (13) (14) (15) (18) (19) (27) (43) (48) (58) |
| 128. | 嘉慶 16 年 (1811) | | 北投社番立杜賣盡根字於圳堵 (草屯)。三月遷善南社立賣盡根契於紅毛井 (沙鹿)。十 | 正月業主黃熙立補給佃批開墾桃仔園 | 三月業主黃熙立補給佃開墾桃仔園 | | 開墾萬長春圳 (羅東)。三月噶瑪蘭廳文單 | (18) (29) (46) (52) |

| | | | | | | |
|---|---|---|---|---|---|---|
| 129. | 嘉慶17年 (1812) | 七月烏芝遴社呈給開墾立給墾字於稿手厝莊後厝。 | 月北投社社屯弁立永耕佃字開墾大化教埔(草屯) 月岸裡社墾耕貢賣正 | 四月竹塹社土目立給墾批開墾五股林。十月竹塹通事立給墾契於九芎林水坑內 八月岸裡社番招耕三角仔。十月水裡社同立招墾開墾墾為瓦礐(龍井) | | (18)(53)(58) |
| 130. | 嘉慶18年 (1813) | 八月眉裡社通事給銀墾洲潭尾 | 水牆番招耕開墾羊稠正(龍井)。一月阿里史一月番招墾軍社番招墾軍功莊大山母 | 十一月噶瑪蘭廳丈單 | 二月通事毛天福招墾給濁水山(水里) | (29)(53)(58)(59) |
| 131. | 嘉慶19年 (1814) | 二月新港社番招佃開墾墾公仔林羅竹坑(左鎮) | 業戶陳公興立給佃批開墾金京陣林仔邊莊 九月北投社番立永耕契開墾木柵崙仔頂(草屯) | 十月瞭墾社下 開盤大安圳、頂店圳(大甲)。九月岸裡社墾耕枝英林。十二月遷善南社立給永耕字開墾本社後 | 擺接社賣斷后公館溝尾墾成水田。十一月三紹社立給永佃開顆巫里岸勞洞領、琉球溪口 四月認墾給勿給照 | (14)(17)(18)(29)(46)(50)(52)(58)(59) |
| 132. | 嘉慶20年 (1815) | 八月貓羅堡業主立給墾字契於快官莊、遷善南社立給耕字開墾竹林內(沙鹿)。七 | 黃大目等開墾三角林(龍潭) | 十月大壯圍立賣盡根契於社番莊。遭善南社立給耕字開墾竹林內(沙鹿)。七 連繳目關坪(潭)。七、十月三紹社番立鬮社番字開墾頂雙溪口平埔、九份埔。 | | (1)(13)(19)(26)(57)(59)(60) |

| 序號 | 年代 | 墾務記事 | 資料來源 |
|---|---|---|---|
| 133. | 嘉慶21年<br>(1816) | 十月北投社招佃開闢墾內木柵中埔（草屯）　　十月雙寮東勢社番招墾五里牌海豐庄（大甲）　　五月中社通事立給墾批開墾山豬湖老崎三板橋。十月立合約開墾二灣、三灣、平灘南北埔土地。十一月中港社番立給佃批開墾鹽水港　　五月三貂社土目招墾立墾批開墾土庫（臺北市文山區） | (18)<br>(30)<br>(45)<br>(58)<br>(60) |
| 134. | 嘉慶22年<br>(1817) | 十月發給港西里加多腳永佃旆照執（里港）　　業主楊氏給墾鳳凰舊庄前田尾　　客籍墾戶劉振文等開墾上城（東勢）。五月南大莊番立社賣番根契於社腳庄。十一月招墾石牆仔腳公湖。十一月招墾南開字開墾坑內　　吳珠芳組織八十四股，開墾楠樹村到圍石圍牆（銅羅）。泉人陳阿順等於開墾火尾坪（大湖）。九月吞霄社番立給墾盡契於加冬後滷口（通霄）。十二月房裡社番立永耕字於山柑尾（苑裡）　　十月三貂社番立給永耕字開墾大崎腳內 | (3)<br>(14)<br>(18)<br>(19)<br>(42)<br>(51)<br>(58)<br>(59) |
| 135. | 嘉慶23年<br>(1818) | 李、王二姓開墾井仔腳新鹽田（北門）　　十二月北投社招佃開墾內木柵中埔（草屯）　　十月水裏社番立開墾字招字耕字翻墾新庄仔莊挑龜仔莊（龍井）　　劉鴻鳴開墾樹杞林（竹東）　　八月三貂社土目立出給墾地於積仔蔡內外打林石壁坑腳 | (10)<br>(13)<br>(45)<br>(53)<br>(58) |
| 136. | 嘉慶24年<br>(1819) | 陳希光開墾三角單仔圳（竹山）。六月蝶屯大東勢。九、十月小　　客籍墾戶劉棗頂等開墾石壁坑（東勢）。九、十　　開墾六十甲圳（新竹市）　　三貂社立給墾地開墾銀田寮洋（員寮）。十月小 | (5)<br>(14)<br>(18)<br>(43) |

| 編號 | 年代 | 事件 | | 出處 |
|---|---|---|---|---|
| 137. | 嘉慶25年(1820) | 一月新港社番招佃開墾崗仔林虎空空(左鎮) | 突社招佃開墾撫墾底寮下山崁。十一月北投社番月水社番業戶立給彰化勢滿埔於新莊仔開墾彰化勢滿崙頭(草屯) | 月岸裡社撲耕撫墾楓樹下山崁、十一月水社番月北投社番業戶給墾永耕立給彰化勢滿開墾彰化勢滿崙頭(草屯) | 雞(籠)社土目立給開墾永耕於草山坑仔 | (46)(47)(58) |
| 138. | 道光元年(1821) | 二月新港社番招佃開墾崗仔林虎空空(左鎮) | 十月大突社通事立賣墾字於鳳霄洋。十一月馬芝遴堡中耕山浦園契莊館業主施教慎力給墾批字開墾大崙正 | 十一月撲耕樸仔籬社蔡角。水租社番業戶立尾。耕山浦園契於西勢(龍井) | 黃秩英等開墾墾南庄。開墾雞油林圳(竹東) | 五月小生籠社番地開墾橫山坵。秀朗社韓敬元立給墾批字開墾青草(新店) | (3)(6)(18)(53)(58)(59)(61) |
| | | 十二月武西堡水漆林郡水館業主吳氏民招墾東勢牛頭 | 八月翁仔社招墾佃耕。十月大雷公(鹿谷)。林施銅開墾沙連堡大墩莊 | 八月霄裡社番主蕭朧格立給墾批開墾仔嘮社仔庄 | 六月雷朗社番立給墾批字於加蚋仔莊全立分管約字招墾萬順寮(深坑)。三紹土目立出永佃開墾墾瑤望坑山頂兒仔坑山崙 | (10)(14)(18)(42)(44)(58) |
| 139. | 道光2年(1822) | | | 三月感恩社立給佃批立墾北埔(清水) | 開墾白沙屯圳(新竹市)。正月苑裡社番招墾南勢湖圓山仔(通霄)。八月日北社招墾永耕開墾南勢林口， | (5)(6)(43)(51)(52) |

| | | | | | | |
|---|---|---|---|---|---|---|
| 140. | 道光3年（1823） | 正月岸裡等西勢社同立合約字開墾東勢溪系（南投） | 五月岸裡社暎耕栗林。十月水裡社番立永耕字開墾牛寮庄（龍井） | | 日北社番招墾南勢林口（苑裡）。十月通霄群社番招墾開闢高西岸牛舊口（通霄） | (6)(15)(18)(19)(53)(58) |
| 141. | 道光4年（1824） | 十一月武西堡水漆林郡水館業主吳氏招墾勢洋（東勢） | 二月始美蘭社番招派頂金銀福庄（南投） | 十月感恩字立永耕字遷落南社給批字開墾埔尾庄（沙鹿） | 開墾荳子埔圳（竹東）。十月日北社番招墾立權庄。十月脊襯明闢社立權正。業主蕭黄盛立批開墾銅鑼圈深窋仔。龜崙社招墾給流大菁坑 | (6)(19)(51)(52)(58)(61) |
| 142. | 道光5年（1825） | 業主郭隴明立墾批字開墾大牛欄庄（二重埔） | 正月社寮社立招墾約字於社寮角庄。十月大突社通事立出墾軍開墾北勢尾庄 | 客籍戶陳吉昌等開墾下坡（東勢）。二月出墾永耕溪州北勢 | 十月日北社番立永耕田契字於社前溪埔。擺接社賣斷后公館清尾墾成水田 | (14)(17)(18)(42)(51)(58) |
| 143. | 道光6年（1826） | | 二月業主楊振隴給墾埔仔寮庄（新西）。七月日北社番仝立永耕字開墾里史番立給木柵坪仔腳（南投） | 粵人開墾樸仔籬（新社）。各業華開首葉中科墾中科（東勢） | 八月秀朗社番佃戶韓敏元立給永佃墾批開墾拳山保青疇坑軟成小油車坑庄 | (7)(14)(32)(58) |

| 編號 | 年代 | | | | | | 資料來源 |
|---|---|---|---|---|---|---|---|
| 144. | 道光7年(1827) | 九月業主金利份給鎮耕安定里盧竹中崙。業主金利發給鎮照開墾安定里盧竹崙、中崙(安定) | 七月北投社番公立永耕開墾木柵埤仔關北勢湳 | 二月水裡社番招墾開墾三塊厝仔莊西勢(龍井) | 十一月竹塹社番業主廖吧六公給墾回批字開墾三治水大坪下 | | (45)(53)(58)(59) |
| 145. | 道光8年(1828) | | 十月北投等社招派開墾福頂金。阿里史業主招墾水底寮(竹山) | 十月感恩社立招耕字於坤仔洋口 | 陳集成開墾大科崁 | 陳瑞興開墾約子門崙、大吉湖、稻子崙、稻子(雙溪) | (1)(2)(19)(52)(58) |
| 146. | 道光9年(1829) | 二月業主黃學源認開開墾武定里鹿耳門新孝埔(臺南市安南區) | | 正月立招墾議頭埤上柯仔崙(豐原)三、五月墾戶黃慶興給墾批開墾馬陵埔。十二月業戶藍興日晃紹墾藍興庄大突寮 | 粵人開墾礁棗埔(大溪)。九月竹塹社番立給山墾契於五份埔。十二月脊裡社業主蕭東盛立給墾批字開墾銅鑼圈石崎仔 | 番業戶潘氏給墾批開墾暗坑內五張(新店)。十月秀朗社業戶韓敬元月秀朗社業戶韓批開立給墾批墾新店庄圳岸腳 | 漳籍黃古張班姓開墾銀員山(冬山) | (2)(12)(17)(25)(28)(51)(58)(59) |
| 147. | 道光10年(1830) | | 二月觀音上里烏山土眈埔(內門) | 墾首張居郎招墾八杞仙(中寮)。六月北投屯等招墾水底寮(竹山) | 八月立招墾永耕契字開墾番社前大小蛄丘。十月杉仔籬副月朴仔籬轉開通事轉開墾仙塘坪(石岡) | | (44)(58)(59) |
| 148. | 道光11年(1831) | | 元月立噗耕字開墾東螺東堡梅州庄北勢洋。二 | 客籍開墾八銅鑼圈(三灣)。九月日社番立史社番立墾契開墾番仔 | 十一月阿里史社耕業戶潘光輝耕契番墾契永耕下苓庄(苑裡)。中港社通事立給墾批於羅總圈 | 十月秀朗社業戶潘光輝立給分鎮北字開墾秀朗 | (13)(42)(51)(58) |
| | | | | | | 始美蘭等社番招派開墾福頂金(埔里)。 | (58)(59) |

| | | | | | | |
|---|---|---|---|---|---|---|
| 149. | 道光12年<br>（1832） | 正月阿里山通事立給開墾單字給開墾單字於南靖寮（梅山） | 五、六月蘇賢彬墾首招墾石角東門外。同安人黃姓開墾六張仔（神岡）。十月萬斗六立社賣永耕契字開墾萬斗六庄（霧峰）。十一月墾戶黃慶興給墾批開墾馬陵埔 | 十月竹日武屯把總給總給墾批開墾郡濂口。督理社番業主蕭東盛立出山林埔地於三洽水莊直坑尾山林 | 大溪青草頂坤腳平林 | (7)<br>(23)<br>(28)<br>(43)<br>(58)<br>(60) |
| | | | | 正月北投社番達沚立給墾批開墾水圳內大坪頂 | | (52)<br>(58) |
| 150. | 道光13年<br>（1833） | | 十月遷善北社立招耕字開墾芧蔡林庄（清水）、茅烏達番遷學鳳招流開墾大中寮三重河 | 二月給墾新埔莊六塊厝三股埔（新埔） | | |
| 151. | 道光14年<br>（1834） | | 十月大肚中社番業主立 | 姜秀鑾、周邦正開墾北埔、月眉 | | (6)<br>(42) |

月馬芝遴社業主馬照生立給墾大端莊中墾北勢莊中曆北勢。六月大突社招墾水底寮（竹山）

| No. | 年 | | | | | | 出處 |
|---|---|---|---|---|---|---|---|
| 152. | 道光15年<br>(1835) | | 給墾字開墾水裏港。十一月立出瞨耕目井瞨龍耕自開墾目井莊洋。十二月仝立瞨耕開墾沙轆街尾營盤後 | 長泰人陳深潭兄弟自布嶼堡水尾莊（崙背）入墾萬興頂厝、社口（神岡）。十月大甲東社招瞨開墾草腳莊 | 十月吞霄社番立給永耕於枚力林瓦厝坑（通霄） | | (53)<br>(58) |
| 153. | 道光16年<br>(1836) | 十月鳳山知縣給照開墾竹仔港浮埔（高雄市小港區） | 十月感恩社立永耕字於北勢田寮莊，社寮社立招瞨字於仙堂坪馬安凹（石岡） | | | | (7)<br>(43)<br>(51) |
| 154. | 道光17年<br>(1837) | | 二月社寮角社招製石磺圍弓蕉腳下礐子。十月感恩社立永耕字於坤口水的頭 | 業戶張天然開墾永平坑（中寮）、東螺西堡眉黃社開墾社地 | 秀朗社業戶潘開鳳給墾安坑庄（新店） | | (52)<br>(58)<br>(59) |
| | | | | | | | (14)<br>(16)<br>(52)<br>(58) |

| | | | | | | |
|---|---|---|---|---|---|---|
| 155. | 道光18年<br>(1838) | 十月陞出贌養瞻里 | 十月陞耕滾水坪（田寮） | 立贌耕字開墾東螺堡梅州莊東勢坤洋。十月大突社通事立出開墾字於北勢尾莊 | 十一月給批開墾貓猴洞（實山） | (34)<br>(58) |
| 156. | 道光19年<br>(1839) | | | 廳署曾屯屯弁等招墾坤頭山（東勢） | 八月吞霄通土立墾約開墾雙峰仔。八月吞霄番社事通事與長華招墾雙隆仔番仔存與長華坑（大溪、龍潭） | 十一月三招社番土目立給墾批開墾琉球漢口 | (28)<br>(51)<br>(59) |
| 157. | 道光20年<br>(1840) | 黃本源取得臺南內、外武定里墾權（臺南市東區） | | 十月大甲西社招贌開墾隙施南勢厝（大安）。十二月給贌立出墾永耕瞨柄下魚寮莊（梧棲） | 閩人由三角湧進墾福德坑地（大溪） | (2)<br>(10)<br>(45)<br>(51) |
| 158. | 道光21年<br>(1841) | | | 九月南大肚社番立永佃賣盡根契於西勢。十二月感恩社立給批開墾埔姜林正（清水） | 十月中港社土目立出山埔水田墾契字於河北贌峰口雙坑。十一月贌裡社業主蕭膀脇立補給墾字開墾海山堡二甲九貓萊山 | 墾隘首游份源給出安坑庄開墾（新店） | (17)<br>(19)<br>(51)<br>(52) |

| 編號 | 年代 | | | | | | 資料來源 |
|---|---|---|---|---|---|---|---|
| 159. | 道光22年(1842) | | 十一月噗耕斗底庄(沙鹿) | 李騰華等合組全華生蟹號同蘇魯社噗墾三叉河(三義) | | | (3)<br>(52) |
| 160. | 道光23年(1843) | 十月投社番立給永耕開墾虎仔坑樹仔腳(名間) | 十月招耕員寶庄西勢。十一月社番角社轉噗墾招耕噗墾食水窠(石岡) | 開墾大壯上、下圳(橫山)。全惠成墾院開墾頭杞林(竹東)。陳長順招墾上、下公館(竹東)。十二月日北社番立賣盡根契於大埔(苑裡) | 六月開墾芝蘭堡石角大湖山牛欄湖(臺北市士林區) | 六月發給墾照開墾大里簡山地 | (6)<br>(13)<br>(18)<br>(43)<br>(51)<br>(58)<br>(59) |
| 161. | 道光24年(1844) | | 十月大甲西新社番耕三角仔連六坋仔(大甲) | 正、二月日北社社賣盡根契字於大埔。十月各膚社番立賣盡根契於頭內橫仔胡腳(通霄)。十一月出墾大過爽乃瑪崙庄(桃園市) | | | (51)<br>(58) |
| 162. | 道光25年(1845) | 仝立噗耕開墾塭仔寮庄。十月業主黃智記立給佃批開墾坪頂 | 二月大甲新社立噗永耕耕開墾新社(後)(大甲)。八月岸裡社番招墾葫蘆墩西勢尾。十月大甲西社番耕三塊厝庄(大安)。感恩社立招耕字於坪仔口前 | 樸仔籠乂熟番入墾醒魚潭(大湖)。正月日北社社番立杜賣盡根契字於爐仔坑口(苑裡) | | 五月同立合約字人陳諸云等合夥明買丹秀秸蠻丹埔草地開墾 | (7)<br>(18)<br>(42)<br>(51)<br>(52)<br>(58)<br>(59) |
| 163. | 道光26年(1846) | | 十月立噗耕字開墾南簡庄(梧棲)、遷善南社立 | 吳惠超等組金隆盛噗墾號向岸裡社噗墾雙草湖(北埔)、開墾官莊制(三義) | | 諸讓西勢冀箕湖山場 | (3)<br>(6)<br>(41)<br>(19) |

| 編號 | 年代 | | 招耕開墾字蓁林（清水） | | | | 出處 |
|---|---|---|---|---|---|---|---|
| | | | | | | | (52) |
| 164. | 道光27年<br>(1847) | | 十二月番崎仔頂社番立賣耕田心仔 | 羅錫光兄弟五人開墾仁隆（頭崖） | | 十一月加禮宛社番立賣盡根於打那岸社 | (13)<br>(18)<br>(40) |
| 165. | 道光28年<br>(1848) | | 十月雙寮社招墾五里牌（大甲），招耕開墾字蓁林 | 粵人何朝祥開墾新溪洲（大溪） | | | (2)<br>(51)<br>(52) |
| 166. | 道光29年<br>(1849) | 十月全立轉墾開墾鹽仔蓁正。 | 十月感恩社立永耕字於字於大埔本社後崎山腳圳，遷善北社立永耕字開墾鹿寮蓁林（沙鹿） | 九月日北社番立永耕開墾字於大埔（苑裡）。十一月業主徐淩給墾出賣元助庄溪底藍投園 | | 十一月水沙連六社化番總通事毛天賜招佃開墾長樣埔 | (16)<br>(42)<br>(51)<br>(52) |
| 167. | 道光30年<br>(1850) | | 九月業主張把祿給墾三十張犁。十月全立轉墾開墾頭，感恩社立永耕字於崎州邊、芊蓁林。 | | | 十一月里腦社番立招永耕字於里腦庄 | (40)<br>(42)<br>(52)<br>(58) |
| 168. | 咸豐元年<br>(1851) | | 十一月崎仔腳社番墾耕田心仔（大雅）。承墾給仔湖 | | | 元月新仔罕社招佃開墾社地 | (18)<br>(57)<br>(58) |

| 編號 | 年代 | 欄一 | 欄二 | 欄三 | 欄四 | 資料來源 |
|---|---|---|---|---|---|---|
| 169. | 咸豐2年(1852) | | 十月水裡社番招耕開墾烏瓦隴(龍井)。十一月貓閣社番招墾社前 | | 二月拿蒔社土目給埔園字開墾水返腳頂察街 | (18)(53)(58) |
| 170. | 咸豐3年(1853) | | | | | |
| 171. | 咸豐4年(1854) | | 十月感恩社番立招耕字開墾面前厝庄(清水) | | | (52) |
| 172. | 咸豐5年(1855) | | | 開墾二十張犁牛圳(新竹市) | 十一月竹塹滿社番轉墾土地於奇武荖庄 | (5)(59) |
| 173. | 咸豐6年(1856) | | 二月陳乎庄公館業戶陳五常開銀七張犁牛埔尾(大雅) | 廖永和開墾崁頂蔡(三灣)。七月銀戶姜殿邦等全立合約開墾咸菜甕。竹塹埔仔開墾榮寶斗換坪賣場社招墾託仔 | 三月中港社土目立給山埔契字於耕字里腦庄 | (13)(15)(21)(40)(58) |
| 174. | 咸豐7年(1857) | | 二月銀戶黃慶興給銀批開銀馬陵埔。十月立招耕字開墾犁東堡乞張利庄(大雅) | 開墾林欧圳(新竹市)。八月後龍、新港社通事等招墾金和陂青山埔 | 十一月哩腦社番立賣盡根契於哩腦庄 | (5)(28)(40)(42) |
| 175. | 咸豐8年(1858) | 三月鳳山知縣給照開墾 | 十月岸裡社番立轉契永和銀永 | 廖永和兄弟開墾大河底、永和山(三灣)。四月日北業戶金仲春。十月北投社立賣業戶金仲春 | 十一月里腦社番同立永 | (3)(42) |

| 編號 | 年代 | 事件內容 | 地點／備註 | 參考文獻 |
|---|---|---|---|---|
| 176. | 咸豐9年（1859） | 九月霄裡社通事蕭聯恰立補給佃批字於桃澗堡員樹林莊份仔 | 立給墾山批字開墾牛稠內（臺北市北投仔）／耕字開墾多瓜山莊 | (51)(58)(59)／(58) |
| 177. | 咸豐10年（1860） | 十月感恩社立永耕字於坤口。十一月貓盂社番立絕賣盡根契於宛裏坑內柴仔欄口崁頂（苑裡鎮）、竹塹社番業戶錢恭叔立給埔地字開墾大坑竈權崗崚坪 | 八月奇武荖珍仔轆社番招墾永佃開墾奇武荖 | (43)(51)(52)(58) |
| 178. | 咸豐11年（1861） | 四月沙連堡通事招墾古重茶山（埔里） | 抵美福社番立杜賣盡根契於壯二庄 | (39)(59) |
| 179. | 同治元年（1862） | 林志芳開墾頭汴坑圳（太平）。二月大甲東社仝立開墾埔牛罵任庄（大安）。十一月大甲社番立賣盡根大租契於大甲。 | 三月立讓股約墾字於西勢龜崙湖 | (14)(41)(51) |
| 180. | 同治2年（1863） | 十二月臺邑大東門業戶立出開墾佃耕字於石榴內 | 十一月加里宛社番立招永墾字於打那岸社。十一月咚嘮岸社招墾雞罷里 | (40)(43)(59) |

| | | | | | | 出處 |
|---|---|---|---|---|---|---|
| 181. | 同治3年 (1864) | 十一月墾戶黃慶興給墾批開墾三角林 | 淡水廳民人爭墾南雅(大溪) | 二月仝立永佃字開墾牛網內本館後山場(臺北市北投區) | 十一月加里宛社番立招永耕字於打那岸社。十一月珍珠里簡社番招墾里際社地 | (2)(22)(28)(40)(43)(60) |
| 182. | 同治4年 (1865) | 十一月業主盧乾興立給山牛埔開墾打牛崎,感恩社佃戶立永耕字於社口內大匼門口 | 廩生潘永清募股開墾湳仔溝(大溪)。四月給墾批開觀音嶺坑正。十月嘉盛社眾觀佃戶與隘首陸成安立永耕字開墾牛欄窩(芎林) | | 三月請墾西勢箕湖山場。十一月流流社番立招永耕字於五結份尾 | (2)(18)(40)(41)(52) |
| 183. | 同治5年 (1866) | 正月大甲新社番再添瞨耕開墾三角仔連六招(大甲) | 潘永清開拓大科坑坎治山一帶(大溪) | | 十二月請墾西勢箕湖山場 | (41)(51) |
| 184. | 同治6年 (1867) | 十月東螺社番立開墾字蔡仔厝開墾番勢苦苓腳莊前埔仔 | | | | (2)(58) |
| 185. | 同治7年 (1868) | 十月大甲東社番立給墾契永耕字開墾時勢。十一月大甲西社立永耕字開墾橫圳 | 泉人黃安邦開墾烏塗窟田心庄業主黃新興招佃開墾水流東(具在大溪)。開墾順時埔圳與下坎圳(大科坑亦柯坪圳)(新竹市) | | | (2)(5)(44)(52) |

| | | | | | | |
|---|---|---|---|---|---|---|
| 186. | 同治8年（1869） | 九月臺灣道給照開墾軍工廠一帶海埔 | 三月大甲頂店社立贌耕契字開墾營盤口莊。十月大甲社番立給贌墾畫根地於頂店（大甲）。十一月大甲西社贌耕開墾南埔東勢（大安）。十二月業主陳和給贌墾永平莊（臺中市） | 庄。十月感恩社立永耕字於田寮正 | 十一月抵美福社番立招暖開墾下社。十二月婆羅辛仔宛社番立招永耕字於東勢補城基 | (39)(40)(44)(51)(58)(59) |
| 187. | 同治9年（1870） | | 十月吳楊華開墾焉茅坑社仔（苑裡） | | | (58) |
| 188. | 同治10年（1871） | | 十月立佃批暖耕字開墾社腳（大肚）。十月大甲社番立給開墾永社字於社尾（大甲） | 十一月開墾雷埕渡頭字洲仔 | | (38)(51)(60) |
| 189. | 同治11年（1872） | | 六月烏牛欄社立出贌耕 | 十一月業主黃燕禮立補給園屋贌批字開墾峕南興莊 | 小圭籠社番立補給墾契 | 十一月抵美福社番立招 | (33)(39) |

| 序號 | 年代 | | | | | 資料來源 |
|---|---|---|---|---|---|---|
| 190. | 同治12年(1873) | 業主許氏立開墾單開墾觀音內里班芝花坪 | 字開墾烏牛欄坑。十月全立轉繳招耕開墾遷善南社大車路(沙鹿) | | 字開墾芝蘭三堡老梅莊 | 賣盡根契於壯二 | (42)(58)(60) |
| 191. | 同治13年(1874) | | 三月大突社招墾水底寮(竹山) | 墾首陳化成開墾貓闌社轄內頭股荒埔(魚池)。三月立暖耕字開墾東螺堡五百步庄南勢 | 十月大甲西社番立給開墾永佃後於尾庄後(大甲)、大甲東舊社開墾永耕社前 | 十一月流仔社番立招永耕字於五結紛尾 | (40)(58)(59) |
| 192. | 光緒元年(1875) | | 臺灣府發給佃照開墾田中央、四塊厝 | 十一月大甲東社立暖耕字開墾過坑仔 | 十一月三貂社番立杜脫永耕字於本社社地 | | (47)(51)(58) |
| 193. | 光緒2年(1876) | 業主許氏立開墾單開墾觀音內里牛潮湖 | 正、十月感恩社立永耕字開墾好字二月備舊屯外委業戶招墾大安溪底庄 | 黃南球開墾獅潭等開墾南湖(大湖)。詹阿祝 | 十一月曾崖、龜崙社立補給墾批開墾下大坑堿庄、墾戶黃安邦批給開墾海山堡永福庄 | 開墾涼傘埔溪至牛椆溪 | (44)(59) |

| | | | | | | | |
|---|---|---|---|---|---|---|---|
| 194. | 光緒 3 年（1877） | | | 黃姓移民開墾漢寶園（芳苑）。招佃開墾燕霧堡東山庄本庄洋 | 黃景章開墾永定厝（臺中市） | 十月竹塹社番業主錢吉生立補給盡根佃批字於活人崗莊崗坑 | 十一月業主創建堂堂招耕開墾石硿堡奎隆嶺嗣港仔內嗣腳莊 | (14)(58)(59) |
| 195. | 光緒 4 年（1878） | | | | 三‧十月大甲西社番立墾耕賣契字於南埔東勢、南勢甲（大安）。四月立租社立招墾字於水井仔庄 | 十二月銅鑼圈明興莊番業主蕭鳴皋立給埔業墾字於店仔湖 | | (51)(58) |
| 196. | 光緒 5 年（1879） | | 立給佃批開墾北勢湳 | 正月大甲西新社番仝立開墾永耕字於鎮員山腳（大甲）。茅鳴達社立招墾山埔字於七竹頭寮‧七月立永耕番田字開墾本社。立纏盡招耕開墾銀沙轆社口庄。十月遷善南社招耕開墾牛罵頭等寨林庄 | | | (18)(42)(43)(45)(51) |

| | 年代 | | | | 備註 |
|---|---|---|---|---|---|
| 197. | 光緒6年<br>(1880) | 九月馬之遴社業主示成社業主張振萬立墾字得立開墾字開墾堵圳於核兒死安莊大甲西社番喋棚開墾社北汕莊東勢（大安） | 二月業主張振萬立墾字開墾堵圳大甲西社番喋棚開墾社北汕莊東勢 | | (33)<br>(51)<br>(58) |
| 198. | 光緒7年<br>(1881) | 東螺社通事同立給絕永耕字開墾園察 | 三月大甲東舊社立給絕墾永耕番社尾。十月大肚中社番立杜賣盡根契於山仔關庄，大甲西社立開墾盡根橫坝正。十月大甲東社立開墾永耕番社前大小嵙丘 | 十二月立招永耕字開墾桃澗堡茄荖溪中路皮條仔莊（桃園市） | (19)<br>(44)<br>(58) |
| 199. | 光緒8年<br>(1882) | 十月東螺社通事同立開墾溪埔於北斗街狀腳溪底 | 六月大肚中北社番立開賣盡根契於茄投庄。八月立永耕字開墾爲牛欄 | 十月全立分墾定界開墾至頭躍（三灣）　　　十一月抵美福社番立賣盡根契於壯二庄 | (18)<br>(19)<br>(23)<br>(39)<br>(58) |
| 200. | 光緒9年<br>(1883) | 七月臺灣道銜公照開墾軍工廠一帶海埔 | 二月半線堡六堡蔡大甲東舊社人阿世情等立給刊墾永 | 吳傾能等移轉雙草湖（三義。開墾廣源記坤圳（新埔。十一月竹塹社番業戶 | (3)<br>(6)<br>(58) |

| | 光緒10年（1884） | | | | | | （52）(58)(59) |
|---|---|---|---|---|---|---|---|
| 201. | 六月臺灣道給照予臺郡三郊業主萬益館開墾鹿耳門浮復埔地，由鄭仔寮莊佃戶陳三領墾 | 立給佃批開墾羡底 | 耕字於三古仔東、馬鳴埔（外埔）。九月立贌耕字開墾大甲堡九張犁庄 | | 錢榮和立出埔地贌字於鳳山崎頂 | | （59） |
| 202. | 光緒11年（1885） | 十二月銀戶首協源開墾萬安埔（南投） | 水裡社番仝立招贌開墾崔庄（清水）。八月藍闊眉業主藍隆緒開墾大墩（臺中市）。十月遷善南北社同立永耕字開墾竹林庄，業主王福記開墾沙轆堡三塊厝 | 三月贌耕桃澗堡埔頂任誣（仔園坎頭埤塘塗牛溝（大溪） | | 九月墾戶首開墾六社仆化番草地卜吉莊（魚池）。 | （45）(51)(58) |

| 編號 | 年代 | | | | | | 出處 |
|---|---|---|---|---|---|---|---|
| 203. | 光緒 12 年（1886） | 開鑿大道關圳（高崗） | 二月大甲東社立開墾批立開墾批耕字於長崎（外埔）、六月全立招耕字開墾東勢洋 | 二月總墾戶金廣福公墾批。十二月墾戶劉子謙立給墾批開墾脫山仔。開墾山埔莊首堡東崎底窩、外菊崎、打鈗窩、窩斗窩、內輔崎、吊望凸、十八排、風車趼、黃箕窩、鄉垠寮、高口、片山仔、蔗菜坪、月形角、籃坑 | 十一月雷裡社番招墾擺接堡下溪洲浮洲仔 | 三月墾戶首王豐端開墾六社化番給出中洛哺草地 | (18)(22)(51)(58)(60) |
| 204. | 光緒 13 年（1887） | 十月立墾耕字開墾匏仔寮（南投） | | 振秀敦等開墾四寮、七寮、八寮、十寮、黃箕窩（峨眉）。三月墾首曾華春開墾油羅立番社首房租批立社賣盡根契於貓盂塘 | | 給照承墾木屐蘭、長寮（南投魚池）。十月發給墾照開墾鹿庇園莊 | (6)(32)(51)(58)(59) |
| 205. | 光緒 14 年（1888） | 三月給發墾單開墾頭汴坑（東勢） | | 臺北府立給佃甲開墾竹南三堡田寮莊（苑裡） | 十月業主杜倫招開墾大基隆堡山腳 | 十一月公立招佃開墾 | (41)(58)(59) |
| 206. | 光緒 15 年（1889） | | 四月大甲西社番立給墾契字於知高庄（臺中市）。六月大肚中北社番立杜賣盡根契於加投。九月招永耕開墾烏牛欄 | 各籍賴石義開墾南勢林（苑裡）。三月罩蘭開墾局發給墾照開墾大湖（大湖）。開墾九芎坪山地 | | | (13)(18)(19)(51)(58) |
| 207. | 光緒 16 年（1890） | | | 二月撫墾局給出墾論明佃開墾大窩。十月招貓貍社番主滿和泉等墾出土地開墾黃箕窩 | 十一月招耕開墾辛仔字庄 | | (39)(58)(59) |

| | 年代 | | | | | | | 資料來源 |
|---|---|---|---|---|---|---|---|---|
| 208. | 光緒17年(1891) | 三月臺灣鐵道總局照開墾設軍工廠一帶海埔 | | 十月大甲西社立同墾盡根契字於大甲東社地。十一月業戶張景行給墾礄園頭莊 | 元月招墾開墾萬蔡阿柔於石硬頂(深坑) | 正月發給墾照開墾卯里開墾沙崙茶林 | 九月立贌耕字人林合開墾埔社昭忠祠田一段(埔里) | (44)(49)(58)(59) |
| 209. | 光緒18年(1892) | | 十一月鳳山知縣給照開墾大竹里海埔 | 臺灣府發給佃照開墾半線堡蒲尾莊 | 開墾內埔圳(后里)。六月。十八靈魂社承墾上圳寮(豐原)。十月遷善南社立賣盡耕契於沙轆竹林庄。 | 開鑿田寮圳(苑裡)。 | | (13)(14)(42)(43)(59) |
| 210. | 光緒19年(1893) | 二月贌耕臺南府西定下坊水門外街仔內 | | 十二月大甲西社番立開墾根契埔園契字於下龜殼庄魚寮埔(大安) | 墾首卯乾山開墾大窩 | 全立招耕字開墾北投庄十四份 | 十一月招美福社番立賣盡根契於壯三庄。十一月全立招贌開墾枕頭正 | (38)(41)(51)(58)(59) |
| 211. | 光緒20年(1894) | | | 十月招耕開墾黃泥塘。遷善南社立杜賣盡根契於芋寮林於(清水) | | | | (18)(52) |

| 212. | 光緒21年(1895) | | 十月彰化廳東螺堡鼻仔頭庄立佃批開墾番仔寮東勢苦苓腳庄 | 二月哆囉美遠社番杜賣盡根契於社尾 | (41)(58) |
|---|---|---|---|---|---|

(1) 戴德發監修、林興仁等主修，盛清沂總纂，《臺北縣志．卷一大事記》（臺北：臺北縣文獻委員會，1960年），頁5~21。
(2) 徐慶德監修、郭薰風主修，諶化文等纂修，《桃園縣志．卷首大事記》（桃園：桃園縣文獻委員會，1962年9月），頁72~95。
(3) 溫仲琦編纂、劉定國等纂修，《苗栗縣志．卷首》（苗栗：臺灣省苗栗縣文獻委員會，1960年5月），頁51~55。
(4) 溫仲琦編纂、劉定國等纂修，《苗栗縣志．卷首．大事記》（苗栗：臺灣省苗栗縣文獻委員會，1960年5月），頁13~77。
(5) 童勝男、蔡仁堅監修、鄭政毛編纂，《新竹市志．卷二（下）．大事記》（新竹：新竹市政府，1999年6月），頁130~159。
(6) 黃旺成監修、黃奇烈纂修，《臺灣省新竹縣志．卷二大事記》（新竹：新竹縣文獻委員會，1976年6月），頁6~45。
(7) 陳正祥監修、林世珍等主修，張勝彥總纂，《臺中縣志．卷首/第二冊大事記》（臺中縣政府，1988年8月），頁12~125。
(8) 張勝彥主修，《臺中市志稿．卷首上冊》（臺中：臺中市文獻委員會，1965年5月），頁62~67。
(9) 仇德哉編纂，《雲林縣志稿．卷六》（臺中：雲林縣政府，1977年4月），頁97~107。
(10) 張炳楠監修，吳新榮主修，《嘉義縣志．卷一人民志》，盧嘉興纂修（新營：臺南縣政府，1980年6月），頁154~159。
(11) 楊發等纂修，《臺南縣志．卷八人物志》（新營：臺南縣政府，1980年6月），頁37~47。
(12) 洪敏麟，《臺灣舊地名之沿革（第一冊）》（南投：臺灣省文獻委員會，1999年6月四版），頁388~463。
(13) 洪敏麟，《臺灣舊地名之沿革（第二冊上）》（南投：臺灣省文獻委員會，1997年6月二版），頁29~365。
(14) 洪敏麟，《臺灣舊地名之沿革（第二冊下）》（南投：臺灣省文獻委員會，1997年6月二版），頁51~558。
(15) 張炎憲、王世慶、李季樺，《臺灣平埔族文獻資料選集——竹塹社（上）》（臺北：中央研究院臺灣史田野研究室，1993年5月），頁55~393。
(16) 臺灣省文獻委員會採集組編校，《臺灣省文獻委員會典藏北部地區古文書專輯（一）》（南投：臺灣省文獻委員會，2000年12月），頁3~221。
(17) 臺灣省文獻委員會採集組編校，《臺灣省文獻委員會典藏北部地區古文書專輯（二）》（南投：臺灣省文獻委員會，2000年12月），頁7~157。
(18) 洪麗完撰，《大甲社古文書》（臺中縣立文化中心，1997年10月），頁146~455。
(19) 劉澤民編著，《大肚社古文書》（南投：臺灣省文獻委員會，2000年12月），頁100~305。
(20) 中央研究院臺灣史研究所籌備處藏，《陳運棟文書》等契字，編號：
(21) 中央研究院臺灣史研究所籌備處藏，《臺南市立文化中心文書》，編號：T005D005。
(22) 中央研究院臺灣史研究所籌備處藏，《臺南市立文化中心等契字》，編號：T008D008。
(23) 中央研究院臺灣史研究所籌備處藏，《姜榮楷文書——桃竹苗地區契字》，編號：T015D015。
(24) 中央研究院臺灣史研究所籌備處藏，《三田裕次文書（一）——北中南地區契字》，編號：T020D020。
(25) 中央研究院臺灣史研究所籌備處藏，《連昭光文書（一）——中部地區契字》，編號：T045D045。
(26) 中央研究院臺灣史研究所籌備處藏，《劉峰松文書（二）——中部地區契字》，編號：T048D048。
(27) 中央研究院臺灣史研究所籌備處藏，《林集璋文書（二）——臺北、桃園地區契字》，編號：T067D067。
(28) 中央研究院臺灣史研究所籌備處藏，《林振乾文書（六）——北部地區契字》，編號：T069D069。

(29) 中央研究院臺灣史研究所籌備處藏，《邱水金文書（一）——宜蘭縣五結鄉張氏文書》，編號：T075D075。
(30) 中央研究院臺灣史研究所籌備處藏，《陳達明文書（一）——北、中、南、宜蘭地區文書》，編號：T077D077。
(31) 中央研究院臺灣史研究所籌備處藏，《曹炳輝文書（二）——士林石角仔曹氏文書、毛少翁社文書》，編號：T082D082。
(32) 中央研究院臺灣史研究所籌備處藏，《鍾金水文書（十三）——金廣福文書（二）、中南部地區契字》，編號：T089D089。
(33) 中央研究院臺灣史研究所籌備處藏，《陳慶芳文書（三）——臺中、彰化地區契字》，編號：T107D107。
(34) 中央研究院臺灣史研究所籌備處藏，《李景暘文書（三）——北、中、南地區契字》，編號：T104D104。
(35) 中央研究院臺灣史研究所籌備處藏，《鍾金水文書（二十一）——中部地區契字、岸裡社文書（三）》，編號：T105D105。
(36) 中央研究院臺灣史研究所籌備處藏，《鍾金水文書（二十二）——打貓社文書、嘉義地區契字》，編號：T111D111。
(37) 中央研究院臺灣史研究所籌備處藏，《機玉石文書——高雄大樹、新港社文書（一）》，編號：T138D138。
(38) 中央研究院臺灣史研究所籌備處藏，《彰化、臺中地區土地文書》，編號：T238D208。
(39) 邱水金主編，《宜蘭古文書第貳輯——臺大人類學系藏》（宜蘭：宜蘭縣立文化中心，1995 年 6 月），頁 10～138。
(40) 邱水金主編，《宜蘭古文書第壹輯》（宜蘭：宜蘭縣立文化中心，1994 年 6 月），頁 16～166。
(41) 邱水金主編，《宜蘭古文書第伍輯》（宜蘭：宜蘭縣立文化中心，1998 年 5 月）。
(42) 國立中央圖書館臺灣分館藏，《臺灣古文書》排架號：200C。
(43) 劉澤民編著，《平埔百社古文書》（南投：國史館臺灣文獻館，2002 年 3 月），頁 27～403。
(44) 洪麗完主編，《外埔鄉藏古文書專輯》（臺中：外埔鄉公所，2001 年 1 月），頁 144～223。
(45) 董倫岳撰文，《梧棲古文書史料專輯》（臺中：梧棲鎮公所，2000 年 7 月），頁 8～71。
(46) 臺灣省文獻委員會採集組編校，《草屯地區古文書專輯》（南投：臺灣省文獻委員會，1999 年 6 月），頁 3～273。
(47) 凱達格蘭族文史調查小組編，《凱達格蘭族古文書彙編》（臺北：臺北縣立文化中心，1996 年 12 月），頁 3～214。
(48) 謝繼昌主編，《凱達格蘭古文書》（臺北：國立臺灣大學人類學系，1999 年 9 月），頁 8～173。
(49) 曾振名、童元昭主編，《噶瑪蘭、西拉雅族古文書》（臺北：國立臺灣大學人類學系，1999 年 9 月），頁 62～140。
(50) 胡家瑜主編，《道卡斯新港社古文書》（臺北：國立臺灣大學人類學系，1999 年 9 月），頁 48～196。
(51) 洪麗完，《臺灣中部平埔族群古文書研究與導讀——道卡斯族崩山八社與拍瀑拉族四社（上冊）》（豐原：臺中縣立文化中心，2002 年 7 月），頁 144～223。
(52) 洪麗完，《臺灣中部平埔族群古文書研究與導讀——道卡斯族崩山八社與拍瀑拉族四社（中冊）》（豐原：臺中縣立文化中心，2002 年 7 月），頁 74～319。
(53) 洪麗完，《臺灣中部平埔族群古文書研究與導讀——道卡斯族崩山八社與拍瀑拉族四社（下冊）》（豐原：臺中縣立文化中心，2002 年 7 月），頁 74～319。
(54) 孫水木，《重修永和鎮志》（臺北：永和鎮公所，1973 年 3 月），頁 61。
(55) 盛清沂，〈臺北縣板橋市開闢史事考〉，《臺灣文獻》，第 36 卷第 1 期，1985 年 3 月，頁 35～58。
(56) 林德喜主仮，《重修中和鄉志》（臺北：中和鄉公所，1977 年 12 月），頁 93～94。
(57) 岸裡大社文書出版編輯委員會，《國立臺灣大學藏岸裡大社文書（一）》（臺北：國立臺灣大學，1998 年 3 月），頁 33～497。
(58) 臺灣銀行經濟研究室編，《清代臺灣大租調查書》，臺灣銀行文獻叢刊第一五二種，1963 年 4 月。
(59) 臺灣銀行經濟研究室編，《臺灣私法物權編》，臺灣銀行文獻叢刊第一五〇種，1963 年 1 月。
(60) 高賢治，《大臺北古契字集》（臺北：臺北市文獻委員，2002 年 12 月）。
(61) 劉澤民等編譯，《臺灣總督府檔案平埔族關係文獻選輯》（南投：臺灣省文獻委員會，2001 年 3 月），頁 95～115。
(62) 林美容，《草屯鎮鄉土社會史資料》（臺北：臺灣風物雜誌社，1990 年 10 月），頁 10、12、15。

## 結 論

表六十四　清代臺灣社會動亂表

| | | 臺灣縣(安平縣) | 嘉義縣 | 雲林縣 | 鳳山縣 | 彰化縣 | 臺灣縣 | 苗栗縣 | 新竹縣 | 淡水縣 | 宜蘭縣 | 臺東州 | 恆春縣 | 埔里廳 |
|---|---|---|---|---|---|---|---|---|---|---|---|---|---|---|
| | | 臺 南 | 嘉 南 | 雲 | 高屏 | 彰化 | 臺中 | 桃 竹 | 竹 苗 | 臺北 | 宜蘭 | 花東 | 中央山地 | |
| 1. | 康熙 23 年(1684) | 臺灣縣林盛密謀抗清，鄭氏餘黨反清 | | | 蔡機公招集二千餘人於小岡山(岡山) | | | | | | | | | |
| 2. | 康熙 24 年(1685) | | | | | | | | | | | | | |
| 3. | 康熙 25 年(1686) | | | | | | | | | | | | | |
| 4. | 康熙 26 年(1687) | | | | | | | | | | | | | |
| 5. | 康熙 27 年(1688) | | | | | | | | | | | | | |
| 6. | 康熙 28 年(1689) | | | | | | | | | | | | | |
| 7. | 康熙 29 年(1690) | | | | | | | | | | | | | |
| 8. | 康熙 30 年(1691) | | | | | | | | | | | | | |
| 9. | 康熙 31 年(1692) | | | | | | | | | | | | | |

| | | |
|---|---|---|
| 10. | 康熙 32 年（1693） | |
| 11. | 康熙 33 年（1694） | |
| 12. | 康熙 34 年（1695） | |
| 13. | 康熙 35 年（1696） | 新港吳球、朱祐龍聚眾起事（新市） |
| 14. | 康熙 36 年（1697） | |
| 15. | 康熙 37 年（1698） | |
| 16. | 康熙 38 年（1699） | 二月吞霄社番卓个、卓霧亞生聚眾爲亂　五月内北投社番冰冷作亂（臺北市北投區） |
| 17. | 康熙 39 年（1700） | |
| 18. | 康熙 40 年（1701） | 劉却糾眾謀亂於茅港尾、急水溪（下營、新營） |
| 19. | 康熙 41 年（1702） | |
| 20. | 康熙 42 年（1703） | |
| 21. | 康熙 43 年（1704） | |

| | | | | | | | | | |
|---|---|---|---|---|---|---|---|---|---|
| 22. | 康熙 44 年<br>（1705） | | | | | | | | |
| 23. | 康熙 45 年<br>（1706） | | | | | | | | |
| 24. | 康熙 46 年<br>（1707） | | | | | | | | |
| 25. | 康熙 47 年<br>（1708） | | | | | | | | |
| 26. | 康熙 48 年<br>（1709） | | | | | | | | |
| 27. | 康熙 49 年<br>（1710） | | | | | | | | |
| 28. | 康熙 50 年<br>（1711） | | | | | | | | |
| 29. | 康熙 51 年<br>（1712） | | | | | | | | |
| 30. | 康熙 52 年<br>（1713） | | | | | | | | |
| 31. | 康熙 53 年<br>（1714） | | | | | | | | |
| 32. | 康熙 54 年<br>（1715） | | | | | | | | |
| 33. | 康熙 55 年<br>（1716） | | | | | | | | |
| 34. | 康熙 56 年<br>（1717） | | | | | | | | |

| | 年 代 | | | | | | | | |
|---|---|---|---|---|---|---|---|---|---|
| 35. | 康熙 57 年（1718） | | | | | | | | |
| 36. | 康熙 58 年（1719） | | | | | | | | |
| 37. | 康熙 59 年（1720） | | | | | | | | |
| 38. | 康熙 60 年（1721） | 四～七～十月朱一貴事件 | | | | | | | |
| 39. | 康熙 61 年（1722） | 三、四月朱一貴餘黨江國論、鄭元長起事於下淡水、八掌溪（屏東、鹽水） | | | | | | | |
| 40. | 雍正元年（1723） | | 朱一貴餘黨楊合、王忠韓事於鳳山 | | | | | | |
| 41. | 雍正 2 年（1724） | | | | | | | | |
| 42. | 雍正 3 年（1725） | | | | | | | | |
| 43. | 雍正 4 年（1726） | | | 縣民陳三奇聚眾攻營。 | | | | 十一～十二月對水沙連番骨宗用兵 | |
| 44. | 雍正 5 年（1727） | | | | | | | | |
| 45. | 雍正 6 年（1728） | 四月湯完暗結父母會（嘉義市），六月蔡蔭暗結父母會（嘉義市） | | | | | | | |
| 46. | 雍正 7 年（1729） | 二～三月對山豬毛社番用兵 | | | | | | | |

| | | | | | |
|---|---|---|---|---|---|
| 47. | 雍正 8 年（1730） | | | | |
| 48. | 雍正 9 年（1731） | 十二月爆發大甲西社番事件 | | | |
| 49. | 雍正 10 年（1732） | 吳福生事件（鳳山市） | 十一月殺平南大肚等番社舉事 | 五月奇崙社番起釁 | |
| 50. | 雍正 11 年（1733） | | | | |
| 51. | 雍正 12 年（1734） | 縣民許祖竪旗舉事 | | | |
| 52. | 雍正 13 年（1735） | 臺灣道轅覆郡城散帖請會者十餘人（臺南市） | 生番焚殺柳樹湳、澄臺莊 | | |
| 53. | 乾隆元年（1736） | | 七～九月新港、加志閣社番作亂（竹南） | | |
| 54. | 乾隆 2 年（1737） | | | | |
| 55. | 乾隆 3 年（1738） | | | | |
| 56. | 乾隆 4 年（1739） | | | | 水沙連番滋事 |
| 57. | 乾隆 5 年（1740） | | | | |
| 58. | 乾隆 6 年（1741） | | | | |

| 編號 | 年代 | | | | | | 李光顯在水沙連招徠棍徒械鬥 |
|---|---|---|---|---|---|---|---|
| 59. | 乾隆 7 年（1742） | 縣民郭興遭諑陷墾旗 | | | | | |
| 60. | 乾隆 8 年（1743） | | | | | | |
| 61. | 乾隆 9 年（1744） | 礁巴力干社出草 | | | | | |
| 62. | 乾隆 10 年（1745） | | | | | | |
| 63. | 乾隆 11 年（1746） | | | | | | |
| 64. | 乾隆 12 年（1747） | | | | | | |
| 65. | 乾隆 13 年（1748） | | | | | | |
| 66. | 乾隆 14 年（1749） | | | | | | |
| 67. | 乾隆 15 年（1750） | | | 淡水廳民陳蓋料眾起事 | | | |
| 68. | 乾隆 16 年（1751） | 十二月北投社通事三甲勾引眉加臘生番出草 | | | | | |
| 69. | 乾隆 17 年（1752） | 三月營兵蔡倪遭諑陷民人詹崇墾旗 | 生番驃樓戕殺兵民 | | | | |

| 編號 | 年代 | | | |
|---|---|---|---|---|
| 70. | 乾隆 18 年（1753） | 三月諸羅縣民吳典聚眾抗官 | 七月張鳳階設詐計誆人豎旗 | 縣民施天賜執械傷役並劫劫囚 |
| 71. | 乾隆 19 年（1754） | | | |
| 72. | 乾隆 20 年（1755） | | | |
| 73. | 乾隆 21 年（1756） | | | |
| 74. | 乾隆 22 年（1757） | | | |
| 75. | 乾隆 23 年（1758） | | | |
| 76. | 乾隆 24 年（1759） | | | |
| 77. | 乾隆 25 年（1760） | | | |
| 78. | 乾隆 26 年（1761） | | | |
| 79. | 乾隆 27 年（1762） | | | |
| 80. | 乾隆 28 年（1763） | | | |
| 81. | 乾隆 29 年（1764） | | | |

| | | | | 淡水廳生番為亂 | | | | | |
|---|---|---|---|---|---|---|---|---|---|
| 82. | 乾隆 30 年（1765） | | | | | | | | |
| 83. | 乾隆 31 年（1766） | | | 三月淡水廳鑾殼莊民被生番出草戕殺（苗栗），八月遭官軍圍剿 | | | | | |
| 84. | 乾隆 32 年（1767） | | | | | | | | |
| 85. | 乾隆 33 年（1768） | 黃教事件（屏東萬丹、新園、高雄鳳山、阿蓮、臺南新化、新營、白河、雲林斗六、元長） | | | | | | | |
| 86. | 乾隆 34 年（1769） | | | | | | | | |
| 87. | 乾隆 35 年（1770） | | | | | | | | |
| 88. | 乾隆 36 年（1771） | | | | | | | | |
| 89. | 乾隆 37 年（1772） | | | | | | | | |
| 90. | 乾隆 38 年（1773） | | | | | | | | |
| 91. | 乾隆 39 年（1774） | | | | | | | | |
| 92. | 乾隆 40 年（1775） | | | | | | | | |
| 93. | 乾隆 41 年（1776） | | | | | | | | |

| | 年代 | | | | | | |
|---|---|---|---|---|---|---|---|
| 94. | 乾隆 42 年（1777） | | | | | | |
| 95. | 乾隆 43 年（1778） | | | | | | |
| 96. | 乾隆 44 年（1779） | | | | | | |
| 97. | 乾隆 45 年（1780） | | | 大里杙頭人率眾圍攻熟番（潭子） | | | |
| 98. | 乾隆 46 年（1781） | | | 縣民林文輯結小刀會抵抗班兵 | | | |
| 99. | 乾隆 47 年（1782） | 八～十三月漳泉大械鬥（嘉義新港） | 十一月鳳山縣民陳虎堅旗 | 八～十三月漳泉大械鬥（臺中大里、彰化全境），掌獲王爺小刀會 | | | |
| 100. | 乾隆 48 年（1783） | | | | | 淡水廳民林淡焚殺搶劫 | |
| 101. | 乾隆 49 年（1784） | | 縣民翁雲寬縱佃焚搶 | | | 三月加直末南、目懷社生番殺害淡水廳同知潘凱（竹南） | |
| 102. | 乾隆 50 年（1785） | | | | | | |
| 103. | 乾隆 51 年（1786） | 十一月林爽文事件爆發（正月官軍圍剿加直末南、目懷社） | | | | | |

| 編號 | 年代 | | | | |
|---|---|---|---|---|---|
| 104. | 乾隆 52 年（1787） | 林爽文事件 | | | |
| 105. | 乾隆 53 年（1788） | 二月林爽文事件結束 | | | |
| 106. | 乾隆 54 年（1789） | 掌獲遊會（白河） | | | |
| 107. | 乾隆 55 年（1790） | | | | |
| 108. | 乾隆 56 年（1791） | 嘉義縣械鬥 | 縣民張標結立天地會 | | 三角湧民人彭貴生勾結生番出草 |
| 109. | 乾隆 57 年（1792） | | 縣民吳光彩結會報仇 | | |
| 110. | 乾隆 58 年（1793） | | | | |
| 111. | 乾隆 59 年（1794） | | | 六月鄭光彩暗結小刀會 | |
| 112. | 乾隆 60 年（1795） | | 三月陳周全豎旗舉事 | 正月陳光愛豎旗舉事 | |
| 113. | 嘉慶元年（1796） | 陳周全餘黨復亂 | 陳周全餘黨復亂 | | 五月海盜登陸雞籠 |
| 114. | 嘉慶 2 年（1797） | 正月天地會廖掛豎旗舉事 | 正月廖掛豎旗舉事 | | 淡水奸民王長勝與營兵私作逆旗　小刀會亂 |

|  |  | | | | | |
|---|---|---|---|---|---|---|
| 115. | 嘉慶 3 年（1798） | 七月嘉義徐章暗結小刀會糾眾搶劫 | | | | 九月縣民迂降滋事 |
| 116. | 嘉慶 4 年（1799） | | | | | |
| 117. | 嘉慶 5 年（1800） | 四月嘉義小刀會陳錫宗糾眾拒官 | | | | |
| 118. | 嘉慶 6 年（1801） | | | | | |
| 119. | 嘉慶 7 年（1802） | 嘉義縣民吳允錫遭誣陷豎旗（鹽水）、十一月嘉義縣民白啓倡立小刀會 | | | | |
| 120. | 嘉慶 8 年（1803） | | 海盜蔡牽出現於鹿港 | | | |
| 121. | 嘉慶 9 年（1804） | 四月海盜蔡牽搶掠鹿耳門（臺南）、十一月海盜蔡牽搶掠洲仔尾（永康） | | 八月李順倡立小刀會 | | |
| 122. | 嘉慶 10 年（1805） | 二月蔡牽撤退，十一月海盜蔡牽搶掠洲仔尾 | | 山賊與蔡牽勾結作亂 | 六月蔡牽寇擾淡水 | |
| 123. | 嘉慶 11 年（1806） | 三月蔡牽撤退，五月蔡牽復竄鹿耳門 | 二～七月漳泉械鬥 | | 蔡牽飲佔領烏石港 | |
| 124. | 嘉慶 12 年（1807） | | | | 七月朱濆飲佔領烏石港 | |
| 125. | 嘉慶 13 年（1808） | | | | 海盜朱濆寇擾淡水 | |

| | | 四～九月漳泉大械鬥 | | | | | | 四～九月漳泉大械鬥 | |
|---|---|---|---|---|---|---|---|---|---|
| 126. | 嘉慶 14 年（1809） | | | | | | | | |
| 127. | 嘉慶 15 年（1810） | 縣民詐比聚眾鬧事 | | | | | | | |
| 128. | 嘉慶 16 年（1811） | | | | | | | | |
| 129. | 嘉慶 17 年（1812） | | | 廳民高嫣逞妖言惑眾 | | | | | |
| 130. | 嘉慶 18 年（1813） | | | | | | | | |
| 131. | 嘉慶 19 年（1814） | | | | | | | | 埔里發生郭百年事件 |
| 132. | 嘉慶 20 年（1815） | | | | | | | | |
| 133. | 嘉慶 21 年（1816） | | | | | | | | |
| 134. | 嘉慶 22 年（1817） | | | | | | | | |
| 135. | 嘉慶 23 年（1818） | | | | | | | | |
| 136. | 嘉慶 24 年（1819） | | | | | | | | |
| 137. | 嘉慶 25 年（1820） | | | | | | | | |
| 138. | 道光元年（1821） | | | 廳民朱蔚豎旗 | | | | | |

| | | | | | |
|---|---|---|---|---|---|
| 139. | 道光 2 年（1822） | | | | 海盜林牛作亂 |
| 140. | 道光 3 年（1823） | | | | 三～七月粵匠林泳春作亂 |
| 141. | 道光 4 年（1824） | 許尚、楊良斌作亂 | | | |
| 142. | 道光 5 年（1825） | | | | |
| 143. | 道光 6 年（1826） | | | 四～九月閩粵大械鬥 | |
| 144. | 道光 7 年（1827） | | | | |
| 145. | 道光 8 年（1828） | | | | |
| 146. | 道光 9 年（1829） | | | | |
| 147. | 道光 10 年（1830） | 臺灣縣民黃芬安布邵言糾黨圖利 | 縣民王溪水聚眾為亂 | | |
| 148. | 道光 11 年（1831） | | | | |
| 149. | 道光 12 年（1832） | 許成響應張丙舉事 | 閏九月張丙事件 | 十二月發生閩粵分類械鬥 | |
| 150. | 道光 13 年（1833） | 漳泉閩粵械鬥 | 二月結束閩粵分類械鬥 | 嘉義縣民許戇成在馬斗蘭山糾眾起事 | |

| 編號 | 年代 | | | | | | | |
|---|---|---|---|---|---|---|---|---|
| 151. | 道光 14 年 (1834) | | 續彎大莊發生閩粵分類械鬥 | 縣民林坤糾集匪黨滋事 | | | | |
| 152. | 道光 15 年 (1835) | | | | 南興莊金廣福隘防漢番激戰 | | | |
| 153. | 道光 16 年 (1836) | 十月嘉義縣民沈知抗糧戕傷弁兵 | | | | | | |
| 154. | 道光 17 年 (1837) | | | | 南興莊金廣福隘防漢番激戰 | | | |
| 155. | 道光 18 年 (1838) | 九月呂寬糾眾結會抗官，十一月胡布在臺、嘉交界作亂 | 九月縣民張員聚眾作亂 | 蔡水藤結會抗官 | | | | |
| 156. | 道光 19 年 (1839) | | | | | | | |
| 157. | 道光 20 年 (1840) | | | | | 粵海盜寇擾淡水 | | |
| 158. | 道光 21 年 (1841) | 九月嘉義縣民江見、陳頭糾眾滋事 | 十月匪首吳慈任觀音嚴豎旗 | | | 八、九月英艦入侵雞籠 | | |
| 159. | 道光 22 年 (1842) | | 正月英艦入侵土地公港（大甲）。 | | | | | 陳勇、黃馬在水沙連聚眾滋事 |
| 160. | 道光 23 年 (1843) | 十月嘉義縣民洪協、臺縣民郭光候豎旗，十一月嘉義縣李安豎旗 | | | | | | |
| 161. | 道光 24 年 (1844) | | | | | | | |

| 編號 | 年代 | | | | |
|---|---|---|---|---|---|
| 162. | 道光 25 年（1845） | 八～十二月漳泉大械鬥 | 八～十二月漳泉械鬥 | | |
| 163. | 道光 26 年（1846） | | | | |
| 164. | 道光 27 年（1847） | | | | |
| 165. | 道光 28 年（1848） | | | 林和尚暗結關爺會（大里） | |
| 166. | 道光 29 年（1849） | 嘉義縣民吳吭聚眾作亂，爆發械鬥 | 爆發閩粵械鬥 | | 南興莊金廣福隘防漢番激戰 |
| 167. | 道光 30 年（1850） | 嘉義縣民王湧聚眾作亂 | | | |
| 168. | 咸豐元年（1851） | 十月嘉義縣民洪紀聚眾作亂 | | | |
| 169. | 咸豐 2 年（1852） | 臺灣道拏獲匪徒二百餘人 | | | |
| 170. | 咸豐 3 年（1853） | 四～九月賴鬃響應林供在嘉義縣豎旗 | 十二月分類械鬥 四～九月林恭事件 | 七月閩粵分類械鬥 | |
| 171. | 咸豐 4 年（1854） | 四月林恭案漏逆賴唇在布袋豎旗披剿 | | 正～六月閩粵械鬥（苗栗） | |
| 172. | 咸豐 5 年（1855） | 七月林房豎旗於斗六門 | 十月王辦豎旗於崗山 | 七月三角湧械鬥，小刀會犯雞籠 | 吳嗌豎旗 |

| 編號 | 年代 | 事件一 | 事件二 | 事件三 |
|---|---|---|---|---|
| 173. | 咸豐 6 年（1856） | | | |
| 174. | 咸豐 7 年（1857） | | | |
| 175. | 咸豐 8 年（1858） | | | |
| 176. | 咸豐 9 年（1859） | 九月枋寮械鬥（中和）／九月南勢甪械鬥（中和） | | |
| 177. | 咸豐 10 年（1860） | | 桃園分類械鬥 | |
| 178. | 咸豐 11 年（1861） | | | |
| 179. | 同治元年（1862） | | 楊升閩響應戴潮春 | 三月戴潮春事件爆發（彰化全境、大甲）／戴潮春事件（斗六門、嘉義市） |
| 180. | 同治 2 年（1863） | | | 戴潮春事件（彰化全境、大甲）／戴潮春事件（斗六門、嘉義市） |
| 181. | 同治 3 年（1864） | | | 十二月戴潮春事件結束 |
| 182. | 同治 4 年（1865） | | | 三、四月戴潮春餘黨復亂（水上） |
| 183. | 同治 5 年（1866） | | | |
| 184. | 同治 6 年（1867） | | | |

| 編號 | 年代 | | | | |
|---|---|---|---|---|---|
| 185. | 同治 7 年（1868） | | | | |
| 186. | 同治 8 年（1869） | 臺灣府緊獲哥老會份子 | | | |
| 187. | 同治 9 年（1870） | | 緊獲哥老會老份子 | | |
| 188. | 同治 10 年（1871） | | | 張玉榮暗結王爺會行搶 | |
| 189. | 同治 11 年（1872） | | | | |
| 190. | 同治 12 年（1873） | | 縣民廖有富作亂 | | |
| 191. | 同治 13 年（1874） | | 縣民廖有富復亂 | | 三～九月牡丹社事件。獅頭社生番牧官滋事。埔里陳新婦作亂。 |
| 192. | 光緒元年（1875） | 縣民蔡顯老作亂 | | | 二～五月竹坑山、獅頭山明番作亂 |
| 193. | 光緒 2 年（1876） | | | 貓裏吳阿東、吳阿富作亂（苗栗） | 十一月加里苑、木瓜、荳蘭番作亂　阿棉、納納社作亂 |
| 194. | 光緒 3 年（1877） | | | | 七～十二月阿棉等社作亂　三月率芒社番作亂 |

| 編號 | 年代 | | | | | | |
|---|---|---|---|---|---|---|---|
| 195. | 光緒 4 年（1878） | | | | | | 三～九月 巾老爺、加里苑社作亂 |
| 196. | 光緒 5 年（1879） | | | | | | |
| 197. | 光緒 6 年（1880） | 斗六門戴潮春餘黨劉參根抗官 | | | | | |
| 198. | 光緒 7 年（1881） | 嘉義縣莊芋聚眾滋事 | | | | | |
| 199. | 光緒 8 年（1882） | | 林盛結會滋事 | | | | 生番殺人 |
| 200. | 光緒 9 年（1883） | | | 林克賢糾眾焚搶 | | | |
| 201. | 光緒 10 年（1884） | | 許添丁集眾抗官 | | 罩蘭生番殺人（卓蘭）。三月生番包圍田唐公館（南庄） | 六月清法戰爭基隆戰役爆發 | |
| 202. | 光緒 11 年（1885） | 嘉義縣稻穡彩罷弱眾拒捕。十二月圍剿魚寮莊小刀會（六腳）、拏獲臺南府城哥老會首 | | | 十二月官軍征討武榮社番（卓蘭） | 三月清法戰爭基隆戰役結束。屈尺番出草收殺腦丁（烏來） | 四～五月蔡仔芒、董底番作亂 |
| 203. | 光緒 12 年（1886） | 嘉義縣土豪吳金印持眾拒捕 | | | 正～二月征討大科崁番（大溪）、六～十月征討蘇魯番（卓蘭） | 十月從三峽攻白阿峽番 | |

| | | | 八月官軍攻白崎社（和平） | 八~九月头石社作亂（新竹） | 八~九月三角湧生番作亂 | 八里沙械鬥（三星） | | |
|---|---|---|---|---|---|---|---|---|
| 204. | 光緒 13 年（1887） | | | | | | | |
| 205. | 光緒 14 年（1888） | 施九緞抗官 | | | | | 六~八月大庄事件 | |
| 206. | 光緒 15 年（1889） | | | 十二月官軍攻白毛歪、校椅欄、樹木繞社 | | 九月老狗番備擊官軍（南澳） | | 牡丹社番與漢人衝突 |
| 207. | 光緒 16 年（1890） | | | | | 正二月官軍攻老狗番 | | 牡丹、高士滑、加芝來番作亂 |
| 208. | 光緒 17 年（1891） | | | 十一月大科崁五指山番作亂（大溪、關西） | | | | 馬乳希社番戕殺營兵 |
| 209. | 光緒 18 年（1892） | | | | | | | 內文社番戕殺莿桐腳莊民 |
| 210. | 光緒 19 年（1893） | | | | | | | |
| 211. | 光緒 20 年（1894） | | | | | | | |
| 212. | 光緒 21 年（1895） | | | | | | | |

参考書目：
1. 許雪姬，《清代臺灣的綠營》（臺北：中央研究院近代史研究所，1987 年 5 月），頁 100~109。
2. 許毓良，《清代臺灣的海防》（北京：社會科學文獻出版社，2003 年 7 月），頁 164~171。
3. 本文第二章第三節、第四章第一節，第四章第二節，第四章第三節。

表六十五　清代臺灣動亂個案明細

| 編號 | 事件名稱 | 波及區域 | 作亂天數 | 福建得知時間 | 北京得知時間 | 參與亂事人數 | 動用軍隊人數 | 平亂總經費 | 資料來源 |
|---|---|---|---|---|---|---|---|---|---|
| 1. | 蔡機公事件 | 鳳山縣 | 康熙23年10月19日～康熙23年11月1日（1684.11.24～1684.12.7）共14天 | — | — | 2,000餘人 | 兵丁、熟番2,000餘人 | — | 第五章第三節 |
| 2. | 劉却事件 | 諸羅縣 | 康熙35年12月7日～康熙35年12月12日（1702.1.4～1702.1.9）共6天 | — | — | — | 兵丁1,500 | — | 第五章第三節 |
| 3. | 朱一貫事件暨餘波 | 臺灣縣 鳳山縣 諸羅縣 | 康熙60年3月15日～康熙61年6月19日（1721.4.7～1721.7.30、餘波1722.8.1）朱案116天、餘波斷續339天 共455天 | 康熙60年5月6日（5.29）案發第53天 | — | 至少20,000人 | 兵丁21,700 熟番500 義民12,500 總共約34,700人 | — | 第四章第一節 |
| 4. | 討伐水沙連番 | 彰化縣 | 雍正4年10月～雍正4年12月14日（1726.11～1727.1.5）共約22天 | — | — | 俘獲土官22人 | 兵丁830 熟番930 民壯250 總共2,010人 | — | 第四章第二節 |
| 5. | 討伐傀儡番 | 鳳山縣 | 雍正7年2月16日～雍正7年4月4日（1729.3.15～1727.4.29）共46天 | — | — | 有記錄者500～600人 | 兵丁350 熟番200 鄉勇160 總共610人 | — | 第四章第二節 |
| 6. | 討伐中部熟番 | 彰化縣 | 雍正9年12月24日～雍正10年11月4日（1732.1.21～1733.12.18）共358天 | 雍正10年1月2日（1732.1.29）案發第10天 | — | 有記錄者6,000～7,000人 | 兵丁6,000 | — | 第四章第二節 |

| | 事件 | 地點 | 時間 | | | | 兵丁/義民 | 耗費 | 章節 |
|---|---|---|---|---|---|---|---|---|---|
| 7. | 吳福生事件 | 鳳山縣 | 雍正10年1月17日~雍正10年閏5月3日 (1732.1.9~1732.6.19) 共162天 | — | — | 有記錄者 200~300人 | 兵丁1,000 義民1,000 總共2,000人 | — | 第五章第三節 |
| 8. | 黃教事件 | 臺灣縣 鳳山縣 諸羅縣 | 乾隆33年10月2日~乾隆34年3月27日 (1768.11.10~1769.5.3) 共175天 | 乾隆33年10月12日 (1768.11.20) 案發第11天 | 乾隆33年11月7日 (1768.12.15) 案發第36天 | 有記錄者527 | 兵丁12,400 | — | 第五章第三節 |
| 9. | 漳泉械鬥 | 嘉義縣 彰化縣 | 乾隆47年8月29日~乾隆48年1月8日 (1782.10.5~1783.2.9) 共128天 | 乾隆47年10月4日 (11.8) 案發第35天 | 乾隆47年10月21日 (11.25) 案發第48天 | 擒獲489人 | 兵丁1,440 (福建援軍人數不明) | — | 第四章第二節 |
| 10. | 林爽文事件 | 臺灣縣 鳳山縣 嘉義縣 彰化縣 淡水廳 | 乾隆51年11月22日~乾隆53年2月4日 (1787.1.10~1788.3.11) 共426天 | 乾隆51年12月初 案發半個月內 | 乾隆51年12月27日 (1787.2.14) 案發第36天 | 包含被裹脅者 200,000人 | 兵丁100,000、番61,500 義民... 總共約161,500人 | 1,000萬兩 | 第四章第一節 |
| 11. | 陳周全事件 | 彰化縣 | 乾隆60年3月10日~乾隆60年3月17日 (1795.4.29~5.6) 共7天 | 乾隆60年3月17日 (1795.5.6) 案發第7天 | 乾隆60年4月9日 (1795.5.26) 案發第27天 | 有記錄者 300~400 | 兵丁490 義民2,000 總共2,490人 | — | 第五章第二節 |
| 12. | 廖掛事件 | 彰化縣 | 嘉慶2年1月8日~嘉慶3年6月 (1797.2.4~1797.7) 共154天 | — | — | 擒獲51人 | 兵丁人數不明 | — | 第五章第三節 |
| 13. | 楊肇事件 | 淡水廳 | 嘉慶2年12月25日~嘉慶3年1月10日 (1798.2.10~1798.2.24) 共15天 | — | — | 擒獲75人 | 兵丁500 | — | 第五章第一節 |

| | 事件 | 地點 | 起迄日期 | | | 人數 | 兵力 | | 章節 |
|---|---|---|---|---|---|---|---|---|---|
| 14. | 陳錫宗事件 | 嘉義縣 | 嘉慶5年4月5日～嘉慶5年5月13日（1800.4.29～1798.7.4）共67天 | — | — | 有記錄者1,000人 擒獲304人 | 兵丁700 義民1,000 總共1,700人 | — | 第五章第三節 |
| 15. | 蔡牽襲臺事件 | 臺灣縣 嘉義縣 | 嘉慶9年4月28日～5月13日、嘉慶10年12月1日～11年3月（1804.6.7～1804.6.22）、（1806.1.21～1806.4）共75天 | — | — | 有記錄者2,500人 | — | — | 第五章第三節 |
| 16. | 漳泉械鬥 | 嘉義縣 彰化縣 淡水廳 | 嘉慶14年4月8日～嘉慶15年1月11日（1809.5.22～1810.2.15）共270天 | 嘉慶14年5月 案發一個月內 | 嘉慶14年8月19日（9.28） 案發第130天 | 有記錄者380人 | 兵丁6,400 番屯700 總共7,100人 | — | 第四章第二節 |
| 17. | 高媽達事件 | 淡水廳 | 嘉慶17年6月15日～嘉慶17年10月12日（1812.7.23～1810.11.15）共112天 | — | — | 擒獲10人 | 兵丁633 | — | 第五章第一節 |
| 18. | 林泳春事件 | 噶瑪蘭廳 | 道光3年3月24日～道光3年7月17日（1823.5.4～1823.8.24）共113天 | — | — | 人數不明 | 兵丁650 義民若干 | — | 第五章第四節 |
| 19. | 楊良斌事件 | 鳳山縣 | 道光4年10月13日～道光4年10月25日（1824.12.3～1824.12.15）共13天 | — | — | — | 兵丁800 義民800 總共1,600人 | — | 第五章第三節 |
| 20. | 閩泉械鬥 | 嘉義縣 彰化縣 淡水廳 噶瑪蘭廳 | 道光6年4月～道光6年11月27日（1826.5～1826.12.25）共約208天 | — | 道光6年6月5日（7.9） 案發約第37天 | 有記錄者數千人 | 兵丁6,200 | — | 第四章第二節 |

| | 事件 | 縣廳 | 時間 | | | 有記錄者/擊獲 | 兵力 | 八大案花費 | 出處 |
|---|---|---|---|---|---|---|---|---|---|
| 21. | 張丙事件 | 嘉義縣 | 道光12年10月1日～道光12年12月 (1832.11.16～1833.1) 共約48天 | — | — | 有記錄者萬餘人 | 兵丁16,500 義民500 總共17,000 | 八大案之一 總共花費586萬 | 第五章第三節《清季臺灣洋務史料》，頁8 |
| 22. | 閩泉械鬥 | 彰化縣 淡水廳 | 道光12年12月～道光13年2月24日 (1833.2～1833.4.13) 共約44天 | — | 道光13年1月26日 (1833.3.17) 案發一個半月內 | 有記錄者9人 | — | 八大案之二 總共花費586萬 | 第四章第二節 |
| 23. | 沈知事件 | 嘉義縣 | 道光16年10月18日～道光17年4月13日 (1836.11.27～1837.5.17) 共173天 | — | 道光16年12月6日 (1837.1.12) 案發第48天 | 擊獲340人 | 兵丁1,200 義民若干 | 124,676兩 | 第五章第三節 |
| 24. | 胡布事件 | 嘉義縣 | 道光18年11月3日～道光18年12月28日 (1838.12.18～1839.2.11) 共56天 | — | — | 擊獲157人 | 兵丁1,500 番屯200 義民200 總共1,900人 | | 第五章第三節 |
| 25. | 江見事件 | 嘉義縣 | 道光21年9月15日～道光21年9月22日 (1841.10.29～1841.11.4) 共7天 | — | — | 有記錄者200人 | 兵丁1,000 義民200 總共1,200人 | | 第五章第三節 |
| 26. | 鴉片戰爭 | 淡水廳 | 道光21年8月13~16日 道光21年9月5～14日 道光22年1月30日 (1841.9.27~30／10.19／1842.3.9) 共6天 | — | — | 俘獲二艘落難英艦 | 兵丁12,063 團練47,000 總共59,063人 | 八大案之三 總共花費586萬 | 第四章第三節 |
| 27. | 捉拏陳勇、黃馬 | 彰化縣 | 道光22年4月8日～道光22年9月16日 (1842.5.17～1842.10.18) 共155天 | — | — | 有記錄者一百餘人 | 兵丁400 義民102 總共502人 | 八大案之四 總共花費586萬 | 第五章第二節 |

| | 事件 | 縣廳 | 時間 | | | 傷亡/記錄 | 兵力 | 花費 | 章節 |
|---|---|---|---|---|---|---|---|---|---|
| 28. | 洪協事件 | 嘉義縣 | 道光23年10月11日～道光23年11月5日（1843.12.2～1843.12.26）共25天 | — | — | 有記錄者 2,000人 | 兵丁2,000 番屯500 義民1,100 總共3,600人 | 18,000兩 | 第五章第三節 |
| 29. | 漳泉械鬥 | 嘉義縣 彰化縣 | 道光25年8月6日～道光25年12月27日（1845.9.7～1846.1.24）共140天 | — | — | 有記錄者238人 | 兵丁1,200 | 76,000兩 | 第四章第二節 |
| 30. | 洪紀事件 | 嘉義縣 | 咸豐1年10月4日～咸豐1年10月7日（1851.11.25～1851.11.28）共4天 | — | — | 有記錄者 800～900人 | 兵丁400 義民1,600 總共2,000人 | 八大案之五 總共花費586萬 | 第五章第三節 |
| 31. | 林恭、賴鬃事件 | 臺灣縣 鳳山縣 嘉義縣 | 咸豐3年4月28日～咸豐3年9月5日（1853.6.5～1853.10.7）共125天 | — | — | 有記錄者 7,000～8,000人 擒獲者 1,144人 | 兵丁12,816 番屯1,500 義勇3,100 | 902,844兩 | 第五章第三節 |
| 32. | 吳磋事件 | 噶瑪蘭廳 | 咸豐3年8月初～咸豐4年2月27日（1853.9～1854.3.25）共約181天 | — | — | 人數不明 | 兵丁655 義民數百人 | 八大案之六 總共花費586萬 | 第五章第四節 |
| 33. | 漳泉/閩粵械鬥 | 嘉義縣 彰化縣 淡水廳 | 咸豐3年12月4日～咸豐4年6月21日（1854.1.2～1854.7.16）共196天 | — | — | 擒獲248人 | 兵丁人數不明 番屯600 | 111,433兩 | 第四章第二節 |
| 34. | 林房、王辦事件 | 嘉義縣 鳳山縣 | 咸豐5年7月4日～咸豐5年10月3日～7日（1855.8.6/1855.11.11～11.15）共6天 | — | — | 有記錄者 300餘人 擒獲者120餘人 | 兵勇有記錄者 800餘人 | 八大案之七 總共花費586萬 | 第五章第三節 |

| 編號 | 事件名稱 | 地點 | 時間 | | | 人數 | 軍力 | 花費 | 章節 |
|---|---|---|---|---|---|---|---|---|---|
| 35. | 戴潮春事件暨餘波 | 嘉義縣 彰化縣 淡水廳 | 同治1年3月15日～同治4年5月18日（1862.4.13～1865.1.18～1865.6.11）戴案1,012天，餘波斷續145天 共1,157天 | — | — | 包含被裹脅者200,000人 | 兵丁21,916 番屯4,000 義民共至少千名 總共約26,916人 | 八大案之八 總共花費586萬 | 第四章第一節 |
| 36. | 廖有富事件 | 彰化縣 | 同治12年3月6日～同治12年11月1日（1873.4.21～1873.12.9）共233天 | — | — | 擊斃匪徒70餘名 | 官軍人數不明 | — | 第五章第二節 |
| 37. | 牡丹社事件 | 界外琅𤩝 | 同治13年3月22日～同治13年9月22日（1874.5.7～1874.10.31）共239天 | 同治13年3月15日（1874.4.30）案發前8天 | 同治13年3月3日（1874.4.18）案發前20天 | 日軍2,400 | 兵丁6938 防勇5,500 總共12,438人 | — | 第四章第三節 |
| 38. | 討伐獅頭番 | 恆春縣 | 光緒1年2月13日～光緒1年5月12日（1875.3.20～1875.6.15）共88天 | — | — | 有記錄者1,200人 | 防勇5,500 土勇1,000 總共約6,500人 | — | 第四章第二節 |
| 39. | 捉拿巨匪吳阿、吳阿富來等 | 新竹縣 | 光緒2年5～7月（1876.6～8）共約2個月 | — | — | 不明 | 兵丁500 防勇200 土勇50 總共共750人 | — | 第五章第一節 |
| 40. | 討伐率芒番 | 恆春縣 | 光緒3年3月7日～光緒3年3月17日（1877.4.19～1877.4.29）共11天 | — | — | 有記錄者千餘人 | 防勇3,500 | — | 第四章第二節 |
| 41. | 討伐阿棉、納納番 | 卑南廳 | 光緒3年7～11月（1877.8～12）共約4個月 | — | — | 有記錄者千餘人 | 防勇2,000 熟番若干 | — | 第四章第二節 |

| | 事件 | 地區 | 時間 | | | | | 章節 |
|---|---|---|---|---|---|---|---|---|
| 42. | 討伐加里宛番 | 卑南廳 | 光緒4年3月～光緒4年9月15日 共約163天 (1878.4～1878.10.10) | － | 有記錄者 2,000 餘人 | 防勇 1,435 | － | 第四章 第二節 |
| 43. | 捉拏莊芋 | 嘉義縣 | 光緒7年12月25日 光緒8年2月22日 攻堅捉拏共56天 購線捉拏二年半 (1882.2.13～1882.4.9～1885.8) | － | － | 防勇 1,000 | － | 第五章 第三節 |
| 44. | 清法戰爭 | 淡水縣 基隆廳 | 光緒10年8月12日～光緒11年3月1日 共198天 (1884.9.30～1885.4.15) | － | 法軍 4,400 | 清軍 1,5000 | － | 第四章 第三節 |
| 45. | 討伐重底、牽芒 | 恆春縣 | 光緒11年4月24日～光緒11年5月3日 共10天 (1885.6.6～1885.6.15) | － | 有記錄者百餘人 | 防勇千餘人 化番 100 土勇 20 | － | 第四章 第二節 |
| 46. | 招撫蘇武路等番，討伐雪嶺等番 | 苗栗縣 | 光緒11年12月26日～光緒12年2月16日 共51天 (1886.1.30～1886.3.21) | － | － | － | － | 第四章 第二節 |
| 47. | 討伐竹頭腳番 | 淡水縣 | 光緒12年1月13日～光緒12年2月6日 共24天 (1886.2.16～1886.3.11) | － | － | － | － | 第四章 第二節 |
| 48. | 討伐蘇魯、馬那邦番 | 苗栗縣 | 光緒12年8月11日～光緒12年10月9日 共60天 (1886.9.8～1886.11.6) | － | 有記錄者七百餘人 | － | － | 第四章 第二節 |

| 編號 | 事件名稱 | 地點 | 時間 | | | 記錄 | | 兵力 | | 章節 |
|---|---|---|---|---|---|---|---|---|---|---|
| 49. | 討伐尖石、襄冷等番 | 淡水縣、臺灣縣 | 光緒 13 年 8 月 24 日～光緒 13 年 9 月 25 日（1887.10.10～1887.11.10）共 31 天 | — | — | 襄冷等番有記錄者五百餘人 | — | — | — | 第四章第二節 |
| 50. | 討伐呂家望等番 | 臺東直隸州 | 光緒 14 年 6 月 25 日～光緒 13 年 8 月底（1888.8.3～1887.10）共約 69 天 | — | — | 民番 6,000 人 | — | 防勇不詳　化番 2,000　北洋艦隊致遠、靖遠 | — | 第四章第二節 |
| 51. | 施九緞事件 | 彰化縣 | 光緒 14 年 9 月 1 日～光緒 14 年 9 月 29 日（1888.10.5～1887.11.5）共約 29 天 | — | — | 有記錄者 3000 | — | 防軍 1,700　土勇營 800　義民 1,000　總共 3,500 人 | — | 第五章第二節 |
| 52. | 討伐老狗番 | 宜蘭縣 | 光緒 15 年 9 月 1 日～光緒 16 年閏 2 月 1 日（1889.9.24～1890.2.16～1890.3.20）光立嶺戰役餘波 146 天，劉銘傳督戰 32 天　共 178 天 | — | — | 生番有記錄者數千人 | — | 防勇 4,500　土勇千名 | — | 第四章第二節 |
| 53. | 討伐吶哮等番 | 淡水縣 | 光緒 17 年 11 月中旬～光緒 18 年 3 月 10 日（1891.12～1892.4.6）共約 96 天 | — | — | | — | 土勇營 2,000 | — | 第四章第二節 |
| 54. | 討伐尉不力等番 | 恆春縣 | 光緒 18 年 6 月 1 日～光緒 18 年 10 月 18 日（1892.6.24～1892.12.6）共約 166 天 | — | — | 有記錄者 300 餘人 | — | — | — | 第四章第二節 |

# 參考書目

## 壹、中文

### 一、史料

#### （一）檔案

#### 甲、中央

#### （甲）奏摺

1. 中國社會科學院歷史研究所明史研究室編，《清代臺灣農民起義史料選編》（福州：福建人民出版社，1983 年 11 月）。

2. 中國第一歷史檔案館編，《康熙朝漢文硃批奏摺彙編（第一冊）》（北京：檔案出版社，1984 年 5 月）。

3. 中國第一歷史檔案館編，《康熙朝漢文硃批奏摺彙編（第五冊）》（北京：檔案出版社，1984 年 5 月）。

4. 中國第一歷史檔案館編，《雍正朝漢文硃批奏摺彙編（第六冊）》（上海：江蘇古籍出版社，1991 年 3 月）。

5. 中國第一歷史檔案館編，《雍正朝漢文硃批奏摺匯編（第八冊）》（上海：江蘇古籍出版社，1991 年 3 月）。

6. 中國第一歷史檔案館編，《雍正朝漢文硃批奏摺彙編（第九冊）》（上海：江蘇古籍出版社，1991 年 3 月）

7. 中國第一歷史檔案館編，《雍正朝漢文硃批奏摺彙編（第十八冊）》（上海：江蘇古籍出版社，1991 年 3 月）。

8. 中國第一歷史檔案館編，《雍正朝漢文硃批奏摺彙編（第十九冊）》（上海：江蘇古籍出版社，1991 年 3 月）。

9. 中國第一歷史檔案館編，《雍正朝漢文硃批奏摺彙編（第二十冊)》（上海：江蘇古籍出版社，1991 年 3 月）。

10. 中國第一歷史檔案館編，《雍正朝漢文硃批奏摺彙編（第二十一冊)》（上海：江蘇古籍出版社，1991 年 3 月）。

11. 中國第一歷史檔案館編，《雍正朝漢文硃批奏摺彙編（第二十二冊)》（上海：江蘇古籍出版社，1991 年 3 月）。

12. 中國第一歷史檔案館編，《雍正朝漢文硃批奏摺彙編（第二十三冊)》（上海：江蘇古籍出版社，1991 年 3 月）。

13. 中國第一歷史檔案館編，《雍正朝漢文硃批奏摺彙編（第二十四冊)》（上海：江蘇古籍出版社，1991 年 3 月）。

14. 中國第一歷史檔案館編，《雍正朝漢文硃批奏摺彙編（第二十五冊)》（上海：江蘇古籍出版社，1991 年 3 月）。

15. 中國第一歷史檔案館編，《雍正朝漢文硃批奏摺彙編（第二十六冊)》（上海：江蘇古籍出版社，1991 年 3 月）。

16. 中國第一歷史檔案館編，《雍正朝漢文硃批奏摺彙編（第二十七冊)》（上海：江蘇古籍出版社，1991 年 3 月）。

17. 中國第一歷史檔案館編，《雍正朝漢文硃批奏摺彙編（第二十八冊)》（上海：江蘇古籍出版社，1991 年 3 月）。

18. 中國第一歷史檔案館編，《雍正朝漢文硃批奏摺彙編（第三十冊)》（上海：江蘇古籍出版社，1991 年 3 月）。

19. 中國第一歷史檔案館編，《光緒朝硃批奏摺（第一輯內政)》（北京：中華書局，1995 年 2 月）。

20. 中國第一歷史檔案館編，《光緒朝硃批奏摺（第二輯內政)》（北京：中華書局，1995 年 2 月）。

21. 中國第一歷史檔案館編，《光緒朝硃批奏摺（第二十六輯內政)》（北京：中華書局，1995 年 2 月）。

22. 中國第一歷史檔案館編，《光緒朝硃批奏摺（第三十四輯軍務)》（北京：中華書局，1995 年 2 月）。

23. 中國第一歷史檔案館編，《光緒朝硃批奏摺（第四十二輯軍務)》（北京：中華書局，1995 年 2 月）。

24. 中國第一歷史檔案館編，《光緒朝硃批奏摺（第五十八輯軍務)》（北京：中華書局，1995 年 8 月）。

25. 中國第一歷史檔案館編，《光緒朝硃批奏摺（第五十九輯軍務)》（北京：中華書局，1995 年 8 月）。

26. 中國第一歷史檔案館編，《光緒朝硃批奏摺（第一〇二輯工業)》（北京：中華書局，1996 年 12 月）。

27. 中國第一歷史檔案館編，《光緒朝硃批奏摺（第一一七輯民族)》（北京：中華書局，1996 年 12 月）。

28. 中國第一歷史檔案館編，《光緒朝朱批奏摺（第一一九輯)》，（北京：中華書局，1996 年 12 月）。

29. 中國第一歷史檔案館編，《清政府鎮壓太平天國檔案史料（第一冊)》（北京：社會科學文獻出版社，1992 年 5 月）。

30. 中國第一歷史檔案館編，《清政府鎮壓太平天國檔案史料（第七冊)》（北京：社會科學文獻出版社，1993 年 9 月）。

31. 中國第一歷史檔案館編，《清政府鎮壓太平天國檔案史料（第八冊)》（北京：社會科學文獻出版社，1993 年 9 月）。

32. 中國第一歷史檔案館編，《清政府鎮壓太平天國檔案史料（第九冊)》（北京：社會科學文獻出版社，1993 年 11 月）。

33. 中國第一歷史檔案館、人民大學清史研究所合編，《天地會（一)》（北京：人民大學出版社，1980 年 11 月）。

34. 中國第一歷史檔案館、人民大學清史研究所合編，《天地會（二)》（北京：人民大學出版社，1980 年 11 月）。

35. 中國第一歷史檔案館、人民大學清史研究所合編，《天地會（三)》（北京：人民大學出版社，1982 年 12 月）。

36. 中國第一歷史檔案館、人民大學清史研究所合編，《天地會（四)》（北京：人民大學出版社，1983 年 3 月）。

37. 中國第一歷史檔案館、人民大學清史研究所合編，《天地會（五)》（北京：人民大學出版社，1986 年 5 月）。

38. 中國第一歷史檔案館、人民大學清史研究所合編，《天地會（六)》（北京：人民大學出版社，1987 年 9 月）。

39. 中國第一歷史檔案館編輯部、上海師範大學歷史系中國近代史研究室編，《福建‧上海小刀會檔案史料匯編》（福州：福建人民出版社，1993 年 9 月）。

40. 中國第一歷史檔案館、中國社會科學院歷史研究所，《乾隆刑科題本租佃關係史料之一——清代地租剝削形態》（北京：中華書局，1982 年 11 月）。

41. 中國人民大學清史研究所、檔案系中國政治制度史教研室合編，《康雍乾時期城鄉人民反抗鬥爭資料（下冊)》（北京：中華書局，1979 年 8 月）。

42. 〔民國〕王希隱，《清季外交史料》（臺北：文海出版社，1964 年 12 月再版）。

43. 不著編人，《清光緒朝中日交涉史料》（臺北：文海出版社，1963 年 5 月）。

44. 同治朝軍機處月摺包，編號：008230，國立故宮博物院藏。

45. 同治朝軍機處月摺包，編號：089265，國立故宮博物院藏。

46. 同治朝軍機處月摺包，編號：092750，國立故宮博物院藏。

47. 同治朝軍機處月摺包，編號：093059，國立故宮博物院藏。

48. 同治朝軍機處月摺包，編號：093614，國立故宮博物院藏。

49. 同治朝軍機處月摺包，編號：093802，國立故宮博物院藏。

50. 洪安全主編，《清宮月摺檔臺灣史料（一）》（臺北：故宮博物院，1994 年 10 月）。

51. 洪安全主編，《清宮月摺檔臺灣史料（二）》（臺北：故宮博物院，1994 年 10 月）。

52. 洪安全主編，《清宮月摺檔臺灣史料（三）》（臺北：故宮博物院，1994 年 10 月）。

53. 洪安全主編，《清宮月摺檔臺灣史料（四）》（臺北：故宮博物院，1995 年 8 月）。

54. 洪安全主編，《清宮月摺檔臺灣史料（五）》（臺北：故宮博物院，1995 年 8 月）。

55. 洪安全主編，《清宮月摺檔臺灣史料（六）》（臺北：故宮博物院，1995 年 8 月）。

56. 洪安全主編，《清宮月摺檔臺灣史料（七）》（臺北：故宮博物院，1995 年 8 月）。

57. 洪安全主編，《清宮月摺檔臺灣史料（八）》（臺北：故宮博物院，1995 年 8 月）。

58. 洪安全主編，《清宮宮中檔奏摺臺灣史料（一）》（臺北：故宮博物院，2001 年 11 月）。

59. 洪安全主編，《清宮宮中檔奏摺臺灣史料（二）》（臺北：故宮博物院，2001 年 11 月）。

60. 洪安全主編，《清宮宮中檔奏摺臺灣史料（三）》（臺北：故宮博物院，2001 年 11 月）。

61. 洪安全主編，《清宮宮中檔奏摺臺灣史料（四）》（臺北：故宮博物院，2001 年 11 月）。

62. 故宮博物院明清檔案部編，《第二次鴉片戰爭（一）》（上海：上海人民出版社，1978 年 7 月）。

63. 軍機處錄副奏摺──民族類，案卷號：625，膠片號：17，中國第一歷史檔案館藏。

64. 軍機處錄副奏摺──民族類，案卷號：626，膠片號：17，中國第一歷史檔案館藏。

65. 軍機處錄副奏摺──民族類，案卷號：635，膠片號：17，中國第一歷史檔案館藏。

66. 軍機處錄副奏摺──農民運動類，案卷號：3279，膠片號：135，中國第一歷史檔案館藏。

67. 軍機處錄副奏摺──農民運動類，案卷號：3297，膠片號：135，中國第一歷史檔案館藏。

68. 軍機處錄副奏摺──農民運動類，案卷號：3303，膠片號：135，中國第一歷史檔案館藏。

69. 軍機處錄副奏摺──農民運動類，案卷號：3304，膠片號：135，中國第一歷史檔案館藏。

70. 軍機處錄副奏摺──農民運動類，案卷號：3305，膠片號：135，中國第一歷史檔案館藏。

71. 軍機處錄副奏摺──農民運動類，案卷號：3307，膠片號：136，中國第一歷史檔案館藏。

72. 軍機處錄副奏摺──農民運動類，案卷號：3315，膠片號：136，中國第一歷史檔案館藏。

73. 軍機處錄副奏摺──農民運動類，案卷號：3316，膠片號：136，中國第一歷史檔案館藏。

74. 軍機處錄副奏摺──農民運動類，案卷號：3317，膠片號：136，中國第一歷史檔案館藏。

75. 軍機處錄副奏摺──農民運動類，案卷號：3318，膠片號：136，中國第一歷史檔案館藏。

76. 軍機處錄副奏摺──農民運動類，案卷號：3322，膠片號：136，中國第一歷史檔案館藏。

77. 軍機處錄副奏摺──農民運動類，案卷號：3324，膠片號：136，中國第一歷史檔案館藏。

78. 軍機處錄副奏摺──農民運動類，案卷號：3328，膠片號：136，中國第一歷史檔案館藏。

79. 軍機處錄副奏摺──農民運動類，案卷號：3329，膠片號：136，中國第一歷史檔案館藏。

80. 軍機處錄副奏摺──農民運動類，案卷號：3333，膠片號：136，中國第一歷史檔案館藏。

81. 軍機處錄副奏摺——農民運動類，案卷號：3335，膠片號：137，中國第一歷史檔案館藏。

82. 軍機處錄副奏摺——農民運動類，案卷號：3336，膠片號：137，中國第一歷史檔案館藏。

83. 軍機處錄副奏摺——農民運動類，案卷號：3338，膠片號：137，中國第一歷史檔案館藏。

84. 軍機處錄副奏摺——農民運動類，案卷號：3340，膠片號：137，中國第一歷史檔案館藏。

85. 軍機處錄副奏摺——農民運動類，案卷號：3693，膠片號：145，中國第一歷史檔案館藏。

86. 軍機處錄副奏摺——農民運動類（補遺），順序號：補二 42，膠片號：177，中國第一歷史檔案館藏。

87. 軍機處錄副奏摺——農民運動類（補遺），順序號：補二 139，膠片號：177，中國第一歷史檔案館藏。

88. 軍機處錄副奏摺——農民運動類（補遺），順序號：補二 141，膠片號：177，中國第一歷史檔案館藏。

89. 軍機處錄副奏摺——農民運動類（補遺），順序號：補二 142，膠片號：177，中國第一歷史檔案館藏。

90. 乾隆朝漢文錄副（軍機處錄副），微縮號：003-2243，中國第一歷史檔案館藏。

91. 乾隆朝漢文錄副（軍機處錄副），微縮號：003-2248，中國第一歷史檔案館藏。

92. 乾隆朝漢文錄副奏摺（軍機處錄副——軍務），微縮號：029，中國第一歷史檔案館藏。

93. 乾隆朝漢文錄副（軍機處錄副），微縮號：030，中國第一歷史檔案館藏。

94. 乾隆朝漢文錄副（軍機處錄副），微縮號：031，中國第一歷史檔案館藏。

95. 乾隆朝漢文錄副（軍機處錄副），微縮號：031-1116，中國第一歷史檔案館藏。

96. 乾隆朝漢文錄副（軍機處錄副），微縮號：031-1851，中國第一歷史檔案館藏。

97. 乾隆朝漢文錄副（軍機處錄副），微縮號：031-0530，中國第一歷史檔案館藏。

98. 乾隆朝漢文錄副（軍機處錄副），微縮號：035-2320，中國第一歷史檔案館藏。

99. 乾隆朝漢文錄副（軍機處錄副），微縮號：036，中國第一歷史檔案館藏。

100. 乾隆朝漢文錄副（軍機處錄副），微縮號：036-0028，中國第一歷史檔案館藏。

101. 乾隆朝漢文錄副（軍機處錄副），微縮號：036-1045，中國第一歷史檔案館藏。

102. 乾隆朝漢文錄副（軍機處錄副），微縮號：036-1284，中國第一歷史檔案館藏。

103. 乾隆朝漢文錄副奏摺，微縮號：037，中國第一歷史檔案館藏。

104. 乾隆朝漢文錄副奏摺，微縮號：049，中國第一歷史檔案館藏。

105. 乾隆朝漢文錄副奏摺（財政），微縮號：051，中國第一歷史檔案館藏。

106. 乾隆朝漢文錄副奏摺（財政），微縮號：054，中國第一歷史檔案館藏。

107. 乾隆朝漢文錄副（軍機處錄副），微縮號：076，中國第一歷史檔案館藏。

108. 乾隆朝漢文錄副（軍機處錄副），微縮號：088-1031，中國第一歷史檔案館藏。

109. 乾隆朝漢文錄副（軍機處錄副），微縮號：099，中國第一歷史檔案館藏。

110. 乾隆朝漢文錄副（軍機處錄副），檔號：1459，中國第一歷史檔案館藏。

111. 國立故宮博物院，《宮中檔乾隆朝奏摺（第一輯)》（臺北：故宮博物院，1982 年 5 月）。

112. 國立故宮博物院，《宮中檔乾隆朝奏摺（第二輯)》（臺北：故宮博物院，1982 年 6 月）。

113. 國立故宮博物院，《宮中檔乾隆朝奏摺（第三輯)》（臺北：故宮博物院，1982 年 7 月）。

114. 國立故宮博物院，《宮中檔乾隆朝奏摺（第四輯)》（臺北：故宮博物院，1982 年 8 月）。

115. 國立故宮博物院，《宮中檔乾隆朝奏摺（第五輯)》（臺北：故宮博物院，1982 年 9 月）。

116. 國立故宮博物院，《宮中檔乾隆朝奏摺（第六輯)》（臺北：故宮博物院，1982 年 10 月）。

117. 國立故宮博物院，《宮中檔乾隆朝奏摺（第七輯)》（臺北：故宮博物院，1982 年 11 月）。

118. 國立故宮博物院，《宮中檔乾隆朝奏摺（第二十輯)》（臺北：故宮博物院，1982 年 8 月）。

119. 國立故宮博物院，《宮中檔乾隆朝奏摺（第二十四輯）》（臺北：故宮博物院，1984 年 4 月）。

120. 國立故宮博物院，《宮中檔乾隆朝奏摺（第二十六輯）》（臺北：故宮博物院，1984 年 6 月）。

121. 國立故宮博物院，《宮中檔乾隆朝奏摺（第三十一輯）》（臺北：故宮博物院，1984 年 11 月）。

122. 國立故宮博物院，《宮中檔乾隆朝奏摺（第三十二輯）》（臺北：故宮博物院，1984 年 12 月）。

123. 國立故宮博物院，《宮中檔乾隆朝奏摺（第五十一輯）》（臺北：故宮博物院，1986 年 7 月）。

124. 國立故宮博物院，《宮中檔乾隆朝奏摺（第五十二輯）》（臺北：故宮博物院，1986 年 8 月）。

125. 國立故宮博物院，《宮中檔乾隆朝奏摺（第五十三輯）》（臺北：故宮博物院，1988 年 5 月）。

126. 國立故宮博物院，《宮中檔乾隆朝奏摺（第五十九輯）》（臺北：故宮博物院，1987 年 3 月）。

127. 國立故宮博物院，《宮中檔乾隆朝奏摺（第七十一輯）》（臺北：故宮博物院，1988 年 3 月）。

128. 國立故宮博物院，《宮中檔乾隆朝奏摺（第七十二輯）》（臺北：故宮博物院，1988 年 4 月）。

129. 國立故宮博物院，《宮中檔乾隆朝奏摺（第七十三輯）》（臺北：故宮博物院，1988 年 5 月）。

130. 國立故宮博物院，《宮中檔乾隆朝奏摺（第七十四輯）》（臺北：故宮博物院，1988 年 6 月）。

131. 國立故宮博物院，《宮中檔嘉慶朝奏摺（第二十五／二十六輯）》（臺北：故宮博物院，1994 年 8 月）。

132. 國立故宮博物院，《宮中檔嘉慶朝奏摺（第二十六輯）》（臺北：故宮博物院，1994 年 8 月）。

133. 國立故宮博物院，《宮中檔嘉慶朝奏摺（第二十九／三十輯）》（臺北：故宮博物院，1994 年 8 月）。

134. 國立故宮博物院，《宮中檔道光朝奏摺（第一、二輯）》（臺北：故宮博物院，1995 年 3 月）。

135. 國立故宮博物院，《宮中檔道光朝奏摺（第二輯）》（臺北：故宮博物院，1995 年 3 月）。

136. 國立故宮博物院，《宮中檔道光朝奏摺（第三、四輯）》（臺北：故宮博物院，1995 年 5 月）。

137. 國立故宮博物院，《宮中檔道光朝奏摺（第十七／十八輯）》（臺北：故宮博物院，1994 年 8 月）。

138. 國立故宮博物院，《宮中檔咸豐朝奏摺（第一輯)》（臺北：故宮博物院，1991 年 3 月）。

139. 國立故宮博物院，《宮中檔咸豐朝奏摺（第一、二輯)》（臺北：故宮博物院，1991 年 1 月）。

140. 國立故宮博物院，《宮中檔咸豐朝奏摺（第三、四輯)》（臺北：故宮博物院，1991 年 1 月）。

141. 國立故宮博物院，《宮中檔咸豐朝奏摺（第二十二輯)》（臺北：故宮博物院，1991 年 3 月）。

142. 國學文獻館主編，《臺灣研究資料彙編（第一輯‧第五冊)》（臺北：聯經出版社，1993 年 9 月）。

143. 國學文獻館主編，《臺灣研究資料彙編（第一輯‧第八冊)》（臺北：聯經出版社，1993 年 9 月）。

144. 國學文獻館主編，《臺灣研究資料彙編（第一輯‧第九冊)》（臺北：聯經出版社，1993 年 9 月）。

145. 國學文獻館主編，《臺灣研究資料彙編（第一輯‧第七冊)》（臺北：聯經出版社，1993 年 9 月）。

146. 國學文獻館主編，《臺灣研究資料彙編（第一輯‧第二十二冊)》（臺北：聯經出版社，1993 年 9 月）。

147. 國學文獻館主編，《臺灣研究資料彙編（第一輯‧第二十五冊)》（臺北：聯經出版社，1993 年 9 月）。

148. 國學文獻館主編，《臺灣研究資料彙編（第一輯‧第二十七冊)》（臺北：聯經出版社，1993 年 9 月）。

149. 國學文獻館主編，《臺灣研究資料彙編（第一輯‧第二十八冊)》（臺北：聯經出版社，1993 年 9 月）。

150. 國學文獻館主編，《臺灣研究資料彙編（第一輯‧第二十九冊)》（臺北：聯經出版社，1993 年 9 月）。

151. 國學文獻館主編，《臺灣研究資料彙編（第一輯‧第四十冊)》（臺北：聯經出版社，1993 年 9 月）。

152. 臺灣銀行經濟研究室編，《法軍侵臺檔》，臺灣銀行文獻叢刊第一九二種，1964 年 3 月年 5 月。

153. 〔清〕福康安藏，《廷寄》（臺北：臺灣省文獻委員會，1954 年 6 月）。

154. 劉如仲、苗學孟編，《臺灣林爽文起義資料選編》（福州：福建人民出版社，1984 年 3 月）。

## （乙）題本

1. 內閣漢文題本（北京大學移交部分），膠片號 52，中國第一歷史檔案館藏。

2. 臺灣銀行經濟研究室編，《臺案彙錄甲集》，臺灣銀行文獻叢刊第三一種，1959 年 1 月。

3. 臺灣銀行經濟研究室編，《臺案彙錄乙集》，臺灣銀行文獻叢刊第一七三種，1963 年 6 月。

4. 臺灣銀行經濟研究室編，《臺案彙錄丙集》，臺灣銀行文獻叢刊第一七六種，1963 年 11 月。

5. 臺灣銀行經濟研究室編，《臺案彙錄丁集》，臺灣銀行文獻叢刊第一七八種，1963 年 9 月。

6. 臺灣銀行經濟研究室編，《臺案彙錄戊集》，臺灣銀行文獻叢刊第一七九種，1963 年 1 月。

7. 臺灣銀行經濟研究室編，《臺案彙錄己集》，臺灣銀行文獻叢刊第一九一種，1964 年 1 月。

8. 臺灣銀行經濟研究室編，《臺案彙錄庚集》，臺灣銀行文獻叢刊第二〇〇種，1964 年 8 月。

9. 臺灣銀行經濟研究室編，《臺案彙錄辛集》，臺灣銀行文獻叢刊第二〇五種，1964 年 12 月。

10. 臺灣銀行經濟研究室編，《臺案彙錄壬集》，臺灣銀行文獻叢刊第二二七種，1966 年 5 月。

11. 臺灣銀行經濟研究室編，《臺案彙錄癸集》，臺灣銀行文獻叢刊第二二八種，1966 年 5 月。

## （丙）黃冊

1. 不著編人，《康熙三十七年通省額派地丁錢糧完欠數目文冊》，內閣大庫現存清代漢文黃冊編號：712，中國第一歷史檔案館藏。

2. 不著編人，《康熙五十八年通省額派地丁錢糧完欠數目文冊》，內閣大庫現存清代漢文黃冊編號：713，中國第一歷史檔案館藏。

3. 不著編人，《雍正三年交待前任一切正雜錢糧四柱文冊御覽》，內閣大庫現存清代漢文黃冊編號：714，中國第一歷史檔案館藏。

4. 不著編人，《雍正五年通省額派地丁錢糧完欠數目文冊》，內閣大庫現存清代漢文黃冊編號：716，中國第一歷史檔案館藏。

5. 不著編人，《乾隆五十四年彙奏各省民數穀數清冊》，內閣大庫現存清代漢文黃冊編號：966，中國第一歷史檔案館藏。

6. 不著編人，《乾隆五十六年彙奏各省民數穀數清冊》，內閣大庫現存清代漢文黃冊編號：967，中國第一歷史檔案館藏。

7. 不著編人，《道光十一年彙奏各省民數穀數清冊》，內閣大庫現存清代漢文黃冊編號：969，中國第一歷史檔案館藏。

8. 不著編人，《道光十四年彙造各省民數穀數清冊》，內閣大庫現存清代漢文黃冊編號：972，中國第一歷史檔案館藏。

9. 不著編人，《彙造道光拾陸年分各省民數穀數清冊》，內閣大庫現存清代漢文黃冊編號：974，中國第一歷史檔案館藏。

10. 不著編人，《彙造道光拾捌年分各省民數穀數清冊》，內閣大庫現存清代漢文黃冊編號：976，中國第一歷史檔案館藏。

11. 不著編人，《彙造道光拾玖年分各省民數穀數清冊》，內閣大庫現存清代漢文黃冊編號：977，中國第一歷史檔案館藏。

12. 不著編人，《彙造道光貳拾年分各省民數穀數清冊》，內閣大庫現存清代漢文黃冊編號：978，中國第一歷史檔案館藏。

13. 不著編人，《彙造道光貳拾壹年分各省民數穀數清冊》，內閣大庫現存清代漢文黃冊編號：979，中國第一歷史檔案館藏。

14. 不著編人，《彙造道光貳拾貳年分各省民數穀數清冊》，內閣大庫現存清代漢文黃冊編號：980，中國第一歷史檔案館藏。

15. 不著編人，《彙造道光貳拾參年分各省民數穀數清冊》，內閣大庫現存清代漢文黃冊編號：981，中國第一歷史檔案館藏。

16. 不著編人，《彙造道光貳拾肆年分各省民數穀數清冊》，內閣大庫現存清代漢文黃冊編號：982，中國第一歷史檔案館藏。

17. 不著編人，《彙造道光貳拾伍年分各省民數穀數清冊》，內閣大庫現存清代漢文黃冊編號：983，中國第一歷史檔案館藏。

18. 不著編人，《彙造道光貳拾陸年分各省民數穀數清冊》，內閣大庫現存清代漢文黃冊編號：984，中國第一歷史檔案館藏。

19. 不著編人，《彙造道光貳拾柒年分各省民數穀數清冊》，內閣大庫現存清代漢文黃冊編號：985，中國第一歷史檔案館藏。

20. 不著編人，《彙造道光貳拾捌年分各省民數穀數清冊》，內閣大庫現存清代漢文黃冊編號：986，中國第一歷史檔案館藏。

21. 不著編人，《彙造道光貳拾玖年分各省民數穀數清冊》，內閣大庫現存清代漢文黃冊編號：988，中國第一歷史檔案館藏。

22. 不著編人，《彙造道光參拾年分各省民數穀數清冊》，內閣大庫現存清代漢文黃冊編號：989，中國第一歷史檔案館藏。

23. 不著編人，《彙造咸豐元年分各直省民數穀數清冊》，內閣大庫現存清代漢文黃冊編號：990，中國第一歷史檔案館藏。

24. 不著編人,《彙造成豐貳年分各直省民數穀數清冊》,內閣大庫現存清代漢文黃冊編號:992,中國第一歷史檔案館藏。

25. 不著編人,《彙造成豐參年分各直省民數穀數清冊》,內閣大庫現存清代漢文黃冊編號:994,中國第一歷史檔案館藏。

26. 不著編人,《彙造成豐肆年分各直省民數穀數清冊》,內閣大庫現存清代漢文黃冊編號:996,中國第一歷史檔案館藏。

27. 不著編人,《彙造各直省成豐伍年分民數穀數清冊》,內閣大庫現存清代漢文黃冊編號:997,中國第一歷史檔案館藏。

28. 不著編人,《彙造各直省成豐柒年分民數穀數清冊》,內閣大庫現存清代漢文黃冊編號:999,中國第一歷史檔案館藏。

29. 不著編人,《彙造各直省成豐捌年分民數穀數清冊》,內閣大庫現存清代漢文黃冊編號:1000,中國第一歷史檔案館藏。

30. 不著編人,《彙造各直省成豐玖年分民數穀數清冊》,內閣大庫現存清代漢文黃冊編號:1002,中國第一歷史檔案館藏。

31. 不著編人,《彙造各直省成豐拾年分民數穀數清冊》,內閣大庫現存清代漢文黃冊編號:1004,中國第一歷史檔案館藏。

32. 不著編人,《彙造各直省成豐拾壹年分民數穀數清冊》,內閣大庫現存清代漢文黃冊編號:1006,中國第一歷史檔案館藏。

33. 不著編人,《彙造各直省同治元年分民數穀數清冊》,內閣大庫現存清代漢文黃冊編號:1008,中國第一歷史檔案館藏。

34. 不著編人,《彙造各直省同治貳年分民數穀數清冊》,內閣大庫現存清代漢文黃冊編號:1009,中國第一歷史檔案館藏。

35. 不著編人,《彙造各直省同治參年分民數穀數清冊》,內閣大庫現存清代漢文黃冊編號:1011,中國第一歷史檔案館藏。

36. 不著編人,《彙題同治肆年分各直省民數穀數清冊》,內閣大庫現存清代漢文黃冊編號:1013,中國第一歷史檔案館藏。

37. 不著編人,《戶部彙題各直省同治伍年分民數穀數清冊》,內閣大庫現存清代漢文黃冊編號:1015,中國第一歷史檔案館藏。

38. 不著編人,《戶部彙題各直省同治陸年分民數穀數清冊》,內閣大庫現存清代漢文黃冊編號:1017,中國第一歷史檔案館藏。

39. 不著編人,《戶部彙題各直省同治柒年分民數穀數清冊》,內閣大庫現存清代漢文黃冊編號:1019,中國第一歷史檔案館藏。

40. 不著編人,《戶部彙題各直省同治捌年分民數穀數清冊》,內閣大庫現存清代漢文黃冊編號:1021,中國第一歷史檔案館藏。

41. 不著編人,《戶部彙題各直省同治玖年分民數穀數清冊》,內閣大庫現存清代漢文黃冊編號:1022,中國第一歷史檔案館藏。

42. 不著編人，《戶部彙題各直省同治拾壹年分民數穀數清冊》，內閣大庫現存清代漢文黃冊編號：1023，中國第一歷史檔案館藏。

43. 不著編人，《戶部彙題各直省同治拾貳年分民數穀數清冊》，內閣大庫現存清代漢文黃冊編號：1024，中國第一歷史檔案館藏。

44. 不著編人，《戶部彙題各直省光緒元年分民數穀數清冊》，內閣大庫現存清代漢文黃冊編號：1025，中國第一歷史檔案館藏。

45. 不著編人，《戶部彙題各直省光緒貳年分民數穀數清冊》，內閣大庫現存清代漢文黃冊編號：1026，中國第一歷史檔案館藏。

46. 不著編人，《戶部彙題各直省光緒參年分民數穀數清冊》，內閣大庫現存清代漢文黃冊編號：1027，中國第一歷史檔案館藏。

47. 不著編人，《戶部彙題各直省光緒肆年分民數穀數清冊》，內閣大庫現存清代漢文黃冊編號：1028，中國第一歷史檔案館藏。

48. 不著編人，《戶部彙題各直省光緒伍年分民數穀數清冊》，內閣大庫現存清代漢文黃冊編號：1029，中國第一歷史檔案館藏。

49. 不著編人，《戶部彙題各直省光緒陸年分民數穀數清冊》，內閣大庫現存清代漢文黃冊編號：1030，中國第一歷史檔案館藏。

50. 不著編人，《戶部彙題各直省光緒捌年分民數穀數清冊》，內閣大庫現存清代漢文黃冊編號：1031，中國第一歷史檔案館藏。

51. 不著編人，《戶部彙題各直省光緒玖年分民數穀數清冊》，內閣大庫現存清代漢文黃冊編號：1032，中國第一歷史檔案館藏。

52. 不著編人，《戶部彙題各直省光緒拾年分民數穀數清冊》，內閣大庫現存清代漢文黃冊編號：1034，中國第一歷史檔案館藏。

53. 不著編人，《戶部彙題各直省光緒拾壹年分民數穀數清冊》，內閣大庫現存清代漢文黃冊編號：1036，中國第一歷史檔案館藏。

54. 不著編人，《戶部彙題各直省光緒拾參年分民數穀數清冊》，內閣大庫現存清代漢文黃冊編號：1037，中國第一歷史檔案館藏。

55. 不著編人，《戶部彙題各直省光緒拾肆年分民數穀數清冊》，內閣大庫現存清代漢文黃冊編號：1039，中國第一歷史檔案館藏。

56. 不著編人，《戶部彙題各直省光緒拾伍年分民數穀數清冊》，內閣大庫現存清代漢文黃冊編號：1041，中國第一歷史檔案館藏。

57. 不著編人，《戶部彙題各直省光緒拾陸年分民數穀數清冊》，內閣大庫現存清代漢文黃冊編號：1042，中國第一歷史檔案館藏。

58. 不著編人，《戶部彙題各直省光緒拾柒年分民數穀數清冊》，內閣大庫現存清代漢文黃冊編號：1044，中國第一歷史檔案館藏。

59. 不著編人，《戶部彙題各直省光緒拾玖年分民數穀數清冊》，內閣大庫現存清代漢文黃冊編號：1046，中國第一歷史檔案館藏。

60. 不著編人，《戶部彙題各直省光緒貳拾年分民數穀數清冊》，內閣大庫現存清代漢文黃冊編號：1048，中國第一歷史檔案館藏。

61. 不著編人，《戶部彙題各直省光緒貳拾壹年分民數穀數清冊》，內閣大庫現存清代漢文黃冊編號：1050，中國第一歷史檔案館藏。

62. 不著編人，《道光五年分福建省各州縣經督銷盈餘引目并各官職名月日及行銷額外餘引黃冊》，內閣大庫現存清代漢文黃冊編號：2252，中國第一歷史檔案館藏。

63. 不著編人，《道光十五年分福建省各州縣經督銷盈餘引目并各官職名月日及行銷額外餘引黃冊》，內閣大庫現存清代漢文黃冊編號：2256，中國第一歷史檔案館藏。

64. 不著編人，《道光二十一年分福建省各州縣經督銷正額引目及各官職名月日黃冊》，內閣大庫現存清代漢文黃冊編號：2260，中國第一歷史檔案館藏。

65. 不著編人，《道光二十八年分福建省各州縣經督銷正額引目及各官職名月日黃冊》，內閣大庫現存清代漢文黃冊編號：2262，中國第一歷史檔案館藏。

66. 不著編人，《咸豐元年分福建省各州縣經督銷盈餘引目及行銷額外餘引并各官職名月日黃冊》，內閣大庫現存清代漢文黃冊編號：2266，中國第一歷史檔案館藏。

67. 不著編人，《咸豐二年分福建省各州縣經督銷正額引目及各官職名月日黃冊》，內閣大庫現存清代漢文黃冊編號：2268，中國第一歷史檔案館藏。

68. 不著編人，《咸豐六年分福建省各州縣經督銷正額引目及各官職名月日黃冊》，內閣大庫現存清代漢文黃冊編號：2273，中國第一歷史檔案館藏。

69. 不著編人，《咸豐十年分福建省各州縣經督銷盈餘引目并各官職名月日及行銷額外餘引黃冊》，內閣大庫現存清代漢文黃冊編號：2277，中國第一歷史檔案館藏。

70. 不著編人，《同治元年分福建省各州縣經督銷盈餘引目并各官職名月日及行銷額外餘引黃冊》，內閣大庫現存清代漢文黃冊編號：2278，中國第一歷史檔案館藏。

71. 不著編人，《同治三年分福建省各州縣經督銷正額引目及各官職名月日黃冊》，內閣大庫現存清代漢文黃冊編號：2281，中國第一歷史檔案館藏。

72. 不著編人，《乾隆四十一年分福建省各屬縣額徵盈餘引課並徵收額外盈餘官運餘價等項銀兩數目及各官職名月日黃冊》，內閣大庫現存清代漢文黃冊編號：2286，中國第一歷史檔案館藏。

73. 不著編人，《乾隆五十七年分奏銷福建省額徵盈餘鹽課並額外盈餘及督經銷徵接管各官職名月日黃冊》，內閣大庫現存清代漢文黃冊編號：2287，中國第一歷史檔案館藏。

74. 不著編人，《道光十二年分福建省各屬縣額徵盈餘引課並徵收額外盈餘及續收各年盈餘已未完解銀兩數目黃冊》，內閣大庫現存清代漢文黃冊編號：2307，中國第一歷史檔案館藏。

75. 不著編人，《道光十七年分福建省各屬縣額徵盈餘引課並徵收額外盈餘及續收各年盈餘已未完解銀兩數目黃冊》，內閣大庫現存清代漢文黃冊編號：2312，中國第一歷史檔案館藏。

76. 不著編人，《道光二十一年分福建省各屬縣額徵盈餘引課並徵收額外盈餘及續收各年盈餘已未完解銀兩數目黃冊》，內閣大庫現存清代漢文黃冊編號：2313，中國第一歷史檔案館藏。

77. 不著編人，《道光二十五年分福建額徵盈餘引課並徵收額外盈餘及續收各年盈餘已未完解銀兩黃冊》，內閣大庫現存清代漢文黃冊編號：2314，中國第一歷史檔案館藏。

78. 不著編人，《道光二十八年分福建省額徵盈餘引課並徵收額外盈餘等項錢糧及督經徵接管各官職名月日黃冊》，內閣大庫現存清代漢文黃冊編號：2317，中國第一歷史檔案館藏。

79. 不著編人，《道光三十年分福建省額徵盈餘引課並徵收額外盈餘及續收各年盈餘已未完解銀兩黃冊》，內閣大庫現存清代漢文黃冊編號：2319，中國第一歷史檔案館藏。

80. 不著編人，《咸豐元年分福建額徵盈餘引課並徵收額外盈餘及續收各年盈餘已未完解銀兩黃冊》，內閣大庫現存清代漢文黃冊編號：2320，中國第一歷史檔案館藏。

81. 不著編人，《咸豐五年分福建省各屬縣額徵盈餘引課並徵收額外盈餘續收各年盈餘已未完解銀兩數目冊》，內閣大庫現存清代漢文黃冊編號：2323，中國第一歷史檔案館藏。

## （丁）諭旨、廷寄

1. 中國第一歷史檔案館編，《雍正朝漢文諭旨匯編（一）》（桂林：廣西師範大學出版社，1999 年 3 月）。

2. 中國第一歷史檔案館編，《雍正朝漢文諭旨匯編（五）》（桂林：廣西師範大學出版社，1999 年 3 月）。

3. 中國第一歷史檔案館編，《雍正朝漢文諭旨匯編（七）》（桂林：廣西師範大學出版社，1999 年 3 月）。

4. 中國第一歷史檔案館編，《雍正朝漢文諭旨匯編（八）》（桂林：廣西師範大學出版社，1999 年 3 月）。

5. 中國第一歷史檔案館編,《雍正朝漢文諭旨匯編(十)》(桂林:廣西師範大學出版社,1999 年 3 月)。

6. 中國第一歷史檔案館編,《乾隆朝上諭檔(第二冊)》(北京:檔案出版社,1991 年 6 月)。

7. 中國第一歷史檔案館編,《乾隆朝上諭檔(第三冊)》(北京:檔案出版社,1991 年 6 月)。

8. 中國第一歷史檔案館編,《乾隆朝上諭檔(第四冊)》(北京:檔案出版社,1991 年 6 月)。

9. 中國第一歷史檔案館編,《乾隆朝上諭檔(第五冊)》(北京:檔案出版社,1991 年 6 月)。

10. 中國第一歷史檔案館編,《乾隆朝上諭檔(第七冊)》(北京:檔案出版社,1991 年 6 月)。

11. 中國第一歷史檔案館編,《乾隆朝上諭檔(第八冊)》(北京:檔案出版社,1991 年 6 月)。

12. 中國第一歷史檔案館編,《乾隆朝上諭檔(第十冊)》(北京:檔案出版社,1991 年 6 月)。

13. 中國第一歷史檔案館編,《乾隆朝上諭檔(第十一冊)》(北京:檔案出版社,1991 年 6 月)。

14. 中國第一歷史檔案館編,《乾隆朝上諭檔(第十三冊)》(北京:檔案出版社,1991 年 6 月)。

15. 中國第一歷史檔案館編,《乾隆朝上諭檔(第十四冊)》(北京:檔案出版社,1991 年 6 月)。

16. 中國第一歷史檔案館編,《乾隆朝上諭檔(第十五冊)》(北京:檔案出版社,1991 年 6 月)。

17. 中國第一歷史檔案館編,《乾隆朝上諭檔(第十六冊)》(北京:檔案出版社,1991 年 6 月)。

18. 中國第一歷史檔案館編,《乾隆朝上諭檔(第十七冊)》(北京:檔案出版社,1991 年 6 月)。

19. 中國第一歷史檔案館編,《嘉慶道光兩朝上諭檔(一)》(桂林:廣西師範大學出版社,2000 年 11 月)。

20. 中國第一歷史檔案館編,《嘉慶道光兩朝上諭檔(二)》(桂林:廣西師範大學出版社,2000 年 11 月)。

21. 中國第一歷史檔案館編,《嘉慶道光兩朝上諭檔(七)》(桂林:廣西師範大學出版社,2000 年 11 月)。

22. 中國第一歷史檔案館編,《嘉慶道光兩朝上諭檔(十一)》(桂林:廣西師範大學出版社,2000 年 11 月)。

23. 中國第一歷史檔案館編,《嘉慶道光兩朝上諭檔（十二）》（桂林：廣西師範大學出版社，2000 年 11 月）。

24. 中國第一歷史檔案館編,《嘉慶道光兩朝上諭檔（十三）》（桂林：廣西師範大學出版社，2000 年 11 月）。

25. 中國第一歷史檔案館編,《嘉慶道光兩朝上諭檔（十四）》（桂林：廣西師範大學出版社，2000 年 11 月）。

26. 中國第一歷史檔案館編,《嘉慶道光兩朝上諭檔（二十七）》（桂林：廣西師範大學出版社，2000 年 11 月）。

27. 中國第一歷史檔案館編,《嘉慶道光兩朝上諭檔（二十九）》（桂林：廣西師範大學出版社，2000 年 11 月）。

28. 中國第一歷史檔案館編,《嘉慶道光兩朝上諭檔（三十一）》（桂林：廣西師範大學出版社，2000 年 11 月）。

29. 中國第一歷史檔案館編,《嘉慶道光兩朝上諭檔（三十五）》（桂林：廣西師範大學出版社，2000 年 11 月）。

30. 中國第一歷史檔案館編,《嘉慶道光兩朝上諭檔（三十七）》（桂林：廣西師範大學出版社，2000 年 11 月）。

31. 中國第一歷史檔案館編,《嘉慶道光兩朝上諭檔（四十一）》（桂林：廣西師範大學出版社，2000 年 11 月）。

32. 中國第一歷史檔案館編,《嘉慶道光兩朝上諭檔（四十九）》（桂林：廣西師範大學出版社，2000 年 11 月）。

33. 中國第一歷史檔案館編,《嘉慶道光兩朝上諭檔（五十一）》（桂林：廣西師範大學出版社，2000 年 11 月）。

34. 中國第一歷史檔案館編,《嘉慶道光兩朝上諭檔（五十二）》（桂林：廣西師範大學出版社，2000 年 11 月）。

35. 中國第一歷史檔案館編,《嘉慶道光兩朝上諭檔（五十四）》（桂林：廣西師範大學出版社，2000 年 11 月）。

36. 中國第一歷史檔案館編,《咸豐同治兩朝上諭檔（一）》（桂林：廣西師範大學出版社，1998 年 8 月）。

37. 中國第一歷史檔案館編,《咸豐同治兩朝上諭檔（二）》（桂林：廣西師範大學出版社，1998 年 8 月）。

38. 中國第一歷史檔案館編,《咸豐同治兩朝上諭檔（四）》（桂林：廣西師範大學出版社，1998 年 8 月）。

39. 中國第一歷史檔案館編,《咸豐同治兩朝上諭檔（六）》（桂林：廣西師範大學出版社，1998 年 8 月）。

40. 中國第一歷史檔案館編,《咸豐同治兩朝上諭檔（八）》（桂林：廣西師範大學出版社，1998 年 8 月）。

41. 中國第一歷史檔案館編,《光緒宣統兩朝上諭檔（一）》（桂林：廣西師範大學出版社，1996 年 10 月）。

42. 中國第一歷史檔案館編,《光緒宣統兩朝上諭檔（十）》（桂林：廣西師範大學出版社，1996 年 10 月）。

43. 〔清〕允祿等編,《清雍正上諭內閣》，雍正九年、乾隆八年兩次內府刻本，北京國家圖書館分館藏。

44. 〔清〕佚名,《侯福將軍征服臺灣剿匪紀事殘卷（乾隆上諭）》，清抄本，北京大學圖書館藏。

45. 〔清〕佚名,《乾隆諭摺》，清抄本，北京國家圖書館分館藏。

46. 〔清〕佚名編,《雍正上諭（元～三年）》，清抄本，北京國家圖書館分館藏。

47. 洪安全主編,《清宮廷寄檔臺灣史料（一）》（臺北：故宮博物院，1998 年 10 月）。

48. 洪安全主編,《清宮廷寄檔臺灣史料（二）》（臺北：故宮博物院，1998 年 10 月）。

49. 洪安全主編,《清宮廷寄檔臺灣史料（三）》（臺北：故宮博物院，1998 年 10 月）。

50. 洪安全主編,《清宮諭旨檔臺灣史料（一）》（臺北：故宮博物院，1996 年 10 月）。

51. 洪安全主編,《清宮諭旨檔臺灣史料（二）》（臺北：故宮博物院，1996 年 10 月）。

52. 洪安全主編,《清宮諭旨檔臺灣史料（三）》（臺北：故宮博物院，1996 年 10 月）。

53. 洪安全主編,《清宮諭旨檔臺灣史料（四）》（臺北：故宮博物院，1997 年 10 月）。

54. 洪安全主編,《清宮諭旨檔臺灣史料（五）》（臺北：故宮博物院，1997 年 10 月）。

55. 洪安全主編,《清宮諭旨檔臺灣史料（六）》（臺北：故宮博物院，1997 年 10 月）。

## 乙、地方

1. 吳密察主編,《淡新檔案（五）：第一編行政／財政類》（臺北：臺灣大學圖書館，2001 年 6 月）。

2. 吳密察主編,《淡新檔案（六）：第一編行政／財政類》（臺北：臺灣大學圖書館，2001 年 6 月）。

3. 吳密察主編,《淡新檔案（七）：第一編行政／財政類、建設類》（臺北：

臺灣大學圖書館，2001 年 6 月）。

4. 吳密察主編，《淡新檔案（八）：第一編行政／建設類》（臺北：臺灣大學圖書館，2001 年 6 月）。

5. 淡新檔案校註出版編輯委員會，《淡新檔案（一）：第一編行政／總務類》（臺北：臺灣大學，1995 年 9 月）。

6. 淡新檔案校註出版編輯委員會，《淡新檔案（二）：第一編行政／總務類》（臺北：臺灣大學，1995 年 9 月）。

7. 淡新檔案校註出版編輯委員會，《淡新檔案（三）：第一編行政／民政類》（臺北：臺灣大學，1995 年 10 月）。

8. 淡新檔案校註出版編輯委員會，《淡新檔案（四）：第一編行政／民政類》（臺北：臺灣大學，1995 年 11 月）。

9. 淡新檔案校註出版編輯委員會，《淡新檔案（五）：第一編行政／財政類》（臺北：臺灣大學，2001 年 6 月）。

10. 淡新檔案校註出版編輯委員會，《淡新檔案（六）：第一編行政／財政類》（臺北：臺灣大學，2001 年 6 月）。

11. 淡新檔案校註出版編輯委員會，《淡新檔案（七）：第一編行政／財政類》（臺北：臺灣大學，2001 年 6 月）。

12. 淡新檔案，第一編行政，第六類軍事，第一款軍政，國立臺灣大學圖書館藏。

13. 淡新檔案，第一編行政，第七類撫墾，第一款社務，國立臺灣大學圖書館藏。

14. 淡新檔案，第一編行政，第七類撫墾，第二款社租，國立臺灣大學圖書館藏。

15. 淡新檔案，第一編行政，第七類撫墾，第三款隘務，國立臺灣大學圖書館藏。

16. 淡新檔案，第一編行政，第七類撫墾，第四款屯務，國立臺灣大學圖書館藏。

17. 淡新檔案，第二編民事，第二類田房，第二款抗租，國立臺灣大學圖書館藏。

18. 淡新檔案，第二編民事，第二類田房，第五款爭界，國立臺灣大學圖書館藏。

19. 淡新檔案，第三編刑事，第三類財產搶劫，第三款強盜，國立臺灣大學圖書館藏。

20. 臺灣銀行經濟研究室編，《劉銘傳撫臺前後檔案》，臺灣銀行文獻叢刊第二七六種，1968 年 6 月。

21. 謝興堯供稿，〈臺人輿論〉；摘自中國社會科學院近代史研究所近代史資料編輯組編，《近代史資料》，總 82 號，1992 年 11 月。

## （二）古文書

1. 王世慶輯，《臺灣公私藏古文書》，第一輯第一冊，中央研究院民族學研究所藏。

2. 三田裕次文書（一）——北中南地區文書，編號：T020D020，中央研究院臺灣史研究所籌備處藏。

3. 李景暘文書（三）——北、中、南地區契字，編號：T104D104，中央研究院臺灣史研究所籌備處藏。

4. 林振乾文書（二）——北部地區契字，編號：T068D068，中央研究院臺灣史研究所籌備處藏。

5. 林漢章、林德龍文書（二）——臺北、桃園地區契字，編號：T067D067，中央研究院臺灣史研究所籌備處藏。

6. 岸裡大社文書出版編輯委員會，《國立臺灣大學藏岸裡大社文書（一）》（臺北：國立臺灣大學，1998 年 3 月）。

7. 岸裡大社文書出版編輯委員會，《國立臺灣大學藏岸裡大社文書（二）》（臺北：國立臺灣大學，1998 年 3 月）。

8. 岸裡大社文書出版編輯委員會，《國立臺灣大學藏岸裡大社文書（三）》（臺北：國立臺灣大學，1998 年 3 月）。

9. 岸裡大社文書出版編輯委員會，《國立臺灣大學藏岸裡大社文書（四）》（臺北：國立臺灣大學，1998 年 3 月）。

10. 邱水金文書（一）——宜蘭縣五結鄉張氏文書，編號：T075D075，中央研究院臺灣史研究所籌備處藏。

11. 邱水金主編，《宜蘭古文書第壹輯》（宜蘭：宜蘭縣立文化中心，1994 年 6 月）。

12. 邱水金主編，《宜蘭古文書第貳輯——臺大人類學系藏》（宜蘭：宜蘭縣立文化中心，1995 年 6 月）。

13. 邱水金主編，《宜蘭古文書第伍輯》（宜蘭：宜蘭縣立文化中心，1998 年 5 月）。

14. 姜烘楷文書——桃竹苗地區文書，編號：T015D015，中央研究院臺灣史研究所籌備處藏。

15. 姜重烈文書——金廣福文書（一），編號：T035D035，中央研究院臺灣史研究所籌備處藏。

16. 洪麗完主編，《外埔鄉藏古文書專輯》（臺中：外埔鄉公所，2001 年 1 月）。

17. 洪麗完撰稿,《臺中縣立文化中心藏臺灣古文書專輯(下)》(豐原:臺中縣立文化中心,1997 年 10 月)。

18. 洪麗完,《臺灣中部平埔族群古文書研究與導讀——道卡斯族崩山八社與拍瀑拉族四社(上冊)》(豐原:臺中縣立文化中心,2002 年 7 月)。

19. 洪麗完,《臺灣中部平埔族群古文書研究與導讀——道卡斯族崩山八社與拍瀑拉族四社(中冊)》(豐原:臺中縣立文化中心,2002 年 7 月)。

20. 洪麗完,《臺灣中部平埔族群古文書研究與導讀——道卡斯族崩山八社與拍瀑拉族四社(下冊)》(豐原:臺中縣立文化中心,2002 年 7 月)。

21. 胡家瑜主編,《道卡斯新港社古文書》(臺北:國立臺灣大學人類學系,1999 年 9 月)。

22. 高賢治,《大臺北古契字集》(臺北:臺北市文獻委員,2002 年 12 月)。

23. 曹炳輝文書(二)——士林石角仔曹氏文書、毛少翁社文書,編號:T082D082,中央研究院臺灣史研究所籌備處藏。

24. 連昭光文書(一)——北部、中部地區契字,編號:T045D045.030,中央研究院臺灣史研究所籌備處藏。

25. 連昭光文書(四)——彰化、桃園地區文書,編號:T062D062.008,中央研究院臺灣史研究所籌備處藏。

26. 曾振名、童元昭主編,《噶瑪蘭、西拉雅族古文書》(臺北:國立臺灣大學人類學系,1999 年 9 月)。

27. 陳達明文書(一)——北、中、南、宜蘭地區文書,編號:T077D077,中央研究院臺灣史研究所籌備處藏。

28. 陳運棟文書(一)——竹塹社、貓裡社地契簿,編號:T005D005,中央研究院臺灣史研究所籌備處藏。

29. 陳慶芳文書(三)——臺中、彰化地區契字,編號:T107D107,中央研究院臺灣史研究所籌備處藏。

30. 凱達格蘭族文史調查小組編,《凱達格蘭族古文書彙編》(臺北:臺北縣立文化中心,1996 年 12 月)。

31. 張炎憲、王世慶、李季樺主編,《臺灣平埔族文獻資料選集——竹塹社(上)》(臺北:中央研究院臺灣史田野研究室,1993 年 5 月)。

32. 董倫岳撰文,《梧棲古文書史料專輯》(臺中:梧棲鎮公所,2000 年 7 月)。

33. 葉金全文書——興直堡三重埔溪尾庄古契集,編號:T023D023,中央研究院臺灣史研究所籌備處藏。

34. 彰化、臺中地區土地文書,編號:T238D208,中央研究院臺灣史研究所籌備處藏。

35. 臺中市立文化中心文英館文書——中北部文書，編號：T008D008，中央研究院臺灣史研究所籌備處藏。

36. 臺灣古文書，排架號：200C，國立中央圖書館臺灣分館藏。

37. 臺灣省文獻委員會採集組編校〔現名國史館臺灣文獻館〕，《草屯地區古文書專輯》（南投：臺灣省文獻委員會，1999 年 6 月）。

38. 臺灣省文獻委員會採集組編校，《臺灣省文獻委員會典藏北部地區古文書專輯（一）》（南投：臺灣省文獻委員會，2000 年 12 月）。

39. 臺灣省文獻委員會採集組編校，《臺灣省文獻委員會典藏北部地區古文書專輯（二）》（南投：臺灣省文獻委員會，2000 年 12 月）。

40. 機玉石文書——高雄大樹、新港社文書（一），編號：T138D138，中央研究院臺灣史研究所籌備處藏。

41. 劉澤民編著，《大肚社古文書》（南投：臺灣省文獻委員會，2000 年 12 月）。

42. 劉澤民編著，《平埔百社古文書》（南投：國史館臺灣文獻館，2002 年 3 月）。

43. 劉澤民等編譯，《臺灣總督府檔案平埔族關係文獻選輯》（南投：臺灣省文獻委員會，2001 年 3 月）。

44. 劉峰松文書——中部地區契字，編號：T048D048，中央研究院臺灣史研究所籌備處藏。

45. 鍾金水文書（六）——北部、中部地區契字，編號：T069D069，中央研究院臺灣史研究所籌備處藏。

46. 鍾金水文書（十三）——金廣福文書（二）、中南部地區契字，編號：T089D089，中央研究院臺灣史研究所籌備處藏。

47. 鍾金水文書（二十一）——中部地區契字、岸裡社文書（三），編號：T105D105，中央研究院臺灣史研究所籌備處藏。

48. 鍾金水文書（二十二）——打貓社文書、嘉義地區契字，編號：T111D111，中央研究院臺灣史研究所籌備處藏。

49. 謝繼昌主編，《凱達格蘭古文書》（臺北：國立臺灣大學人類學系，1999 年 9 月）。

## （三）方志

1. 〔戰後〕王月鏡主修，《臺北市志》（臺北：臺北市文獻委員會，1988 年 9 月）。

2. 〔清〕王必昌，《重修臺灣縣志》，臺灣銀行文獻叢刊第一一三種，1961 年 11 月。

3. 〔清〕王瑛曾，《重修鳳山縣志》，臺灣銀行文獻叢刊第一四六種，1962

年 12 月。

4. 〔清〕沈茂蔭，《苗栗縣志》，臺灣銀行文獻叢刊第一五九種，1962 年 12 月。

5. 〔清〕余文儀，《續修臺灣府志》，臺灣銀行文獻叢刊第一二一種，1962 年 4 月。

6. 〔清〕佚名，《新竹縣制度考》，臺灣銀行文獻叢刊第一〇一種，1961 年 3 月。

7. 〔日治〕佚名，《安平縣雜記》，臺灣銀行文獻叢刊第五二種，1959 年 8 月。

8. 〔日治〕佚名，《嘉義管內采訪冊》，臺灣銀行文獻叢刊第五八種，1959 年 9 月。

9. 〔戰後〕李汝和主修，《臺灣省通志》（臺中：臺灣省文獻委員會，1972 年 6 月）。

10. 〔清〕林焜煌，《金門志》，臺灣銀行文獻叢刊第八〇種，1960 年 5 月。

11. 〔清〕林豪，《澎湖廳志》，臺灣銀行文獻叢刊第一六四種，1963 年 6 月。

12. 〔戰後〕林德喜主修，《重修中和鄉志》（中和：中和鄉公所，1977 年 12 月）。

13. 〔清〕周元文，《重修臺灣府志》，臺灣銀行文獻叢刊第六六種，1960 年 7 月。

14. 〔清〕周凱，《廈門志》，臺灣銀行文獻叢刊第九五種，1961 年 10 月。

15. 〔清〕周璽，《彰化縣志》，臺灣銀行文獻叢刊第一五六種，1962 年 11 月。

16. 〔清〕周鍾瑄，《諸羅縣志》，臺灣銀行文獻叢刊第一四一種，1962 年 12 月。

17. 〔清〕范咸，《重修臺灣府志》，臺灣銀行文獻叢刊第一〇五種，1961 年 11 月。

18. 〔清〕金鋐，《福建通志》（北京：書目文獻出版社，1988 年）。

19. 〔清〕柯培元，《噶瑪蘭志略》，臺灣銀行文獻叢刊第九二種，1961 年 1 月。

20. 〔清〕胡傳，《臺東州采訪冊》，臺灣銀行文獻叢刊第八一種，1960 年 5 月。

21. 〔清〕倪贊元，《雲林縣采訪冊》，臺灣銀行文獻叢刊第三七種，1959 年 2 月。

22. 〔清〕高拱乾，《臺灣府志》，臺灣銀行文獻叢刊第六五種，1960 年 2 月。

23. 〔戰後〕盛清沂總纂，《臺北縣志》（臺北：臺北縣文獻委員會，1960年）。

24. 〔戰後〕孫水木，《重修永和鎮志》（臺北：永和鎮公所，1973年3月）。

25. 〔戰後〕諶化文等纂修，《桃園縣志》（桃園：桃園縣文獻委員會，1962年9月）。

26. 〔清〕屠繼善，《恆春縣志》，臺灣銀行文獻叢刊第七五種，1960年5月。

27. 〔戰後〕黃奇烈纂修，《臺灣省新竹縣志》（新竹：新竹縣文獻委員會，1976年6月）。

28. 〔清〕陳文達，《臺灣縣志》，臺灣銀行文獻叢刊第一○三種，1961年6月。

29. 〔清〕陳文達，《鳳山縣志》，臺灣銀行文獻叢刊第一二四種，1961年11月。

30. 〔戰後〕陳紹馨纂修，《臺灣省通志稿‧卷二人民志人口篇》（臺北：臺灣省文獻委員會，1964年6月）。

31. 〔清〕陳培桂，《淡水廳志》，臺灣銀行文獻叢刊第一七二種，1963年8月。

32. 〔清〕陳淑均，《噶瑪蘭廳志》，臺灣銀行文獻叢刊第一六○種，1963年3月。

33. 〔清〕陳國瑛，《臺灣采訪冊》，臺灣銀行文獻叢刊第五五種，1959年10月。

34. 〔清〕陳朝龍，《新竹縣采訪冊》，臺灣銀行文獻叢刊第一四五種，1962年7月。

35. 〔清〕陳壽祺，《福建通志臺灣府》，臺灣銀行文獻叢刊第八四種，1960年8月。

36. 〔戰後〕張炳楠監修，《嘉義縣志》（嘉義：嘉義縣政府，1977年3月）。

37. 〔戰後〕張啓仲監修，《臺中市志稿》（臺中：臺中市文獻委員會，1965年5月）。

38. 〔戰後〕張勝彥總纂，《臺中縣志》（豐原：臺中縣政府，1988年8月）。

39. 〔清〕諸家，《新竹縣志初稿》，臺灣銀行文獻叢刊第六一種，1959年11月。

40. 〔日治〕諸家，《樹杞林志》，臺灣銀行文獻叢刊第六三種，1959年9月。

41. 〔日治〕蔡振豐，《苑裡志》，臺灣銀行文獻叢刊第四八種，1959年6月。

42. 〔戰後〕劉定國等纂修，《苗栗縣志》（苗栗：臺灣省苗栗縣文獻委員會，

1960 年 5 月）。

43. 〔清〕劉良璧,《重修福建臺灣府志》,臺灣銀行文獻叢刊第七四種,1961
年 3 月。

44. 臺灣銀行經濟研究室編,《清一統志臺灣府》,臺灣銀行文獻叢刊第六八
種,1960 年 2 月。

45. 〔清〕鄭用錫,《淡水廳志稿》(南投:臺灣省文獻委員會,1998 年 3
月)。

46. 〔戰後〕鄭欽仁編纂,《新竹市志》(新竹:新竹市政府,1999 年 6 月)。

47. 〔清〕盧德嘉,《鳳山縣采訪冊》,臺灣銀行文獻叢刊第七三種,1960 年
8 月。

48. 〔戰後〕盧嘉興等纂修,《臺南縣志》(新營:臺南縣政府,1980 年 6 月)。

49. 〔清〕蔣毓英,《臺灣府志》(北京:中華書局,1985 年 5 月)。

50. 〔清〕蔣師轍,《臺灣通志》,臺灣銀行文獻叢刊第一三〇種,1962 年 5
月。

51. 〔清〕謝金鑾,《續修臺灣縣志》,臺灣銀行文獻叢刊第一四〇種,1962
年 6 月。

## (四) 輿圖

1. 〔清〕六十七,《番社采風圖考》,臺灣銀行文獻叢刊第九〇種,1961 年
1 月。

2. 〔清〕佚名,《清初海疆圖說》,臺灣銀行文獻叢刊第一五五種,1962 年
9 月。

3. 〔清〕佚名,《淡水縣輿圖》,墨繪,清光緒年間繪製,北京國家圖書館
藏。

4. 〔清〕佚名,《淡新鳳三縣簡明總括圖冊》,臺灣銀行文獻叢刊第一九七
種,1964 年 4 月。

5. 〔清〕佚名,《臺灣山水圖》,色繪,不註比例,清光緒年間繪本,北京
國家圖書館藏。

6. 〔清〕佚名,《臺灣內山番社地輿全圖》,墨印,清光緒年間印本,北京
國家圖書館藏。

7. 〔清〕佚名,《臺灣地輿全圖》,臺灣銀行文獻叢刊第一八五種,1963 年
11 月。

8. 〔清〕佚名,《藤牌手鳥槍隊合演陣圖》,清繪本,北京大學圖書館藏。

9. 〔清〕李延祐製,《臺灣全圖》,色繪,光緒七年繪本,北京國家圖書館
藏。

10. 〔清〕余寵製,《全臺前後山輿圖》,墨印,光緒四年刻本,北京國家圖書館藏。

11. 〔清〕康長慶製,《全臺地圖》,墨繪,光緒四年繪本,北京國家圖書館藏。

12. 〔清〕葉宗元,《臺灣府輿圖纂要》,同治五年抄本,北京大學圖書館藏。

13. 〔清〕夏獻綸,《臺灣輿圖》,臺灣銀行文獻叢刊第四五種,1959 年 8 月。

14. 〔清〕夏獻綸編,《臺灣輿圖並說》,墨印,光緒五年刻本,北京國家圖書館藏。

15. 國立中央圖書館臺灣分館特藏資料編纂委員會編,《臺灣文獻書目解題——第二種地圖類（一）》（臺北：國立中央圖書館臺灣分館,1992 年 3 月）。

16. 〔清〕諸家,《臺灣輿地彙鈔》,臺灣銀行文獻叢刊第二一六種,1965 年 9 月。

17. 〔清〕蔣元樞,《重修臺灣各建築圖說》,臺灣銀行文獻叢刊第二八三種,1970 年 5 月。

18. 〔清〕謝遂,《清職貢圖選》,臺灣銀行文獻叢刊第一八○種,1963 年 8 月。

## （五）筆記、雜著

1. 〔清〕丁紹儀,《東瀛識略》,臺灣銀行文獻叢刊第二種,1957 年 9 月。

2. 〔清〕六十七,《使署閒情》,臺灣銀行文獻叢刊第一二二種,1961 年 10 月。

3. 〔民國〕小橫香室主人編,《清朝野史大觀》（揚州：江蘇廣陵古籍刻印出版社,1998 年 5 月三刷）。

4. 〔清〕王世禛著,勒斯仁點校,《池北偶談》（北京：中華書局,1997 年 12 月三刷）。

5. 〔清〕王之春著,趙春晨點校,《清朝柔遠記》（北京：中華書局,2000 年 4 月二刷）。

6. 〔日治〕王石鵬,《臺灣三字經》,臺灣銀行文獻叢刊第一六二種,1962 年 12 月。

7. 〔清〕王韜,《臺事紀聞》;摘自中國社會科學院近代史研究所近代史資料編輯部編,《近代史資料》,總第 94 號,1998 年 8 月。

8. 〔清〕尹士俍,《臺灣志略》,清乾隆三年刻本,北京國家圖書館藏。

9. 〔清〕朱仕玠,《小琉球漫誌》,臺灣銀行文獻叢刊第三種,1957 年 12 月。

10. 〔民國〕朱彭壽著，何雙生點校，《舊典備微》（北京：中華書局，1997年12月二刷）。

11. 〔清〕朱景英，《海東札記》，臺灣銀行文獻叢刊第一九種，1958年10月。

12. 〔清〕汪榮寶，《清史講義》（臺北：文海出版社，1983年10月）。

13. 〔民國〕汪康年，《汪穰卿筆記》（上海：上海書店出版社，1997年1月）。

14. 〔清〕李元春，《臺灣志略》，臺灣銀行文獻叢刊第一八種，1958年10月。

15. 〔民國〕李孟符著，張繼紅點校，《春冰室野乘》（太原：山西古籍出版社，1995年9月）。

16. 〔清〕吳子光，《臺灣紀事》，臺灣銀行文獻叢刊第三六種，1959年2月。

17. 〔日治〕吳德功，《戴施兩案紀略》，臺灣銀行文獻叢刊第四七種，1959年6月。

18. 〔清〕易順鼎，《魂南記》，臺灣銀行文獻叢刊第二一二種，1965年8月。

19. 〔民國〕況周頤著，郭長保點校，《眉廬叢話》（太原：山西古籍出版社，1995年9月）。

20. 〔民國〕況周頤著，張繼紅點校，《餐櫻廡隨筆》（太原：山西古籍出版社，1995年9月）。

21. 〔清〕佚名，《平臺紀事本末》，臺灣銀行文獻叢刊第一六種，1958年5月。

22. 〔民國〕佚名，《太平天國軼聞》（揚州：江蘇廣陵古籍刻印社，1993年6月）。

23. 〔清〕佚名，《夷匪犯境聞見錄》（北京：中華全國圖書館文獻縮微複製中心，1995年10月）。

24. 〔民國〕何剛德著，張國寧點校，《客座偶談》（太原：山西古籍出版社，1997年7月）。

25. 〔清〕青城子著，于志斌標點，《亦復如是》（重慶：重慶出版社，1999年5月）。

26. 〔清〕林豪，《東瀛紀事》，臺灣銀行文獻叢刊第八種，1957年12月。

27. 〔日治〕洪棄生，《瀛海偕亡記》，臺灣銀行文獻叢刊第五九種，1959年10月。

28. 〔清〕奕賡，《侍衛瑣言》；收錄許仁圖編，《清史資料彙編補編（上冊）》

（臺北：河洛圖書出版社，1974 年）。

29. 〔清〕奕賡，《寄楮備談》；收錄許仁圖編，《清史資料彙編補編（上冊）》（臺北：河洛圖書出版社，1974 年）。

30. 〔清〕昭槤著，何英芳點校，《嘯亭雜錄》（北京：中華書局，1997 年 12 月二刷）。

31. 〔民國〕胡思敬，《國聞備乘》（上海：上海書店出版社，1997 年 1 月）。

32. 〔民國〕胡寄塵，《清季野史》（長沙：岳麓書社，1985 年 12 月）。

33. 〔清〕郁永河，《裨海紀遊》，臺灣銀行文獻叢刊第四四種，1959 年 4 月。

34. 〔清〕姚瑩，《東槎紀略》，臺灣銀行文獻叢刊第七種，1957 年 11 月。

35. 〔清〕唐贊袞，《臺陽見聞錄》，臺灣銀行文獻叢刊第三〇種，1958 年 11 月。

36. 〔民國〕徐一士著，郭建平點校，《一士談薈》（太原：山西古籍出版社，1996 年 9 月）。

37. 〔民國〕徐一士著，張繼紅點校，《近代筆記過眼錄》（太原：山西古籍出版社，1996 年 9 月）。

38. 〔民國〕徐珂，《清稗類鈔選錄》，臺灣銀行文獻叢刊第二一四種，1965 年 9 月。

39. 〔民國〕徐珂著，孫安邦、路建宏點校，《康居筆記匯函（一）》（太原：山西古籍出版社，1997 年 7 月）。

40. 〔民國〕徐凌霄、徐一士，《凌霄一士隨筆（一）》（太原：山西古籍出版社，1997 年 7 月）。

41. 〔民國〕徐凌霄、徐一士，《凌霄一士隨筆（四）》（太原：山西古籍出版社，1997 年 7 月）。

42. 〔民國〕馬緒倫著，張繼紅點校，《石屋續瀋》（太原：山西古籍出版社，1995 年 9 月）。

43. 〔日治〕連橫，《臺灣語典》，臺灣銀行文獻叢刊第一六一種，1963 年 3 月。

44. 〔清〕梁廷枏著，邵循正點校，《夷氛聞記》（北京：中華書局，1997 年 12 月二刷）。

45. 〔清〕梁章鉅著，陳鐵民點校，《浪跡叢談／續談／三談》（北京：中華書局，1997 年 12 月二刷）。

46. 〔清〕梁章鉅，《退菴隨筆》（揚州：江蘇廣陵古籍刻印社，1997 年 12 月）。

47. 〔民國〕梁溪坐觀老人著，王淑敏點校，《清代野記》（太原：山西古籍出版社，1996 年 9 月）。

48. 〔清〕屈大均，《廣東新語》（北京：中華書局，1997 年 12 月二刷）。

49. 〔清〕陳康祺著，晉石點校，《郎潛紀聞初筆、二筆、三筆（下）》（北京：中華書局，1997 年 12 月二刷）。

50. 〔清〕陳康祺著，褚家偉、張文玲點校，《郎潛紀聞四筆》（北京：中華書局，1997 年 12 月二刷）。

51. 〔清〕陳盛韶，《問俗錄》（南投：臺灣省文獻委員會，1997 年 11 月）。

52. 〔清〕黃叔璥，《臺海使槎錄》，臺灣銀行文獻叢刊第四種，1957 年 11 月。

53. 〔清〕黃逢昶，《臺灣生熟番紀事》，臺灣銀行文獻叢刊第五一種，1960 年 4 月。

54. 〔清〕黃逢昶，《臺灣雜記》，光緒十一年福州吳玉田刻本，北京國家圖書館分館藏。

55. 〔清〕陸以湉，《冷廬雜識》（北京：中華書局，1997 年 12 月二刷）。

56. 〔清〕董天工，《臺海見聞錄》，臺灣銀行文獻叢刊第一二九種，1961 年 10 月。

57. 〔民國〕捫蝨談虎客，《近世中國秘史》（揚州：江蘇廣陵古籍刻印出版社，1997 年 3 月二刷）。

58. 〔清〕張集馨，《道咸宦海見聞錄》（北京：中華書局，1999 年 5 月三刷）。

59. 〔清〕張嗣昌，《巡臺錄》，乾隆元年刻本，北京大學圖書館藏。

60. 〔民國〕楊壽枬輯，寧志榮點校，《雲在山房叢書三種》（太原：山西古籍出版社，1996 年 9 月）。

61. 〔民國〕葛虛存，《清代名人軼事》（揚州：江蘇廣陵古籍刻印社，1997 年 7 月二刷）。

62. 〔清〕鈕琇，陳標點，《觚剩》（重慶：重慶出版社，1999 年 10 月）。

63. 〔清〕福格，《聽雨叢談》（北京：中華書局，1997 年 12 月三刷）。

64. 〔清〕趙翼著，李解民點校，《簷曝雜記》（北京：中華書局，1997 年 12 月二刷）。

65. 〔日治〕蔡青筠，《戴案紀略》，臺灣銀行文獻叢刊第二〇六種，1964 年 11 月。

66. 〔民國〕蔡鍔，《曾胡治兵語錄》（太原：山西古籍出版社，1995 年 9 月）。

67. 〔清〕薛福成著，傅一標點，《庸庵筆記》（重慶：重慶出版社，1999 年 10 月）。

68. 〔清〕翟灝，《臺陽筆記》，臺灣銀行文獻叢刊第二〇種，1958 年 5 月。

69. 〔清〕鄧傳安，《蠡測彙鈔》，臺灣銀行文獻叢刊第九種，1958 年 1 月。

70. 〔清〕諸家，《海濱大事記》，臺灣銀行文獻叢刊第二一三種，1965 年 6 月。

71. 〔清〕諸家，《悔逸齋筆乘（外十種）》（北京：北京古籍出版社，1999 年 2 月）。

72. 〔清〕諸家，《割臺三記》，臺灣銀行文獻叢刊第五七種，1959 年 10 月。

73. 〔清〕諸家，《澎湖臺灣紀略》，臺灣銀行文獻叢刊第一〇四種，1961 年 5 月。

74. 〔清〕諸家，《臺灣輿地彙鈔》，臺灣銀行文獻叢刊第二一六種，1965 年 9 月。

75. 〔民國〕劉體智著，劉篤齡點校，《異辭錄》（北京：中華書局，1997 年 12 月）。

76. 〔清〕劉獻廷著，汪北平、夏志和點校，《廣陽雜記》（北京：中華書局，1997 年 12 月二刷）。

77. 〔清〕藍鼎元，《平臺紀略》，臺灣銀行文獻叢刊第一四種，1958 年 4 月。

78. 〔民國〕羅惇曧著，孫安邦、王開學點校，《羅癭公筆記選》（太原：山西古籍出版社，1997 年 7 月）。

79. 〔清〕蕭奭著，朱南銑點校，《永憲錄》（北京：中華書局，1997 年 12 月二刷）。

80. 〔清〕龔柴，《臺灣小志》，光緒十年版，北京國家圖書館分館藏。

## （六）文集、詩集

1. 〔清〕王明德，《讀律佩觿》（北京：法律出版社，2001 年 1 月）。

2. 〔清〕包世臣撰，李星點校，《包世臣文集》（合肥：黃山書社，1997 年 9 月）。

3. 〔清〕李光地著，陳祖武點校，《榕村語錄／榕村續語錄（下）》（北京：中華書局，1995 年 6 月）。

4. 〔清〕李鴻章，《李文忠公全集》（臺北：文海出版社，1970 年）。

5. 〔清〕林占梅，《潛園琴餘草簡編》，臺灣銀行文獻叢刊第二〇二種，1964 年 11 月。

6. 〔清〕施士洁，《後蘇龕合集》，臺灣銀行文獻叢刊第二一五種，1965 年 11 月。

7. 〔日治〕洪棄生，《洪棄生先生遺書》（臺北：成文出版社，1970 年 4 月）。

8. 〔清〕徐宗幹，《兵鑑全集》，咸豐二年晚楓書屋刻本，北京國家圖書館分館藏。

9. 〔清〕徐宗幹,《斯未信齋文編》,臺灣銀行文獻叢刊第八七種,1960 年 8 月。

10. 〔清〕徐宗幹,《斯未信齋雜錄》,臺灣銀行文獻叢刊第九三種,1960 年 10 月。

11. 〔民國〕許南英,《窺園留草》,臺灣銀行文獻叢刊第一四七種,1962 年 9 月。

12. 〔日治〕連橫,《雅堂文集》,臺灣銀行文獻叢刊第二〇八種,1964 年 12 月。

13. 〔日治〕連橫,《臺灣詩乘》,臺灣銀行文獻叢刊第六四種,1959 年 9 月。

14. 〔日治〕連橫,《臺灣詩薈雜文鈔》,臺灣銀行文獻叢刊第二二四種,1966 年 4 月。

15. 〔清〕盛康,《皇朝經世文編續編》(臺北:文海出版社,1973 年 12 月)。

16. 〔清〕孫元衡,《赤嵌集》,臺灣銀行文獻叢刊第一〇種,1958 年 1 月。

17. 〔清〕陳璸,《陳清端公文選》,臺灣銀行文獻叢刊第一一六種,1961 年 11 月。

18. 諸家,《清經世文編選錄》,臺灣銀行文獻叢刊第二二九種,1966 年 7 月。

19. 〔清／日治〕諸家,《臺灣詩鈔》,臺灣銀行文獻叢刊第二八〇種,1970 年 3 月。

20. 〔清〕諸家,《臺灣雜詠合刻》,臺灣銀行文獻叢刊第二八種,1958 年 9 月。

21. 〔清〕諸家,《臺灣關係文獻集零》,臺灣銀行文獻叢刊第三〇九種,1972 年 12 月。

22. 〔清〕賀長齡,《皇朝經世文編》(臺北:文海出版社,1973 年 12 月)。

23. 〔清〕鄭用錫,《北郭園詩鈔》,臺灣銀行文獻叢刊第四一種,1959 年 6 月。

24. 〔清〕鄭兼才,《六亭文選》,臺灣銀行文獻叢刊第一四三種,1962 年 5 月。

25. 〔清〕劉銘傳撰,馬昌華、翁飛點校,《劉銘傳文集》(合肥:黃山書社,1997 年 7 月)。

26. 〔民國〕龍顧山人纂,汴孝萱、姚松點校,《十朝詩乘》(福州:福建人民出版社,2000 年 8 月)。

27. 〔清〕魏秀仁,《魏秀仁雜著鈔本(一)》(南京:江蘇古籍出版社,2000 年 11 月)。

## （七）日記、年譜、列傳

1. 〔清〕丁宗洛,《陳清端公年譜》,臺灣銀行文獻叢刊第二○七種,1964年11月。

2. 不著編人,《清史列傳》（臺北：明文書局,1985年5月）。

3. 〔日治〕佚名,《林剛愍公列傳》,霧峰林家頂厝捐贈手稿,編號 LIN036,國立臺灣大學圖書館藏。

4. 〔清〕李桓編,《國朝耆獻類徵》（臺北：明文書局,1985年5月）。

5. 〔清〕吳大廷,《小酉腴山館主人自著年譜》,臺灣銀行文獻叢刊第二九七種,1971年12月。

6. 〔清〕胡傳,《臺灣日記與稟啓》,臺灣銀行文獻叢刊第七一種,1960年3月。

7. 〔民國〕陳衍,《福建通志列傳選》,臺灣銀行文獻叢刊第一九五種,1964年5月。

8. 莊爲璣、王連茂編,《閩臺關係族譜資料選編》（福州：福建人民出版社,1984年8月）。

9. 〔清〕閔爾昌,《碑傳集補》（臺北：明文書局,1985年5月）。

10. 〔清／日治〕諸家,《臺灣遊記》,臺灣銀行文獻叢刊第八九種,1960年8月。

11. 〔清〕蔣師轍,《臺游日記》,臺灣銀行文獻叢刊第六種,1957年12月。

12. 〔清〕錢儀吉編,《碑傳集》（臺北：明文書局,1985年5月）。

13. 〔清〕繆荃孫編,《續碑傳集》（臺北：明文書局,1985年5月）。

14. 〔清〕羅大春,《臺灣海防並開山日記》,臺灣銀行文獻叢刊第三○八種,1971年12月。

## （八）公牘、奏議

1. 〔清〕丁日健,《治臺必告錄》,臺灣銀行文獻叢刊第一七種,1959年7月。

2. 〔清〕文煜撰,《署閩浙總督任內奏稿》,同治抄本,北京大學圖書館藏。

3. 〔清〕文煜等撰,《閩浙總督奏稿》,同治抄本,北京大學圖書館藏。

4. 〔清〕王元穉,《甲戌公牘鈔存》,臺灣銀行文獻叢刊第三九種,1959年6月。

5. 不著輯者名氏,《咸同奏稿》,清鈔本,北京國家圖書館分館藏。

6. 日本東洋文庫藏,《臺島劫灰》；曹永和、吳密察,《日據前期臺灣北部施政紀實──經濟、軍事篇》（臺北：臺北市文獻委員會,1886年10月）。

7. 〔清〕仁和琴川居士,《皇清奏議》（臺北：文海出版社,1967年10月）。

8. 〔清〕左宗棠,《左文襄公奏牘》,臺灣銀行文獻叢刊第八八種,1960 年 10 月。

9. 〔清〕佚名,《光緒奏牘》,清鈔本,北京國家圖書館分館藏。

10. 〔清〕佚名,《清代奏稿》,清鈔本,北京國家圖書館分館藏。

11. 〔清〕佚名,《嘉慶年奏稿》,清硃絲欄鈔本,北京國家圖書館分館藏。

12. 〔清〕沈葆楨,《沈文肅公牘》（南投:臺灣省文獻委員會,1998 年 3 月）。

13. 〔清〕沈葆楨,《福建臺灣奏摺》,臺灣銀行文獻叢刊第二九種,1959 年 2 月。

14. 〔清〕李鴻章手記,《臺灣割讓中日談判秘話錄——伊藤博文‧李鴻章一問一答》（臺北:西南書局,1975 年 6 月再版）。

15. 〔清〕吳贊誠,《吳光祿使閩奏稿選錄》,臺灣銀行文獻叢刊第二三一種,1967 年 10 月。

16. 〔清〕施琅,《靖海紀事》,臺灣銀行文獻叢刊第一三種,1958 年 2 月。

17. 〔清〕姚瑩,《中復堂全集（東溟文外集)》（臺北:文海出版社,1983 年 10 月）。

18. 〔清〕姚瑩,《中復堂全集（東溟文外後集)》（臺北:文海出版社,1983 年 10 月）。

19. 〔清〕姚瑩,《東溟奏稿》,臺灣銀行文獻叢刊第四九種,1959 年 6 月。

20. 〔清〕陳弢編,《同治中興奏議約編》,光緒元年匣劍囊琴之室刻本,北京國家圖書館分館藏。

21. 郭成偉主編,《官箴書點評與官箴文化研究》（北京:中國法制出版社,2000 年 12 月）。

22. 郭成偉等,《明清公牘秘本五種》（北京:中國政法大學出版社,1999 年 1 月）。

23. 〔清〕楊岳斌,《楊勇愨公奏議》,臺灣銀行文獻叢刊第六二種,1959 年 9 月。

24. 〔清〕諸家,《道咸同光四朝奏議》（臺北:臺灣商務印書館,1970 年 6 月）。

25. 臺灣銀行經濟研究室編,《同治甲戌日兵侵臺始末》,臺灣銀行文獻叢刊第三八種,1959 年 4 月。

26. 臺灣銀行經濟研究室編,《清季臺灣洋務史料》,臺灣銀行文獻叢刊第二七八種,1968 年 6 月。

27. 〔清〕劉銘傳,《劉壯肅公奏議》,臺灣銀行文獻叢刊第二七種,1958 年 9 月。

28. 〔清〕劉璈，《巡臺退思錄》，臺灣銀行文獻叢刊第二一種，1958 年 8 月。

29. 〔清〕藍鼎元，《東征集》，臺灣銀行文獻叢刊第一二種，1958 年 2 月。

## （九）典制、官書

1. 文慶，《籌辦夷務始末》（臺北：國風出版社，1963 年 4 月）。

2. 〔清〕尹繼善等，《欽定五軍道里表》，清乾隆三十二年刻本，北京大學圖書館藏。

3. 不著編人，《户部則例□□卷存二十卷》，清乾隆内（務）府抄本，北京國家圖書館藏。

4. 不著編人，《兵部則例□□卷》，清乾隆内（務）府抄本，北京國家圖書館藏。

5. 不著編人，《同治九年庚午科福建省武闈鄉試題名錄》，清抄本，北京國家圖書館藏。

6. 不著編人，《康熙五十年辛卯科福建鄉式武舉錄》，清康熙刻本，北京國家圖書館藏。

7. 不著編人，《康熙四十五年武會試錄》，清康熙刻本，北京國家圖書館藏。

8. 不著編人，《乾隆四十二年丁酉科福建武闈鄉試題名錄》，清乾隆刻本，北京國家圖書館藏。

9. 不著編人，《乾隆搢紳全書》，清乾隆刻本，北京國家圖書館藏。

10. 不著編人，《乾隆縉紳全本》，清乾隆刻本，北京國家圖書館藏。

11. 不著編人，《滿漢縉紳全本》，清乾隆二十八年同陞閣書坊刻本，北京國家圖書館藏。

12. 不著編人，《搢紳全書》，清乾隆四十七年刻本，北京國家圖書館藏。

13. 不著編人，《福建賦役全書八十八卷》，清乾隆三年刻本，北京國家圖書館藏。

14. 不著編人，《福建通省賦役總冊全書七十九卷》，清乾隆二十一年刻本，北京國家圖書館藏。

15. 不著編人，《縉紳全書》，清乾隆三十九年五本堂刻本，北京國家圖書館藏。

16. 〔清〕沈之奇撰，李俊、懷效鋒點校，《大清律輯註（上、下）》（北京：法律出版社，2000 年 1 月）。

17. 〔清〕沈書城，《則例便覽》；摘自四庫未收書輯刊編纂委員會編，《四庫未收書輯刊（貳輯·貳拾柒冊)》（北京：北京出版社，2000 年 1 月）。

18. 〔清〕佚名，《兵部處分則例》，光緒抄本，北京國家圖書館分館藏。

19. 〔清〕佚名，《淡水廳築城案卷》，臺灣銀行文獻叢刊第一七一種，1963年5月。

20. 〔清〕佚名，《淡新鳳三縣簡明總括圖冊》，臺灣銀行文獻叢刊第一九七種，1964年4月。

21. 〔清〕佚名，《福建省例》，臺灣銀行文獻叢刊第一九九種，1964年6月。

22. 〔清〕佚名，《福建政事錄》，清（道光九年）藍絲欄鈔本，北京國家圖書館分館藏。

23. 〔清〕佚名，《福建鹽法志》，道光年間刻本，北京國家圖書館分館藏。

24. 〔清〕佚名，《臺灣兵備手抄》，臺灣銀行文獻叢刊第二二二種，1966年2月。

25. 〔清〕佚名，《臺灣府賦役冊》，臺灣銀行文獻叢刊第一三九種，1962年2月。

26. 洪安全主編，《清宮洋務始末臺灣史料（一）》（臺北：故宮博物院，1999年10月）。

27. 洪安全主編，《清宮洋務始末臺灣史料（二）》（臺北：故宮博物院，1999年10月）。

28. 洪安全主編，《清宮洋務始末臺灣史料（三）》（臺北：故宮博物院，1999年10月）。

29. 洪安全主編，《清宮洋務始末臺灣史料（四）》（臺北：故宮博物院，1999年10月）。

30. 直隸學校司編譯處纂，《皇朝事略（初等小學課本）》，光緒二十九年山東印書局石印本，北京國家圖書館分館藏。

31. 〔清〕高宗敕撰，《欽定平定臺灣紀略》，臺灣銀行文獻叢刊第一○二種，1961年6月。

32. 〔清〕席裕福，《皇朝政典類纂（光緒廿九年刊本）》（臺北：成文出版社，1969年2月臺一版）。

33. 〔清〕徐本等編，田濤、鄭秦點校，《大清律例》（北京：法律出版社，1999年9月）。

34. 〔清〕董公振，《錢穀刑名便覽》；摘自四庫未收書輯刊編纂委員會編，《四庫未收書輯刊（貳輯‧貳拾陸冊）》（北京：北京出版社，2000年1月）。

35. 〔清〕載齡等纂，《欽定戶部則例》，同治十三年刻本，北京國家圖書館分館藏。

36. 〔清〕慶源等纂，《欽定兵部處分則例》，道光年間刻本，北京國家圖書館分館藏。

37.〔清〕榮華堂,《大清中樞備覽》,光緒八年刻本,自藏。

38.〔清〕榮祿堂,《爵秩全覽》,光緒三十四年刻本,自藏。

39.臺灣銀行經濟研究室編,《清會典臺灣事例》,臺灣銀行文獻叢刊第二二六種,1965 年 5 月。

40.〔清〕劉嶽雲編,《光緒會計表》,光緒二十七年教育世界社石印本,北京國家圖書館分館藏。

41.〔清〕寶名堂,《大清中樞備覽》,乾隆五十年刻本,北京大學圖書館藏。

## (十)兵書

1.〔清〕王定安,《曾文正公水陸行軍練兵志》;收錄高體乾等編,《中國兵書集成(47)》(瀋陽:遼瀋書社,1992 年 9 月),頁 904～906。

2.〔清〕王鑫,《練勇芻言》;收錄高體乾等編,《中國兵書集成(47)》(瀋陽:遼瀋書社,1992 年 9 月)。

3.〔清〕朱璐,《防守集成》;收錄高體乾等編,《中國兵書集成(46)》(瀋陽:遼瀋書社,1992 年 4 月)。

4.〔清〕曾國藩,《直隸練軍馬步營制章程》;收錄高體乾等編,《中國兵書集成(48)》(瀋陽:遼瀋書社,1993 年 5 月)。

## (十一)碑碣

1.邱秀堂編,《臺灣北部碑文集成》(臺北:臺北市文獻委員會,1986 年 6 月)。

2.臺灣銀行經濟研究室編,《臺灣中部碑文集成》,臺灣銀行文獻叢刊第一五一種,1962 年 9 月。

3.臺灣銀行經濟研究室編,《臺灣南部碑文集成》(南投:臺灣省文獻委員會,1994 年 7 月)。

## (十二)調查資料

1.臺灣銀行經濟研究室編,《清代臺灣大租調查書》,臺灣銀行文獻叢刊第一五二種,1963 年 4 月。

2.〔日〕臺灣慣習研究會原著,《臺灣慣習記事(中譯本)·第壹卷上》(南投:臺灣省文獻委員會,1984 年 6 月)。

3.〔日〕臺灣慣習研究會原著,《臺灣慣習記事(中譯本)·第壹卷下》(南投:臺灣省文獻委員會,1984 年 6 月)。

4.〔日〕臺灣慣習研究會原著,《臺灣慣習記事(中譯本)·第貳卷上》(南投:臺灣省文獻委員會,1986 年 6 月)。

5.〔日〕臺灣慣習研究會原著,《臺灣慣習記事(中譯本)·第參卷上》(南投:臺灣省文獻委員會,1988 年 6 月)。

6. 〔日〕臺灣慣習研究會原著,《臺灣慣習記事(中譯本)‧第參卷下》(南投:臺灣省文獻委員會,1987 年 11 月)。

7. 〔日〕臺灣慣習研究會原著,《臺灣慣習記事(中譯本)‧第肆卷上》(南投:臺灣省文獻委員會,1989 年 3 月)。

8. 臺灣銀行經濟研究室編,《臺灣私法物權編》,臺灣銀行文獻叢刊第一五〇種,1963 年 1 月。

## (十三) 報紙

1. 澳門基金會,《鏡海叢報》(上海:上海社會科學院出版社,2000 年 7 月)。

2. 鄭曦原編,李方惠等譯,《帝國的回憶——「紐約時報」晚清觀察記(China in the New York Time)》(北京:三聯書店,2001 年 5 月)。

3. 臺灣銀行經濟研究室編,《清季申報臺灣紀事輯錄》(南投:臺灣省文獻委員會,1994 年 7 月)。

## (十四) 總類

1. 牛創平、牛冀青編,《清代一二品官員經濟犯罪案件實錄》(北京:中國法制出版社,2000 年 5 月)。

2. 〔清〕王先謙,《東華錄》(濟南:齊魯書社,2000 年 5 月)。

3. 不著編人,《清實錄——聖祖仁皇帝實錄》(北京:中華書局,1985 年 9 月)。

4. 不著編人,《清實錄——世宗憲皇帝實錄》(北京:中華書局,1985 年 11 月)。

5. 不著編人,《清實錄——高宗純皇帝實錄》(北京:中華書局,1985 年 11 月)。

6. 不著編人,《清實錄——仁宗睿皇帝實錄》(北京:中華書局,1986 年 6 月)。

7. 不著編人,《清實錄——宣宗成皇帝實錄》(北京:中華書局,1986 年 8 月)。

8. 不著編人,《清實錄——文宗顯皇帝實錄》(北京:中華書局,1986 年 11 月)。

9. 不著編人,《清實錄——穆宗純毅帝實錄》(北京:中華書局,1987 年 1 月)。

10. 不著編人,《清實錄——德宗景皇帝實錄》(北京:中華書局,1987 年 5 月)。

11. 〔民國〕印鸞章,《清鑑》(北京:中國書店,1985 年 3 月)。

12. 〔清〕朱壽朋，《十二朝東華錄（光緒朝）》（臺北：文海出版社，1968年8月）。

13. 〔清〕沈桐生，《光緒政要（1）》（揚州：江蘇廣陵古籍刻印社，1991年8月）。

14. 〔清〕沈桐生，《光緒政要（2）》（揚州：江蘇廣陵古籍刻印社，1991年8月）。

15. 〔清〕吳廷燮編《光緒建元以來督撫年表初稿》，清末木活字印本，北京國家圖書館藏。

16. 〔清〕章梫，《康熙政要》，宣統鉛印本，北京國家圖書館分館藏。

17. 孫毓棠編，《中國近代工業史資料（第一輯 1840～1895 年・下冊）》（北京：科學出版社，1957年4月）。

18. 〔民國〕陳衍，《臺灣通紀》，臺灣銀行文獻叢刊第一二○種，1961年8月。

19. 張本政主編，《清實錄臺灣史資料專輯》（福州：福建人民出版社，1993年12月）。

20. 〔民國〕趙爾巽等著，《清史稿》（北京：中華書局，1998年1月）。

21. 〔清〕蔣良騏，《十二朝東華錄（天命～同治)》（臺北：文海出版社，1968年8月）。

## 二、專書

1. 丁光玲，《清代臺灣義民研究》（臺北：文史哲出版社，1994年9月）。

2. 方行、經君健、魏金玉主編，《中國經濟通史──清代經濟卷（下）》（北京：經濟日報出版社，2000年2月）。

3. 王一婷，《臺灣的古道》（臺北：遠足文化事業有限公司，2002年5月）。

4. 王士達，《近代中國人口的估計（初稿）》（北平：北平社會調查所，1931年8月）。

5. 王世慶，《淡水河流域河港水運史》（臺北：中央研究院中山人文社會科學研究所，1996年12月）。

6. 王世慶，《清代臺灣社會經濟》（臺北：聯經出版事業公司，1994年8月）。

7. 王先明，《近代紳士──一個封建階層的歷史命運》（天津：天津人民出版社，1997年12月）。

8. 王純五，《袍哥探秘》（成都：巴蜀書社，1993年6月）。

9. 王嵩山，《阿里山鄒族的歷史與政治》（臺北：稻鄉出版社，2000年11月）。

10. 王嵩山，《阿里山鄒族的社會與宗教生活》（臺北：稻鄉出版社，1995 年 2 月）。

11. 王爾敏，《清季兵工業的興起》（臺北：中央研究院近代史研究所，1978 年 6 月二版）。

12. 王爾敏，《淮軍志》（臺北：中央研究院近代史研究所，1981 年 2 月再版）。

13. 王慶成，《稀見清世史料並考釋》（武漢：武漢出版社，1998 年 7 月）。

14. 王躍生，《十八世紀中國婚姻家庭研究——建立在 1781～1791 年個案基礎上的分析》（北京：法律出版社，2000 年 4 月）。

15. 王繼平，《湘軍集團與晚清湖南》（北京：中國社會科學出版社，2002 年 3 月）。

16. 尹章義，《張士箱家族移民發展史》（臺北：張士箱家族拓展史研纂委員會，1983 年 7 月）。

17. 尹章義，《臺灣開發史研究》（臺北：聯經出版事業公司，1999 年 10 月初版三刷）。

18. 孔立，《廈門史話》（上海：人民出版社，1979 年 9 月）。

19. 孔永松、李小平，《客家宗族社會》（福州：福建教育出版社，1997 年 6 月二刷）。

20. 中國軍事史編寫組，《中國軍事史（第三卷兵制）》（北京：解放軍出版社，1987 年 10 月）。

21. 仇德哉，《臺灣之寺廟與神明（四）》（臺北：臺灣省文獻委員會，1983 年 6 月。

22. 臺灣客家公共事務協會主編，《新个客家人》（臺北：臺原出版社，1993 年 2 月二刷）。

23. 臺灣常民文化學會，《彰化平原的族群與文化風錄》（彰化：彰化縣立文化中心，1999 年 1 月）。

24. 金梁，《臺灣史料（油印本）》，1955 年，北京國家圖書館分館藏。

25. 田玄，《淮軍》（太原：山西人民出版社，2000 年 1 月）。

26. 田哲益，《臺灣原住民的社會與文化》（臺北：武陵出版有限公司，2001 年 4 月）。

27. 史志宏，《清代前期的小農經濟》（北京：中國社會科學出版社，1994 年 10 月）。

28. 皮明勇，《湘軍》（太原：山西人民出版社，1999 年 10 月）。

29. 池子華，《中國近代流民》（杭州：浙江人民出版社，1996 年 3 月）。

30. 任桂淳，《清朝八旗駐防興衰史》（北京：三聯書店，1993 年 3 月）。

31. 朱紹侯，《中國古代治安史》（開封：河南大學出版社，1994 年 12 月）。

32. 朱國宏，《中國的海外移民——一項國際遷移的歷史研究》（上海：復旦大學出版社，1994 年 12 月）。

33. 行龍，《人口問題與近代社會》（臺北：南天書局，1998 年 1 月）。

34. 汪宗衍，《讀清史稿札記》（臺北：弘文館出版社，1986 年 4 月）。

35. 汪毅夫，《閩臺歷史社會與民俗文化》（廈門：鷺江出版社，2000 年 8 月）。

36. 江慶柏，《明清蘇南望族文化研究》（南京：南京師範大學出版社，2000 年 9 月二刷）。

37. 何烈，《清咸、同時期的財政》（臺北：國立編譯館中華叢書編審委員會，1981 年 7 月）。

38. 李文良，《中心與周緣——臺北盆地東南緣淺山地區的社會經濟變遷》（臺北：臺北縣立文化中心，1999 年 6 月）。

39. 李文治、江太新，《中國宗法宗族制度和族田義庄》（北京：社會科學文獻出版社，2000 年 4 月）。

40. 李文治、魏金玉、經君建，《明清時代的農業資本主義萌芽問題》（北京：中國社會科學出版社，1983 年 5 月）。

41. 李中清、王丰，《人類的四分之一：馬爾薩斯的神話與中國的現實（1700～2000）》（北京：三聯書店，2000 年 3 月）。

42. 李汝和，《清代駐臺班兵考》（臺北：臺灣省文獻委員會，1971 年 5 月）。

43. 李絜非，《臺灣》（上海：商務印書館，1947 年 2 月上海四版）。

44. 何兆武、柳卸林主編，《中國印象——世界名人論中國文化（下冊）》（桂林：廣西師範大學出版社，2001 年 4 月）。

45. 邱彥貴、吳中杰，《臺灣客家地圖》（臺北：城邦文化事業股份有限公司，2001 年 5 月）。

46. 邱瑞杰，《清末關西地區散村的安全與防禦》（竹北：新竹縣立文化中心，1999 年 6 月）。

47. 吳吉遠，《清代地方政府的司法職能研究》（北京：中國社會科學出版社，1998 年 6 月）。

48. 吳育臻，《大隘地區聚落與生活方式的變遷》（竹北：新竹縣立文化中心，2000 年 3 月。

49. 吳學明，《金廣福墾隘與新竹東南山區的開發 1834～1895》（臺北：國立臺灣師範大學歷史所，1986 年 2 月）。

50. 吳學明，《頭前溪中上游開墾史暨史料彙編》（竹北：新竹縣立文化中心，1998 年 6 月）。

51. 吳鎮坤等，《臺中縣客家風物專輯》（豐原：臺中縣立文化中心，1989 年 12 月）。

52. 林玉茹，《清代臺灣港口的空間結構》（臺北：知書房出版社，1996 年 12 月）。

53. 林玉茹，《清代竹塹地區的在地商人及其活動網絡》（臺北：聯經出版事業公司，2000 年 5 月）。

54. 林宗崙編，《中國官訓經典》（北京：紅旗出版社，1996 年 9 月）。

55. 林其泉，《臺灣雜談（I）》（福州：臺灣史研究室，1981 年 5 月）。

56. 林美容，《草屯鎮鄉土社會史資料》（臺北：臺灣風物雜誌社，1990 年 10 月）。

57. 林美容，《彰化媽祖信仰圈內的曲館》（南投：臺灣省文獻委員會，1997 年 5 月）。

58. 林美容，《臺灣人的社會與信仰》（臺北：自立晚報社文化出版部，1993 年 1 月）。

59. 林滿紅，《茶、糖、樟腦業與臺灣之社會經濟變遷 1860～1895》（臺北：聯經出版事業公司，2001 年 11 月四刷）。

60. 林慶元主編，《福建近代經濟史》（福州：福建教育出版社，2001 年 4 月）。

61. 姜鳴，《龍旗飄揚的艦隊——中國近代海軍興衰史》（上海：交通大學出版社，1991 年 7 月）。

62. 高浣月，《清代刑名幕友研究》（北京：中國政法大學出版社，2000 年 1 月）。

63. 高賢治、馮作民編譯，《臺灣舊慣習俗信仰》（臺北：眾文圖書公司，1978 年 5 月）。

64. 周育民、邵雍，《中國幫會史》（上海：上海人民出版社，1995 年 12 月二刷）。

65. 洪敏麟，《臺灣舊地名之沿革（第一冊）》（南投：臺灣省文獻委員會，1999 年 6 月四版）。

66. 洪敏麟，《臺灣舊地名之沿革（第二冊上）》（南投：臺灣省文獻委員會，1997 年 6 月二版）。

67. 洪敏麟，《臺灣舊地名之沿革（第二冊下）》（南投：臺灣省文獻委員會，1997 年 6 月二版）。

68. 洪麗完，《臺灣中部平埔族——沙轆社與岸裡大社之研究》（臺北：稻鄉出版社，1997 年 6 月）。

69. 胡珠生，《清代洪門史》（瀋陽：遼寧人民出版社，1996 年 5 月）。

70. 柯志明,《番頭家——清代臺灣族群政治與熟番地權》（臺北：中央研究院社會學研究所,2001 年 3 月）。

71. 姜濤,《人口與歷史——中國傳統人口結構研究》（北京：人民出版社,1998 年 7 月）。

72. 施添福,《清代臺灣的地域社會——竹塹地區的歷史地理研究》（竹北：新竹縣文化局,2001 年 9 月）。

73. 施添福,《蘭陽平原的傳統聚落——理論架構與基本資料（上冊）》（宜蘭：宜蘭縣立文化中心,1997 年 5 月修訂版）。

74. 〔日治〕連橫,《臺灣通史》,臺灣銀行文獻叢刊第一二八種,1962 年 2 月。

75. 〔日治〕連橫,《臺灣語典》,臺灣銀行文獻叢刊第一六一種,1963 年 3 月。

76. 連立昌,《福建秘密社會》（福州：福建人民出版社,1993 年 6 月二刷）。

77. 連立昌,《擾攘社會三百年——三大幫演義》（福州：福建人民出版社,1999 年 9 月）。

78. 涂開輿,《華僑》（上海：商務印書館,1930 年）。

79. 秦寶琦,《中國地下社會（清前期秘密社會卷）》（北京：學苑出版社,1994 年 1 月）。

80. 秦寶琦,《洪門眞史》（福州：福建人民出版社,2000 年 8 月二刷）。

81. 秦寶琦,《清前期天地會研究》（北京：中國人民大學出版社,1998 年 8 月二刷）。

82. 馬昌華主編,《淮系人物列傳——李鴻章家族成員、武職》（合肥：黃山書社,1995 年 12 月）。

83. 馬昌華主編,《淮系人物列傳——文職‧北洋海軍、洋員》（合肥：黃山書社,1995 年 12 月）。

84. 唐吉傑編著,《冶鐵學》（臺北：臺灣商務印書館,1975 年 6 月臺一版）。

85. 翁仕杰,《臺灣民變的轉型》（臺北：自立晚報社文化出版部,1994 年 8 月）。

86. 翁佳音,《大臺北古地圖考釋》（臺北：臺北縣立文化中心,1998 年 6 月）。

87. 翁佳音,《異論臺灣史》（臺北：稻鄉出版社,2002 年 2 月）。

88. 黃文博,《南瀛俗諺故事誌》（新營：臺南縣文化局,2001 年 5 月）。

89. 黃明惠、黃明雅,《南瀛聚落誌》（新營：臺南縣文化局,2002 年 1 月）。

90. 黃秀政等,《臺灣史》（臺北：五南圖書出版股份有限公司,2002 年 2 月）。

91. 黃秀政等，《臺灣史志論叢》（臺北：五南圖書出版有限公司，2000 年 3 月二刷）。

92. 黃秀政，《臺灣割讓與乙未抗日運動》（臺北：商務印書館，1996 年 4 月二刷）。

93. 黃富三，《霧峰林家的興起——從渡海拓荒到封疆大吏（1729～1864）》（臺北：自立晚報，1987 年 10 月）。

94. 黃富三，《霧峰林家的中挫（1861～1865）》（臺北：自立晚報，1992 年 9 月）。

95. 黃朝進，《清代竹塹地區的家族與地域社會——以鄭、林兩家爲中心》（臺北：國史館，1999 年 6 月二版）。

96. 許仁圖編，《清史資料彙編補編（中冊 2）》（臺北：河洛圖書出版社，1974 年）。

97. 許功明、柯惠譯，《排灣族古樓村的祭儀與文化》（臺北：稻鄉出版社，1998 年 9 月）。

98. 許雪姬，《板橋林家——林平侯父子傳》（南投：臺灣省文獻委員會，2000 年 11 月）。

99. 許雪姬，《清代臺灣的綠營》（臺北：中央研究院近代史研究所，1987 年 5 月）。

100. 許雪姬，《龍井林家的歷史》（臺北：中央研究院近代史研究所，1990 年 6 月）。

101. 許毓良，《清代臺灣的海防》（北京：社會科學文獻出版社，2003 年 7 月）。

102. 康培德，《殖民接觸與帝國邊陲——花蓮地區原住民十七至十九世紀的歷史變遷》（臺北：稻鄉出版社，1999 年 12 月）。

103. 梁方仲，《中國歷代戶口、田地、田賦統計》（上海：上海人民出版社，1983 年 3 月四刷）。

104. 梁宇元，《清末北埔客家聚落之構成》（竹北：新竹縣立文化中心，2000 年 3 月）。

105. 梁治平，《清代習慣法：社會與國家》（北京：中國政法大學出版社，1999 年 10 月）。

106. 婁子匡，《臺灣人物傳說（上）》（臺北：東方文化書局，1976 年 4 月）。

107. 郭松義，《倫理與生活——清代的婚姻關係》（北京：商務印書館，2000 年 8 月）。

108. 郭松義等，《清朝典章制度》（長春：吉林文史出版社，2001 年 3 月）。

109. 郭建，《帝國縮影——中國歷史上的衙門》（上海：學林出版社，1999 年

12 月）。

110. 郭潤濤，《官府、幕友與書生──「紹興師爺」研究》（北京：中國社會科學出版社，1996 年 4 月）。

111. 曹樹基，《中國人口史──第五卷清時期》（上海：復旦大學出版社，2001 年 5 月）。

112. 孫曉芬，《四川的客家人與客家文化》（成都：四川大學出版社，2000 年 5 月）。

113. 孫謙，《清代華僑與閩粵社會變遷》（廈門：廈門大學出版社，1999 年 6 月）。

114. 孫繩武，《稻》（上海：商務印書館，1926 年 1 月）。

115. 溫振華、戴寶村，《淡水河流域變遷史》（板橋：臺北縣立文化中心，1999 年 3 月初版二刷）。

116. 溫振華，《清代新店地區社會經濟之變遷》（臺北：臺北縣政府文化局，2000 年 12 月）。

117. 溫振華，《清代東勢地區的土地開墾》（臺北：日知堂，無年月）。

118. 曾少聰，《東洋航路移民──明清海洋移民臺灣與菲律賓的比較研究》（南昌：江西高校出版社，1998 年 11 月）。

119. 曾思奇、許良國，《高山族風俗志》（北京：中央民族學院出版社，1988 年 2 月）。

120. 彭先國，《湖南近代秘密社會研究》（長沙：岳麓書社，2001 年 9 月）。

121. 陳孔立，《清代臺灣移民社會研究》（廈門：廈門大學出版社，1990 年 10 月）。

122. 陳孔立主編，《臺灣研究十年》（臺北：博遠出版社，1991 年 11 月）。

123. 陳孔立，《臺灣歷史綱要》（臺北：人間出版社，1998 年 10 月臺一版三刷）。

124. 陳支平，《近 500 年來福建的家族社會與文化》（上海：三聯書店，1991 年 5 月）。

125. 陳在正，《臺灣海疆史研究》（廈門：廈門大學出版社，2001 年 3 月）。

126. 陳亦榮，《清代漢人在臺灣地區遷徙之研究》（臺北：東吳大學中國學術著作獎助委員會，1991 年 5 月）。

127. 陳旭麓，《近代中國社會的新陳代謝》（上海：上海人民出版社，1992 年 12 月）。

128. 陳其南，《傳統制度與社會意識的結構──歷史與人類學的探索》（臺北：允晨文化實業股份有限公司，1999 年 11 月二刷）。

129. 陳宗仁，《從草地到街市──十八世紀新庄街的研究》（臺北：稻鄉出版社，1996 年 6 月）。

130. 陳奇祿，《臺灣土著文化研究》（臺北：聯經出版事業公司，1999 年 10 月三刷）。

131. 陳秋坤，《清代臺灣土著地權——官僚、漢佃與岸裡社人的土地變遷 1700～1895》（臺北：中央研究院近代史研究所，1994 年 12 月）。

132. 陳俊傑，《埔里開發的故事》（南投：財團法人南投縣文化基金會，1999 年 11 月）。

133. 陳康編著，《臺灣高山族語言》（北京：中央民族學院出版社，1992 年 11 月）。

134. 陳國強，《高山族風情錄》（成都：四川民族出版社，1994 年 4 月）。

135. 陳紹馨，《臺灣的人口變遷與社會變遷》（臺北：聯經出版事業，1997 年 9 月五刷）。

136. 陳進傳，《宜蘭傳統漢人家族之研究》（宜蘭：宜蘭縣立文化中心，1995 年 5 月）。

137. 陳運棟等，《斗葛族人——道卡斯族研究導論》（苗栗：苗栗縣立文化中心，1998 年 6 月）。

138. 陳碧笙，《臺灣人民歷史》（臺北：人間出版社，1996 年 12 月）。

139. 陳鴻圖，《水利開發與清代嘉南平原的發展》（臺北：國史館，1996 年 6 月）。

140. 陸傳傑，《裨海紀遊新注（大地別冊)》（臺北：大地地理出版事業，2001 年 4 月）。

141. 莊吉發，《清代臺灣會黨史研究》（臺北：南天書局有限公司，1999 年 5 月）。

142. 莊吉發，《清代秘密會黨史研究》（臺北：文史哲出版社，1994 年 11 月）。

143. 莊吉發，《清史論集（一)》（臺北：文史哲出版社，1997 年 12 月）。

144. 莊吉發，《清史論集（二)》（臺北：文史哲出版社，1997 年 12 月）。

145. 莊吉發，《清史論集（三)》（臺北：文史哲出版社，1998 年 10 月）。

146. 莊吉發，《清史論集（五)》（臺北：文史哲出版社，2000 年 3 月）。

147. 莊吉發，《清史論集（八)》（臺北：文史哲出版社，2000 年 11 月）。

148. 莊明水等，《臺灣教育簡史》（福州：福建教育出版社，1994 年 7 月）。

149. 〔德〕喬偉等著，《德國克虜伯與中國的近代化》（天津：天津古籍出版社，2001 年 9 月）。

150. 傅衣凌，《明清封建土地所有制論綱》（上海：上海人民出版社，1992 年 6 月）。

151. 傅衣凌、楊國楨主編，《明清福建社會與鄉村經濟》（廈門：廈門大學出版社，1987 年 10 月）。

152. 華友根，《薛允升的古律研究與改革——中國近代修訂新律的先導》（上海：上海社會科學出版社，1999 年 12 月）。

153. 張世明，《18 世紀的中國與世界（軍事卷）》（瀋陽：遼海出版社，1999 年 6 月）。

154. 張仲禮著，李榮昌譯，《中國紳士——關于其在 19 世紀中國社會中作用的研究》（上海：上海社會科學出版社，1998 年 1 月三刷）。

155. 張仲禮著，費成康、王寅通譯，《中國紳士的收入——「中國紳士」續篇》（上海：上海社會科學出版社，2001 年 1 月）。

156. 張壯強，《廣西近代援越抗法戰爭》（廈門：廈門大學出版社，2000 年 7 月）。

157. 張研，《清代社會的慢變量——從清代基層社會組織看中國封社會結構與經濟結構的演變趨勢》（太原：山西人民出版社，2000 年 1 月）。

158. 張振岳，《後山西拉雅人物誌》（臺北：常民文化事業有限公司，1996 年 5 月）。

159. 張偉仁，《清代法制研究（輯一冊一）》（臺北：中央研究院歷史語言研究所，1983 年 9 月）。

160. 張勝彥，《清代臺灣廳縣制度之研究》（臺北：華世出版社，1993 年 3 月）。

161. 張勝彥，《臺中市史》（臺中：臺中市立文化中心，1999 年 6 月）。

162. 張德澤，《清代國家機關考略》（北京：學苑出版社，2002 年 5 月）。

163. 張耀錡，《平埔族社名對照表》（臺北：臺灣省文獻委員會，1951 年）。

164. 張繡文，《臺灣鹽業史》（臺北：臺灣銀行經濟研究室，1955 年 11 月）。

165. 葉振輝，《清季臺灣開埠之研究》（臺北：標準書局，1985 年 5 月）。

166. 楊國楨，《林則徐傳》（北京：人民出版社，1983 年 8 月二刷）。

167. 楊國楨、陳支平，《明清時代福建的土堡》（臺北：國學文獻館，1993 年 1 月）。

168. 楊國鑫，《臺灣客家》（臺北：唐山出版社，1993 年 3 月）。

169. 楊寬，《中國古代冶鐵技術的發明和發展》（上海：上海人民出版社，1956 年 10 月）。

170. 路遇、滕澤之，《中國人口通史（下）》（濟南：山東人民出版社，2000 年 1 月）。

171. 薛化元，《臺灣開發史》（臺北：三民書局，1999 年 7 月）。

172. 廖丑，《西螺七嵌開拓史》（臺北：前衛出版社，1998 年 11 月）。

173. 廖風德，《清代之噶瑪蘭》（臺北：正中書局，1994 年 11 月二刷）。

174. 蔡少卿，《中國秘密社會》（臺北：南天書局有限公司，1996 年 8 月）。

175. 趙文林、謝淑君，《中國人口史》（北京：人民出版社，1991 年 12 月）。

176. 趙岡等，《清代糧食畝產量研究》（北京：中國農業出版社，1995 年 5 月）。

177. 趙曉華，《晚清訟獄制度的社會考察》（北京：中國人民大學出版社，2001 年 4 月）。

178. 熊志勇，《從邊緣走向中心——晚清社會變遷中的軍人集團》（天津：天津人民出版社，1998 年 6 月）。

179. 潘大和，《平埔巴宰族滄桑史》（臺北：南天書局有限公司，1998 年 4 月）。

180. 潘英，《臺灣平埔族史》（臺北：南天書局，2001 年 11 月三刷）。

181. 潘繼道，《清代臺灣後山平埔族移民之研究》（臺北：稻鄉出版社，2001 年 4 月）。

182. 鄭安晞，《臺灣最後祕境——清代關門古道》（臺北：晨星出版有限公司，2000 年 10 月）。

183. 鄭秦，《清代司法審判制度研究》（長沙：湖南教育出版社，1988 年 5 月）。

184. 霍斯陸曼·伐伐，《中央山脈的守護者：布農族》（臺北：稻鄉出版社，1997 年 10 月）。

185. 鄧孔昭，《臺灣通史辨誤》（臺北：自立晚報社文化出版部，1991 年 7 月臺版一刷）

186. 劉子明，《中國近代軍事思想史》（南昌：江西人民出版社，1997 年 7 月）。

187. 劉光濤，《敦厚堂文史論叢》（臺北：天工書局，1990 年 12 月）。

188. 劉如仲、苗學孟，《清代高山族社會生活》（福州：福建人民出版社，1992 年 12 月）。

189. 劉志偉，《在國家與社會之間——明清廣東里甲賦役制度研究》（廣州：中山大學出版社，1997 年 12 月）。

190. 劉克襄策劃，《探險家在臺灣》（臺北：自立晚報社文化出版部，1993 年 6 月二版）。

191. 劉旭，《中國古代兵器圖冊》（北京：北京圖書館出版社，1999 年 7 月二刷）。

192. 劉敏耀，《基隆砲臺手冊》（基隆：基隆市立文化中心，2000 年 8 月）。

193. 戴炎輝，《清代臺灣的鄉治》（臺北：聯經出版事業公司，1992 年 5 月三刷）。

194. 戴興明、邱浩然主編，《客家文化論叢》（臺北：中華文化復興運動總會，1994 年 10 月）。

195. 藤井志津枝，《近代中日關係史源起 1871～74 年臺灣事件》（臺北：金禾出版社，1994 年 6 月二刷）。

196. 簡炯仁，《臺灣開發與族群》（臺北：前衛出版社，2001 年 10 月三刷）。

197. 蘇亦工，《明清律典與條例》（北京：中國政法大學出入社，2000 年 1 月）。

198. 鐘義明，《臺灣的文采與泥香》（臺北：武陵出版有限公司，1992 年 11 月）。

199. 羅肇錦，《臺灣客家族群史──語言篇》（南投：臺灣省文獻委員會，2000 年 11 月）。

200. 羅爾綱，《太平天國史》（北京：中華書局，2000 年 11 月二刷）。

201. 羅爾綱，《晚清兵志──第一卷淮軍志》（北京：中華書局，1997 年 1 月）。

202. 羅爾綱、羅文起，《太平天國散佚文獻勾沉錄》（貴陽：貴州人民出版社，1993 年 1 月）。

## 三、論文

1. 上海圖書館編，《中國譜牒研究──全國譜牒開發與利用學術研討會論文集》（上海：上海古籍出版社，1999 年 10 月）。

2. 中央研究院三民主義研究所編，《第一屆歷史與中國社會變遷（中國社會史）研討會〔下冊〕》（臺北：中央研究院三民主義研究所，1982 年 8 月）。

3. 中華民國史料研究中心主編，《中國現代史專題研究報告（第二十一輯）──臺灣史料的集與運用討論會論文集》（臺北：中華民國史料研究中心，2000 年 10 月）。

4. 中國海洋發展史論文集編輯委員會主編，《中國海洋發展史論文集（第一輯）》（臺北：中央研究院中山人文社會科學研究所，1995 年 6 月三刷）。

5. 中國海洋發展史論文集編輯委員會主編，《中國海洋發展史論文集（第二輯）》（臺北：中央研究院三民主義研究所，1990 年 6 月再版）。

6. 王志文，〈淡水河岸同安人祖公會角頭空間分佈──以燕樓李、兌山李、西亭陳、郭子儀會例〉，國立臺南師範學院鄉土文化研究所碩士論文，2000 年 12 月。

7. 王慧芬，〈清代臺灣的番界政策〉，國立臺灣大學歷史學研究所碩士論文，2000 年 1 月。

8. 太平天國學刊編委會，《太平天國學刊（第四輯）》（北京：中華書局，

1987 年 7 月）。

9. 太平天國學刊編委會，《太平天國學刊（第五輯）》（北京：中華書局，
   1987 年 7 月）。

10. 古鴻廷、黃書林編，《臺灣歷史與文化論文（一）》（臺北：稻鄉出版社，
    2000 年 12 月三刷）。

11. 古鴻廷、黃書林編，《臺灣歷史與文化論文（三）》（臺北：稻鄉出版社，
    2000 年 2 月）。

12. 李中清等主編，《婚姻家庭與人口行爲（論文集）》（北京：北京大學出版
    社，2000 年 1 月）。

13. 李亦園、喬健合編，《中國的民族社會與文化——芮逸夫教授八秩壽慶論
    文集》（臺北：食貨出版社，1981 年 10 月）。

14. 李素月編輯，《「宜蘭研究」第二屆國際學術研討會論文集》（宜蘭：宜蘭
    縣立文化中心，1997 年 12 月）。

15. 周惠民主編，《北臺灣鄉土文化學術研討會論文集》（臺北：國立政治大
    學歷史學系，2000 年 10 月）。

16. 施添福，〈清代臺灣屏東平原的土地拓墾和族群關係〉，《平埔族群與臺灣
    歷史文化學術研討會》，中央研究院臺灣史研究所籌備處主辦，1998 年 5
    月 16～17 日。

17. 〔日〕若林正丈、吳密察主編，《臺灣重層近代化論文集》（臺北：播種
    者文化有限公司，2000 年 8 月）。

18. 許文雄，〈林爽文起事和臺灣的發展〉，清代檔案與臺灣史研究學術研討
    會，，國立故宮博物院主辦，2001 年 6 月 15～16 日。

19. 連慧珠，〈「萬生反」——十九世紀後期臺灣民間文化之歷史觀察〉，東海
    大學歷史研究所碩士論文，1995 年 6 月。

20. 湯熙勇主編，《中國海洋發展史論文集（第七輯・下冊）》（臺北：中央研
    究院中山人文社會科學研究所，1999 年 3 月）。

21. 黃于玲編輯，《「宜蘭研究」第四屆國際學術研討會論文集》（宜蘭：宜蘭
    縣立文化中心，2002 年 10 月）。

22. 黃智偉，〈統治之道——清代臺灣的縱貫線〉，國立臺灣大學歷史學研究
    所碩士論文，1999 年 6 月。

23. 黃康顯主編，《近代臺灣的社會發展與民族意識（論文集）》（香港：香港
    大學校外課程部，1987 年 12 月）。

24. 黃富三，〈從劉銘傳開山撫番政策看清廷、地方官、士紳的互動〉，《中華
    民國史專題論文集第五屆討論會（抽印本）》（臺北：國史館，2000 年 12
    月）。

25. 黃應貴主編，《「空間、家與社會」研討會（論文集）》（臺北：中央研究

院民族學研究所，1994 年 2 月）。

26. 陸元鼎主編，《中國客家民居與文化（論文集）》（廣州：華南理工大學出版社，2001 年 8 月）。

27. 陳世榮，〈清代北桃園的開發與地方社會建構 1683～1895〉，國立中央大學歷史研究所碩士論文，1999 年 6 月。

28. 楊慶平，〈清末臺灣的「開山撫番」戰爭（1885～1895）〉，國立政治大學民族研究所碩士論文，1995 年 6 月。

29. 張炎憲主編，《中國海洋發展史論文集（第三輯）》（臺北：中央研究院中山人文社會科學研究所，1995 年 6 月三刷）。

30. 張素玢，〈平埔社群空間地圖的重構與解釋：以東螺社與眉裡社為中心〉，《「平埔族群與臺灣社會」國際學術研討會》，中央研究院民族學研究所／臺灣史研究所籌備處主辦，2000 年 10 月 23～25 日。

31. 廖英杰編輯，《「宜蘭研究」第三屆國際學術研討會論文集》（宜蘭：宜蘭縣文化局，2000 年 8 月）。

32. 潘英海、詹素娟主編，《平埔研究論文集》（臺北：中央研究院臺灣史研究所籌備處，1995 年 6 月）。

33. 潘繼道，〈晚清「開山撫番」下後山奇萊平原地區原住民族群勢力消長之研究〉，《國家與東臺灣區域發展史研討會》，中央研究院臺灣史研究所籌備處主辦，2001 年 12 月 13～14 日。

34. 謝仲修，〈清代臺灣屯丁制度的研究〉，國立政治大學歷史研究所碩士論文，1988 年 6 月。

35. 羅士傑，〈清代臺灣的地方菁英與意方社會：以同治年間戴潮春事件為討論中心（1862～1868）〉，清華大學歷史研究所碩士論文，2000 年 6 月。

## 四、期刊

1. 中國第一歷史檔案館，〈同治年間哥老會史料〉，《歷史檔案》，總 73 期，1998 年 11 月。

2. 中國第一歷史檔案館，〈清代查勘臺灣官庄民地佃租史料〉，《歷史檔案》，總 25 期，1987 年 2 月。

3. 中國第一歷史檔案館，〈乾隆四十七年臺灣漳泉民人械斗史料〉，《歷史檔案》，總 61 期，1996 年 2 月。

4. 中國第一歷史檔案館，〈乾隆朝武科史料選編〉，《歷史檔案》，總 60 期，1995 年 11 月。

5. 王世慶，〈海山史話（上）〉，《臺北文獻》，直字第 37 期，1976 年 9 月。

6. 王崧興，〈八堡圳與臺灣中部的開發〉，《臺灣文獻》，第 26 卷第 4 期、27 卷第 1 期合刊，1976 年 3 月。

7. 王顯榮，〈大安港史話〉，《臺灣文獻》，第 29 卷第 1 期，1978 年 3 月。

8. 元廷植，〈清中期福建的族正制〉，《清史論叢》，2000 年號，2001 年 1 月。

9. 田彤，〈清代（1840 年前）的人口危機及對近代社會經濟的影響〉，《史學月刊》，總 209 期，1994 年 5 月。

10. 石舍，〈黃教的抗清〉，《臺南文化》，第 6 卷第 4 期，1959 年 10 月。

11. 石萬壽，〈乾隆以前臺灣南部客家人的墾殖〉，《臺灣文獻》，第 37 卷第 4 期，1986 年 12 月。

12. 石萬壽，〈臺南府城的城防——臺南都市化研究之一〉，《臺灣文獻》，第 30 卷第 4 期，1979 年 12 月。

13. 李中清、王丰，〈摘調人口決定論的光環——兼談歷史人口研究的思路與方法〉，《歷史研究》，總第 275 期，2002 年 2 月。

14. 李世瑜，〈有關劉永福晚年活動的一篇文獻——跋「粵省民團總長劉永福之通告」〉，《文獻》，第七輯，1981 年 3 月。

15. 李宜憲，〈晚清後山駐兵初探〉，《臺灣文獻》，第 50 卷第 1 期。

16. 李祖基，〈清代巡臺御史制度研究〉，《臺灣研究集刊》，總 24 期，1989 年 5 月。

17. 李祖基，〈清代前期臺灣的田園賦則〉，《臺灣研究集刊》，總 32 期，1991 年 5 月。

18. 李國榮，〈論雍正時期對臺灣的開發〉，《歷史檔案》，總 48 期，1992 年 11 月。

19. 李華，〈清代前期賦役制度的改革——從「盛世滋生人丁永不加賦」到「攤丁入畝」〉，《清史論叢》，第 1 輯，1979 年 8 月，頁 31～35。

20. 河樂，〈胼手胝足、開發寶島——漳屬人民開拓臺灣史略〉，《長泰文史資料》，總第 5 期，1982 年 9 月。

21. 吳申元，〈對「清代人口研究」一文的兩點意見〉，《中國社會科學》，總 16 期，1982 年 7 月。

22. 吳玫，〈中法戰爭期間大陸對臺灣的支持〉，《臺灣研究集刊》，總第 26 期，1989 年 11 月。

23. 吳學明，〈清代一個務實拓墾家族的研究——以新竹姜朝鳳家族為例〉，《臺灣史研究》，第 2 卷第 2 期，1995 年 12 月。

24. 林文龍，〈臺灣中部古碑續拾〉，《臺灣風物》，第 40 卷第 4 期，1990 年 12 月。

25. 林仁川、王蒲華，〈清代福建人口向臺灣的流動〉，《歷史研究》，總 162 期，1983 年 4 月。

26. 林美容,〈彰化媽祖信仰圈內的曲館與武館之社會史意義〉,《人文及社會科學集刊》,第 5 卷第 1 期,1992 年 11 月,。

27. 林偉盛,〈分類械鬥蔓延全臺的分析〉,《臺灣風物》,第 38 卷第 3 期,1988 年 8 月。

28. 林慶元,〈洋務運動中來華洋匠名錄〉,《近代史資料》,總 95 期,1998 年 10 月。

29. 周力農,〈清代臺灣的土地制度和租佃關係〉,《清史論叢》,第 7 輯,1986 年 10 月。

30. 周宗賢,〈淡水與淡水砲臺〉,《臺灣文獻》,第 41 卷第 1 期,1990 年 3 月。

31. 周源和,〈清代人口研究〉,《中國社會科學》,總 14 期,1982 年 3 月。

32. 周翔鶴,〈埤圳・結首制・「力栽業戶」──水利古文書所見墾拓初期宜蘭社會狀況〉,《臺灣研究集刊》,總 57 期,1997 年 8 月。

33. 周翔鶴,〈從水利事業看清代宜蘭的社會領導階層與家族興起〉,《臺灣研究集刊》,總 59 期,1998 年 3 月。

34. 周翔鶴,〈清代臺灣給墾字研究〉,《臺灣研究集刊》,總 20 期,1988 年 5 月。

35. 周翔鶴,〈清代臺灣墾照與番社給墾字研究──清代臺灣早期土地文書研究之一〉,《臺灣研究集刊》,總 23 期,1989 年 2 月。

36. 周翔鶴,〈墾首考辨──清代臺灣後期土地文書研究之一〉,《臺灣研究集刊》,總 24 期,1989 年 5 月。

37. 周翔鶴,〈清代早期臺灣中部北部平地的鄉村經濟和業戶經濟〉,《臺灣研究集刊》,總 25 期,1989 年 8 月。

38. 周翔鶴,〈清代臺灣土地開發史上的墾首、業主、佃首等名稱的地理分佈〉,《臺灣研究集刊》,總 31 期,1991 年 2 月。

39. 〔法〕亨利・絮貝爾(Henri Zuber)著,袁樹仁譯,〈中國通訊(1866～1867)──亨利・絮貝爾旅華散記〉,《近代史資料》,總 67 號,1987 年 11 月。

40. 洪燦楠,〈臺灣地區聚落發展之研究(連載一)〉,《臺灣文獻》,第 29 卷第 2 期,1978 年 6 月。

41. 施添福,〈紅線與藍線──清乾隆中葉臺灣番界圖〉,《臺灣史田野研究通訊》,第 19 期,1991 年 6 月。

42. 施添福,〈清代臺灣竹塹地區的土牛溝和區域發展〉,《臺灣風物》,第 40 卷第 4 期,1990 年 12 月。

43. 施添福,〈開山與築路:晚清臺灣東西部越嶺道路的歷史地理考察〉,《師大地理研究報告》第 30 期,1999 年 5 月。

44. 施振民，〈祭祀圈與社會組織——彰化平原聚落發展模式的探討〉，《中央研究院民族學研究所集刊》，第 36 期，1973 年，，。

45. 胡果文，〈論清代的人口膨脹〉，《華東師範大學學報（哲學社會科學版）》，總 52 期，1984 年 4 月。

46. 胡良珍，〈南投靜觀賽得克人的社會生活之研究〉，《臺灣文獻》，第 20 卷第 4 期，1969 年 12 月。

47. 邵雍，〈臺灣八卦會起義述略〉，《歷史檔案》，總 40 期，1990 年 11 月。

48. 范明煥，〈清代新竹縣猴洞庄探源〉，《臺灣風物》，第 40 卷第 3 期，1990 年 9 月。

49. 梁榮迅，〈美國首次「清代歷史人口的討論會」綜述〉，《中國史研究動態》，總第 85 期，1986 年 1 月。

50. 馬小鶴，〈清代前期人口數字勘誤〉，《復旦學報》，1980 年第 1 期，1984 年 1 月。

51. 高王凌，〈關於「清代人口研究」的幾點質疑〉，《中國社會科學》，總 16 期，1982 年 7 月。

52. 高淑媛，〈罕見的團練公約〉，《臺灣風物》，第 44 卷第 3 期，1994 年 9 月。

53. 康豹（Paul R. Katz），〈慈祐宮與清代新莊街地方社會之建構〉，《北縣文化》，第 53 期，1997 年 6 月。

54. 〔美〕許文雄，李祖基譯，〈十八～十九世紀的臺灣社區組織〉，《臺灣研究集刊》，總 24 期，1989 年 5 月。

55. 許雪姬，〈二劉之爭與晚清臺灣政局〉，《中央研究院近代史研究所集刊》，第 14 期，1985 年 6 月。

56. 許雪姬，〈劉璈與中法戰爭〉，《臺灣風物》，第 35 卷第 2 期，1985 年 6 月。

57. 許毓良，〈清法戰爭中的基隆之役——兼論民族英雄墓的由來〉，《臺灣文獻》，第 54 卷第 1 期，2003 年 3 月。

58. 許嘉明，〈祭祀圈之於居臺漢人社會的獨特性〉，《中華文化復興月刊》，第 11 卷第 6 期，1978 年 6 月。

59. 盛清沂，〈新竹、桃園、苗栗三縣地區開闢史（上）〉，《臺灣文獻》，第 31 卷第 4 期，1980 年 12 月。

60. 盛清沂，〈新竹、桃園、苗栗三縣地區開闢史（下）〉，《臺灣文獻》，第 32 卷第 1 期，1981 年 3 月。

61. 盛清沂，〈新北市板橋區開闢史事考〉，《臺灣文獻》，第 36 卷第 1 期，1985 年 3 月。

62. 曹樹基、陳意新，〈馬爾薩斯理論和清代以來的中國人口──評美國學者近年來的相關研究〉，《歷史研究》，總第 275 期，2002 年 2 月。

63. 惠邨，〈清代臺灣之租賦〉，《臺灣文獻》，第 10 卷第 2 期，1959 年 6 月。

64. 郭松義，〈論「攤丁入地」〉，《清史論叢》，第 3 輯，1982 年 2 月。

65. 孫毓棠、張寄謙，〈清代的墾田與丁口的記錄〉，《清史論叢》，第 1 輯，1979 年 8 月。

66. 黃文英，〈朱一貴領導的臺灣農民大起義〉，《長泰文史資料》，1981 年第 1 期，1981 年 6 月。

67. 黃卓權，〈黃南球先生年譜初稿（一）〉，《臺灣風物》，第 37 卷第 3 期，1987 年 9 月。

68. 黃卓權，〈黃南球先生年譜初稿（二）〉，《臺灣風物》，第 38 卷第 1 期，1988 年 3 月。

69. 黃卓權，〈黃南球先生年譜初稿（三）〉，《臺灣風物》，第 38 卷第 2 期，1988 年 6 月。

70. 黃卓權，〈黃南球先生年譜初稿（四）〉，《臺灣風物》，第 38 卷第 3 期，1988 年 9 月。

71. 黃秀政，〈朱一貴的傳說與歌謠〉，《臺灣文獻》，第 26 卷第 3 期，1975 年 9 月。

72. 黃雯娟，〈清代臺北盆地的水利事業〉，《臺灣文獻》，第 47 卷第 3 期，1996 年 9 月。

73. 黃富三，〈板橋林本源家與清代北臺山區的發展〉，《臺灣史研究》，第 2 卷第 1 期，1995 年 6 月。

74. 黃榮洛，〈有關清代閩粵械鬥的一件民間古文書〉，《臺灣風物》，第 40 卷第 44，1990 年 12 月。

75. 溫振華，〈清代中部平埔族遷移埔里分析〉，《臺灣文獻》，第 51 卷第 2 期，2000 年 6 月。

76. 溫振華，〈清代臺灣中部的開發與社會變遷〉，《國立臺灣師範大學歷史學報》，第 11 期，年月，頁 73。

77. 溫振華，〈清代臺灣中部的開發（第八十四回臺灣研究研討會記錄）〉，《臺灣風物》，第 43 卷第 1 期，1993 年 3 月。

78. 溫振華，〈清代臺北盆地漢人社會祭祀圈之演變〉，《臺北文獻》，直字第 88 期，1989 年 6 月。

79. 溫振華，〈清代後期臺北盆地士人階層的成長〉，《臺北文獻》，直字第 90 期，1999 年 12 月。

80. 湯熙勇，〈清代巡臺御史的養廉銀及其相關問題〉，《人文及社會科學集刊》，第 3 卷第 1 期，1990 年 11 月。

81. 陳文達，〈嘉義梅山乾隆民番界碑〉，《臺灣文獻》，第 37 卷第 3 期，1986
年 9 月。

82. 陳支平，〈明清福建家族與人口變遷〉，《中國社會經濟史研究》，總 30
期，1989 年 8 月。

83. 陳孔立，〈「有唐山公，無唐山媽」質疑——有關臺灣早期人口性別比例
問題〉，《臺灣研究集刊》，總 58 期，1997 年 12 月。

84. 陳孔立，〈清代臺灣社會動亂原因與性質的分析〉，《臺灣研究集刊》，總
第 54 期，1996 年 11 月。

85. 陳紹馨，〈臺灣人口史的幾個問題（座談會）〉，《臺灣文獻》，第 13 卷第
2 期，1962 年 6 月。

86. 陳國棟，〈「軍工匠首」與清領時期臺灣的伐木問題 1683～1875〉，《人文
及社會科學集刊》，第 7 卷第 1 期，1995 年 3 月。

87. 陳樺，〈釋「滋生人丁」〉，《清史研究通訊》，總 14 期，1985 年 12 月

88. 陳鐵厚珍藏，王國璠註記，〈百壽詩錄〉，《臺北文獻》，直字第 36 期，
1974 年 6 月。

89. 惠邨，〈清代臺灣的租賦〉，《臺灣文獻》，第 10 卷第 2 期，1959 年 6 月。

90. 程士毅，〈軍工匠人與臺灣中部的開發問題〉，《臺灣風物》，第 44 卷第 3
期，1994 年 9 月。

91. 程賢敏，〈論清代人口增長率及「過剩」問題〉，《中國史研究》，總 15
期，1982 年 9 月。

92. 莊吉發，〈盛清時期臺灣會黨起源及其性質〉，《淡江史學》，第 11 期，
2000 年 6 月。

93. 莊金德，〈臺灣屯政之興廢〉，《臺灣文獻》，第 11 卷第 4 期，1960 年 12
月。

94. 〔日〕張士陽，鄧孔昭譯，〈雍正九、十年臺灣中部的原住民叛亂〉，《臺
灣研究集刊》，總第 95 期，1991 年 5 月。

96. 〔日〕張士陽，鄧孔昭譯，〈雍正九、十年臺灣中部的原住民叛亂（續）〉，
《臺灣研究集刊》，總第 33 期，1991 年 8 月。

97. 張英宇，〈清代搢紳錄略考〉，《文獻》，第 19 期，1984 年 3 月。

98. 張岩，〈試論清代的常平倉制度〉，《清史研究》，總 12 期，1993 年 12 月。

99. 張莉，〈論臺灣朱一貴抗清起義的歷史原因〉，《歷史檔案》，總 38 期，
1990 年 5 月。

100. 張菼，〈同籍械鬥的吳阿來事件〉，《臺灣文獻》，第 20 卷第 4 期，1969
年 12 月。

101. 張菼，〈清道光年間郭洸侯京控案〉，《臺灣文獻》，第 19 卷第 4 期，1968 年 12 月。

102. 張菼，〈郭洸侯京控案中的許東燦暨該案各人的懲處〉，《臺灣文獻》，第 20 卷第 2 期，1969 年 6 月。

103. 張建華，〈英國與 1874 年日本侵犯臺灣事件〉，《北大史學》，第 8 期，2001 年 12 月。

104. 楊玉姿，〈清代同發號家族在清水的開發〉，《高雄師範學院學報》，第 14 期，1986 年。

105. 楊其昌，〈清代人口問題及其歷史教訓〉，《雲南教育學院學報》，總 10 期，1987 年 3 月。

106. 閔宗殿，〈清代的人口問題及其農業對策〉，《清史研究通訊》，總 31 期，1990 年 3 月。

107. 蔡采秀，〈臺中地區的拓墾組織與產業開發〉，《中縣文獻》，第 6 期，1998 年 1 月。

108. 臺灣省立臺中圖書館，〈臺灣中部地方文獻資料（四）〉，《臺灣文獻》，第 34 卷第 4 期，1983 年 12 月。

109. 赫治清，〈「天地會盟書誓詞」辨正〉，《清史研究通訊》，總 11 期，1985 年 3 月。

110. 潘向明，〈鴉片戰爭前中西火炮技術比較研究〉，《清史研究》，總第 11 期，1993 年 9 月。

111. 潘英海，〈平埔族研究的困惑與意義──從邵式伯的博士論文「十七及十八世紀臺灣拓墾中的漢番關係」談起〉，《臺灣風物》，第 37 卷第 2 期，1987 年 6 月。

112. 潘喆、陳樺，〈論清代的人丁〉，《中國經濟史研究》，總 5 期，1987 年 3 月。

113. 廖漢臣，〈岸裡大社調查報告書〉，《臺灣文獻》，第 8 卷第 2 期，1957 年 6 月。

114. 廖漢臣，〈彰化縣之歌謠〉，《臺灣文獻》，第 11 卷第 3 期，1960 年 9 月。

115. 廖毓文，〈王元穉與其「夜雨燈前錄續錄」〉，《臺北文獻》，直字第 11／12 期合刊，1970 年 6 月。

116. 樊信源，〈清代臺灣民間械鬥歷史研究〉，《臺灣文獻》，第 25 卷第 4 期，1974 年 12 月。

117. 鄭秀玲，〈古新莊街區之環境特質〉，《北縣文化》，第 48 期，1996 年 5 月。

118. 錦旋編、張玉芷註，〈福建紅錢軍領袖林萬青傳記〉，《近代史資料》，總 17 號，1957 年 12 月。

119. 劉平，〈略論清代會黨與土匪的關係〉，《歷史檔案》，總第 73 期，1999 年 2 月。

120. 劉枝萬，〈臺北平埔番印譜〉，《臺北文獻》，第 2 期，1962 年 12 月。

121. 劉育嘉，〈清代臺北盆地的水利開發〉，《臺灣文獻》，第 47 卷第 3 期，1996 年 9 月。

122. 鍾華操，〈同治初年戴潮春之役〉，《臺灣文獻》，第 25 卷第 2 期，1974 年 6 月。

123. 蔣德學，〈試論清代人口編審的幾個問題〉，《貴州社會科學》，總 25 期，1984 年 7 月。

124. 穆黛安（Dian H. Murray）、秦寶琦，〈西方學者有關天地會研究述略〉，《清史研究通訊》，總第 34 期，1990 年 12 月。

125. 衛惠林，〈阿美族的部落制度〉，《臺灣文獻》，第 9 卷第 1 期，1958 年 3 月。

126. 顏章炮，〈清代臺灣民間的守護神信仰和分類械鬥〉，《清史研究》，總第 33 期，1998 年 12 月。

127. 顏義芳，〈清代臺灣鹽業發展之脈絡〉，《臺灣文獻》，第 54 卷第 1 期，2003 年 3 月。

128. 藤井志津枝，〈『清史稿』乾隆時期「番界禁例」考〉，《臺灣風物》，第 40 卷第 1 期，1990 年 3 月）。

129. 簡炯仁，〈由屏東縣里港「雙慈宮」珍藏的兩塊石碑論里港的開發〉，《臺灣風物》，第 46 卷第 1 期，1996 年 3 月。

130. 簡炯仁，〈由兩塊石碑論史籍上彌陀港的興衰──兼談濁水溪（阿公店溪）的改道情形〉，《臺灣風物》，第 48 卷第 3 期，1998 年 9 月。

131. 簡炯仁，〈由屏東市天后宮珍藏「義祠亭碑記」論清廷對屏東平原客家六堆態度的轉變〉，《臺灣風物》，第 47 卷第 2 期，1997 年 6 月。

132. 羅爾綱，〈清季兵爲將有的起源〉；收錄許仁圖編，《清史資料彙編補編（下冊）》（臺北：河洛圖書出版社，1974 年）。

133. 嚴中平輯譯，〈英國鴉片販子策劃鴉片戰爭的幕後活動〉，《近代史資料》，總第 21 號，1958 年 8 月。

## 五、工具書

1. 上海社會科學院經濟研究所編，《晚清經濟史事編年》（上海：上海古籍出版社，2000 年 5 月）。

2. 中國第一歷史檔案館、福建師範大學歷史系，《清季中外使領年表》（北京：中華書局，1997 年 1 月二刷）。

3. 朱寰、王恆偉主編，《中國對外條約辭典 1689～1949》（長春：吉林教育出版社，1994 年 6 月）。

4. 李鵬年等編，《清代六部成語詞典》（天津：天津人民出版社，1994 年 2 月二刷）。

5. 郭毅生主編，《太平天國歷史地圖集》（北京：中國地圖出版版社，1989 年 6 月）。

6. 連鋒宗總編，《1 / 5 萬臺灣地理人文全覽圖（北・南島）》（臺北：上河文化，2001 年 6 月）。

# 貳、外文

## 一、史料

### （一）原文

1. Allen, Herbert J., "On a journal through Formosa from Tamsui to Taiwan fu," *The Geographical Magazine 4* (1877): 135~136 (from http://academic.reed. edu/formosa/texst/Allen1877.html)

2. Allen, Herbert J., "Notes of a Journey through Formosa from Tamsui to Taiwanfu," *Royal Geographical Society of London 21* (1877):258~266. (from http://academic.reed.edu/formosa/texst/Allen1877.html)

3. Bates H. W., "The island of Formosa," in *Illustrated travels: A record of discovery , geography, and adventure* (London: Cassell, Petter and Galpin ,1869), pp. 250~252. (from http://academic.reed.edu/formosa/texts/Bates1869.html)

4. Beazeley, M., "Notes of an Overland Journey through the southern part of Formosa from Takow to the South Cape in 1875 with an Introductory Sketch of the Island," *Royal Geographical Society and Monthly Record of Geography n. s. 7* (January 1885): 1~22. (from http://academic.reed.edu/ formosa/texts/Beazeley1885.html)

5. Bullock, T. L. "A trip into the interior of Formosa," *Royal Geographical Society* 21 (1877): 266~272. (from http://academic.reed.edu/formosa/texts/ Bullock1877.html)

6. Campbell, W., "Aboriginal Savages of Formosa," *Ocean Highways: The geographical Review n. s. 1* (1874): 410~412. (from http://academic.reed. edu/formosa/texts/Campbell1874.html)

7. Colquhoun A. R. and J. H. Stewart-Lockhart. "A sketch of Formosa," *The China Review* 13 (1885): 161~207. (from http://academic.reed.edu/formosa/ texts/Colquhoun1885.html)

8. Dennys N. B., "Formosa", in *Dennys N. B. & Fred Mayers, the Treaty Ports*

*of China and Japan* (London: Trübner ,1867), pp. 291~325. (from http://academic.reed.edu/formosa/texts/Dennys1867.html)

9. Guillemard F. H. H., "Formosa" in *The Curise of the Marchesa to Kamschatka & New Guineaa, with notices of Formosa, Liu-Kiu and various islands of Malay Archipelago* (London: John Murray, 1886), pp. 1~25. (from http://academic.reed.edu/formosa/texts/Guillemard1886.html)

10. Hancock A., "A visit to the savages of Formosa," Good Words for 1885. pp. 373~379. (from http://academic.reed.edu/formosa/texts/Hancock1885.html)

11. Hughes T. F., "Visit of Tok-e-tok, chief of the eighteen tribes, southern Formosa," *Royal Geographical Society* 16 (1872): 265~271. (from http://academic.reed.edu/formosa/texts/Hughes1872.html)

12. La Pérouse, Jean-Francois de Galaup, comte de, The Voyage of La Pérouse round the world in the years 1785, 1786, 1787and 1788 with nautical tables. Translated from the French Illustrated with fifty-one plates in two volumes (London: Printed for John Stockdate, Piccadilly, 1798). (from http://academic. reed.edu/formosa/texts/Laperouse.html)

13. Write by Reclus Elisée, Edit by A. H. Keane, "Formosa", in *The earth and its inhabitant Asia, Vol.II, East Asia: Chinese empire, Corea, Japan* (New York: D. Appleton, 1884). (from http://academic.reed.edu/formosa/texts/Reclus 1884.html)

14. Steere J. B., "Formosa," *Journal of the American Geographical Society* 6 (1876): 302~334. (from http://academic.reed.edu/formosa/texts/Steere1876. html)

15. Swinhoe Robert, "Additional notes on Formosa," *Royal Geographical Society* 10 (1866): 122~128. (from http://academic.reed.edu/formosa/texts/ swinhoe1866.html)

17. Thomson, John, "Note of a journey in Southern Formosa," *Journal of the Royal Geographical Society XLIII* (1873): 97~107. (from http://academic. reed.edu/formosa/texts/Thomson1873.html)

18. Thomson John, *The Straits of Malacca , Indo-China and China or Ten years' travel, adventures and residence abroad* (London: Sampson Low, Marston , Low & Searle, 1875).

19. Thomson, J., F. R. G. S. *Illustrations of China and its people: A series of two hundred photographs, with; letterpress descriptive of the places and people represented* (London: Sampon Low, Marston, Low and Searle, 1873~1874). (from http://academic.reed.edu/formosa/texts/Thomson73-74.html)

20. Translated by Christian Buss, Edited by Douglas Fix, Ibis Paul, "Auf Formosa: Enthnographische Wanderungen," *Globus* 31 (1877): 149~152, 167~171, 181~187, 196~200, 214~219, 230~235. (from http://academic.reed. edu/formosa/texts/Ibis1877.html)

21. 伊能嘉矩，《瑯嶠十八社》，伊能文庫手稿及抄寫，編號：M033，國立臺灣大學圖書館藏。

22. 伊能嘉矩,《臺灣屯田兵二關スル奏議案ノ意譯》,伊能文庫手稿及抄寫,編號:M008,國立臺灣大學圖書館藏。

23. 伊能嘉矩,《觀風蹉跎》,伊能文庫手稿及抄寫,編號:M037,國立臺灣大學圖書館藏。

24. 蔡慶濤,《基隆地方研究資料》,收入伊能嘉矩文庫微卷編號 T0021,捲號 6-4(手稿及抄寫部分〔四〕),國立臺灣大學圖書館所藏。

25. 〔日〕臨時臺灣土地調查局,《清賦一斑(明治 33 年／1900 發行)》(臺北:南天書局,1998 年 7 月)。

## (二)譯著

1. 〔日〕川口常孺,《臺灣割據志》,臺灣銀行文獻叢刊第一種,1957 年 8 月。

2. 〔日〕日本參謀本部編,許佩賢譯,《攻臺戰紀(原名明治廿七八年日清戰史)》(臺北:遠流出版事業,1995 年 12 月)。

3. 〔英〕必麒麟(W. A. Pickering)著,吳明遠譯,《老臺灣(Pioneering in Formosa)》(臺北:臺灣銀行經濟研究室,1959 年 1 月)。

4. 〔日〕伊能嘉矩著、楊南郡譯註,《平埔族調查旅行——伊能嘉矩「臺灣通信」選集》(臺北:遠流出版事業股份有限公司,1997 年 5 月初版三刷)。

5. 〔日〕伊能嘉矩著、楊南郡譯註,《臺灣踏查日記(上)》(臺北:遠流出版事業股份有限公司,2000 年 10 月初版三刷)。

6. 〔日〕伊能嘉矩著、楊南郡譯註,《臺灣踏查日記(下)》(臺北:遠流出版事業股份有限公司,1997 年 2 月初版二刷)。

7. 〔英〕亨利‧諾曼著,鄧海平譯,《龍旗下的臣民——近代中國社會與禮俗》(北京:光明日報出版社,2000 年 6 月)。

8. 〔美〕亨特(William C. Hunter)著,沈正邦譯,《舊中國雜記(Bits of old China)》(廣州:廣東人民出版社,1992 年 12 月)。

9. 〔美〕李仙德(C. W. Le Gendre),《臺灣番事物產與商務》,臺灣銀行文獻叢刊第四六種,1959 年 8 月。

10. 〔美〕明恩溥(Arthur Henderson Smith, 1845~1942)著,林欣譯,《中國人的素質(Chinese Characteristics)》(北京:京華出版社,2002 年 6 月)。

11. 〔英〕呤唎(A. F. Lindley)著,王維周、王元化譯,《太平天國革命親歷記》(上海:上海人民出版社,1997 年 12 月)。

12. 〔荷〕施列格(Gustave Schlegel),薛澄清譯,《天地會(Thian Ti Hwui,The

Hung League, or Heaven-Earth League: A Secret Society with the Chinese in China and India）》（臺北：古亭書屋，1975 年 8 月）。

13. 胡濱譯，《英國檔案有關鴉片戰爭資料選譯（下冊）》（北京：中華書局，1993 年 8 月）。

14. 〔法〕C. Imbault-Huart 著，黎烈文譯，《臺灣島之歷史與地誌》（臺北：臺灣銀行經濟研究室，1958 年 3 月）。

15. 〔法〕E. Garnot 著，黎烈文譯，《法軍侵臺始末（L' Expédition française de Formose, 1884~1885）》（臺北：臺灣銀行經濟研究室，1960 年 10 月）。

16. 〔美〕馬士（Hosea Ballou Morse, 1855~1934）著，張匯文等譯，《中華帝國對外關係史‧第二卷 1861～1893 年屈從時期（The International Relations if the Chinese Empire: Volume II）》（上海：上海書店出版社，2000 年 9 月）。

17. 〔加〕馬偕（G. L. Mackay）著，周學譜譯，《臺灣六記（From Far Formosa）》（臺北：臺灣銀行經濟研究室，1960 年 1 月）。

18. 〔英〕約‧羅伯茨（J. A. G. Roberts）著，蔣重躍、劉林海譯，《十九世紀西方人眼中的中國（China Through Western Eyes: The Nineteenth Century）》（北京：時事出版社，1999 年 1 月）。

19. 〔美〕James W. Davidson 著，蔡啓恆譯，《臺灣之過去與現在》（臺北：臺灣銀行經濟研究室，1972 年 4 月）。

20. 〔英〕麥高溫（？～1922）著，朱濤、倪靜譯，《中國人生活的明與暗（Men and Manners of Modern China）》（北京：時事出版社，1998 年 1 月）。

21. 〔美〕陶德（John Dodd）著，陳政三譯，《北臺封鎖記——茶商陶德筆下的清法戰爭（Journal of A Blockaded Resident in North Formosa during the Franco-Chinese War 1884-5）》（臺北：原民文化事業，2002 年 7 月）。

22. 〔英〕斯當東（Sir George Staunton），葉篤義譯，《英使謁見乾隆紀實（An Authentic Account Of An Embassay From The King Of Great Britain To The Emperor Of China）》（上海：上海書店出版社，1997 年 6 月）。

23. 〔日〕森丑之助著、楊南郡譯註，《生蕃行腳》（臺北：遠流出版事業股份有限公司，2000 年 1 月）。

24. 〔英〕愛尼斯‧安德遜（Aeneas Anderson），費振東譯，《英國人眼中的大清王朝》（北京：群言出版社，2002 年 1 月）。

25. 〔瑞典〕龍思泰（Anders Ljubgstedt, 1759~1835）著，吳義雄等譯，《早期澳門史》（北京：東方出版社，1997 年 10 月）。

26. 〔美〕E. A. 羅斯著，公茂虹、張皓譯，《變化中的中國人（The Changing Chinese）》（北京：時事出版社，1998 年 1 月）。

## 二、專書與期刊

### （一）原文

1. Irick Robert L.,Ch'ing Policy Toward the Coolie 1847~1878 (Taipei: Chinese Materials Center,1982).

2. Hughes B. P., *Firepower: Weapons effectiveness on the Battlefield, 1630~1850* (New York: Sarpedon Press ,1997).

3. Reed W. Bradly, TALONS AND TEETH: County Clerks and Runners in the Qing Dynasty (California: Stanford University Press, 2000).

4. Shepherd J.R., *Statecraft and Political Economy on the Taiwan Frontier 1600~1800* (Taipei: Nan-Tian Bookstore press, 1995).

5. Timothy J. Kutta, "The French Foreign Legion", *Strategy & Tactics, issue 200*, (Nov./Dec., 1999).

6. Woodward David, Armies of the World 1854~1914 (New York: G.P.Putnam's, 1978).

7. 〔日〕黃昭堂，《臺灣總督府》（東京：教育社，1981 年 4 月）。

### （二）譯著

1. 〔美〕R. J.史密斯（Richard Joseph Smith）著，汝企和譯，《十九世紀中國的常勝軍（The Ever-Victorious Army of Nineteenth Century China）》（北京：中國社會科學出版社，2003 年 2 月）。

2. 〔日〕太田出，〈清代綠營的管轄區域與區域社會——以江南三角洲爲中心〉，《清史研究》，總第 26 期，1997 年 6 月。

3. 〔日〕山根勇藏，《臺灣民俗風物雜記》（臺北：武陵出版有限公司，1989 年 5 月）。

4. 〔法〕白尚德（Chantal Zheng）著，鄭順德譯，《十九世紀歐洲人在臺灣》（臺北：南天書局，1999 年 6 月）。

5. 〔美〕孔飛力（Philip A. Kuhn）著，謝亮生等譯，《中華帝國晚期的叛亂及其敵人（Rebellion And Its Enemies In Late Imperial China）》（北京：中國社會科學出版社，2002 年 1 月二刷）。

6. 〔日〕西松唯一著，郝新吾譯，《火藥》（上海：商務印書館，1937 年 3 月）。

7. 〔美〕艾馬克（Mark a. Allee）著，王興安譯，《晚清中國的法律與地方社會——十九世紀的北部臺灣（Law and Local Society in Late Imperial China: Northern Taiwan in the Nineteenth Century）》（臺北：播種者文化有限公司，2003 年 9 月）。

8. 〔日〕伊能嘉矩，《臺灣文化志（中譯本‧上卷）》（臺中：臺灣省文獻委員會，1985 年 11 月）。

9. 〔日〕伊能嘉矩,《臺灣文化志（中譯本‧中卷）》（臺中：臺灣省文獻委員會,1991 年 6 月）。

10. 〔日〕伊能嘉矩,《臺灣文化志（中譯本‧下卷）》（臺中：臺灣省文獻委員會,1991 年 6 月）。

11. 〔日〕伊能嘉矩,溫吉編譯,《臺灣番政志》（臺北：臺灣省文獻委員會,1957 年 12 月）。

12. 〔美〕吉爾伯特‧羅茲曼（Gilbert Rozman）主編,《中國的現代化（The Modernization of China）》（南京：江蘇人民出版社,1998 年 3 月）。

13. 〔美〕J. C.亞歷山大、鄧正來編,《國家與市民社會——一種社會理論的研究路徑》（北京：中央編譯出版社,1999 年 3 月）。

14. 〔英〕貝思飛（Phil Billingsley）著,徐有威等譯,《民國時期的土匪（Bandits in Republican China）》（上海：上海人民出版社,1996 年 1 月二刷）。

15. 〔美〕何炳棣著,葛劍雄譯,《明初以降人口及其相關問題 1368～1953》（北京：三聯書店,2000 年 11 月）。

16. 〔瑞典〕威廉‧利德（William Reid）著,卜玉坤等譯,《西洋兵器大全（Weapons Through The Ages）》（香港：萬里書店,2000 年 10 月）。

17. 〔美〕黃宗智,《民事審判與民間調解：清代的表達與實踐》（北京：中國社會科學出版社,1998 年 5 月）。

18. 〔英〕莫里斯‧弗里德曼（Maurice Freedman）著,劉曉春譯,《中國東南的宗族組織（Lineage Organization in Southeastern China）》（上海：上海人民出版社,2000 年 3 月）。

19. 〔美〕芮瑪麗（Mary Clalaugh Wright）著,房德鄰等譯,《中國保守主義的最後底抗——同治中興 1862～1874（The T'ung-Chih Restoration）》（北京：中國社會科學出版社,2002 年 1 月）。

20. 〔日〕東嘉生著,周憲文譯,《臺灣經濟史概說》（臺北：海峽學術出版社,2000 年 5 月）。

21. 〔美〕杰弗里‧帕克（Geoffery Parker）著,傅景川等譯,《劍橋戰爭史（Cambridge Illustrated History of Warfare）》（吉林：吉林人民出版社,2001 年 3 月二刷）。

22. 〔日〕金關丈夫原編,林川夫主編,《民俗臺灣（第二輯）》（臺北：武陵出版有限公司,1998 年 1 月二刷）。

23. 〔日〕金關丈夫原編,林川夫主編,《民俗臺灣（第三輯）》（臺北：武陵出版有限公司,1995 年 7 月）。

24. 〔日〕金關丈夫原編,林川夫主編,《民俗臺灣（第四輯）》（臺北：武陵出版社,1999 年 10 月三刷）。

25. 〔日〕金關丈夫原編,林川夫主編,《民俗臺灣（第五輯）》（臺北：武陵出版有限公司，1995 年 4 月二刷）。

26. 〔日〕金關丈夫原編，林川夫主編，《民俗臺灣（第六輯）》（臺北：武陵出版有限公司，1997 年 4 月）。

27. 〔日〕金關丈夫原編，林川夫主編，《民俗臺灣（第七輯）》（臺北：武陵出版有限公司，1998 年 1 月二刷）。

28. 〔法〕阿蘭‧佩雷菲特（Alain Peyrefitte）著，王國卿等譯，《停滯的帝國——兩個世界的撞擊（L'EMPIRE IMMOBILE ou LE CHOC DES MONDES）》（北京：三聯書店，1998 年 1 月三刷）。

29. 〔美〕施堅雅（G. W. Skinner）主編，葉光庭等譯，《中華帝國晚期的城市（The City in Late Imperial China）》（北京：中華書局，2000 年 12 月）。

30. 〔日〕宮本延人，《臺灣の原住民族——回想‧私の民族学調査》（東京：六興出版株式会社，1985 年 9 月）。

31. 〔英〕埃瑞克‧霍布斯鮑姆（Eric Hobsbawm）著，李立瑋、谷曉靜譯，《匪徒（BANDITS）》（北京：中國友誼出版公司，2001 年 1 月）。

32. 〔美〕麥斯基爾（J. M. Meskill），王淑琤譯，《霧峰林家——臺灣拓荒之家》（臺北：文鏡文化事業有限公司，1986 年 11 月）。

33. 〔日〕國分直一著，邱夢蕾譯，《臺灣的歷史與民俗》（臺北：武陵出版有限公司，1998 年 9 月二版）。

34. 〔日〕①原通好著，李文祺譯，《臺灣農民的生活習俗》（臺北：臺原出版社，1998 年 1 月五刷）。

35. 〔英〕S.斯普林克爾，張守東譯，《清代法制導論——從社會學角度加以分析》（北京：中國政法大學出版社，2000 年 10 月）。

36. 〔日〕黃昭堂著，廖為智譯，《臺灣民主國之研究》（臺北：財團法人現代學術研究基金會，1993 年 12 月）。

37. 〔日〕鈴木明著，謝森展譯，《外國人眼中的臺灣真相》（臺北：創意力文化事業，1992 年 1 月二版）。

38. 〔日〕鈴木質原，《臺灣蕃人風俗誌》（臺北：武陵出版有限公司，1998 年 11 月三刷）。

39. 〔美〕K. E.福爾索姆（Kenneth E. Folsom）著，劉悅斌等譯，《朋友‧客人‧同事（Friends, Guests, and Colleagues）》（北京：中國社會科學出版社，2002 年 1 月）。

40. 〔日〕種村保三郎著，譚繼山譯，《臺灣小史》（臺北：武陵出版有限公司，2000 年 10 月三刷）。

41. 〔美〕費正清（John King Fairbank）著，張理京譯，《美國與中國（The United States and China）》（北京：世界知識出版社，2000 年 3 月）。

42. 〔美〕費正清（J. K. Fairbank）、劉廣京編，張玉法主譯，《劍橋中國史（第十一冊）——晚清篇 1800～1911》（臺北：南天書局，1987 年 9 月）。

43. 〔日〕增田福太郎著，古亭書屋編譯，《臺灣漢民族的司法神——城隍信仰的體系》（臺北：眾文圖書股份有限公司，1999 年 10 月）。

44. 〔日〕滋賀秀三等著，《明清時期的民事審判與民間契約》（北京：法律出版社，1998 年 10 月）。

45. 〔美〕Derk Boddle & Clarence Morris 著，朱勇譯，《中華帝國的法律（Law in Imperial China)》（南京：江蘇人民出版社，1998 年 3 月三刷）。

46. 〔美〕穆戴安（Dian H. Murray）著，劉平譯，《華南海盜 1790～1810（Pirates of South China Coast 1790～1810)》（北京：中國社會科學出版社，1997 年 9 月）

47. 〔美〕魏斐德（Frederic Evans Wakeman）著，王小荷譯，《大門口的陌生人：1836～1861 年間華南的社會動亂（Strangers at the Gate: Social Disorder in South China)》（北京：中國社會科學出版社，2002 年 1 月二刷）。

48. 〔日〕濱下武志著，朱蔭貴、歐陽菲譯，《近代中國的國際契機——朝貢貿易體系與近代亞洲經濟圈》（北京：中國社會科學出版社，1999 年 1 月）。

49. 〔日〕織田萬，《清國行政法汎論（1909 年漢譯本)》（臺北：華世出版社，1979 年 3 月）。